Handbuch Interkulturelle Didaktik

GEGENBILDER

herausgegeben von

Ethnologie in Schule
und Erwachsenenbildung (ESE) e.V.

Band 10

Ursula Bertels
Claudia Bußmann

Handbuch
Interkulturelle Didaktik

Waxmann 2020
Münster • New York

Mit finanzieller Förderung des Bundesministeriums für wirtschaftliche Zusammenarbeit und des Evangelischen Entwicklungsdienstes (eed). Die Autorinnen sind für den Inhalt allein verantwortlich.

Bibliografische Informationen der Deutschen Nationalbibliothek
Die Deutsche Nationalbibliothek verzeichnet diese Publikation in der Deutschen Nationalbibliografie; detaillierte bibliografische Daten sind im Internet über http://dnb.dnb.de abrufbar.

Gegenbilder Bd. 10
Hrsg. von Ethnologie in Schule und Erwachsenenbildung (ESE) e.V.

ISSN 0948–7999
Print-ISBN   978-3-8309-4212-2
E-Book-ISBN   978-3-8309-9212-7

2. Auflage 2020, 1. Auflage 2013
© Waxmann Verlag GmbH
Steinfurter Straße 555, 48159 Münster

www.waxmann.com
info@waxmann.com

Umschlaggestaltung: Pleßmann Design, Ascheberg
Umschlagfoto: Ursula Bertels
Satz: Stoddart Satz- und Layoutservice, Münster

Gedruckt auf alterungsbeständigem Papier, säurefrei gemäß ISO 9706

Inhalt

Die Materialien und Unterrichtseinheiten können unter
www.waxmann.com/buch4212
kostenlos heruntergeladen werden.

Passwort: Wax_4212#ID

Vorwort

Betrachtet man die gesellschaftlichen Veränderungen in den letzten Jahrzehnten, stellt man fest, dass das Leben in einer multikulturellen Gesellschaft alltäglich ist. Aufgrund der weltweit zunehmenden Globalisierung und Migration nehmen die Kontakte zwischen Personen unterschiedlicher Kulturen stetig zu. Interkulturelle Kompetenz als zentrales Lernziel von interkulturellem und globalem Lernen ist daher nicht nur für entwicklungspolitische Bildung, sondern für alle gesellschaftlichen Bereiche zu einer Schlüsselqualifikation geworden. Aber wie kann die Vermittlung von Interkultureller Kompetenz im interkulturellen und globalen Lernen didaktisch und methodisch[1] umgesetzt werden – insbesondere in der Schule?

Bei der Vermittlung von Interkultureller Kompetenz an Kinder und Jugendliche kommt der schulischen Bildung eine Schlüsselrolle zu. Zentrale Aufgabe der Schule ist es, Kinder und Jugendliche auf ein Leben in der Gesellschaft vorzubereiten. Bereits 1996 beschloss die Kultusministerkonferenz eine Empfehlung zur *Interkulturellen Bildung und Erziehung in der Schule*.[2] Darüber hinaus gab im Jahr 2007 das Bundesministerium für wirtschaftliche Zusammenarbeit und Entwicklung gemeinsam mit der Kultusministerkonferenz den *Orientierungsrahmen für den Lernbereich Globale Entwicklung* heraus.[3] Doch durch die multiplen Aufgaben, die eine Schule und damit ihre Lehrkräfte haben, ist es oft schwer, auch noch die Vermittlung von Interkultureller Kompetenz in den Unterricht aufzunehmen.[4]

Der Verein Ethnologie in Schule und Erwachsenenbildung (ESE) e.V. ist seit 1992 im Bereich der Vermittlung von Interkultureller Kompetenz tätig. ESE führt Schulunterricht, Seminare, Fortbildungen und Workshops zu Themen des interkulturellen und globalen Lernens in der schulischen und außerschulischen Kinder- und Jugendbildung, der Erwachsenenbildung sowie an Universitäten und Fachhochschulen durch. Grundlage für die Arbeit von ESE ist die wissenschaftliche Auseinandersetzung mit interkulturellen Ansätzen und die Aufarbeitung ethnologischen Materials für Schulen und Einrichtungen der Erwachsenenbildung, um damit für Laien verständliche, wissenschaftlich fundierte Informationen über andere Kulturen zu vermitteln. Solche Informationen sind die Voraussetzung, um wichtige Lernziele des interkulturellen und globalen Lernens (wie

---

1   Unter Didaktik wird im Rahmen dieses Handbuchs die theoretische Grundlage des Lehrens und Lernens verstanden (vgl. auch Schaub und Zenke 2007: 171), unter Methodik die Lehre oder Theorie von bestimmten Methoden, die zur Erreichung bestimmter Ziele zur Verfügung stehen (vgl. Schaub und Zenke 2007: 431). Eine ausführliche Diskussion zum Begriff der Problematik der interkulturellen Didaktik findet sich bei Lüddecke 2004.
2   Sekretariat der Ständigen Konferenz der Kultusminister der Länder 1996.
3   Bundesministerium für wirtschaftliche Zusammenarbeit und Entwicklung sowie Kultusministerkonferenz 2007.
4   Zu den Rahmenbedingungen von interkulturellem Lernen in der Schule siehe u. a. Bolten 2003.

zum Beispiel Erkennen der soziokulturellen Vielfalt oder Perspektivenwechsel) erreichen zu können. Ausgangspunkt für die Arbeit von ESE sind ethnologische Feldforschungserfahrungen,[5] durch die neben fundierten Sach- und Regionalkenntnissen auch Fremdheitserfahrungen vermittelt werden können.[6] Die von ESE in den vergangenen 20 Jahren erstellten Konzepte, erprobten Methoden und erarbeiteten Materialien, die auf einer ethnologischen Perspektive auf das Thema Interkulturelle Kompetenz basieren, bilden die Grundlage für das vorliegende Handbuch Interkulturelle Didaktik.

Ein Grund für die Herausgabe dieses Handbuchs waren die vielfältigen an ESE gerichteten Anfragen zu Methoden und Materialien zur Vermittlung von Interkultureller Kompetenz durch interkulturelles und globales Lernen. Das Handbuch richtet sich daher vor allem an Lehrerinnen und Lehrer, die Anregungen für ihren Unterricht suchen. Doch viele der Methoden und Materialien sind auch für andere Zielgruppen wie zum Beispiel Multiplikatorinnen und Multiplikatoren der Jugendbildung oder Trainerinnen und Trainer in der Erwachsenenbildung geeignet. Ein weiterer Grund für die Herausgabe dieses Bandes war, dass vor einiger Zeit die Idee entstand, die bereits im Jahr 1995 in dem ersten Band der Reihe Gegenbilder *Der Blick auf fremde Kulturen* veröffentlichten Analyse von Schulbüchern im Hinblick auf interkulturelle Inhalte zu aktualisieren.

Eine Veröffentlichung im Umfang dieses Handbuchs wäre nicht möglich gewesen ohne die Unterstützung vieler weiterer ESE-Mitarbeiterinnen und -Mitarbeiter. Wir bedanken uns besonders bei Daniel Gollmann, Irmgard Hellmann de Manrique, Marion Scholten und Katrin Schröder, die beim Redigieren des Handbuchs mit vielen konstruktiven Vorschlägen unterstützt haben. Ulrike Peschke danken wir für die unzähligen Recherchearbeiten. Ganz herzlich danken wir auch Sabine Eylert, Irmgard Hellmann de Manrique, Marion Scholten, Katrin Schröder und Valerie Titz für die im Hinblick auf die Veröffentlichung in diesem Handbuch notwendige redaktionelle Überarbeitung ihrer Unterrichtseinheiten.

Unser ganz besonderer Dank gilt jedoch Engagement Global (ehemals InWent) sowie dem Evangelischen Entwicklungsdienst (eed) für die finanzielle Unterstützung. Nur durch diese finanzielle Förderung war die Herausgabe dieses Bandes möglich.

---

5 Dabei kann die Feldforschung sowohl in der eigenen Gesellschaft (z. B. in einem türkischen Stadtteil) als auch in einer fremden Gesellschaft durchgeführt werden.
6 Siehe auch www.ese-web.de.

1. Einleitung

Ziel dieses Handbuchs Interkulturelle Didaktik ist es, die theoretischen Hintergründe des interkulturellen und globalen Lernens vorzustellen und die praktischen Umsetzungsmöglichkeiten aufzuzeigen. Nur durch interkulturelles und globales Lernen ist es möglich, Kindern und Jugendlichen Interkulturelle Kompetenz zu vermitteln und sie damit auf ein Leben in einer multikulturellen Gesellschaft auf globaler und lokaler Ebene vorzubereiten.

Doch obwohl das Thema Interkulturelle Kompetenz in den letzten Jahrzehnten ständig an Bedeutung gewonnen hat, fällt auf, dass es an einer allgemeingültigen Definition für den Begriff „interkulturell" nach wie vor fehlt. Sehr gut beschrieben wird dieses Dilemma in dem folgenden Zitat von Demorgon und Cordes:

> *„Multikulturell, transkulturell, leitkulturell, interkulturell – diese Begriffe drohen in ein sprachliches Imponiergehabe verwandelt zu werden, in welchem man sich um ihre Bedeutung und Tiefenschärfe nicht weiter kümmern muss."*[1]

Daher erscheint es unerlässlich zu klären, wie die Begriffe multikulturell, interkulturell und transkulturell im Rahmen des vorliegenden Handbuchs zu verstehen sind. ESE versteht unter einer multikulturellen Gesellschaft eine Gesellschaft, in der Menschen vieler Kulturen leben. Jedes Mitglied dieser Gesellschaft kann gleichzeitig mehreren Kulturen angehören. Zwischen den Kulturen bzw. Individuen einer multikulturellen Gesellschaft gibt es sowohl Gemeinsamkeiten als auch Unterschiede. Die Mitglieder verschiedener Kulturen können die jeweiligen Gemeinsamkeiten nutzen, um einen transkulturellen Raum zu schaffen. Um mit den Unterschieden umgehen zu können, ist es dagegen notwendig, sich interkulturell miteinander auseinanderzusetzen.[2] Interkulturalität ist somit „Verhandlungssache". Damit die „Verhandlung" gelingen kann, benötigt man Interkulturelle Kompetenz, die durch interkulturelles und globales Lernen vermittelt wird.

Eine Grundlage für Interkulturelle Kompetenz ist die Auseinandersetzung mit anderen Kulturen. Diese Auseinandersetzung kann in der direkten Begegnung erfolgen. Es ist aber auch möglich, Kulturen in den Mittelpunkt des interkulturellen und globalen Lernens zu stellen, die zunächst einmal keinen Bezug zum Lebensalltag der Schülerinnen und Schüler haben. ESE arbeitet daher seit seiner Gründung mit der so genannten Dritt-Kultur-Perspektive.[3]

---

1 Vgl. Demorgon und Cordes 2006: 27.
2 Vgl. auch Steiner 2009: 271f. Eine Diskussion der unterschiedlichen Definitionen von multikulturell, interkulturell und transkulturell findet sich in Bertels 2011. Grundlage für die genannten Begriffsbestimmungen ist die Kulturdefinition, mit der ESE arbeitet (siehe auch Kapitel 2: Was ist Kultur? – Eine Einführung in die globale Alltäglichkeit).
3 Dieser Ansatz wurde in Anlehnung an Gudykunst u. a. 1977 entwickelt. Nach Heidemann (2011: 13) liegt das Alleinstellungsmerkmal der Ethnologie im Vergleich zu den Kultur-, Geistes- und Sozialwissenschaften darin, eine Perspektive auf das Eigene aus

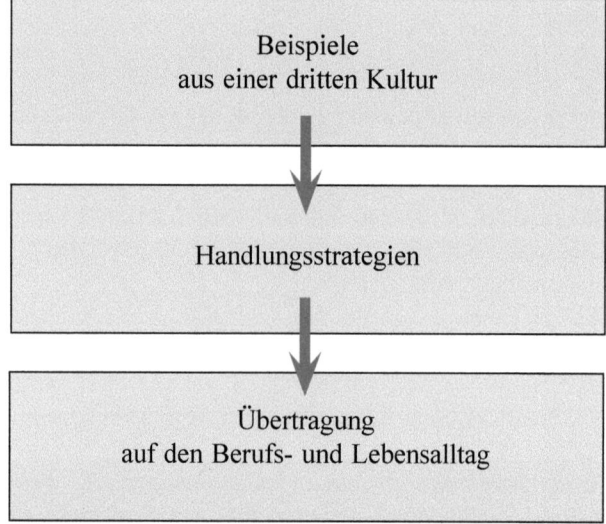

Abb. 1:   Aus der Ferne in die Nähe: die Dritt-Kultur-Perspektive

Die Dritt-Kultur-Perspektive beinhaltet, dass man sich exemplarisch mit Kulturen beschäftigt, zu denen man zunächst keinen persönlichen Bezug hat, um dann in einem zweiten Schritt den Umgang mit fremden Kulturen im eigenen Umfeld zu erlernen. Die Beschäftigung mit Regionen, die vom Alltag der Zielgruppe sehr weit entfernt sind (z. B. Indonesien, Mexiko, Indien oder Namibia), oder mit Kulturen, die im Lebensalltag kaum eine Rolle spielen,[4] ermöglicht es den Schülerinnen und Schülern, sich relativ unvoreingenommen auf eine andere kulturelle Sichtweise einzulassen.[5] Werden dagegen Kulturen behandelt, denen einzelne Schülerinnen und Schüler mit Migrationsvorgeschichte[6] angehören, so kann dies für diese eventuell bedeuten, dass sie sich exponiert fühlen. Durch den Ansatz der Dritt-Kultur-Perspektive wird diese Situation vermieden. Gleichzeitig wird den Schülerinnen und Schülern mit Migrationsvorgeschichte die Möglichkeit gegeben, freiwillig ihre kulturellen Aspekte einzubringen.

---

    einer extremen Ferne zu richten. Eine ppt-Folie mit der Darstellung der Dritt-Kultur-Perspektive findet sich in den Materialien – M 01.

4   In einem Projekt, das im Rahmen des Bundesprogramms *Vielfalt tut gut* in Münster realisiert wurde, wurde zum Beispiel der interkulturelle Dialog mit Obdachlosen oder Gefängnisinsassen gesucht.

5   Für diesen Ansatz der Dritt-Kultur-Perspektive oder auch Kulturenwechsel erhielt ESE 2003 den Preis für Innovationen des Deutschen Instituts für Erwachsenenbildung.

6   Hier wird ein weiteres Problem der Begriffsbestimmung angesprochen. Wie benennt man Menschen in Deutschland, die selbst oder z. B. über ihre Eltern einen Bezug zu einer anderen Kultur haben? ESE hat sich in Anlehnung an das Leitbild Migration und Integration der Stadt Münster für den Begriff Menschen mit Migrationsvorgeschichte entschieden (siehe auch Stadt Münster 2008). Eine ausführliche Diskussion zu dieser Begriffsbestimmung findet sich in Bertels 2011: 15f.

Doch was genau versteht man unter Kultur und kulturellen Aspekten? Wie wird man kulturell geprägt? Was passiert, wenn verschiedene kulturelle Vorstellungen aufeinandertreffen? Diese Fragen verdeutlichen, dass man sich dem Thema Interkulturelle Kompetenz nicht nähern kann, ohne sich mit dem Begriff Kultur auseinanderzusetzen. Das *Kapitel 2: Was ist Kultur – Eine Einführung in die globale Alltäglichkeit* gibt daher eine kurze Einführung in die aktuelle Diskussion rund um das Thema Kultur. Im Anschluss daran werden im *Kapitel 3: Interkulturelle Kompetenz – mehr als ein Schlagwort* eine Definition des Begriffs Interkulturelle Kompetenz gegeben und die theoretischen Hintergründe der Lernziele des interkulturellen und globalen Lernens zur Vermittlung von Interkultureller Kompetenz erläutert. Ergänzend finden sich zu jedem Lernziel Methoden zur Umsetzung im Unterricht.

Da Interkulturelle Kompetenz nicht nur im unmittelbaren Umgang, sondern auch im mittelbaren Umgang z. B. bei Texten in Schulbüchern wichtig ist,[7] enthält das *Kapitel 4: Interkulturelle Didaktik in der Schule* eine Analyse von Beispielen aus Schulbüchern,[8] die durch das Wiedergeben von ethnozentrischen Bildern[9] dem interkulturellen und globalen Lernen entgegenwirken.[10] Über positive Ansätze im didaktischen und methodischen Umgang mit fremden Kulturen in Schulbüchern berichtet das *Kapitel 5: Perspektivenwechsel im Schulunterricht: Kolumbus und die „Neue Welt".*

In allen Kapiteln finden sich ergänzend viele Beispiele, die durch Umrandungen deutlich gemacht sind. Zudem ist das in Kapitel 3 genannte Material zu den vorgestellten Methoden zu finden. Als ergänzende Information finden sich zu allen Themen Exkurse, die mit * * * gekennzeichnet sind. Der Inhalt des Handbuchs ist jedoch auch ohne Lesen der Exkurse zu verstehen.

Abschließend werden im *Kapitel 6: Beispiele für eine interkulturelle Didaktik im Schulunterricht* die im Handbuch erwähnten Unterrichtseinheiten von ESE präsentiert, die sich an den Lernzielen für interkulturelles und globales Lernen orientieren und bereits erfolgreich durchgeführt wurden. Das Material zu diesen Unterrichtseinheiten ist unter www.waxmann.com/buch4212 zu finden oder kann bei ESE angefordert werden.

---

7 Vgl. auch die Definition von Interkultureller Kompetenz in Kapitel 3: Interkulturelle Kompetenz – mehr als ein Schlagwort.

8 Analysiert wurden Schulbücher aus Nordrhein-Westfalen. Stichproben aus Schulbüchern anderer Bundesländer legen jedoch nahe, dass die hier erarbeiteten Ergebnisse über Nordrhein-Westfalen hinaus auf das gesamte Bundesgebiet angewendet werden können.

9 Vgl. auch Abschnitt 3.3: Wo ist der Mittelpunkt der Welt? – Das Phänomen Ethnozentrismus.

10 Dieses Kapitel wurde zum überwiegenden Teil von Claudia Bußmann verfasst.

2. Was ist Kultur? –
Eine Einführung in die globale Alltäglichkeit

Seit die Welt immer kleiner wird, gewinnt das Wort Kultur eine immer größere Bedeutung. Das Verständnis von Kultur wird nicht nur für den eigenen lokalen Lebenszusammenhang immer wichtiger, sondern auch im Hinblick auf die immer enger werdenden weltweiten wirtschaftlichen, politischen und sozialen Verflechtungen, die die so genannte Globalisierung mit sich bringt. Migration und Flüchtlingsströme haben eine multikulturelle Gesellschaft entstehen lassen, die in vielen Klassenräumen und Stadtvierteln zum Lebensalltag gehört. Viele Menschen kommen auch aus so genannten Entwicklungsländern. Schwierige Lebensbedingungen auf anderen Kontinenten haben plötzlich sichtbare Auswirkungen auf das eigene Leben. Sie sind nicht mehr weit weg, sondern haben möglicherweise zu einer neuen Nachbarschaft geführt. Darüber hinaus erfordert das eigene Arbeitsleben immer häufiger auch Kontakte mit Kolleginnen und Kollegen, Kundinnen und Kunden oder Geschäftspartnerinnen bzw. -partnern, die aus anderen Kulturen kommen.

Kenntnisse über Kultur, kulturelle Vielfalt und kulturelle Unterschiede werden deshalb zu einer wichtigen Ressource – nicht nur für individuelles, erfolgreiches Handeln in einer globalisierten Welt, sondern auch um gemeinsam essentielle Zukunftsaufgaben bewältigen zu können. Dazu gehört eine nachhaltige lokale und globale Entwicklung – nicht zuletzt mit dem Ziel, die Lebensbedingungen in den so genannten Entwicklungsländern verbessern zu können.[1]

Um gemeinsames Handeln möglich zu machen, braucht es jedoch Interkulturelle Kompetenz.[2] Voraussetzung für den Erwerb Interkultureller Kompetenz ist es aber zu verstehen, was Kultur eigentlich ist und was die eigene kulturelle Prägung ausmacht.[3] Allerdings betritt man hier ein schwieriges Terrain. Gelegentlich ist es einfacher zu vermitteln, was Kultur nicht ist. Oftmals begegnet man einem Bild von Kultur, das bewusst oder unbewusst mit Attributen wie „unveränderlich", „traditionell", „angeboren" oder „authentisch" belegt ist. Andere Vorstellungen legen nahe, dass Kultur wie ein Kleidungsstück, eine Essensvorliebe oder irgendeine oberflächliche Gewohnheit an- und abgelegt werden kann. Beides ist falsch. Was aber ist Kultur dann?

Der Begriff „Kultur" ist bis heute nicht eindeutig definiert. Wer dennoch einen Versuch wagt, begibt sich auf Glatteis – oder wie Moosmüller es formuliert: *„Während die einen zupackend (oder naiv?) das Rätsel Kultur angehen, werden*

---

1   Hier besteht ein direkter Bezug zu dem Lernziel des globalen Lernens Solidarität und Mitverantwortung vgl. auch Kapitel 3: Interkulturelle Kompetenz – mehr als ein Schlagwort.

2   Zur Definition von Interkultureller Kompetenz siehe auch Kapitel 3: Interkulturelle Kompetenz – mehr als ein Schlagwort.

3   Vgl. auch Steiner 2009: 272ff.

die anderen nicht müde, auf die Gefahren hinzuweisen, die auf den lauern, der das Rätsel lösen will.“[4]

Bereits 1952 wurden von den Ethnologen Alfred Louis Kroeber und Clyde Kluckhohn 164 verschiedene Definitionsversuche von Kultur aufgelistet.[5] Seither sind es noch mehr geworden. Nach Heidemann wäre eine allgemeingültige Kulturdefinition auch gar nicht sinnvoll, weil sie einer Weiterentwicklung des Kulturkonzeptes im Wege stehen könnte: *„Wer den Begriff ‚Kultur‘ für alle Kontexte und auch für zukünftige Forschung definieren möchte, läuft Gefahr, den Blick auf neue Aspekte und Perspektiven zu verbauen.“*[6]

Trotz dieser Schwierigkeiten ist es für die interkulturelle Praxis unerlässlich, mit einem Kulturbegriff zu arbeiten. Daher hat ESE im Rahmen einer Studie zur Vermittlung von Interkultureller Kompetenz in der Schule eine Arbeitsdefinition entwickelt,[7] mit der die verschiedenen Aspekte von Kultur zusammengefasst werden:

Kultur ist die vom Menschen geschaffene Welt.

Sie verändert sich ständig und folgt weder starren Regeln
noch ist sie an Grenzen gebunden.

Menschen unterscheiden sich in ihrer Kultur.
Sie leben und interpretieren sie auf ihre eigene Weise.

Diese Definition weist einerseits darauf hin, dass Kultur etwas Dynamisches und in ständiger Veränderung Begriffenes ist – ein Aspekt, dem im Kontext von Globalisierung und Migration eine immer größere Bedeutung zukommt. Andererseits betont sie die vielfältigen individuellen Formen von Kultur, wie sie im jeweils eigenen Alltagszusammenhang von Menschen gelebt werden.[8]

Was aber bedeutet das konkret? Wie äußern sich die verschiedenen Aspekte von Kultur im Lebensalltag? Um diese Fragen genauer zu betrachten, werden im Folgenden die drei Elemente der ESE-Arbeitsdefinition von Kultur näher beleuchtet.

---

4   Moosmüller 2004: 46, zitiert nach Bertels 2011: 13.
5   Kroeber und Kluckhohn 1952.
6   Heidemann 2011: 31.
7   Grundlage hierfür ist eine im Rahmen dieser Studie erarbeitete ausführlichere Kultur-Definition (Bertels u. a. 2004: 34). Eine ppt-Folie mit der Definition von Kultur findet sich in den Materialien – M 02.
8   Vgl. auch Bertels 2011: 7.

Kultur ist die von Menschen geschaffene Welt.

Bereits in der ersten Hälfte des 20. Jahrhunderts wurde „Kultur" in der ethnologischen Forschungsgeschichte von manchen Vertreterinnen und Vertretern des Faches eher als wissenschaftliche Hilfskonstruktion zum sinnvollen Sammeln von Daten und Erkennen von Bedeutungszusammenhängen verstanden denn als konkrete Realität.[9] Heute wird Kultur vor allem als soziales und individuelles Konstrukt gesehen[10] oder nach Heidemann als eine Vorstellung, die sehr reale Folgen hat.[11]

Kultur ist also die von Menschen geschaffene Welt. Als solche umfasst sie die mentalen, emotionalen, sozialen und materiellen Gegebenheiten – einschließlich der ihnen verliehenen Bedeutungen. Dazu gehören u. a. Weltsicht, Wertvorstellungen, Wissen, Gefühle, Sinneswahrnehmungen, Kommunikation, Verhalten, soziale, politische und wirtschaftliche Strukturen, Sprache und materielle Dinge, aber auch die Gestaltung der natürlichen Lebensumwelt. Die verschiedenen Aspekte von Kultur sind im Alltag immer präsent und lassen sich an einfachen Beispielen wie einer Eheschließung ablesen.

Heirat und Kultur
Gegenseitige Liebe der Brautleute wird bei uns als wichtigster Grund für eine Eheschließung angesehen. In anderen Kulturen kann dieser Aspekt eher nebensächlich sein und stattdessen ökonomischen oder politischen Gründen eine weitaus größere Rolle zukommen. Dabei gilt eine Heirat als Verbindung zwischen zwei Verwandtschaftsgruppen und nicht als persönliche Angelegenheit von zwei Menschen. Vom Moment der Eheschließung an können beide Gruppen mit gegenseitiger Unterstützung rechnen, zudem wird ein ständiger Gabenaustausch in Gang gesetzt. In solchen Gesellschaften würde man die Einstellung von Europäerinnen und Europäern, eine Ehe sei allein auf persönlichen Gefühlen aufzubauen, für sehr leichtsinnig oder gar für verrückt halten.[12] Für die Brautleute muss jedoch das Aushandeln der Ehe zwischen ihren Verwandtschaftsgruppen nicht automatisch bedeuten, dass sie gegen ihren Willen zur Heirat gezwungen werden und persönliche Gefühle überhaupt keine Rolle spielen.[13] In vielen Gesellschaften können junge Menschen sogar eine von ihren Verwandtschaftsgruppen ungewollte Ehe erzwingen.[14]

---

9   Vgl. Petermann 2010: 41 und 53. Bezug nehmend auf Kroeber und Kluckhohn (1952) führt er aus: Radcliffe-Brown und Murdock verstanden Kultur als Abstraktion, Herskovits als Konstrukt, Sapir als statistische Fiktion und Lowie als *„artificial unit segregated for purposes of expediency"* (Petermann 2010: 53).

10 Eine aktuelle Version bietet z. B. Moosmüller (2009: 13): *„Kultur und kulturelle Differenz sind keine Abbildungen von Realität sondern Konstrukte, die im Zusammenhang mit den jeweiligen Kontexten und Diskursen zu sehen sind."*

11 Heidemann 2011: 23.

12 Nach Lütkes 1995: 17.

13 Vgl. z. B. Lütkes 1997 und Kröger 1997.

14 Siehe auch Exkurs: Menschen brechen kulturelle Regeln in diesem Kapitel.

Abgesehen davon, dass Kultur jeden Lebensbereich durchdringt, hat jeder kultureller Aspekt darüber hinaus eine ihm zugeschriebene Bedeutung, die – je nach Lebenskontext eines Menschen – sehr unterschiedlich sein kann. Die Bedeutungszuschreibung beginnt schon bei den Nahrungsmitteln – Grundlage unseres täglichen Lebens. Auf den indonesischen Inseln Bali und Lombok z. B. gilt Reis nicht nur als unverzichtbarer Bestandteil jedes Gerichts, sondern hat auch große soziale und religiöse Bedeutung.

> **Reis – mehr als ein Nahrungsmittel?**
>
> „*Sudah bisa makan nasi' – ‚Kannst Du schon Reis essen?' wurde ich immer wieder gefragt, egal mit wem oder wo ich mich auf den Inseln Bali und Lombok aufhielt. Wieso ist das ‚Reis essen' denn hier so wichtig?' fragte ich mich. ‚Natürlich kann ich Reis essen!' erwiderte ich stets. Meine bejahende Antwort wurde immer mit Zufriedenheit und Erleichterung aufgenommen, ja es war jedes Mal eine Eintrittskarte in die Herzen und so etwas wie ‚Willkommen, dann gehörst du schon fast zu uns!' festzustellen.*
>
> *[...] Ich erfuhr, dass es vier verschiedene Wörter für Reis gibt. [...] Außerdem erklärte man mir, dass man erst heiraten dürfe, wenn man Reis kochen könne, dass eine Mahlzeit ohne Reis keine Mahlzeit sei und dass jemand, der kein* sawah *(Reisfeld) besaß, arm sei.*
>
> *Natürlich ändern sich die Zeiten [...]. Was sich nicht verändert hat, ist die große alltägliche Bedeutung von Reis im Leben der Menschen, dies geht auf alte Mythen zurück, von denen es viele verschiedene in Indonesien gibt.*"[15]

Ein anderes Beispiel sind Gesten, die in den verschiedenen Kulturen eine unterschiedliche Bedeutung haben können. In Bulgarien bedeutet z. B. das Kopfschütteln „Ja" und das Kopfnicken „Nein", während es in Deutschland genau umgekehrt ist.[16]

Die obigen Beispiele zeigen: Jeder Aspekt von Kultur – auch wenn er ähnlich oder sogar gleich erscheint – kann für zwei Individuen, aber auch für Menschen aus unterschiedlichen Kulturen eine ganz andere und sogar gegensätzliche Bedeutung haben.

---

15 Eylert 2009: 135f. Vgl. hierzu auch die UE 02 *Reis – mehr als ein Nahrungsmittel!?*, die bei ESE angefordert werden kann.

16 Vgl. auch Grosse und Reker 2010.

Abb. 2:
Reis ist ein wesentlicher
Bestandteil des alltäglichen
Lebens (Foto: Sabine Eylert)

Kultur als sozialer Prozess

Kultur wird von Menschen erlernt und weitergegeben und im täglichen Zusammenleben immer wieder bestätigt, verändert oder neu interpretiert. Dabei eignet sich nach Moosmüller die oder der Einzelne die Kultur derjenigen Gruppen an, mit denen sie oder er besonders häufig oder intensiv interagiert (z.B. Familie, Vereinigungen, Nachbarschaft, Kolleginnen und Kollegen, Dorfgemeinschaft).[17] Dies geschieht in bewussten und unbewussten Lernvorgängen.

Andererseits verfügen Gruppen oder Gesellschaften über kulturspezifische formelle und informelle Mechanismen, um „Kultur" und das dazugehörige Wissen sowie Weltbild, Verhaltensweisen, Werte und Regeln von Generation zu Generation weiter zu geben. Dazu gehören nicht nur die familiäre und öffentliche Erziehung (z.B. Schule), sondern auch die tägliche Interaktion mit Geschichten und

---

17 Moosmüller 2009: 13ff. und Berger und Luckmann 1987; vgl. auch Heidemann 2011:
   20. Nach Moosmüller kann Kultur deshalb auch als *„Produkt kommunikativ vernetzter
   Akteure"* verstanden werden (Moosmüller 2009: 14).

Erzählungen, Zurechtweisungen und Belohnungen, Sprichwörtern, Witzen, Alltagsgesprächen, Wiegenliedern, Imitation von Handlungen und Verhaltensweisen und vielem mehr.[18] Auch hier findet die Vermittlung der Inhalte auf der bewussten und der unbewussten Ebene statt. Vielfach wird dieser Prozess als Sozialisation oder von Ethnologinnen und Ethnologen auch als Enkulturation bezeichnet.[19]

Vor allem die unbewussten Lern- und Lehrvorgänge bewirken, dass sich Menschen vielfach gar nicht darüber im Klaren sind, wie viele ihrer Vorstellungen, ihres Denkens und Handels kulturell geprägt sind und oft zu einer bereits in frühestem Alter erworbenen Identität gehören, die häufig unreflektiert bleibt.[20]

Abb. 3:
Frauen aus Namibia
(Foto: Sabine
Klocke-Daffa)

Ein sehr sichtbares Beispiel für diese sozialen Prozesse ist der eigene Körper, für den es u.a. kulturspezifische Schönheitsideale oder auch Normen für den Umgang

18 Vgl. z.B. Egli und Kersten 2010 sowie Müller und Treml 1992.
19 Kron (2008: 43ff.) sieht daher die Didaktik als *„Enkulturationswissenschaft“*.
20 Siehe auch Kapitel 3.3: Wo ist der Mittelpunkt der Welt? – Das Phänomen Ethnozentrismus.

mit ihm gibt. Gleichzeitig werden mit und durch den Körper Wertvorstellungen zum Ausdruck gebracht.[21]

Schöne dicke Beine
Für die Nama in Namibia ist ein Körper mit üppigen Formen Ausdruck von Wohlsituiertheit und Reife. „*Eine schöne Frau hat breite Hüften, kräftige Beine und seidige Haut.*"[22] Aber sie soll auch von innen heraus strahlen. Das kann sie nur, wenn sie auch glücklich ist. Denn Glücklichsein macht schön.[23]

Kultur verändert sich ständig und folgt weder starren Regeln noch ist sie an Grenzen gebunden.

Kultur hat auch einen kollektiven Charakter: Gemeinschaften oder gesellschaftliche Gruppen mit gemeinsamen Kulturmerkmalen werden oft als „Kulturen" bezeichnet. Je nach Kontext kann eine Kultur ein spezifisches soziales Milieu, eine regionale Einheit, eine Sprachgruppe, einen Staat, ein durch Migration entstandenes trans- oder internationales Netzwerk von Menschen oder einen Kontinent meinen.[24]

Das heißt: Kulturen sind weder an einen Ort gebunden noch können die Grenzen zwischen ihnen genau gezogen werden.[25] Mit zunehmender Globalisierung wird auch immer deutlicher, was Ethnologinnen und Ethnologen in ihren Forschungen schon lange festgestellt und theoretisch weitergedacht haben: Kultur ist keine gegebene Einheit, sondern eher einem Bedeutungsgewebe[26] und Netzwerk – oder genauer: Beziehungsnetzwerk – vergleichbar.[27] Deshalb werden Kulturen, vor allem im Kontext von Zuwanderung, mittlerweile auch als „*transnationale soziale Räume*"[28] verstanden. Der Bezug auf einen geografischen Raum verliert damit an Bedeutung.[29] Die ethnologische Untersuchung globaler Migration war ein wichtiger Anstoß für diesen Paradigmenwechsel.[30]

---

21 Ausführlich zu diesem Thema vgl. Schmidt 2004.
22 Klocke-Daffa 2004: 45.
23 Ebd.; vgl. auch Wittler 2012, die Ähnliches zu Mauretanien berichtet.
24 Vgl. Bertels u. a. 2004: 34, Beer 2003: 60f. und Antweiler 1998: 23.
25 Vgl. auch Heidemann 2011: 225, Petermann 2010: 61f., Rathje 2009: 90ff., Moosmüller 2007: 19ff., Beer 2003: 67 und Antweiler 1998: 23f.
26 Geertz 1983: 15.
27 Vgl. Petermann 2010: 63f. und Moosmüller 2009: 14f.
28 Dieser Begriff wurde maßgeblich von Basch u. a. 1994 sowie Levitt und Glick Schiller 2004 geprägt. Zur Kultur als sozialem Feld vgl. auch Heidemann 2011: 225 (Hervorhebung durch die Autorinnen). Zu transnationalen Netzwerken, die Deutschland einbeziehen, vgl. z. B. Römhild 2003: 46f.
29 Vgl. auch Heidemann 2011: 27f.
30 Vgl. z. B. Lauser und Weißköppel 2008: 7f.

Allerdings wird mittlerweile auch darauf hingewiesen, dass transnationale soziale Räume ihrerseits an Lokalitäten angebunden sind – nur auf andere Weise: Einerseits *„docken"* sie *„an konkreten Orten an wie Schiffe in einem Hafen"*[31], andererseits wird die jeweils mitgebrachte Kultur vom „Ankerplatz" aufgenommen, verändert und letztlich ein Teil von ihm. Umgekehrt werden diese Orte nicht nur zu Stätten kultureller Begegnung, sondern selbst auch Teil des transnationalen Netzwerkes.[32] Solche Lokalitäten können z. B. das multikulturelle Stadtviertel, das Diplomatenviertel, die Universitätsstadt, der Standort des multinationalen Unternehmens oder Flüchtlingswohnheims sowie der Geburtsort der Kinder von Migrantinnen und Migranten in irgendeinem Land Europas, Asiens, Afrikas, Nord- oder Südamerikas, Australiens oder Ozeaniens sein.

Kultur verändert sich ständig

Auch wenn Menschen sich auf kulturelle Traditionen oder ethnische und kulturelle Grenzen berufen, sind diese keineswegs starr und statisch. Im Gegenteil: Menschen verändern ihre Kultur ständig, passen sie an neue Gegebenheiten an und entwickeln sie weiter.[33]

Jede Generation erschafft ihre kulturelle Wirklichkeit von Neuem – in Auseinandersetzung mit dem Bestehenden, das sie vorfindet. Auch Traditionen waren irgendwann einmal eine Neuerung, wandeln sich – vielleicht auch nur in geringfügigen Details – in der Gegenwart und werden in der Zukunft neu gestaltet.[34]

Das Westfälische Schützenfest
Die Schützengesellschaften gehen zurück auf das Mittelalter und die frühe Neuzeit. Ihnen oblag die Verteidigung und Instandhaltung der Stadtmauern. Damals waren die Schützen eine ausgewählte Gruppe von wohlhabenden Stadtbürgern, die im Umgang mit Waffen geübt war. Ab dem 17. Jahrhundert wurden auch von der ländlichen Bevölkerung Schützenvereinigungen gebildet. Das Schützenfest wurde zu einem Volksfest. Ungefähr seit Mitte des

---

31 Heidemann 2011: 28. Diese konkreten Lokalitäten werden jedoch vor dem Hintergrund der Erfahrung der *„De-Territorialisierung"* der Migrantinnen und Migranten anders wahrgenommen. (Vgl. Heidemann 2011: 226, der Vertovec (2009: 4ff.) zusammenfasst).
32 Petermann 2010: 61. Diese Lokalitäten können auch als die Knotenpunkte transnationaler Netzwerke verstanden werden.
33 Viele interkulturelle Trainings berücksichtigen diese Entwicklung leider nicht und begnügen sich damit, statisches und stereotypes Wissen über andere Kulturen zu vermitteln (vgl. auch Breidenbach und Nyíri 2001:71).
34 Vgl. auch Beer 2003: 67.

19. Jahrhunderts entwickelte sich mit der allgemeinen Entstehung des Vereinswesens auch die flächendeckende Verbreitung des Schützenfestes in Westfalen. Jedes Jahr wird beim Vogelschießen der Schützenkönig ermittelt. Heute nehmen auch Frauen aktiv am Schießwettbewerb auf die Stange mit dem Holzvogel teil. Vor einigen Jahrzehnten noch undenkbar, wird dies vor allem in Städten und größeren Ortschaften zur Selbstverständlichkeit.[35]

Dabei werden auch kulturelle Regeln von der und dem Einzelnen verändert und weiter entwickelt. Individuen sind damit immer auch Gestalter von Kultur und Kulturwandel – oder wie Beer es formuliert: *„Menschen sind keine Marionetten und aus dem abweichenden Verhalten einzelner können neue Verhaltensroutinen für die ganze Ethnie entstehen."*[36]

Kulturwandel entsteht jedoch nicht nur durch geschichtliche Wandlungsprozesse oder Anpassungen an ökologische Veränderungen, sondern auch durch Kulturkontakt in mehr oder weniger friedlichen Begegnungen zwischen Menschen aus unterschiedlichen Gesellschaften. Dabei werden Elemente aus der jeweils anderen Kultur übernommen und im eigenen kulturellen Kontext weiterentwickelt.

Eine Welle solcher Veränderungen diesseits und jenseits des Atlantiks wurde z. B. durch Christoph Kolumbus und die aus europäischer Sicht „Entdeckung der Neuen Welt" – Amerika – ausgelöst.[37] Von hier wurden nicht nur viele neue Nahrungsmittel wie Kartoffel, Tomate und Mais[38] nach Europa mitgebracht, sondern auch die Hängematte[39] oder der Kautschuk für die Gummiproduktion und viele neue Ideen, die die politische Entwicklung in Europa grundlegend beeinflussten. Darüber hinaus profitierte auch der medizinische Fortschritt von indigenen Arzneien Amerikas: Die als Anti-Malariamittel genutzte Chinarinde führte z. B. zur Entdeckung des Chinins.[40] Aber auch der Kaffee aus Afrika[41], der Bungalow aus

---

35 Vgl. Brünenberg 2007a: 9ff. und Schepper-Lambers 2007: 55ff. Anmerkung: Im Jahr 2007 gab es eine bahnbrechende Neuerung beim Paderborner Schützenfest: Ein Türke wurde Schützenkönig – *„der Gipfel der Integration"* (Welt Online 2007), wie die Welt online schreibt. Das Jahr 2011 weist erneut auf einen möglichen zukunftsweisenden Wandel hin: Es entbrannte eine Debatte um die formale Zulässigkeit eines gemeinsam repräsentierenden homosexuellen Königspaares (vgl. z. B. Westfälische Nachrichten vom 03.08.2011 und Münstersche Zeitung vom 22.10.2011) Möglicherweise entwickelt sich hier in der Zukunft erneut ein Wandel in einigen Form- und Bedeutungsaspekten des Schützenfestes.

36 Ebd.: 57.

37 Vgl. auch den Exkurs: Wie die „neue Welt" die alte veränderte in Kapitel 5: Perspektivenwechsel im Schulunterricht.

38 Vgl. dazu auch Unterrichtsmaterialien *Die Gemüsetheke* (UE 9) und *Eine Knolle auf Reisen* (UE 10), die bei ESE angefordert werden können, sowie *Popcorn – Mais ist mehr als ein Snack* (UE 11), die im Download zu finden ist.

39 Vgl. auch die Unterrichtseinheit *Auf den Spuren von Kolumbus* (UE 04).

40 Siehe z. B. Hobhouse 2001: 19ff.

41 Vgl. Heise 1996: 11 und 15ff. sowie Ferré 1991:17.

Indien[42] oder die Tulpe aus dem Orient[43] könnten hier Erwähnung finden.

Heute zeugen der Erfolg von Döner und Falafeltaschen als neues Fast Food aus der Türkei und Ländern des Nahen Ostens in vielen deutschen Straßenläden von einem solchen Kulturwandel.[44] Bahnbrechend war und ist in dieser Hinsicht auch die Tomate, ebenfalls aus Mittelamerika, die sich einen wahrhaft globalen Platz in der Küche vieler Kulturen eroberte.[45] Heute landet sie mit Gerichten aus aller Welt – Pizza, Ketchup, Spaghetti Bolognese, griechischem Salat, afrikanischen und asiatischen Gerichten und nicht zuletzt dem Döner –, die oftmals von Migrantinnen und Migranten nach Deutschland mitgebracht wurden, auf den hiesigen Esstischen.

Ketchup – eine globale Soße

Der Name „Ketchup" kommt vermutlich aus Asien und bedeutet wohl einfach nur Soße. Wenn man in Indonesien „Ketchup" bestellt, bekommt man z. B. eine würzige Sojasoße. Die Briten führten Sojasoße im späten 17. Jahrhundert in Europa ein. Im späten 18. Jahrhundert gab es eine Vielzahl von „Ketchups" in England, die im Wesentlichen durch Essigzusatz haltbar gemachte Nahrungsmittel in Pasten- oder Soßenform waren. Vor allem drei Ketchup-Sorten waren sehr beliebt: Pilz-, Fisch- und Walnussketchup.

Die Tomate war damals noch nicht im Ketchup vorhanden. Britische Siedler brachten ihre Ketchup-Rezepte mit in die USA. Dort kamen dann auch die Tomaten in den Ketchup. Das erste Rezept wurde 1812 veröffentlicht. Tomatenketchup wurde in den USA zu einer der beliebtesten Ketchup-Sorten und mit der industriellen Herstellung fast zu einem Synonym für Ketchup überhaupt. Die Tomaten wurden übrigens zuerst in Mittelamerika angebaut und kamen mit den Spaniern nach Europa und in die heutigen Vereinigten Staaten. Nach Deutschland kam der Ketchup in den 1950er Jahren aus den USA.[46]

---

42 Der Bungalow ist als britischer Kolonialbau in Indien entstanden. Allerdings hat die Bauweise auch indische Wurzeln und wurde zudem im kolonialen und postkolonialen Indien insbesondere von der einheimischen Mittelklasse in einem neuen kulturellen Kontext weiterentwickelt und zu einem weit verbreiteten populären Wohngebäude (vgl. Desai u. a. 2012). Aus dem Vorbild des indischen Bungalows entwickelte sich ab den 1880er Jahren der amerikanische Bungalow (vgl. Lancaster 1958: 239f.).

43 Die Tulpen kamen aus dem Orient (insbesondere dem persischen Raum) über das Osmanische Reich (v. a. die heutige Türkei), wo sie extensiv kultiviert wurden, nach Mitteleuropa (vgl. z. B. Pavord 2003: 33ff.).

44 Ursprünglich war Döner ein Tellergericht. Wahrscheinlich wurde die Fast-Food-Variante im Fladenbrot von türkischen Migrantinnen und Migranten in Berlin erfunden. Vorbild mag ein mit Döner gefülltes Stangenweißbrot gewesen sein, das auf den gängigen Autostrecken „Türkei-Deutschland" für die Hin- bzw. Rückreise der „Gastarbeiter" im Straßenverkauf angeboten wurde (Seidel 1996).

45 Vgl. Unterrichtseinheit *Die total globale Tomate*. Diese Unterrichtseinheit enthält Audioclips und kann bei ESE angefordert werden.

46 Vgl. Smith 2001: 3ff.

Diese Beispiele sind nur wenige von vielen. Sie zeigen, dass gesellschaftliche Entwicklung und Innovation – auch auf globaler Ebene – wesentlich durch kulturellen Austausch initiiert, getragen und angeregt werden.

* * *

Exkurs: Kulturen, Ethnien und kulturelle Grenzen

Für den Begriff „Kulturen" im Sinne von Gemeinschaften wird häufig synonym der Begriff „Ethnien"[47] verwendet. Dem Wortsinn nach ist „Ethnie" vom griechischen *ethnos* abgeleitet – „Volk" in der deutschen Übersetzung. Der Begriff „Ethnie" hat jedoch in der wissenschaftlichen Diskussion längst die Anklänge an klar voneinander abzugrenzende „Völker" mit starren, unveränderlichen Kulturtraditionen überwunden. Ähnlich wie hinsichtlich des Begriffs „Kulturen" hat spätestens mit der Globalisierung ein Umdenken stattgefunden: Ethnien sind nicht notwendigerweise an territoriale Räume oder an Grenzen gebunden, was insbesondere im Kontext globaler Migration deutlich wird. Aber auch die Sinti und Roma können hier als Beispiel angeführt werden.

Wesentliches Kriterium der Definition einer Ethnie ist das Bewusstsein, eine „Wir-Gruppe" zu bilden.[48] Ihre Mitglieder nehmen für sich in Anspruch, bestimmte kulturelle Merkmale zu teilen – z. B. Geschichte, Sprache, Kleidung, materielle Kulturgüter, Ernährung, Verhaltensweisen, Religion, körperliche Merkmale,[49] Verwandtschaft[50] oder Traditionen und Lebensweisen[51]. So grenzen sie sich nach außen ab. Nach innen wird gleichzeitig die Einhaltung ihrer kulturellen Regeln erwartet, um Mitglied der Gruppe zu bleiben.[52]

Auch von außen werden ethnischen Gruppen bestimmte kulturelle Merkmale zugeschrieben, mit denen sich eine Wir-Gruppe gegen die andere abgrenzt. Die eigenen und die fremden Zuschreibungen müssen jedoch nicht übereinstimmen: *„Viele der europäischen Berichte über Kannibalen (‚Menschenfresser') beruhten etwa auf Behauptungen über jeweils Nachbarn."*[53] Kulturelle Zuschreibungen von innen und von außen können sehr langlebig und starr sein – obwohl sich die aktuelle Lebensweise und Lebenssituation längst geändert hat.

---

47 Zu den Ausführungen zum Begriff „Ethnie" vgl. u. a. Heidemann 2011: 215ff., Hansen 2007, Elwert 2005, Beer 2003, Antweiler 1998, Eckert 1998 und Elwert 1989.
48 Vgl. Elwert 2005: 99f. und Antweiler 1998: 23f.
49 Antweiler 1998: 25.
50 Elwert (2005: 100) betont v. a. das Kriterium der Verwandtschaft, womit er durch den Bezug zur Familie eine „Erblichkeit" der Zuordnung bzw. der Identität herstellt.
51 Beer 2003: 55.
52 Hansen 2007: 23; vgl. auch Moosmüller (2009: 15) zur Nicht-Beliebigkeit der Auswahl kultureller Werte und Handlungsformen durch den Einzelnen – es sei denn, ein Individuum ruft selbst eine Gruppe ins Leben.
53 Beer 2003: 55.

Die Kartoffel und die Deutschen

Auch in Deutschland wurde die Kartoffel, die die Spanier aus den südameri-kanischen Anden mit nach Europa brachten, nach einigen Startschwierigkeiten heimisch. Sie wurde im Laufe der Zeit zu einem Grundnahrungsmittel und ist Bestandteil vieler „typisch deutscher" Gerichte. Die Kartoffel wird sogar als „so deutsch" angesehen, dass sie mittlerweile Inhalt eines neuen Stereotyps für Deutsche geworden ist: „*Du deutsche Kartoffel*" gilt, vor allem in multi-kulturellen Klassen, als Schimpfwort.[54] Dabei wird jedoch außer Acht gelas-sen, dass erstens die Kartoffel gar nicht aus Deutschland kommt und zweitens der Kartoffelkonsum in Deutschland in den letzten 40 Jahren drastisch gesun-ken ist. Mittlerweile sind Reis und Nudelprodukte gern gegessene Alternati-ven. Diese Erkenntnis ruft im Unterricht regelmäßig ein „Aha"-Erlebnis bei den Schülerinnen und Schülern hervor.

Gruppenzugehörigkeit, Identität und die damit einhergehende zugeschriebene kul-turelle Differenz sind situationsabhängig: „*Eine Reise vom Wohnort an einen fer-nen Ort transformiert zumindest aus der Fremdperspektive die Identität eines Reisenden von Station zu Station, bis er – ungeachtet seiner regionalen Zuge-hörigkeit – als Repräsentant seines Nationalstaates oder Kontinents oder seiner Hautfarbe gilt.*"[55]

Ethnische Gruppen sind somit eine soziale Kategorie, während kulturel-le Merkmale spezifische Inhalte bereit stellen.[56] Allerdings muss mit Beer betont werden, dass Kultur und Ethnie nicht deckungsgleich sind.[57] Eine gemeinsame Kultur muss nicht wesentliches Kriterium ethnischer Zugehörigkeit sein.[58] Ethni-sche Gruppen können sich beispielsweise auf Grund einer gemeinsamen sozialen Situation des „Andersseins" bilden oder auch nur von Dritten als solche gesehen werden, wie dies u. a. oft bei Flüchtlingen oder Ausländerinnen und Ausländern geschieht.[59] Solche Zuordnungsfehler von außen fassen Menschen in ethnische Gruppen zusammen, die vorher gar keine gemeinsame Gruppe gebildet und sich damit auch nicht auf gemeinsame Kulturmerkmale bezogen haben – und dies viel-leicht selbst auch künftig nicht tun werden.

---

54 Vgl. Weißköppel 2001 und Römhild 2003: 43.
55 Heidemann 2011: 217.
56 Vgl. Beer 2003: 56.
57 Ebd.: 60.
58 Vgl. ebd.: 56, Elwert 2005 und Elwert 1998: 123.
59 Siehe auch Kapitel 3.1: Die Grundlage – Interesse und Informationen – Exkurs: Das Eigene und das Fremde. Vgl. z. B. Elwert (1998: 123) für entsprechende Prozesse in Europa während des Mittelalters.

Die Erschaffung von Ethnien
„Wir"-Gruppen können auch durch fehlerhafte Fremdzuschreibungen entstehen. So wurden z. B. in Afrika Bezeichnungen von Ethnien zum Teil von den Kolonialherren frei erfunden oder die Eigenkriterien der Zuordnung nicht verstanden. Auf diese Weise wurden Ethnien administrativ erfasst, die gar nicht existierten.[60] Es gibt jedoch auch den umgekehrten Fall, in dem sich kleinere „Wir-Gruppen" zu größeren Ethnien verbinden: *„Die Kilimanjaroregion gehört zu den am dichtesten besiedelten in ganz Tansania. Im 15. Jh. schlossen sich hier Völker, die bis dahin in verschiedenen ethnischen Gruppen organisiert waren, zu einer politischen Einheit zusammen – die Chagga, die bis heute die Hänge besiedeln, dort überwiegend Landwirtschaft betreiben (vorwiegend Anbau von Arabica-Kaffee, Kochbananen und in geringerem Maße Viehzucht) und zu den größten Volksgruppen in Tansania gehören."*[61]

Nach Beer sind jedoch die Grenzen von Ethnien oftmals offen und flexibel und werden – nicht zuletzt durch Beziehungen zu anderen „Wir"-Gruppen – immer wieder neu interpretiert. Dies gilt auch für den Inhalt ihrer Vorstellungen über die eigenen Zugehörigkeitsmerkmale.[62]

Nichtsdestotrotz kann die Bildung von Ethnien als Grenzziehungsprozess verstanden werden, der Menschen in „Eigene" und „Fremde" einteilt.[63] Dieser Prozess wird auch „Ethnizität" genannt.[64]

Ethnische und kulturelle Grenzen können sich jedoch – z. B. auf Grund von Verhalten und Fehleinschätzungen anderer „Wir"-Gruppen – so verfestigen, dass sie ihre grundsätzliche Offenheit und Flexibilität verlieren.[65] Zuschreibungen können so zu mentalen Grenzen werden. Im Extremfall führt dies durch Stereotypisierung ganzer sozialer Gruppen zum Missbrauch kultureller Differenz für Ausgrenzung einerseits[66] oder andererseits zum so genannten Kulturalismus. Nach Appadurai ist Kulturalismus *„die bewusste Mobilisierung kultureller Unterschiede im Dienste einer weitreichenderen nationalen oder transnationalen Politk".*[67] Für Stagl hingegen *„will [der Kulturalismus] Kulturelles nur durch Kulturel-*

---

60 Vgl. Heidemann 2011: 219. Ein Beispiel für die koloniale Erfindung einer Ethnie sind nach Dozon die Bété in der Elfenbeinküste (Dozon 1985).
61 Chuwa 2004a: 245.
62 Beer 2003: 57.
63 Siehe auch Kapitel 3.1: Die Grundlage – Interesse und Informationen – Exkurs: Das Eigene und das Fremde.
64 Vgl. Antweiler 1998: 25ff. und Eckert 1998: 273; zu Ethnizität siehe auch Heidemann 2011: 216, Elwert 2005: 99 und Orywal 2005: 100.
65 Vgl. z. B. Elwert 2005: 100 in Bezug auf Canfield 1973.
66 Vgl. Moosmüller 2009: 23f.; gemeint ist hier die *„Machtabhängigkeit von Kulturzuschreibungen"* und die Gefahr des *„,othering' – kulturelle Differenz zu essentialisieren und für Ausgrenzung zu missbrauchen."* Zum so genannten Othering vgl. auch Riedel 2012: 210ff.
67 Appadurai 1996: 15; Übersetzung der Autorinnen.

les erklären. [...] Die über alles verfügende Kultur aber ist von Menschen gemacht und kann daher auch wieder neu gemacht, dekonstruiert und rekonstruiert werden."[68] Kulturalismus erklärt Kultur zur Ursache jeder menschlichen Regung und jedes menschlichen Ausdrucks. Dabei wird einerseits vergessen, dass Kultur von Menschen gemacht und veränderlich ist[69] und andererseits, dass es zwischen Menschen nicht nur Unterschiede, sondern auch Gemeinsamkeiten gibt.[70] So kann auch Kulturalismus zum bewussten oder unbewussten Mittel der persönlichen oder politischen Abgrenzung oder Ausgrenzung werden. Ebenso kann auf diese Weise bewusst (oder unbewusst) ein mit kultureller Differenz verbundenes Machtgefälle mobilisiert und sichtbar gemacht werden, das unter Umständen auch für die Durchsetzung eigener Interessen nutzbar ist.

Alles Kultur?
„Fatima ist in Deutschland geboren. Sie lebt mit ihren Eltern und dem etwas älteren Bruder in Köln. [...] Fatima ist es leid, in der Schule von Lehrerinnen und Lehrern und auch Mitschülerinnen und Mitschülern immer wieder auf ihre Kultur angesprochen zu werden. Immer wieder soll sie erklären, warum dies oder das bei ihnen – den Muslimen – so ist. ‚Oft weiß ich gar nicht, was ich dazu sagen soll, weil das bei uns gar nicht so ist, wie sie meinen', erzählt Fatima genervt. ‚Immer wenn ein familiäres Problem in den Familien von uns Ausländern auftaucht, heißt es gleich, dass das mit unserer Kultur zu tun hat. Das ist so ein Blödsinn! Sie zeigen uns immer wieder, dass wir anders sind, manchmal glaube ich, sie wollen gar nicht, dass wir wirklich dazu gehören. Aber sie sprechen ständig von Integration und so!'"[71]

Die umgekehrte Grenzziehung durch die so genannte reaktive Ethnizität oder Selbst-Ethnisierung innerhalb einer Gesellschaft kann ebenfalls zum Problem werden. Nach Hall bedeutet Selbst-Ethnisierung, das Streben nach Gleichberechtigung in einer Gesellschaft aufzugeben.[72] Moosmüller fasst Hall folgendermaßen zusammen: Die gemeinsame ethnische Identität funktioniert *„als eine Art emotionaler Schutzschild"*, mit dessen Hilfe *„die negativen, durch Diskriminierungserfahrungen hervorgerufenen Gefühle"* durch ein *„Wir-sind-anders-Bewusstsein"*, eigentlich ein *„Wir-sind-besser-Bewusstsein"*, abgewehrt werden.[73] Auch in Deutschland ist diese Form der Selbst-Ethnisierung zunehmend zu beobachten. Häufig bezeichnen sich mittlerweile deutsche Jugendliche mit Migrationsvorgeschichte als *„stolze Ausländer"*[74] – und übernehmen damit die ausgesprochenen

---

68   Stagl 2008: 94f.
69   Vgl. Kapitel 2: Was ist Kultur? – Eine Einführung in die globale Alltäglichkeit.
70   Vgl. z.B. Antweiler 2009.
71   Vgl. auch die Unterrichtseinheit „Was ist Heimat?" (UE 08).
72   Nach Moosmüller 2009: 36, der Hall 2000 zusammenfasst.
73   Ebd.
74   Bertels 2011: 10; vgl. z.B. Bozay 2005 und 2007 sowie Çelik 2005.

oder unausgesprochenen Zuschreibungen von Deutschen ohne erkennbare Migrationsvorgeschichte.[75]

Häufig wird auch in von ESE durchgeführten Schulprojekten von Kindern und Jugendlichen mit Migrationsvorgeschichte klar zwischen „den Deutschen" und „uns" unterschieden. Dabei werden von den Kindern und Jugendlichen mit Migrationsvorgeschichte oft z. B. die folgenden Formeln gleichzeitig benutzt: *„Wir sind von hier!"*, *„Ich bin Russe, Portugiese oder Türke etc.*", *„Ob ich schon mal in einem fremden Land war? Ja, in Russland, Portugal oder Istanbul!"* Scheibelhofer beschreibt diesen Prozess am Beispiel des 17-jährigen Mesut, der mit sechs Jahren aus der Türkei nach Österreich kam.[76]

Der Türke Mesut?
„Mesut beschreibt sich selbst als Türke*. Das scheint für ihn nur natürlich zu sein, weil er nicht berichten kann, jemals von Österreichern anders genannt worden zu sein. In diesem sozialen Umfeld ist Mesut ein* Türke *und er eignet sich dieses Etikett an.*"[77]

Nach Schulze wird die eigene Zuschreibung der Nationalität zum Herkunftskontext der Eltern *„unter dem mehrheitsgesellschaftlichen Blick"* auch in der zweiten Generation erwartet.[78] Sogar die dritte Generation kann sich noch mit diesem Problem konfrontiert sehen.[79]

Allerdings entstehen nach Römhild so auch *„transnationale Alltagskulturen"*,[80] die vor allem von Jugendlichen mit Migrationsvorgeschichte gelebt werden. Nach einer ethnografischen Studie in Frankfurt am Main beschreiben sich Jugendliche der zweiten Einwanderergeneration als *„Frankfurter Türken"*.[81] Allerdings meinen sie *„nicht das deutsche Frankfurt, [...] nicht die Stadt als Teil der nationalen Republik, sondern die potentiell weltstädtische Metropole, die sozialen und kulturellen Raum für Projekte wie ihres bietet."*[82] Nach Römhild führen diese zunehmenden vielfältigen Verbindungen zwischen dem Globalen und Lokalen zu einer so genannten Glokalisierung von Kulturen.[83]

* * *

---

75 In Deutschland ist Migration keine neue Erscheinung, sondern ein „historischer Normalfall". Oft erinnern nur noch die Familiennamen an eingewanderte Vorfahren. In vielen Fällen ist die Migrationsgeschichte gar nicht mehr kenntlich und wird auch nicht erinnert. Zum geschichtlichen Normalfall Migration vgl. z. B. Krüger-Pottratz 2007: 36f.
76 Scheibelhofer 2007: 278, vgl. auch Römhild 2003: 44f. für Frankfurt am Main.
77 Ebd.; Übersetzung der Autorinnen.
78 Schulze 2007: 98.
79 Ebd.
80 Römhild 2003: 42.
81 Sauters 2000, zitiert in Römhild 2003: 48.
82 Ebd.
83 Ebd.: 49.

Menschen unterscheiden sich in ihrer Kultur. Sie leben und interpretieren sie auf ihre eigene Weise.

Gerade die genannten Prozesse von kulturellem Wandel verdeutlichen, dass Kulturen oder Ethnien keine inhaltlich homogenen Gruppen sind. Auch innerhalb einer Gesellschaft ist Kultur schr „divers" – nicht nur was lokale und regionale Unterschiede angeht, sondern auch in Bezug auf soziale Gruppen. Nicht umsonst spricht man von „Vereinskultur", „Jugendkultur" und „Unternehmenskultur", die zunehmend auch von Ethnologinnen und Ethnologen untersucht werden.[84] Darüber hinaus ist die Wahrscheinlichkeit groß, dass ein Mensch Mitglied verschiedener sich überlappender Kulturen ist.

Die Kulturen eines Individuums
„Weil für die Individuen die Vernetzungsmöglichkeiten aber vielfältig sind und sich die Akteure in verschiedenen Netzwerken bewegen, existieren mehrere sich überlappende Kulturen. Ein Individuum ist zum Beispiel Familienmitglied und hat wahrscheinlich Teile dieser spezifischen Familienkultur, an deren Schöpfung es beteiligt ist, internalisiert; es ist zudem Mitglied eines Tennisclubs und hat womöglich Elemente dieser besonderen Vereinskultur, deren Mitschöpfer es ist, übernommen und schließlich ist es auch Mitarbeiter eines Unternehmens und hat sich vermutlich Aspekte der corporate culture, die von ihm mitgeschaffen wurden, angeeignet."[85]

Natürlich gibt es in einer multikulturellen Gesellschaft auch Menschen mit sehr unterschiedlicher Migrationsvorgeschichte oder ethnischer Herkunft. Menschen unterscheiden sich weiter nach Geschlecht, Alter, Behinderung oder Nicht-Behinderung, sexueller Orientierung sowie weltanschaulicher bzw. religiöser Orientierung, Hautfarbe oder Lebensstil. Alle diese Unterschiede – mittlerweile auch Bereiche ethnologischer Forschung[86] – werden vom so genannten Diversity-Ansatz zusammengefasst.[87] Diversity Management – als Konzept der Unternehmensführung in den USA entwickelt – will Chancengleichheit und Nicht-Diskriminierung

---

84 Zu westfälischen Schützenvereinen vgl. Brünenberg 2007a: 8ff.; zu Jugendkultur vgl. z.B. Weißköppel 2001 und Dracklé 1996. Zur Erforschung von „Unternehmenskultur" hat sich ein eigener Zweig der Ethnologie etabliert: die so genannte Organisationsethnologie (vgl. z.B. Spülbeck 2009 und Beer 2003: 60).

85 Moosmüller 2007: 14f.

86 Zum Alter vgl. z.B. Dracklé 1998; zu Behinderung u.a. Wagner 2011 und Schönhuth 2007; zu Geschlecht und sexueller Orientierung vgl. z.B. Kalka und Klocke-Daffa 2006; Weltbild und Religion sind per se Gegenstand ethnologischer Forschung – Weltbilder u.a. innerhalb der so genannten kognitiven Ethnologie, Religion z.B. im Rahmen der Religionsethnologie; zu körperlichen Unterschieden und Rassismus vgl. z.B. Beer 2002.

87 Diese Unterschiede zählen zu den so genannten Kernkategorien (Schönhuth 2010: Anm 12).

der Beschäftigten gewährleisten.[88] Der Diversity-Ansatz mit den Kriterien Rasse, ethnische Herkunft, Geschlecht, Religion oder Weltanschauung, Behinderung, Alter und sexuelle Identität wurde 2006 auch in das Allgemeine Gleichbehandlungsgesetz (AGG) übernommen.[89] Alle diese sozialen Zielgruppen sind Mitglieder unterschiedlicher kultureller Netzwerke, die – wie oben erläutert – heute u. a. auch von Ethnologinnen und Ethnologen erforscht werden.[90] Deshalb machen sie nicht nur die Vielfalt einer Gesellschaft deutlich, sondern auch die Notwendigkeit interkultureller Bildung mit dem Ziel der Interkulturellen Kompetenz im Umgang mit ihnen und für ihren Umgang untereinander.[91]

Kultur und Lebenskontext

Kulturen sind nicht nur keine homogenen Einheiten, sondern haben darüber hinaus auch individuelle Aspekte. Denn Menschen interpretieren und leben Kultur aus ihrem jeweils eigenen Lebenskontext heraus.

In vielen Lebenssituationen müssen sie sich zwischen unterschiedlichen Werten und unterschiedlichen Wegen entscheiden, die sie einschlagen wollen. Auch ungewöhnliche Situationen müssen sie aus dem Kontext ihrer jeweiligen Kultur heraus bewältigen. Nicht immer entsprechen ihre Entscheidungen dabei den – ebenfalls kulturell begründeten – Erwartungen Anderer.

In Ghana z. B. migrieren nach Meier viele Menschen aus dem Norden in den Süden des Landes und vor allem in die Hauptstadt Accra. Das Nord-Süd-Gefälle in Ghana ist in wirtschaftlicher Hinsicht gewaltig. Im Süden wird den Menschen aus dem Norden eine allgemeine Herabsetzung entgegengebracht, dazu kommen viele gegenseitige Vorurteile der kulturell sehr verschiedenen Ethnien.[92] *„Fast ausnahmslos bekunden Migranten ihre feste Absicht, wieder in ihre Heimat zurückzukehren – für immer in der Fremde zu bleiben bzw. gar sterben zu müssen, ist für sie eine schreckliche Vorstellung."*[93] Allerdings lastet auf den Migrantinnen und Migranten ein enormer Erwartungsdruck der zurückgebliebenen Familie im Norden, die hauptsächlich von der Eigenproduktion in der Landwirtschaft lebt. Zu Hause herrscht die Auffassung, dass in den großen Städten in Ghana (wie auch im europäischen Ausland) sozusagen paradiesische Zustände herrschen. So stellt man sich die Heimkehrerinnen und Heimkehrer als ausgesprochen wohlhabend vor.[94] Entsprechend erwarten *„alle nahen und fernen Angehörigen, gemäß*

---

88 Vgl. Die Beauftragte der Bundesregierung für Migration, Flüchtlinge und Integration 2007; zum Diversity-Konzept vgl. auch Antweiler 2003: 48ff.; zur Kritik am Diversity-Konzept vgl. z. B. Auernheimer 2010.
89 Vgl. AGG § 1 zitiert in Bertels 2010: 134.
90 Dies widerspricht der Annahme von Ackermann (2004: 140), dass sich für die Ethnologie bis heute die Anderen überwiegend in fremden Kulturen finden.
91 Bertels 2010: 134ff.
92 Meier 2000: 173.
93 Ebd.
94 Ebd.: 175.

des Prinzips der Familiensolidarität, von diesem scheinbaren Reichtum etwas abzubekommen."[95] Viele Migrantinnen und Migranten verschulden sich deshalb hoch, wenn sie Besuche zu Hause machen, um den an sie gestellten Erwartungen gerecht werden zu können. Viele fahren deshalb nur sehr selten nach Hause oder kehren gar nicht zurück, obwohl die Migration für sie eigentlich nur eine Besuchs- oder Übergangszeit darstellen sollte.[96]

Amoa, 70 Jahre alt, wohnhaft in Accra

„Amoa kam als ‚house boy' eines britischen Kolonialbeamten im Alter von etwa 15 Jahren nach Accra. Später hat er im Norden eine Frau gefunden und mit ihr acht Kinder bekommen. Er lebt in einem großen Haus inmitten des völlig überbevölkerten Stadtteils Nima. Er bewirtet seine Gäste fürstlich und hat seinen gesamten Besitz im Präsentierzimmer gestapelt: mehrere Stereoanlagen, Fernseher, Lampen, Ventilatoren, Geschirr, Gläser, Töpfe, Alkoholika etc. Zurück nach Bolgatanga, seiner Heimat, will er schon – nur nicht sofort. Dort hat sein Bruder das Gehöft der Familie in Beschlag genommen und er, Amoa, weiß nicht, wie er den richtigen Zeitpunkt für eine Rückkehr abpassen soll. Immer kommt etwas dazwischen. Mal ist es die Krankenhausbehandlung der Frau, mal die Schulausbildung eines Kindes, Enkelkindes usw. Dass er einmal in fremder Erde bestattet werden muss, wenn er noch lange in Accra bleibt, verdrängt er, ‚da sollen sich meine Söhne drum kümmern'."[97]

* * *

Exkurs: Menschen brechen kulturelle Regeln

In jeder Kultur oder Ethnie haben Menschen unterschiedliche Ansichten und auch unterschiedliche Verhaltensweisen.[98] Kulturelle Regeln können Individuen als Orientierungsrahmen und Maßstab oder sogar als Vorgabe für ihre Anschauungen und ihr Handeln dienen. Trotzdem lebt jeder Mensch eine eigene Interpretation seiner jeweiligen kulturellen Wirklichkeit. Das heißt: Kulturelle Regeln werden von Individuen nicht nur unterschiedlich interpretiert, sondern auch gedehnt, gebrochen und umgangen, um eigene Wünsche und Vorstellungen durchzusetzen.

In vielen Gesellschaften, in denen die Ehe vor allem als Verbindung zweier Verwandtschaftsgruppen gesehen wird, ist das „gemeinsame Weglaufen" ein übliches Mittel, um von den Familien ungewollte Hochzeiten zu erzwingen. Praktiziert wird diese Regelwidrigkeit z. B. bei den Sasak auf der indonesischen Insel Lombok, die sich mehrheitlich zum Islam bekennen.

---

95 Ebd.
96 Ebd.: 173 und 175.
97 Meier 2000: 174.
98 Vgl. auch Rathje 2009.

Udin berichtet:

„Zuerst frage ich meine Freundin, ob sie mich heiraten will. Wenn sie zustimmt, frage ich meine Eltern, ob sie ebenfalls damit einverstanden sind. Wenn nicht, beginnen die Probleme [...] Wenn eine Familie nicht einverstanden ist, und das ist meistens der Fall, kann man seine Freundin auch stehlen (maling). Natürlich stiehlt man sie nicht wirklich. Ich verabrede mich mit ihr z. B. fürs Kino, und sie geht anschließend nicht mehr nach Hause. Wenn sie einmal in meinen Händen ist, kann ihr Vater nichts mehr machen, auch wenn er Gouverneur ist oder eine andere hohe Position hat. Er kann seine Tochter nicht mehr zurücknehmen, wenn wir beschlossen haben, zu heiraten und sie eine Nacht fort war. Meine Eltern müssen das dann auch akzeptieren."[99]

Ähnliche „Heiratsflucht-Praktiken" gibt es auch in anderen Kulturen[100] – zum Teil auch in Form des so genannten Brautraubes, wie bei den Bulsa im Norden Ghanas. Dabei ist es nicht unüblich, dass die Braut in den geplanten Raub eingeweiht ist und eine mehr oder weniger aktive Rolle in dem Plan spielt. Wenn das Mädchen ihre völlige Ablehnung gegenüber einem Bewerber ausgedrückt hat, wird kaum ein „Brautraub" geplant werden. [101]

Konflikte um kulturelle Regeln

In jeder Kultur gibt es auch Konflikte aufgrund unterschiedlicher Sichtweisen und Interessen. N!ai ist Ju|'hoansi aus Namibia. Die Ju|'hoansi werden oft als Buschleute, San, Buschmänner oder !Kung bezeichnet, von denen sie eine Untergruppe bilden.[102] Sie leben in der Kalahari-Wüste. N!ai wurde 1942 geboren und im Alter von 11 Jahren mit einem fünf Jahre älteren Mann verheiratet. Die Entscheidung ihrer Eltern war eine überlebenssichernde Maßnahme: Wie alle Eltern versuchten sie, ihre Kinder in andere Verwandtschaftsgruppen zu verheiraten, um ihren Zugang zu Wildpflanzen und Wasser-Ressourcen zu erweitern – eine Lebensversicherung in Notzeiten. Denn dann waren die Ju|'hoansi darauf angewiesen, Verwandte in anderen Regionen besuchen zu können, um dem sicheren Tod zu entgehen. N!ai aber stimmte mit der Sichtweise ihrer Eltern nicht überein, lehnte ihren Ehemann ab und ging in Konfrontation mit ihrer Verwandtschaftsgruppe.

---

99 Eylert 1997: 29f.
100 Vgl. z.B. Lütkes (1997) für die Wampar in Papua-Neuguinea; Block (1997: 158f.) für Sinti und Roma; Gerner (2007: 233) für die Türkei.
101 Kröger 1997, vgl. auch Kapitel 4.2: Das Bild von Afrika – Beispiel 3: Afrikanische Frauen.
102 Zu den San vgl. auch Kapitel 4.1: Ethnozentrismus in Schulbüchern – Beispiel 1: Die San und die Menschheitsgeschichte.

N!ais Rebellion
„N!ai rebellierte gegen die Entscheidung ihrer Eltern und verweigerte sich ihrem Ehemann. Sie suchte sich andere Partner und brachte viele ihrer Gemeinschaft gegen sich auf. Als ihr Mann begann, die Kunst des Heilens in der Trance zu erlernen, hielt sie ihn für verrückt und gefährlich. Die alten Menschen erklärten ihr jedoch, dass die Arbeit der Heiler sehr wichtig für die Gemeinschaft war, und allmählich begann sie, ihren Mann besser zu verstehen."[103]

* * *

Fazit: Noch einmal: Was ist Kultur?

Lässt man die Beispiele und die verschiedenen Aspekte von Kultur Revue passieren, wird schnell klar, warum Kultur in der Ethnologie heute – wie Dürr es formuliert – *„als kontextbezogenes und wandelbares Phänomen verstanden"* wird, *„das sich permanent neu ausrichtet und keine einheitlichen Sinnwelten beinhaltet. Kultur ist vielmehr als das Produkt von Aushandlungsprozessen zwischen den Akteuren zu verstehen, das situativ angepasst und im Laufe der Interaktionen ständig neu entworfen und geformt wird."*[104]

Überall auf der Welt schaffen Menschen ihre eigene kulturelle Wirklichkeit. Häufig ist die eigene Vorstellung von dem, was normal ist, erst als Kultur erkennbar, wenn zwei unterschiedliche Weltbilder aufeinander treffen und zwei unterschiedliche kulturelle Wirklichkeiten miteinander konfrontiert werden. Dabei entstehen nicht selten Missverständnisse und Konflikte, beispielsweise wenn man als Touristin oder Tourist die Südseeinsel Samoa besucht:

Als Tourist auf Samoa
„Gastfreundschaft ist ein wichtiges Gebot auch innerhalb der samoanischen Bevölkerung. Ein Reisender wird mit dem Besten bewirtet, bekommt einen guten Schlafplatz und Geschenke. Dasselbe wird aber auch von ihm erwartet, wenn er seinerseits Gäste hat. [...] Die Touristen dagegen gingen davon aus, dass die Samoaner Gastfreundschaft aus reiner Freude leisten und sie selbst jeder Verpflichtung entbunden seien.
Darüber hinaus begingen sie den Fehler, Gegenstände im Haus des Gastgebers zu loben, was für diesen der Verpflichtung gleichkommt, den betreffenden Gegenstand sofort zu verschenken. Ein samoanisches Sprichwort lautet:

---

103 Speeter-Blaudszun 2006: 31f.
104 Dürr 2009: 180.

‚Zu loben heißt zu betteln.' *Dabei muß ein Samoaner, dem dieses durch Touristen widerfährt, nicht unbedingt wissen, dass die Touristen diese Regel nicht kennen – in diesem Fall hält er sie schlicht für gierig und unverschämt. "*[105]

Was also ist „normal"? Jeder Mensch sieht die Welt aus der eigenen kulturellen Perspektive. Immer steht er oder sie dabei im Mittelpunkt des Geschehens und betrachtet und bewertet von hier aus die Welt um sich herum. *„In der Regel geschieht dies völlig unbewusst, da die Beteiligten nicht davon ausgehen, dass andere ein von dem eigenen verschiedenes Weltbild haben. Das Verhalten anderer wird nicht vor deren, sondern vor dem eigenen Hintergrund erklärt, so dass dann fast zwangsläufig das Urteil ,irrational' folgt. Die eigene Art, die Welt zu sehen, ist jedoch immer nur* Interpretation *vor dem Hintergrund der eigenen kulturellen Vorstellungen, nicht aber eine objektive Sichtweise. "*[106]

Da jeder Mensch die Welt und den oder die Andere aus der eigenen kulturellen Perspektive sieht, ist Verständigung nicht immer einfach. Häufig findet sie überhaupt nicht statt oder führt im Gegenteil zu interkulturellen Missverständnissen, die eine Verständigung noch schwerer machen.[107] Dies ist insbesondere der Fall, wenn im Zuge der Globalisierung, Migration und internationalen Zusammenarbeit Menschen aus Kulturen aufeinander treffen, die sehr unterschiedlich und sich sehr fremd sind. Um die Möglichkeit für eine gelingende Verständigung und für eine erfolgreiche Zusammenarbeit zu schaffen, brauchen die Beteiligten Interkulturelle Kompetenz. Wie diese im Unterricht vermittelt werden kann, wird in den folgenden Kapiteln vorgestellt.

---

105 Lütkes 1995: 25; anhand der Forschungen des Ethnologen Hans Fischer (Fischer 1984). Zum Wandel des Wertes der Gastfreundschaft auf Samoa vgl. Lütkes 1995: 25ff.
106 Lütkes 1995: 25f., vgl. auch Beispiel *Franziska zu Besuch bei Aishe* im Kapitel 3.2: Alles eine Frage der Perspektive – Abschnitt Umsetzung im Unterricht.
107 Zur Problematik des Fremdverstehens vgl. auch Bartmann 2012: 8.

3. Interkulturelle Kompetenz – mehr als ein Schlagwort

Ziel der interkulturellen Didaktik ist die Vermittlung von Interkultureller Kompetenz. Doch was genau ist Interkulturelle Kompetenz? Je nach Fachrichtung – z. B. Pädagogik, Psychologie oder Kommunikationswissenschaften – wird der Begriff Interkulturelle Kompetenz anders definiert.[1] ESE vertritt einen ethnologischen Ansatz und hat im Rahmen seiner langjährigen Arbeit zur Vermittlung von Interkultureller Kompetenz folgende Definition entwickelt:[2]

Interkulturelle Kompetenz

ist die in einem Lernprozess erreichte Fähigkeit, im mittelbaren oder

unmittelbaren Umgang mit Mitgliedern anderer Kulturen einen

möglichst hohen Grad an Verständigung und Verstehen zu erzielen.

Einige Begriffe dieser Definition werden zur besseren Verständlichkeit im Folgenden erläutert:

- Lernprozess: Der Erwerb Interkultureller Kompetenz wird als lebenslanger Lernprozess betrachtet, da immer wieder kulturelle Missverständnisse auftreten können.
- Unmittelbar/mittelbar: Unmittelbarer Umgang meint die persönliche Begegnung mit Menschen anderer Kulturen, mittelbarer Umgang den Umgang mit „Wissen" über diese Kulturen, z. B. in Form von Medienberichten oder Informationen in Schulbüchern.[3]
- Verständigung: Verständigung mit Menschen anderer Kulturen ist notwendig, um mit ihnen erfolgreich zusammen arbeiten oder zusammen leben zu können.
- Verstehen: Ein vollkommenes Verstehen von Menschen anderer Kulturen ist nicht möglich, da schon das Verstehen von Personen mit gleichem kulturellen Hintergrund schwierig sein kann. Eine Annäherung ist durch Interkulturelle Kompetenz aber möglich.[4]

---

1 Eine umfangreiche Sammlung unterschiedlicher Definitionen von Interkultureller Kompetenz findet sich bei Hinz-Rommel 1994. Zu der Beschäftigung der Ethnologie mit dem Thema Interkulturelle Kompetenz siehe Bertels und Eylert 2006: 112f.
2 Zur Entwicklung der Definition und der im Folgenden vorgestellten Lernziele siehe Bertels u. a. 2004. Eine ppt-Folie mit der Definition von Interkultureller Kompetenz findet sich in den Materialien – M 03.
3 Vgl. auch Kapitel 4.1: Ethnozentrismus in Schulbüchern?
4 Vgl. auch Bartmann 2012: 30 und Maletzke 1996: 34ff.

Um Interkulturelle Kompetenz im Unterricht vermitteln zu können, ist es notwendig, sich mit den Lernzielen des interkulturellen und globalen Lernens auseinanderzusetzen.

Lernziele des Interkulturellen Lernens:

ESE hat im Rahmen einer Studie Lernziele entwickelt, deren Erreichen notwendige Voraussetzung für die Vermittlung von Interkultureller Kompetenz im Unterricht ist.[5]

Lernziel 1: Aneignung und Beschaffung von Informationen und Entwickeln von Interesse
Bei diesem Lernziel werden wissenschaftlich fundierte Informationen über fremde Kulturen vermittelt. Darüber hinaus sollen die Schülerinnen und Schüler in die Lage versetzt werden, sich selbst solche Informationen beschaffen zu können. Dabei bildet das Interesse an fremden Kulturen eine wichtige Voraussetzung. Dieses Interesse kann z. B. durch authentische Berichte oder Gegenstände geweckt werden.

Lernziel 2: Einüben des Perspektivenwechsels
Bei diesem Lernziel stehen die Fragen *„Wie sehen die anderen uns?"* und *„Wie sehen die anderen sich selbst, wie sehen wir die anderen?"* im Vordergrund. Dabei lenkt die Technik des Perspektivenwechsels den Blick der Schülerinnen und Schüler zunächst auf ihre eigene Kultur, die durch den Vergleich mit anderen Sichtweisen an Selbstverständlichkeit verliert. Darüber hinaus lernen die Schülerinnen und Schüler, ihre Sicht auf fremde Kulturen zu hinterfragen. Ziel ist es, die Relativität der jeweiligen Sichtweisen zu erkennen.

Lernziel 3: Erkennen und Überwinden von Ethnozentrismus
Ethnozentrismus basiert auf der Annahme, dass die Gegebenheiten der eigenen Kultur universal gültig sind. Ethnozentrismus beinhaltet dabei meistens eine Höherbewertung der eigenen Kultur und eine Abwertung der anderen Kultur. Um ethnozentrisches Denken zunehmend zu überwinden, sollen sich die Schülerinnen und Schüler mit ihren eigenen Auffassungen von anderen Kulturen auseinandersetzen und erkennen, dass diese Auffassungen in hohem Maße durch die eigene Kultur geprägt sind und in Frage gestellt werden müssen.

Lernziel 4: Reflektieren von Situationen des interkulturellen Umgangs
Bei diesem Lernziel steht der kompetente Umgang mit Mitgliedern anderer Kulturen im Vordergrund. Konkrete Situationen der interkulturellen Begegnung werden analysiert und reflektiert. Die Schülerinnen und Schüler sollen so Verhaltensstra-

---

5   Vgl. Bertels u. a. 2004.

tegien entwickeln, die eine möglichst konfliktfreie und gelingende Kommunikation ermöglichen.

Lernziel 5: Fördern von Einstellungen und Werten
Werte und Einstellungen (wie z. B. Offenheit, Toleranz, Akzeptanz oder Respekt) sind als Grundhaltung zum Erwerb von Interkultureller Kompetenz notwendig. Da sich Werte und Einstellungen jedoch nur durch eine umfassende und lang andauernde Erziehung verändern lassen,[6] können sicherlich nur langfristig nur Tendenzveränderungen erzielt werden.

Die vorgestellten Lernziele bauen zum Teil inhaltlich aufeinander auf. Allerdings kann dieser Aufbau in der praktischen Umsetzung im Unterricht aufgrund der Abfolge der Unterrichtsinhalte nicht immer beachtet werden. Wie die in diesem Handbuch vorgestellten Unterrichtseinheiten jedoch zeigen, ist es oft möglich, mehrere Lernziele in einer Unterrichtseinheit zu erreichen.[7]

Lernziele des globalen Lernens:

Ziel des globalen Lernens ist es, den Schülerinnen und Schülern eine zukunftsoffene Orientierung in einer globalisierten Welt zu ermöglichen.[8] Dies bedeutet, dass den Schülerinnen und Schülern die Kompetenzen vermittelt werden sollen, die die Grundlage für die Gestaltung des persönlichen und beruflichen Lebens, die Mitwirkung in der eigenen Gesellschaft und die Mitverantwortung im globalen Rahmen sind. Hierzu ist im Unterricht neben der Wissensvermittlung eine verstärkte Handlungsorientierung notwendig. Diese Handlungsorientierung ist deshalb so wichtig, da sie den Schülerinnen und Schülern als Grundlage für ein lebenslanges Lernen dient.

Um sich auf den aus Sicht des globalen Lernens notwendigen lebenslangen Lernprozess einlassen zu können, müssen sich die Schülerinnen und Schüler ihrer eigenen Identität bewusst werden und die Fähigkeit zum Perspektivenwechsel erlernen.

„Pädagogisches Ziel von Perspektivenwechsel im Kontext globaler Entwicklung ist die Erschließung bisher nicht vertrauter Wahrnehmungs- und Bewertungsmuster. Perspektivenwechsel dient dem Verständnis und der Respektierung des Fremden bei gleichzeitiger Erschließung und Bewusstwerdung der eigenen Identität. Dies ist die Voraussetzung für die Übernahme von Mitverantwortung in der ‚Einen Welt‘, in der nicht nur Verständnis und Toleranz, sondern vor allem auch solidarisches Denken und Handeln sowie die Verteidigung von Grundwerten erfor-

---

6　Vgl. u. a. Schlöder 1988.
7　Siehe auch Kapitel 6: Beispiele für eine interkulturelle Didaktik im Schulunterricht.
8　Siehe auch Bundesministerium für wirtschaftliche Zusammenarbeit und Entwicklung und Kultusministerkonferenz 2007.

derlich sind, um Entwicklungskrisen, Menschenrechtsverletzungen, Terrorismus und andere globale Herausforderungen zu bewältigen."[9]

Globales Lernen umfasst somit die gesellschaftliche, wissenschaftliche und politische Auseinandersetzung mit Globalisierung und Entwicklung wie z.B. wirtschaftliche Produktivität, demokratische Prozesse, soziale Kohäsion, Gleichheit und Menschenrechte sowie ökologische Nachhaltigkeit. Wie oben bereits erwähnt, steht beim globalen Lernen der Kompetenzerwerb im Vordergrund. Hierbei können die drei Kompetenzbereiche Erkennen, Bewerten und Handeln unterschieden werden. Diese Kompetenzbereiche werden im Folgenden näher erläutert:

1. Erkennen
Im Kompetenzbereich Erkennen lernen die Schülerinnen und Schüler Informationen zu beschaffen und zu verarbeiten. Sie erkennen die soziokulturelle und natürliche Vielfalt in der Einen Welt, können Globalisierungs- und Entwicklungsprozesse analysieren und erkennen die gesellschaftlichen Handlungsebenen vom Individuum bis zur Weltebene in ihrer jeweiligen Funktion für die Entwicklungsprozesse.

2. Bewerten
Der Kompetenzbereich Bewerten bereitet die Schülerinnen und Schüler durch den Perspektivenwechsel darauf vor, sich eigene und fremde Wertorientierungen in ihrer Bedeutung für die Lebensgestaltung bewusst zu machen, zu würdigen und zu reflektieren. Darüber hinaus lernen die Schülerinnen und Schüler, durch kritische Reflexion zu Globalisierungs- und Entwicklungsfragen Stellung zu beziehen, und erarbeiten Ansätze zur Beurteilung von Entwicklungsmaßnahmen unter Berücksichtigung unterschiedlicher Interessen und Rahmenbedingungen.

3. Handeln
Im Kompetenzbereich Handeln lernen die Schülerinnen und Schüler, die Bereiche ihrer persönlichen Mitverantwortung für Mensch und Umwelt zu erkennen und als Herausforderung anzunehmen. Sie trainieren, soziokulturelle und interessenbestimmte Barrieren in Kommunikation und Zusammenarbeit sowie bei Konfliktlösungen zu überwinden. Die Schülerinnen und Schüler lernen, wie sie durch Offenheit und Innovationsbereitschaft die gesellschaftliche Handlungsfähigkeit sichern und die Ungewissheit offener Situationen ertragen können. Darüber hinaus sind sie fähig und bereit, Ziele der nachhaltigen Entwicklung im privaten, schulischen und beruflichen Bereich zu verfolgen und sich an ihrer Umsetzung auf gesellschaftlicher und politischer Ebene zu beteiligen.

---

9   Bundesministerium für wirtschaftliche Zusammenarbeit und Entwicklung und Kultusministerkonferenz 2007: 66.

Lernziele des interkulturellen und globalen Lernens

Vergleicht man die Lernziele des interkulturellen und globalen Lernens, fällt auf, dass es viele gemeinsame Lernziele gibt. Zur Verdeutlichung werden in der folgenden Auflistung, die auf den Lernzielen des globalen Lernens basiert, die gemeinsamen Lernziele des interkulturellen und globalen Lernens hervorgehoben.

- Erkennen
  - **Informationsbeschaffung und -verarbeitung**
  - **Erkennen von soziokultureller und natürlicher Vielfalt**
  - Analyse von Globalisierungs- und Entwicklungsprozessen
  - **Unterscheidung gesellschaftlicher Handlungsebenen**
- Bewerten
  - **Perspektivenwechsel**
  - **Kritische Reflexion und Stellungnahme**
  - Beurteilung von Entwicklungsmaßnahmen
- Handeln
  - Solidarität und Mitverantwortung
  - **Verständigung und Konfliktlösung**
  - **Handlungsfähigkeit im globalen Wandel**
  - Partizipation und Mitgestaltung

Im Folgenden werden die gemeinsamen Lernziele des interkulturellen und globalen Lernens, die der Vermittlung von Interkultureller Kompetenz dienen, näher erläutert und ihre Umsetzung anhand von Methoden und Materialien veranschaulicht.

3.1 Die Grundlage – Interesse und Informationen

Eine interessierte Haltung ist als wichtige Bedingung für das Lernen im Allgemeinen anzusehen. An erster Stelle des gesamten Lernprozesses steht daher, die Aufmerksamkeit des Lernenden zu erzielen.[10] Auch im interkulturellen und globalen Lernen ist es zwingend notwendig, durch interessante Informationen und geeignete Methoden Interesse bei den Schülerinnen und Schülern zu wecken, damit die Umsetzung von Unterrichtseinheiten gelingt. Hierdurch wird deutlich, dass die Aneignung und Beschaffung von Informationen und das Entwickeln von Interesse eng miteinander verbunden sind, da diese Aspekte sich gegenseitig stark beeinflussen. Eine interessante Information kann Interesse erzeugen, während Interesse eine wichtige Voraussetzung dafür ist, dass eine Information auch aufgenommen wird.

Doch was können interessante Informationen im Rahmen des interkulturellen und globalen Lernens sein? Sind dies Informationen über die Gemeinsamkei-

---

10 Vgl. auch Gagne 2003. Diese und die folgenden Ausführungen stützen sich auf die Erarbeitung der Lernziele für Interkulturelle Kompetenz in Bertels u. a. 2004: 38ff.

ten oder über die Unterschiede zwischen Kulturen? Besonders die letzte Frage wird aus pädagogischer Sicht immer wieder diskutiert. Oft wird von der Vermittlung kulturspezifischer Informationen, die ja gerade die Unterschiede zwischen den Kulturen in den Vordergrund stellen, abgeraten. So argumentieren z. B. Jakubeit und Schattenhofer, dass Fremdheit als gegeben akzeptiert werden müsse und länderkundliche Kenntnisse Vorurteilen Vorschub leisteten.[11] Hansen hingegen tritt dafür ein, die Existenz kultureller Unterschiede nicht zu verneinen, aber auch nicht zu betonen.[12] Nur die Gemeinsamkeiten der Kulturen in den Mittelpunkt zu stellen, erscheint vielen Autorinnen und Autoren jedoch ebenso hinderlich für die interkulturelle Begegnung. Als Argument hierfür wird herangezogen, dass in interkulturellen Kontakten häufig Kommunikationsschwierigkeiten auftreten, die ohne das Wissen über kulturelle Unterschiede von den Beteiligten erst gar nicht wahrgenommen und damit noch weniger behoben werden können.[13]

Diese Argumentation wird durch viele Beispiele aus der Praxis gestützt. Ein besonders anschauliches Beispiel für die Tatsache, welche Folgen es haben kann, wenn man in der Begegnung von zwei Kulturen nicht mit kulturellen Unterschieden rechnet, ist folgende Situation:

> *„Ein Seifenmulti vermarktete Waschpulver im Mittleren Osten mit der im Westen üblichen Gegenüberstellung schmutziger Kleidung zur Linken des Waschmittels und sauberer Kleidung zur Rechten. Die Werbung musste eingestellt werden: Man hatte die Tatsache missachtet, dass Araber von rechts nach links lesen und annehmen mussten, das Waschmittel würde saubere Wäsche verschmutzen.“*[14]

Aus Sicht von ESE ist das Wissen über kulturelle Unterschiede eine wichtige Grundlage für die interkulturelle Verständigung, zumal die Erfahrung zeigt, dass augenfällige Unterschiede sowieso wahrgenommen werden. Darüber hinaus ist es ohne ein Bewusstsein für kulturelle Unterschiede nicht möglich, einen Perspektivenwechsel zu vollziehen und/oder ethnozentrisches Denken zu erkennen. Die Informationen über kulturelle Unterschiede dienen zudem dazu, dass die Schülerinnen und Schüler die soziokulturelle Vielfalt in einer globalisierten Welt kennen lernen.

Wichtig ist jedoch die Art der Darstellung kultureller Unterschiede. Damit es nicht zu einer „Kulturalisierung" oder „Ethnisierung"[15] kommt, ist es unerlässlich, dass die Unterschiede nicht als trennend, sondern als interessant und im Rahmen der interkulturellen Verständigung zumeist als überbrückbar dargestellt werden.[16]

---

11 Vgl. Jakubeit und Schattenhofer 1996.
12 Vgl. Hansen 1996: 113.
13 Vgl. hierzu Führing 1996: 44, Thomas 1996: 113f. und Auernheimer 1995: 128.
14 Siehe auch Classen und Howes 1996: 184, zitiert nach Breidenbach und Zukrigl 2000: 44.
15 Vgl. z. B. Kratz 2002: 18. Vgl. hierzu auch Kapitel 2: Was ist Kultur? – Exkurs: Kulturen, Ethnien und kulturelle Grenzen.
16 Vgl. hierzu auch Kapitel 3.4: Was mache ich, wenn …? – Exkurs: Wo sind meine Grenzen?

Um bestehende Vorurteile und Stereotype[17] nicht zu verfestigen, sollte zudem auf oberflächliche und/oder pauschalisierte Informationen verzichtet werden. Auch wenn es für die Sensibilisierung für kulturelle Unterschiede manchmal hilfreich ist, mit pauschalisierten Informationen zu arbeiten, sollte hierbei immer wieder darauf hingewiesen werden, dass es sich hier um Pauschalisierungen handelt, die nicht auf jedes Individuum der jeweiligen Kultur zutreffen müssen.[18]

Die Vermittlung von kulturspezifischen Informationen sollte jedoch immer exemplarisch erfolgen, da für das interkulturelle und globale Lernen nicht von Bedeutung ist, welche Kultur im Unterricht vorgestellt wird, sondern die intensive Auseinandersetzung mit einer anderen Kultur im Vordergrund steht.[19] Die kulturspezifischen Informationen dienen somit dem Prozess der Annäherung an etwas Fremdes, um so die Basis für eine interkulturelle Verständigung zu legen.[20]

Doch auch wenn die kulturspezifischen Informationen exemplarisch eingesetzt werden, sollte aus ethnologischer Sicht immer das holistische Denken gefördert werden. Dies bedeutet, dass kulturelle Phänomene nur in ihrem gesamtgesellschaftlichen Kontext verstanden werden können.[21] Diese holistische Herangehensweise ist im schulischen Umfeld besonders interessant, da zum Beispiel in vielen Schulbüchern andere Gesellschaften ausschließlich aus technischer bzw. wirtschaftlicher Sicht vorgestellt werden.[22] Die religiösen, sozialen, politischen und ökologischen Gründe für bestimmtes Verhalten werden hingegen oft nicht thematisiert.[23] Neben kulturspezifischen Informationen können auch Themen aus dem Bereich der interkulturellen Begegnung das Interesse der Schülerinnen und Schüler wecken. So können Themen wie *Das Eigene und das Fremde* oder *Was ist typisch deutsch?* die Schülerinnen und Schüler für die Bedeutung von Interkultureller Kompetenz sensibilisieren.[24]

Für die Nachhaltigkeit von interkulturellem und globalem Lernen ist es zudem notwendig, dass die Schülerinnen und Schüler lernen, sich selbst geeignete Informationen beschaffen zu können. Dies bedeutet auch, dass die Schülerinnen und Schüler dafür sensibilisiert werden, Aussagen in Medien – Fernsehreportagen, Internetartikeln etc. – kritisch zu hinterfragen und zum Beispiel ethnozentrische Aussagen zu erkennen.

---

17 Vgl. auch Kapitel 3.2: Alles eine Frage der Perspektive – Exkurs: Vorurteile und Stereotype.
18 Vgl. Kapitel 2: Was ist Kultur? – Eine Einführung in die globale Alltäglichkeit.
19 In der Auseinandersetzung mit einer fremden Kultur wird diese nicht als isolierte Einheit betrachtet, sondern im Rahmen globaler Entwicklungen sowie im Zusammenhang mit der eigenen Lebenswelt und Themen des globalen Lernens gesehen. Vgl. hierzu auch Kapitel 2: Was ist Kultur? – Eine Einführung in die globale Alltäglichkeit.
20 Hierbei ist es wichtig zu betonen, dass es sich hier immer nur um eine Annäherung handeln kann. Ein vollständiges Wissen über „das" Fremde oder auch „nur" eine fremde Kultur kann es nicht geben. (Vgl. auch Bartmann 2012: 30 sowie Bertels und Eylert 2006: 112).
21 Vgl. u. a. Stagl 1993: 35.
22 Siehe auch Kapitel 4.1: Ethnozentrismus in Schulbüchern?
23 Vgl. hierzu auch Kapitel 4: Interkulturelle Didaktik in der Schule.
24 Siehe auch die in diesem Abschnitt folgenden Methoden.

Die Umsetzung im Unterricht:

Zur Umsetzung des Lernziels 1 sind folgende Methoden geeignet:[25]
a) Beispiele für interkulturelle Begegnungssituationen
b) Berichte von persönlichen Erfahrungen
c) Vorstellung einer Identifikationsfigur
d) Blitzlicht zu einem Begriff oder Thema
e) Einsatz von Bildmaterial, Texten (Zitate, Berichte, Briefe etc.) oder Gegenständen
f) Aufforderung zur eigenen Recherche
g) Praktische Arbeiten der Schülerinnen und Schüler

a)   Beispiele für interkulturelle Begegnungssituationen

Es gibt inzwischen ein großes Repertoire an Spielen, die interkulturelle Begegnungssituationen nachstellen. Im Folgenden werden zwei Beispiele vorgestellt.

1. Begrüßung auf einer internationalen Tagung[26]

Abb. 4: Begrüßung (Zeichnung: Susanne von Bülow)

---

25 Vgl. auch Bertels u. a. 2004: 68f.
26 Vgl. auch Eylert 2011b: 80f.

Stellt euch vor, ihr seid auf einer internationalen Tagung und habt die Möglich-keit, euch mit Menschen aus der ganzen Welt auszutauschen. Am Anfang einer je-den Begegnung steht die Begrüßung. Und wie ihr alle wisst, können Begrüßungen sehr unterschiedlich sein. Wir bitten euch jetzt, in die Rollen der Teilnehmenden aus aller Welt zu schlüpfen und haben deshalb Rollenkarten vorbereitet. Auf die-sen Karten findet ihr die Beschreibung einer Begrüßung.

Wir bitten euch nun, euch untereinander zu begrüßen.

Anmerkung:
Einige Schülerinnen und Schüler haben die gleichen Begrüßungsformen. Dies wissen sie jedoch nicht. Sie sollen ihre ganz persönlichen Erfahrungen machen.

Einige Beispiele für die eingesetzten unterschiedlichen Begrüßungen:[27]
*   In den Niederlanden ist es üblich, dass sich Freunde zur Begrüßung umarmen und dreimal abwechselnd auf die Wange küssen.
*   In Rumänien ist es durchaus üblich, dass Männer einer Frau zur Begrüßung die Hand küssen.
*   Die Tuareg begrüßen sich, indem sie sich die Hand geben und die Finger in-einander haken. Dies wiederholen sie mehrmals, während sie sich nach dem Wohlbefinden der Person und ihrer Familie erkundigen.
*   In der Türkei ist es üblich, dass jüngere Personen ältere Verwandte oder höher gestellte Personen mit einem Handkuss begrüßen: Man nimmt die Hand des anderen und führt sie erst an die Lippen, dann an die Stirn und sagt *„Merha-ba"*.

Nachdem die Schülerinnen und Schüler sich auf diese Weise begrüßt haben, wer-den in Form eines Unterrichtsgespräches u. a. folgende Fragen geklärt:

1. *Welche Erfahrungen habt ihr gemacht?*
2. *Wie habt ihr euch bei den unterschiedlichen Begrüßungen gefühlt?*
3. *Welche Möglichkeiten gibt es, Unwohlsein und Unsicherheiten aufzufangen?*

Fazit:
*   Die erste Begegnung entscheidet oft über Sympathie oder Antipathie. Man geht mit einer gewissen Erwartungshaltung in eine Begrüßungssituation hin-ein – wenn diese enttäuscht wird, ist dies kein optimaler Start für eine weite-re Beziehung.
*   Gefühle wie zum Beispiel Unwohlsein und Unsicherheit spielen eine große Rolle.
*   Jeder Mensch neigt dazu, unangenehme Begegnungen persönlich zu nehmen.

---

27 Eine Kopiervorlage aller vorgeschlagenen Begrüßungen findet sich in den Materialien – M 04.

- Die Vorstellung von körperlicher Nähe und Distanz spielt eine große Rolle und ist ganz stark von der Kultur bestimmt.[28]
- Auch die Aspekte Geschlecht, Status oder Alter können die Art der Begrüßung beeinflussen.

Zum Abschluss sollte betont werden, dass die vorgestellten Arten der Begrüßung in unterschiedlichen Kulturen für das Spiel sehr pauschal beschrieben wurden und somit nicht für jede Person aus dieser Kultur gelten. Gegebenenfalls kann an dieser Stelle auch auf die Definition von Kultur eingegangen werden.[29]

2. Der Marktplatz[30]

Stellt euch vor, ihr seid auf einem Markt und schlendert herum. Allerdings folgt ihr dabei bestimmten Anweisungen.
1. *Die Jugendlichen gehen herum, sollen aber dabei auf den Boden schauen.*
2. *Die Jugendlichen schauen sich beim Aufeinandertreffen über die rechte Schulter.*
3. *Nun begrüßen die Jugendlichen sich, indem sie sich in die Augen blicken und dabei eine Hand auf die rechte Schulter ihres Gegenübers legen.*
4. *Alle zupfen sich beim Aufeinandertreffen leicht an den Ohrläppchen.*
5. *Die Jugendlichen fassen ihr Gegenüber an den Schultern an und schütteln es leicht.*

Das anschließende Unterrichtsgespräch wird analog zu dem Gespräch bei der Übung *Begrüßung auf einer internationalen Tagung* geführt.

b)   Berichte von persönlichen Erfahrungen

Berichte von persönlichen Erfahrungen der Lehrenden wecken bei den Schülerinnen und Schülern sehr schnell das Interesse an kulturellen Unterschieden und sind gleichzeitig dazu geeignet, Informationen über andere Kulturen weiterzugeben. Ein Beispiel:

Eine Ethnologin erzählt:
„Als ich allein in den Dörfern im Hochland von Mexiko unterwegs war, wurde ich immer wieder gefragt, ob ich traurig sei. Obwohl ich die Frage auf Spanisch sehr gut verstand, war ich sehr verwirrt, da ich nicht das Gefühl hatte, traurig auszusehen. Könnt ihr euch vorstellen, warum diese Frage immer wieder gestellt wurde?"

---

28   Vgl. auch Kapitel 3.4: Was mache ich, wenn … – Exkurs: Wo sind meine Grenzen?
29   Vgl. auch Kapitel 2: Was ist Kultur? – Eine Einführung in die globale Alltäglichkeit.
30   Vgl. u. a. de Vries 2011: 134.

Nachdem die Schülerinnen und Schüler einige mögliche Gründe genannt haben, wird Folgendes erläutert:

In vielen Gesellschaften ist es völlig unvorstellbar, dass man etwas alleine macht. Alleinsein wird hier als etwas sehr Negatives empfunden. Redewendungen, die in Deutschland oft vorgebracht werden wie z.B. *„Ich brauche Zeit für mich"* oder *„Ich muss mal allein sein"*, sind in solchen Gesellschaften nicht nachzuvollziehen. Auch in vielen Teilen von Mexiko ist dies so. Da die Ethnologin allein unterwegs war, musste sie daher aus Sicht der Menschen dort logischerweise traurig sein. So kam es zu dieser Frage.

Mit diesem Beispiel wird nicht nur das Interesse der Schülerinnen und Schüler geweckt, sondern es wird darüber hinaus auch verdeutlicht, dass anhand von Sprache schon sehr viel über kulturelle Gegebenheiten – wie z.B. über Formen des Zusammenlebens – gelernt werden kann.

c) Vorstellung einer Identifikationsfigur

Bei vielen Themen ist es möglich, anhand des Berichtes einer Person aus einer anderen Kultur das Interesse der Schülerinnen und Schüler zu wecken und durch die Informationen aus dem Leben dieser Person umfangreiche Informationen zu vermitteln. Damit dies möglichst effektiv geschieht, sollte die Identifikationsfigur ungefähr dasselbe Alter wie die Schülerinnen und Schüler haben.

Beim Projekttag *Die total globale Tomate* wird den Schülerinnen und Schülern bereits zu Beginn der Junge Miguel aus Mexiko vorgestellt.[31] Während des Projekttages begleitet Miguel die Schülerinnen und Schüler, berichtet sowohl von dem Leben in seinem Dorf als auch von seiner Arbeit auf den Tomatenplantagen im Norden von Mexiko. Hierdurch erhalten die Schülerinnen und Schüler nicht nur viele Informationen, sondern vergleichen immer wieder das Leben von Miguel mit ihrem eigenen. Dies führt zu einer Sensibilisierung für unterschiedliche Lebenssituationen.

d) Blitzlicht zu einem Begriff oder Thema

Diese Methode eignet sich für den Einstieg in viele Themen. Ein Beispiel:

Die Unterrichtseinheit *Nicht nur im Western eine besondere Beziehung – Die nordamerikanischen Plains- und Prärieindianer und der Bison* eröffnet mit den Fragen *„Wie stellt ihr euch einen Indianer vor?"* und *„Welche Tiere verbindet ihr mit einem Indianer?"*. So wird nicht nur das Interesse an dem Thema geweckt, sondern die Lehrkraft erhält hierdurch auch Hinweise darauf, welches Vorwissen die Schülerinnen und Schüler besitzen. Es empfiehlt sich, die Nennungen der Schülerinnen und Schüler während eines Blitzlichtes in irgendeiner Form (z.B.

---

31 Vgl. Unterrichtseinheit *Die total globale Tomate.* Diese Unterrichtseinheit enthält Audioclips und kann bei ESE angefordert werden.

Tafelbild) festzuhalten, um so eventuell am Ende der Unterrichtseinheit die Schülerinnen und Schüler noch einmal mit ihren anfangs genannten Aspekten zu konfrontieren.[32]

e) Einsatz von Bildmaterial, Texten (Zitate, Berichte, Briefe etc.) oder Gegenständen

Gerade der Einsatz von Bildmaterial, Texten oder Gegenständen, die etwas für die Schülerinnen und Schüler Unbekanntes darstellen, eignet sich dazu, ihr Interesse zu wecken. Wichtig ist hierbei jedoch, das eingesetzte Material nicht als „exotisch" stehen zu lassen, sondern den Bezug zur Lebenswelt der jeweiligen Kultur herzustellen. Hier ein Beispiel aus der Unterrichtseinheit *Eine Knolle auf Reisen:*[33]

Abb. 5: *Chuños* (Foto: Mayra Gomez Perez)

---

32 Diese Unterrichtseinheit (UE 03) kann bei ESE angefordert werden.
33 Diese Unterrichtseinheit (UE 10) kann bei ESE angefordert werden.

- *Was seht ihr auf dem Foto?*
  Chuños sind gefriergetrocknete Bitterkartoffeln.
- *Was meint ihr, wie werden Bitterkartoffeln zu Chuños?*
  Den Kartoffeln wird alle Flüssigkeit entzogen, indem sie tagsüber in die Sonne gelegt werden und über Nacht gefrieren.
- *Warum stellen die Bauern in Peru und Bolivien Chuños her?*
  Da *Chuños* kein Wasser enthalten, sind sie über Jahre haltbar und lassen sich über Jahre als Vorrat lagern.
- *Was muss man mit Chuños machen, um sie essen zu können?*
  Bevor man *Chuños* kochen und essen kann, müssen sie wieder Wasser ziehen. Dafür werden sie über Nacht in Wasser gelegt.
- *Würdet ihr Chuños essen? Warum? Warum nicht?*

f) Aufforderung zur eigenen Recherche

Ein geeigneter Einstieg in eine Unterrichtseinheit kann auch die eigene Recherche der Schülerinnen und Schüler sein. Denn durch die Recherche lernen sie, sich mit den unterschiedlichsten Informationen auseinanderzusetzen, diese zu bewerten und anschließend zusammenzufassen.

In der Unterrichtseinheit *Was ist Heimat*[34] werden die Schülerinnen und Schüler dazu aufgefordert, in Partnerarbeit folgende Fragen zu klären:
- *Wo ist deine Heimat?*
- *Warum ist es deine Heimat?*
- *Was bedeutet dir deine Heimat?*

Im Anschluss an die Partnerarbeit werden die Ergebnisse vorgestellt. Für viele Schülerinnen und Schüler ist dabei oft das wichtigste Ergebnis, dass es für viele ihrer Mitschülerinnen und -schüler durchaus möglich ist, zwei Heimaten zu haben. Diese Methode führt somit nicht nur zu Interesse an Menschen aus anderen Kulturen, sie gibt auch wichtige Informationen für ein Leben in einer multikulturellen Gesellschaft.

g) Praktische Arbeiten der Schülerinnen und Schüler

Gerade bei jüngeren Schülerinnen und Schülern ist es sinnvoll, auch praktische Arbeiten in einer Unterrichtseinheit zum interkulturellen und globalen Lernen einzuplanen. Hierdurch wird nicht nur das Interesse an kulturellen Unterschieden verstärkt, sondern es werden auch die in der Unterrichtseinheit gegebenen Informationen verfestigt.

---

34 Diese Unterrichtseinheit findet sich unter UE 08.

So erhalten die Schülerinnen und Schüler zum Beispiel am Ende der Unterrichts-einheit *Das Zahlensystem der Maya* einen Zettel mit Rechenaufgaben, die dem Zahlensystem der Maya entsprechen.[35]

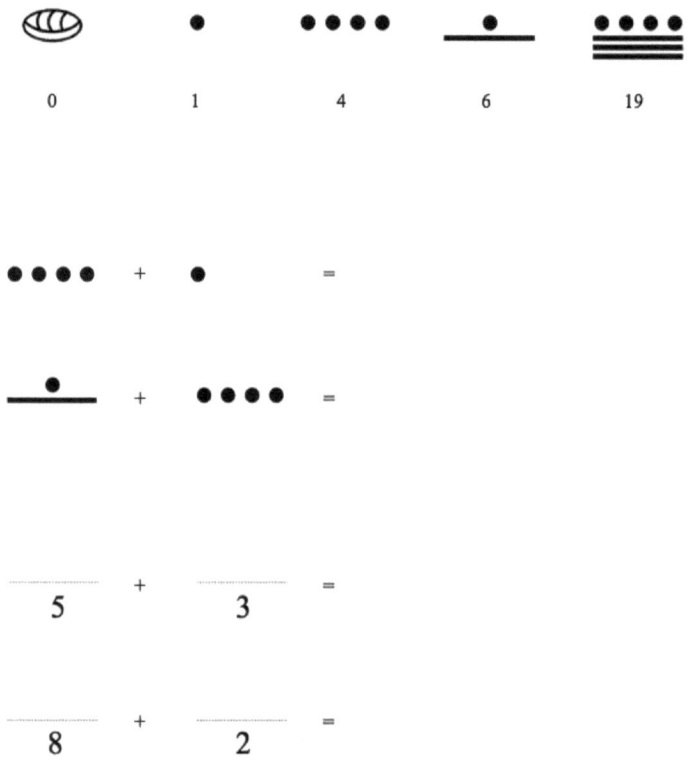

Abb. 6:   Zahlen der Maya

* * *

Exkurs: Das Eigene und das Fremde

Um das Interesse am Thema Interkulturelle Kompetenz zu fördern und wichtige Informationen für den Lebensalltag zu vermitteln, bietet sich eine Diskussion zum Thema *Das Eigene und das Fremde* an.[36] Bei einer Begegnung zwischen zwei Menschen trifft das Eigene, also das, was vertraut ist, auf etwas Fremdes, das man nicht kennt und das eventuell sogar Unsicherheit und Angst auslöst. Gerade

---

35 Diese Unterrichtseinheit findet sich unter UE 05.
36 Vgl. u. a. auch Kapitel 2: Was ist Kultur? – Exkurs: Kulturen, Ethnien und kulturelle
    Grenzen. Zu wissenschaftlichen Forschungsprojekten aus unterschiedlichen Disziplinen
    zum Thema *Das Fremde und das Eigene* siehe Craanen und Gunsenheimer 2006.

bei interkulturellen Begegnungen ist die Fremdheit sehr groß. Diese Unterrichts-einheit beschäftigt sich daher mit dem allgemein menschlichen Phänomen der Un-terscheidung in das Eigene und das Fremde, dem Phänomen der Angst vor dem Fremden sowie der gefühlten bzw. zugeschriebenen Fremdheit und der Frage, wie Interkulturelle Kompetenz dabei helfen kann, mit dieser Fremdheit umzugehen.

Der Einstieg hierzu erfolgt über einen Cartoon:[37]

Abb. 7:   Der Besuch (Zeichnung: Susanne von Bülow)

In Form eines Unterrichtsgespräches werden die Schülerinnen und Schüler gebe-ten, den Cartoon zu beschreiben. Im Anschluss an diese Beschreibungen werden folgende Aspekte zusammengefasst:

Der Cartoon lässt sicher viele Deutungsmöglichkeiten zu. Deutet man ihn im Sinne der Vermittlung von Interkultureller Kompetenz, gibt er sehr gut die Unter-scheidung in das Eigene und das Fremde wieder. Das europäisch aussehende Ehe-paar trifft auf eine Frau mit Kopftuch. Deren Versuch, sich mit den Nachbarn be-kannt zu machen, scheitert an der verschlossen gehaltenen Tür.

Deutet man den Cartoon in dieser Weise, sind zwei Aspekte besonders interessant:
1. Das Ehepaar weiß gar nicht, ob die Frau, die sich als neue Nachbarin vorstel-len möchte, wirklich fremd ist. Sie muss keine Ausländerin sein, denn für die Bezeichnung Ausländer ist ausschließlich die Nationalität ausschlaggebend, d. h. das Ehepaar müsste sich zunächst den Pass der Frau zeigen lassen. Sie scheint auch nicht fremd in Deutschland zu sein, denn sie weiß, dass es in vie-len Gegenden üblich ist, sich als neue Nachbarin mit einem Getränk bei den

---

37 Eine ppt-Folie mit der Darstellung dieses Cartoons findet sich in den Materialien – M 05.

anderen vorzustellen. Das einzige Element, das sie zu einer Fremden macht, ist ihre Kleidung, die auf das Ehepaar fremd wirkt.

2. Allein durch dieses „Fremdwirken" wird bei dem Ehepaar die Reaktion ausgelöst, sich schützen zu müssen, im Cartoon überspitzt dargestellt durch das Geschlossenhalten der Tür. Oder wie oben erwähnt, das Eigene trifft auf etwas Fremdes und diese Begegnung führt zu Unsicherheit und Angst.

Angst vor dem Fremden und die Unsicherheit gegenüber dem Fremden führt schnell dazu, dass man in interkulturellen Begegnungen innerlich einen Schritt zurückgeht. Interkulturelle Kompetenz ist bildlich gesprochen daher die Fähigkeit, in interkulturellen Begegnungen Angst und Unsicherheit zu überwinden und einen Schritt auf den „Fremden" zuzugehen.

Hintergrundinformationen:

Diese Unterscheidung in Eigenes und Fremdes und die damit verbundene Reaktion sind allgemein menschlich.[38] Ohne die Abgrenzung gegenüber dem Fremden könnte das Eigene, d.h. die individuelle und kollektive Identität, nicht definiert werden.[39] Ob ich mich dem Fremden relativ unvoreingenommen nähern kann oder eine solche Begegnung für mich mit Angst verbunden ist, hängt zum einen von meinen persönlichen Vorerfahrungen in interkulturellen Begegnungen ab, zum anderen aber auch entscheidend davon, welche kulturspezifischen Kategorien und damit einhergehenden Bewertungen des Fremden mir zur Verfügung stehen. Diese kulturspezifischen Bewertungen können wir aber erst erkennen, wenn wir uns mit den Augen der anderen sehen. Während in anderen Gesellschaften wie z.B. auf den Molukken in Ostindonesien und bei den Lao Lum in Laos die Kategorie des Fremden positiv bewertet wird, wird die Anwesenheit von „Fremden" in Deutschland nicht aufgrund ihrer Fremdheit positiv bewertet, sondern weil sie auf

---

38 Nach Boos-Nünning (1993: 89) wird das, was fremd oder was vertraut erscheint, sozial definiert und gelernt; vgl. auch Riegel 2012: 204ff.

39 Vgl. Kapitel 2: Was ist Kultur? – Exkurs: Kulturen, Ethnien und kulturelle Grenzen. Waldenfels (1997: 148, zitiert in Karall und Brixa 2008: 78) fragt z.B.: *„Wer ist uns fremder: der arabische Arzt in der Klinik oder der deutsche Psychopath, der Fußballspieler aus Ghana oder der Skinhead von nebenan [...]?"* Auch die Kategorie „Fremdheit" ist nicht eindeutig zu bestimmen und hängt von vielen kontextbezogenen Faktoren ab, was in dem berühmten Satz von Karl Valentin besonders deutlich zum Ausdruck kommt: „Fremd ist der Fremde nur in der Fremde." (vgl. Gottowik 2005: 135, Maletzke 1996ff.). Darüber hinaus ist häufig auch in der eigenen Kultur vieles fremd, so dass einige Autoren die Kategorie „Fremdheit" grundsätzlich in Frage stellen und eher von verschiedenen Vertrautheitsgraden sprechen. (vgl. Karall und Brixa 2008: 78). Bartmann (2012: 32) weist darauf hin, dass das Fremde inhaltlich durch das Vertraute bestimmt wird. Dadurch kann es mit der eigenen Person verbunden und die eigene kulturelle Prägung erkannt werden. So können – nach Bartmann (2012: 33) – interkulturelle Verständigungsschwierigkeiten von der eigenen Person und der persönlichen Ebene abstrahiert werden, was Handlungsalternativen erleichtert. Zu Erreichung dieses Effekts nutzt ESE die Dritt-Kultur-Perspektive und den Perspektivenwechsel.

die eine oder andere Art als identisch mit den Deutschen betrachtet werden.⁴⁰ Der deutschen Gesellschaft standen über lange Zeit keine kulturellen Kategorien zur Verfügung, um kulturelle Unterschiede positiv bewerten zu können.⁴¹

Ergänzendes Material:
Die Kategorie „Fremdheit" birgt einen Fallstrick für die interkulturelle Verständigung. Nicht immer fühlt sich eine Person, die auf uns z.B. aufgrund ihres Aussehens fremd wirkt, selbst wirklich fremd in Deutschland. So kann es passieren, dass man versehentlich jemanden, den man aufgrund äußerer Merkmale als Fremden kategorisiert, mit der freundlichen Gesprächseröffnung *„Und woher kommen Sie?"* erst einmal vor den Kopf stößt, weil er sich als zugehörig zur eigenen Gruppe (z.B. Münsteraner / Westfale / Deutscher) definiert (s. auch Abb. 8).⁴²

Eine Anzeigenkampagne des Antidiskriminierungsbüros Sachsen stellt diese Situation in eindrücklichen Beispielen wie dem folgenden dar:

Abb. 8:
„Nur im Notfall fragt mich niemand, woher ich eigentlich komme." Marco, Notarzt (Antidiskriminierungsbüro Sachsen – www.adb-sachsen.de/ Foto: Betty Pabst – www. bettypabst.de).

---

40 Platenkamp 2004. Interessante Aspekte zum Umgang mit den Fremden in China finden sich bei Liang 2003: 188f.
41 Nach Yildiz (2004: 147) haben in Deutschland *„die so genannte Ausländerforschung und die daran orientierte Ausländerpädagogik [...] einen wesentlichen Beitrag zur Konstruktion von ethnischer Fremdheit geleistet."*
42 Vgl. auch Kapitel 2: Was ist Kultur? – Exkurs: Kulturen, Ethnien und kulturelle Grenzen.

Wie alltäglich eine solche Wahrnehmung vieler Menschen in Deutschland ist, wird auch an dem folgenden Zitat deutlich:

> *„Flughafen Frankfurt, Passkontrolle: Zurück von einer Vietnamreise warten wir müde in der EU-Schlange auf unsere Abfertigung, vor uns drei asiatisch aussehende Männer. Genervtes Getuschel: ‚Die sind hier falsch, die müssen sich doch in der anderen Reihe anstellen!‘ Darauf halten die drei Männer ihren Pass in die Höhe – ohne sich umzudrehen und gleichzeitig, wie auf Kommando. Es sind deutsche Pässe! Betretenes Schweigen. Deutschland ist ein Einwanderungsland.“*[43]

In vielen Fällen werden entsprechende Bilder im Kopf von den so Wahrgenommenen auch einfach bedient, was zu einer Verzerrung der realen Situation führt:

> **Junge Türken, Westside:**
> *„Die untersuchten Jugendlichen haben mit den üblichen ethnischen Zuschreibungen einen geradezu spielerischen Umgang gefunden. Da sie erwarten, dass die deutschen Sozialforscher sie als türkische Jugendliche wahrnehmen, entsprechen sie dieser Wahrnehmung und bezeichnen sich folgerichtig als ‚Wir Junior, Turkish Westside. Junge Türken, Westside‘. Die Autorinnen kommentieren diese Selbstdarstellung: ‚Die Art ihrer Selbstrepräsentation ist alles andere als zufällig. Die ‚Jungen Türken Westside‘ sind eine Clique – womöglich mit einem nicht über unsere Begegnung hinausreichendem Verfallsdatum. Mit unserer Frage, welcher Clique sie angehören, unterstellten wir eine kollektive Identität, die dann auch prompt bedient wird.‘“*[44]

Es gehört somit auch zur Vermittlung von Interkultureller Kompetenz, für diese Problematik zu sensibilisieren.

* * *

---

43   Ute Stöffler in DIE ZEIT Nr. 20 vom 10.05.2012.
44   Hansen 2007: 23, Zitat aus Dannebeck u. a. 1999: 233.

3.2   Alles eine Frage der Perspektive

Ein zentraler Aspekt von Interkultureller Kompetenz ist der Perspektivenwechsel.[45] Der Perspektivenwechsel als Übernahme einer anderen Sichtweise bzw. als das Hineinversetzen in eine andere Sicht wird in vielen Untersuchungen als notwendige Voraussetzung für eine erfolgreiche Verständigung gesehen.[46] Besonders für den Abbau von Vorurteilen und Feindbildern sowie für das Hinterfragen von Selbst- und Fremdbildern wird dem Perspektivenwechsel eine große Bedeutung zugesprochen.[47] Darüber hinaus wird davon ausgegangen, dass der Perspektivenwechsel eine holistische Denkweise ermöglicht und dem Ethnozentrismus entgegenwirkt.[48]

Das Konzept des Perspektivenwechsels wurde ursprünglich vor allem in der Psychologie untersucht,[49] dann aber auch – gerade im interkulturellen Kontext – von der Pädagogik und Sozialpädagogik aufgegriffen.[50]

Die Ethnologie arbeitet im Hinblick auf das Konzept des Perspektivenwechsels mit der Gegenüberstellung von „emisch" und „etisch". Diese Begriffe wurden aus der Linguistik übernommen: „Emisch" steht für „phonemisch" und „etisch" für „phonetisch".[51] „Emisch" bezeichnet die Sicht aus der eigenen Kultur heraus. Sie berücksichtigt daher die Bedeutung aller kulturellen Phänomene, die sich aus dem gesamtkulturellen Kontext für die Mitglieder der jeweiligen Kultur ergeben.[52] „Etisch" dagegen beinhaltet die Analyse kultureller Phänomene von außen, d. h. oft aus der wissenschaftlichen Sicht, die diese Phänomene in objektive, vergleichbare Kategorien ordnet.[53]

Für das interkulturelle und globale Lernen ist die emische Sicht wesentlich wichtiger als die etische. Denn nur durch die Kenntnis der emischen Sicht ist ein Perspektivenwechsel möglich. Um im interkulturellen Kontext einen Perspektivenwechsel vollziehen zu können, sollte man sich der Existenz unterschiedlicher Perspektiven bewusst sein. Das Bewusstsein über die Existenz unterschiedlicher Perspektiven ist nicht nur für den kulturspezifischen, sondern auch für den kulturgenerellen Perspektivenwechsel von Bedeutung. Während der kulturspezifische Perspektivenwechsel bedeutet, dass man sich kulturspezifische Informationen

---

45 Diese und die folgenden Ausführungen stützen sich auf Bertels und Lütkes 2001 und Bertels u. a. 2004: 43 ff.

46 Vgl. u. a. Auernheimer 1995: 191.

47 Vgl. hierzu auch Kapitel 3.2: Alles eine Frage der Perspektive – Exkurs: Vorurteile und Stereotype.

48 Vgl. u. a. Schmitt 1995: 208.

49 Vgl. u. a. Bennett 1986: 185.

50 Vgl. u. a. Rhode-Jüchtern 1996: 5.

51 Als erster Autor arbeitete Kenneth Pike 1967 mit diesen Begriffen. Vgl. aber auch Renner 1983: 398 oder Headland, Pike und Harris 1990.

52 Nach Heidemann (2011: 142) räumt die Ethnologie *„in ihrer Beschreibung der emischen Sichtweise einen hohen Stellenwert ein, weil das Ziel das kulturelle Fremdverstehen ist, doch sie verwendet keine mythischen Argumente (der Ahne wuchs aus dem Boden) für eine ethnologische These."*

53 Vgl. Pike 1967: 37.

einholt,[54] um dadurch die Möglichkeit zu schaffen, sich in die Sicht des Gegenübers aus einer anderen Kultur hineinzuversetzen, ist der kulturgenerelle Perspektivenwechsel als eine Technik zu verstehen, die es ermöglicht, allgemeine Prinzipien der interkulturellen Verständigung zu reflektieren. Ziel des kulturgenerellen Perspektivenwechsels ist somit, ein Bewusstsein dafür zu schaffen, dass die eigene Sichtweise nur eine von vielen tausenden ist. Durch den kulturgenerellen Perspektivenwechsel können so Fehlinterpretationen, die auf Basis der eigenen kulturellen Prägung entstehen, während einer interkulturellen Begegnung vermieden werden. Besonders geeignet für diese Technik ist der so genannte „umgekehrte Blick".[55] Durch diese Technik wird die eigene Kultur aus der Perspektive einer anderen Kultur gesehen. So wird verdeutlicht, dass die eigene Kultur durch den Vergleich mit anderen Sichtweisen an Selbstverständlichkeit verliert.[56]

Die Umsetzung im Unterricht:

Zur Umsetzung des Lernziels 2 sind folgende Methoden geeignet:[57]
a) Einsatz von Kurztexten oder Erzählungen von Situationsbeispielen, anhand derer Ursachen für interkulturelle Missverständnisse erarbeitet werden können
b) Einsatz von Comics, deren Bearbeitung verschiedene Sichtweisen erfordert
c) Aufforderung zum Hineinversetzen in Szenarien (z. B. *„Stellt euch vor, dass ..."*) in Form von Rollenspielen oder Pro-Contra-Diskussionen
d) Einsatz von Identifikationsfiguren oder Internet-Kontakt zu Menschen aus anderen Kulturen
e) Auseinandersetzung mit Erklärungen von Mitgliedern anderer Kulturen über deren Kultur (z. B. Berichte oder Zitate)
f) Aufforderung zur Diskussion über das Leben in Deutschland aus der Sicht von Menschen anderer Kulturen

a) Einsatz von Kurztexten oder Erzählungen von Situationsbeispielen, anhand derer Ursachen für interkulturelle Missverständnisse erarbeitet werden können
Anhand von kurzen Situationsbeispielen werden interkulturelle Missverständnisse beschrieben. Die Schülerinnen und Schüler sollen erarbeiten, welche Ursache oder Ursachen zu diesem Missverständnis geführt haben. Ein Beispiel:

---

54 Vgl. auch Kapitel 3.1: Die Grundlage – Interesse und Informationen.
55 Vgl. hierzu Hansen 1996: 98. In der Literatur wird auch oft vom „verkehrten Blick" gesprochen (vgl. u. a. Bräunlein und Lauser 1991: 3ff.)
56 Der kulturgenerelle Perspektivenwechsel beinhaltet auch, die Fähigkeiten des Gegenübers in Bezug auf die interkulturelle Verständigung zu berücksichtigen, d. h. davon auszugehen, dass dem Gegenüber die Existenz unterschiedlicher Perspektiven möglicherweise nicht bewusst ist. Dieser so genannte doppelte Perspektivenwechsel ist zwar sehr erstrebenswert, ist aber als absolutes Ideal von Interkultureller Kompetenz anzusehen. Vgl. Bertels u. a. 2004: 46.
57 Vgl. auch Bertels u. a. 2004: 70.

Franziska zu Besuch bei ihrer Freundin Aishe[58]
Franziska besucht ihre pakistanische Freundin Aishe zu Hause und läuft staunend durch die einzelnen Räume. Alles sieht so anders aus und vieles gefällt ihr gut. Die Mutter von Aishe serviert Tee und Plätzchen. Als Franziska danach greifen möchte, hält Aishe sie zurück. Da Franziska dies peinlich ist, spricht sie über die schöne Vase, die auf dem Tisch steht. Als sie nach Hause geht, schenkt die Mutter ihr die Vase. Auch das ist Fransiska sehr unangenehm und sie geht beschämt nach Hause.

Hintergrundinformationen:
Dieses Situationsbeispiel beschreibt gleich zwei Missverständnisse. Zunächst einmal geht es darum zu realisieren, dass auch Tischregeln kulturell sehr unterschiedlich sein können. Daher sollte man in einer solchen Situation entweder vorher die Freundin fragen oder aber genau beobachten, wie sich die Anderen verhalten. Sollte es trotzdem zu einer unangenehmen Situation kommen, ist es wichtig nachzufragen, anstatt verlegen auf ein anderes Thema zu lenken. Denn dieses Ablenken führt direkt zu einem weiteren interkulturellen Missverständnis: der geschenkten Vase. In vielen Gesellschaften fühlen sich Menschen verpflichtet, Dinge zu verschenken, die von ihren Mitmenschen gelobt werden. Dies basiert zum einen auf dem Konzept der Gastfreundschaft, zum anderen will man so vermeiden, dass Menschen neidisch werden. Neid wird als etwas Bedrohliches gesehen und es ist von größter Wichtigkeit, sich davor zu schützen. In solchen Gesellschaften ist es nicht angemessen, Dinge zu loben. Doch was kann Franziska in dieser Situation machen? Sie sollte auf keinen Fall die Vase ablehnen, da dies eine weitere Unhöflichkeit wäre. Aber sie könnte ihre persönliche Großzügigkeit unter Beweis stellen, indem sie beim nächsten Besuch ein Geschenk mitbringt.

b)   Einsatz von Comics, deren Bearbeitung verschiedene Sichtweisen erfordert

***„Hast du schon geduscht?"*[59]**
Die Schülerinnen und Schüler werden gebeten, sich folgende Situation vorzustellen:
Anja Morbach arbeitet als Krankenschwester in einem großen Krankenhaus in Hamburg. In den letzten Jahren hat sie in der Abteilung für Tropenmedizin gearbeitet. Um noch mehr Berufserfahrung zu sammeln, würde sie gerne einmal in einem tropischen Land arbeiten. Vor zwei Jahren war sie schon einmal in Indonesien. Sie möchte gerne mehr über das Leben in Indonesien erfahren. Sie lernt die Sprache, liest viele Bücher über Land und Leute etc. Man kann sagen, dass sie sich umfassend über ihr Zielland informiert hat. Trotzdem kommt sie bei ihrem Aufenthalt immer wieder in Situationen, die sie sich nicht erklären kann und die

---

58   Vgl. auch Eylert 2011b: 83f.
59   Vgl. auch Eylert und Brünenberg 2007: 115f. bzw. 121ff.

ihr unangenehm sind. Die folgende Tagebuchaufzeichnung gibt diese Situationen aus ihrer Sicht wieder:

> *Montag, 15. August*
> *Ich bin genervt. Jedes Mal, wenn ich nach Feierabend bei meiner Freundin Yanti vorbei gehe, um noch kurz einen Plausch zu halten, bevor das Abendessen fertig ist, fragt mich ihre Mutter, ob ich schon geduscht habe. Das geht wirklich zu weit. Rieche ich etwa unangenehm oder was ist los? Diese Frau ist sehr unhöflich, wenn sie mich anstatt zu begrüßen, jedes Mal fragt, ob ich schon geduscht habe.*

Die Schülerinnen und Schüler erhalten in Partnerarbeit ein Arbeitsblatt, auf dem in Form eines Comics die Gesprächssituation zwischen Anja und einer indonesischen Person dargestellt ist, mit der Aufgabe, durch das Ausfüllen der Sprechblasen einen Dialog zu entwickeln, um die Situation zu klären.[60] Ziel der Methode ist es nicht, die „richtige" Lösung zu finden. Vielmehr geht es um eine mögliche Einschätzung der Situation und darüber hinaus auch um den Umgang aller Beteiligten mit dieser Situation.

Abb. 9: „*Hast du schon geduscht?*" (Zeichnung: Susanne von Bülow)

Mögliche Hilfsfragen:
*   *Versetzt euch in die Situation der beteiligten Personen und überlegt, worin die Ursache des Missverständnisses/Konfliktes liegt.*
*   *Wie könnte ein Gespräch zwischen der deutschen Krankenschwester und einer indonesischen Person eurer Wahl verlaufen?*

Erfahrungsgemäß tauchen hier bei der Erklärung der indonesischen Person kulturell bedingte Gründe auf, die nicht unbedingt zutreffen, aber vorstellbar wären. Viele Schülerinnen und Schüler führen zum Beispiel an, dass es sich um ein reini-

---

60   Eine Kopiervorlage des Arbeitsblattes findet sich in den Materialien – M 06.

gendes Ritual handeln könnte, wenn man vor dem Abendessen duscht. Wenn dies geschieht, ist das Ziel des Perspektivenwechsels erreicht. Wenn es in den Dialogen zu einem Konflikt kommt, wird daran deutlich, welche Bedeutung der Perspektivenwechsel hat, um interkulturelle Missverständnisse zu vermeiden.

Hintergrundinformationen:
Die tatsächlichen Hintergründe der Situation stellen sich wie folgt dar: Wenn man auf den Inseln Bali oder Lombok gefragt wird: *„Hast Du schon geduscht?"*, erkundigt man sich danach, ob jemand schon Feierabend hat und schon bereit ist zum Abendessen. Man möchte nicht wirklich wissen, ob die betreffende Person schon geduscht hat. Hierbei handelt es sich um eine Höflichkeitsformel wie z.B. die Frage: *„Wie geht es Dir?"*

Fazit:
Trotz guter Sprachkenntnisse kommt es oft zu einem Missverständnis. Nicht immer ist das Gesagte gleich dem Gemeinten. Wie in diesem Beispiel gezeigt, spielen auch kulturelle Komponenten im Umgang mit Sprache eine Rolle, die erst durch Erfahrungen aus der Anwendung erlernt werden. Spätestens wenn die Lehrkraft die Situation auflöst, wird deutlich, wie banal Hintergründe für Konflikte sein können. Dies soll anhand des Beispiels unterstrichen werden.

c) **Aufforderung zum Hineinversetzen in Szenarien (z.B. „*Stellt euch vor, dass …*") in Form von Rollenspielen oder Pro-Contra-Diskussionen**
Das Allerheiligenfest in Mexiko ist geprägt von der Darstellung von Skeletten und Totenköpfen. Besondere Aufmerksamkeit bei der Durchführung der Unterrichtseinheit *Von Totenköpfen und Skeletten – Das Allerheiligenfest in Mexiko* erregt immer die Darstellung der in Mexiko zu diesem Fest üblichen Nachbildungen von Totenköpfen aus Zuckerguss oder Schokolade.[61]

Abb. 10: Totenkopf aus Zuckerguss (Foto: Frank W. Koch)

---

61 Die Unterrichtseinheit findet sich unter UE 12.

Nachdem die Schülerinnen und Schüler anhand des Berichtes eines mexikanischen Mädchens die Hintergründe und den Ablauf des mexikanischen Allerheiligenfestes kennen gelernt haben, werden sie gebeten, in einem Rollenspiel ein Gespräch zwischen deutschen Touristinnen und Touristen in Mexiko und einem mexikanischen Verkäufer von Totenköpfen aus Zuckerguss nachzustellen.[62] Bei der Durchführung der Unterrichtseinheit in einer 7. Klasse kam es dabei zu folgendem Dialog:

deutscher Tourist: *„Sieh mal, voll geschmacklos.“*

deutsche Touristin: *„Das ist ja ekelig und das wollen die verkaufen.“*

deutscher Tourist: *„Was sie sich bloß dabei denken.“*

deutsche Touristin: *„Lass uns mal fragen, was das zu bedeuten hat. Was bedeuten diese Totenköpfe?“*

mexikanischer Verkäufer: *„Das ist unsere Tradition, diese Totenköpfe zu verkaufen.“*

deutscher Tourist: *„Warum ist das Tradition?“*

mexikanischer Verkäufer: *„Die Totenköpfe sind ein Symbol für Allerheiligen. Das ist bei uns ein Familienfest. Wir glauben, dass bei diesem Fest auch die verstorbenen Familienangehörigen anwesend sind. Gibt es so etwas in Deutschland nicht?“*

deutsche Touristin: *„Bei uns ist das nicht üblich. Aber danke für die Erklärung. Ich kaufe zwei Totenköpfe.“*[63]

Bei diesem Rollenspiel können die Schülerinnen und Schüler die erhaltenen Informationen dazu nutzen, verschiedene Perspektiven einzunehmen und die für die deutschen Touristinnen und Touristen auf den ersten Blick abschreckend wirkenden Totenköpfe aus Zuckerguss aus mexikanischer Perspektive zu erklären. Hierdurch wird deutlich, dass vieles, was zunächst sehr fremd erscheint, aus der Sicht der jeweiligen Kultur erklärbar ist. Besonders die Aufforderung *„Lass uns mal fragen, was das zu bedeuten hat“*, zeigt, dass die beteiligten Schülerinnen und Schüler anhand dieses Rollenspiels den Perspektivenwechsel einüben.

d) Einsatz von Identifkationsfiguren oder Internet-Kontakt zu Menschen aus anderen Kulturen

Über persönliche Kontakte der Lehrkraft ist es oft möglich, einen Internet-Kontakt zu Menschen aus anderen Kulturen herzustellen. So können die Schülerinnen und Schüler direkte Informationen erhalten und sich so über die unterschiedlichen Lebensbedingungen austauschen.[64]

---

62 Vgl. Bertels und Lütkes 2001: 458f.

63 Vgl. ebd.: 458.

64 Durch diesen Kontakt wird eine interkulturelle Begegnung – wenn auch nur auf schriftlichem Weg – ermöglicht. Da neben der interkulturellen Bildung die interkulturelle Begegnung eine wichtige Grundlage für interkulturelles und globales Lernen ist (vgl. auch Grosch und Leenen 1998: 29), sollte der Kontakt mit Mitgliedern anderer Kultu-

e) Auseinandersetzung mit Erklärungen von Mitgliedern anderer Kulturen über deren Kultur (z. B. Berichte oder Zitate)

In der Unterrichtseinheit *Indiens heilige Kühe* werden die Schülerinnen und Schüler nach einigen Basisinformationen über das Leben und die Religionen in Indien mit folgendem Zitat von Ghandi konfrontiert:[65]

„Das eigentliche Wesen des Hinduismus besteht in der Beschützung der Kuh. "[66]

Im Unterrichtsgespräch wird diskutiert, was dieses Zitat im Hinblick auf die Existenz der heiligen Kühe bedeutet. Im Anschluss daran erhalten die Schülerinnen und Schüler weitere Informationen zu den heiligen Kühen.

f) Aufforderung zur Diskussion über das Leben in Deutschland aus der Sicht von Menschen anderer Kulturen

Das Verhältnis der Deutschen zu ihren Hunden ist für viele Menschen aus anderen Kulturen sehr befremdlich.[67] In der Unterrichtseinheit *Hunde und Meerschweinchen* erhalten die Schülerinnen und Schüler die Aussagen von mexikanischen Studierenden über ihre Beobachtungen während eines Austauschsemesters in Deutschland.[68]

Die Deutschen und ihre Hunde:
Eindrücke von jungen Mexikanerinnen und Mexikanern zum Leben der Hunde in Deutschland

Viele Hunde in Deutschland haben ein viel besseres Leben als manche Menschen. Insgesamt gehen viele Deutsche mit ihren Hunden sehr respektvoll und verantwortungsvoll um. Jeder Hund hat einen Besitzer oder eine Besitzerin. Streunende Hunde, wie man sie in Mexiko sieht, haben wir in Deutschland nicht gesehen.

Für uns war es allerdings sehr verwunderlich, dass Hunde zum Teil wie ein Familienmitglied behandelt werden. Das beinhaltet, dass sie gut ernährt, gepflegt und auch medizinisch versorgt werden. Manchmal hat man den Eindruck, dass sie wie ein Kind behandelt werden. Einige Male haben wir auch gesehen, dass Hunde im Kinderwagen spazieren gefahren wurden. Erst auf den zweiten Blick haben wir in der Situation gemerkt, dass in dem Kinderwagen kein Kind, sondern ein Hund war. Und gerade in Münster mussten wir immer wieder staunen, wenn wir Hunde gesehen haben, die im Fahrradkorb spazieren gefahren wurden. Ein Hund im Fahrradkorb sieht sehr lustig aus.

Auch wenn es sicherlich gut ist, Haustieren und damit auch den Hunden mit Zuneigung und vor allem Respekt zu begegnen, haben wir in einigen Fällen aber

---

ren – immer unter Berücksichtigung der Dritt-Kultur-Perspektive – so oft wie möglich eingesetzt werden.

65 Diese Unterrichtseinheit (UE 01) kann bei ESE angefordert werden.
66 Gandhi 1959: 25.
67 Eine ausführliche ethnografische Studie zu dem Thema findet sich in Ndonko 2002.
68 Diese Unterrichtseinheit findet sich unter UE 06.

den Eindruck gehabt, dass den Besitzern oder Besitzerinnen ihre Hunde wichtiger sind als zum Beispiel andere Menschen.[69]

1. Was fällt den jungen Mexikanerinnen und Mexikanern an der Beziehung der Deutschen zu ihren Hunden auf?
2. Wie bewerten sie dieses Verhalten der Deutschen gegenüber ihren Hunden? Warum?
3. Was haltet ihr von dieser Sichtweise?

Abb. 11: Der Hund im Fahrradkorb (Foto: Irmgard Hellmann de Manrique)

* * *

Exkurs: Vorurteile und Stereotypen

Sinnvoll für das Einüben des Perspektivenwechsels ist es auch, sich mit dem Thema Vorurteile und Stereotype auseinanderzusetzen.

In der Unterrichtseinheit *Typisch deutsch?* werden die Schülerinnen und Schüler mit einem Foto konfrontiert, das wiedergibt, wie Deutsche im Ausland gesehen werden:[70]

---

69 Die Aussagen stammen aus Interviews mit mexikanischen Studierenden, die im Rahmen eines deutsch-mexikanischen Studierendenaustausches 2011/2012 für sieben Monate in Deutschland waren.
70 Diese Unterrichtseinheit findet sich unter UE 07.

Abb. 12: Ein Bayer in Pachuca, Mexiko (Foto: Ursula Bertels)
(Übersetzung: *Deutscher in traditioneller Tracht mit einem Bierkrug und Schiefertafel* – Anmerkung: Er ist schon erheblich heruntergesetzt.)

Viele Schülerinnen und Schüler distanzieren sich sehr schnell von diesem Bild (*„Ich bin doch kein Bayer!"*). Daran anknüpfend können nun die Vorurteile und Stereotype gesammelt werden, die die Schülerinnen und Schüler von anderen Nationen haben. Durch den Vergleich mit dem Bild des „Bayern" wird schnell deutlich, dass diese Vorurteile und Stereotype von den betreffenden Personen in den meisten Fällen als nicht zutreffend gesehen werden. Hierdurch wird für den reflektierten Umgang mit Vorurteilen und Stereotypen in der interkulturellen Begegnung sensibilisiert.[71]

Im Anschluss daran kann auf die Definition der Begriffe Vorurteil und Stereotyp eingegangen werden. ESE arbeitet mit folgenden Definitionen:

---

71 Diese Methode eignet sich auch sehr gut für die Vorbereitung von Schülerinnen und Schülern auf einen Auslandsaufenthalt, da sie während des Aufenthaltes mit einer Konfrontation mit dem Bild von „typisch deutsch" rechnen müssen. Bei der Vorbereitung sollte auf alle Fälle auch darauf eingegangen werden, dass es möglich ist, dass die Schülerinnen und Schüler im Gastland auf die Zeit des Nationalsozialismus angesprochen werden. Bei einem Schüleraustausch nach Schottland wurde z. B. ein deutscher Schüler von einem schottischen Schüler mit dem Hitlergruß begrüßt. Der deutsche Schüler empfand das als unangenehm. Nach einer kurzen Verwirrung beschloss er herauszufinden, warum er so begrüßt worden war, und fragte direkt nach. Der schottische Schüler meinte, der Hitlergruß wäre doch eine übliche Begrüßungsform in Deutschland. Der deutsche Schüler erklärte dem schottischen Schüler daraufhin, dass der Hitlergruß schon lange keine typisch deutsche Begrüßung mehr ist und erklärte auch, warum es für ihn unangenehm war, so begrüßt zu werden. So konnte die Situation geklärt werden.

Vorurteil:

Ein Vorurteil ist ein voreiliges Urteil. Es wird meist abwertend verwendet. Ein besonderes Merkmal des Vorurteils ist, dass man an ihm festhält, auch wenn das Gegenteil bewiesen ist.

Beispiel:

„Alle Deutschen trinken Bier." Mit diesem Satz wurde eine Ethnologin während ihres Mexikoaufenthaltes immer wieder konfrontiert, wenn extra für sie Bier zum Abendessen eingekauft wurde. Die betreffende Ethnologin trinkt aber kein Bier, es schmeckt ihr nicht. Diese Aussage führte jedoch auf mexikanischer Seite nicht dazu, dass das Vorurteil nicht weiter besteht, sondern nun wird gesagt: *„Alle Deutschen trinken Bier, ich kenne aber eine, die das nicht macht."*

Stereotyp:

Ein Stereotyp ist ein vereinfachendes Bild, das der Überschaubarkeit dient und leicht aktiviert werden kann.[72]

Beispiel:

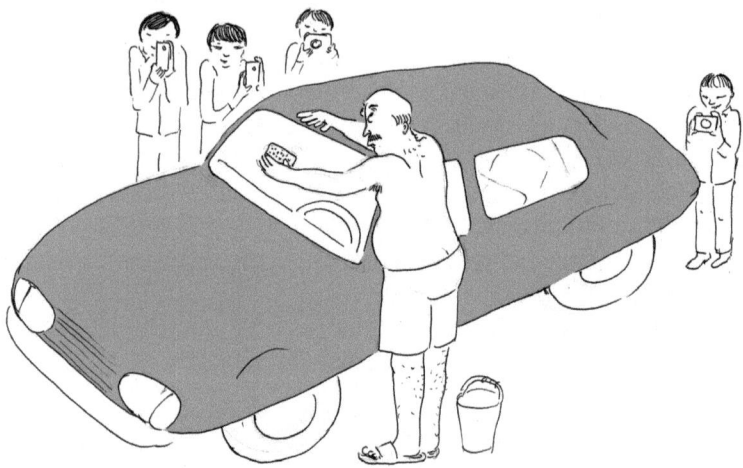

Abb. 13: Ist das typisch? (Zeichnung: Susanne von Bülow)

Abbildung 13 stellt gleich drei Stereotype dar:
1. Japaner im Urlaub fotografieren oder filmen immer alles.
2. Deutsche tragen im Sommer Badelatschen und kurze Hose.
3. Deutsche hegen und pflegen ihr Auto.

---

72   Vgl. Bertels u. a. 2004: 51, siehe auch Kahraman und Knoblich 2000: 32.

Eine Methode, die Schülerinnen und Schüler für nationale Stereotype zu sensibilisieren, ist die folgende:

Die Schülerinnen und Schüler werden in Gruppen aufgeteilt und gebeten, in Pantomime nationale Gruppen so darzustellen, dass die anderen Schülerinnen und Schüler erraten können, um welche nationale Gruppe es sich handelt.

Möglichkeiten hierfür sind:

- Russen auf einer Hochzeit
- Japaner im Lokal
- Türken auf dem Fußballplatz
- US-Amerikaner im Supermarkt
- Mexikaner im Krankenhaus
- Engländer beim Pferderennen
- Philippinos beim Autokauf.[73]

Während es den Schülerinnen und Schülern leicht fällt, zum Beispiel „Russen auf einer Hochzeit" darzustellen, bereitet die Aufgabe „Philippinos beim Autokauf" eher Schwierigkeiten. Mit dieser Methode kann man daher die fest eingeprägten Stereotype über bestimmte Nationen sehr gut verdeutlichen.

Beispiel: Kopftuch

Abb. 14: Wenn das mal nicht eine ganz schwer integrierbare Migrantin ist (DIE ZEIT Nr. 37 v. 09.09.2010) (Foto: dpa Picture)

---

73 Vgl. Lorke 2007: 133f. Interessante Aspekte über die Bildung von Stereotypen über nationale Gruppen finden sich in Krickau 2002: 26ff.

Das obige Foto beziehungsweise die Bildunterschrift verdeutlichen auf anschauliche Weise, dass das Thema Kopftuch bei muslimischen Frauen wie kein anderes eine Vielzahl an Stereotypen und Vorurteilen hervorruft. Um die Schülerinnen und Schüler hierfür zu sensibilisieren, eignet sich folgende Abbildung:[74]

Abb. 15: Eine alltägliche Straßenszene? (Zeichnung: Susanne von Bülow)

Die Schülerinnen und Schüler werden gebeten zu beschreiben, was sie auf der Abbildung sehen. Meistens kristallisiert sich schnell heraus, dass zumindest einige der Schülerinnen und Schüler hier einen Widerspruch zwischen „traditionell" und „modern" wahrnehmen. Als „traditionell" wird das Kopftuch angesehen, als „modern" die Jeans und der Motorroller.

Hintergrundinformationen:
Die Abbildung gibt ein alltägliches Bild aus Indonesien wieder. Indonesien ist weltweit der Staat mit dem höchsten Anteil an muslimischer Bevölkerung. Neben den verschiedenen Richtungen des Islam gibt es aber z. B. auch den Hinduismus, den Buddhismus und das Christentum. Staat und Religion sind jedoch getrennt, so dass muslimische Frauen selbst entscheiden können, ob sie Kopftuch tragen wollen und ggf. in welcher Form. Viele haben sich erst in den letzten Jahren dazu entschieden, ihren Glauben durch das Kopftuch für alle sichtbar zu machen.

Jeans tragen viele Frauen in Indonesien schon seit Jahrzehnten und der Motorroller ist für beide Geschlechter seit Jahren ein übliches Fortbewegungsmittel. Das Kopftuch jedoch – wie oben erläutert – ist erst seit einigen Jahren immer öf-

---

74 Eine ppt-Folie mit der Abbildung findet sich in den Materialien – M 07.

ter zu sehen. Das bedeutet in Bezug auf die Abbildung: Die Jeans und der Motorroller sind „traditionell", das Kopftuch ist „modern".

Diese Methode verdeutlicht somit anschaulich, wie Bilder im Kopf wirken und wie schnell man sich aufgrund dieser vorgegebenen Bilder ein „falsches Bild" machen kann. Zudem ist diese Methode ein guter Einstieg, um mit den Schülerinnen und Schülern zum Thema Kopftuch zu arbeiten.

* * *

Exkurs: Thema Kopftuch

Kleidung kann schnell zum Anlass für kulturelle Kategorisierungen von Menschen und Gruppen werden, obwohl sie an sich eine Vielzahl von praktischen und symbolischen Bedeutungen haben kann. Ein Kleidungsstück, das in dieser Hinsicht in den letzten Jahren vor allem in West-Europa besonders intensiv diskutiert wurde, ist das Kopftuch – und häufig damit verbunden der Gesichtsschleier.

Vorweg: Dieser Exkurs hat nicht zum Ziel, die verschiedenen aktuellen Diskussionen rund um das Kopftuch wiederzugeben. Es werden lediglich einige der unterschiedlichen kulturellen Bedeutungen skizziert, die dem Kopftuch zugeschrieben werden.

Kopftuch und Gesichtsschleier sind weltweit verbreitete Kleidungsstücke.[75] Die Tuareg z.B., die in den Sahara-Staaten Algerien, Libyen, Niger, Mali und Burkina Faso leben, bezeichnen sich selbst als *kel tamashek* – „*Menschen, die* tamashek *sprechen*" oder als *kel tagilmust* – „*Menschen, die den* tagilmust *tragen*". *Tagilmust* ist der indigogefärbte Gesichtsschleier der Männer.[76] Da diese Stoffe besonders kostbar und teuer sind, wird der *tagilmust* vor allem bei Festlichkeiten getragen. Die „Alltagsversion" ist der *chech* aus blauem, schwarzem oder weißem billigen Stoff, der heute vor allem aus China importiert wird. Der Gesichtsschleier wird je nach Situation unterschiedlich getragen. Sind Frauen oder ältere Männer – insbesondere der Schwiegervater – anwesend, muss besonders auf den korrekten Sitz des *chech* bzw. *tagilmust* geachtet werden. Der Schleier wird dann so über die Nase gezogen, dass nur noch die Augen unbedeckt sind. Wenn jüngere oder ältere Männer unter sich sind, kann auch der Mund frei bleiben.

Traditionell sind die Tuareg Nomaden – das bedeutet, sie wandern mit ihren aus Kamelen, Ziegen und Eseln bestehenden Herden auf festgelegten Wüsten-Routen von Weideplatz zu Weideplatz. Auch der trans-saharische Handel wurde jahrhundertelang von den Tuareg mit ihren Kamelkarawanen betrieben. Dieser

---

75 Zu den vielen Formen und Interpretationen der Bedeutung des Kopftuchs im Islam vgl. z.B. Tanja 2011: 108ff., Spenlen 2011, Köllhofer 2004: 265f. und 341f., Akkent u.a. 1999 und Akkent u.a. 1987 sowie zu verschiedenen Perspektiven auf die so genannte Kopftuch-Debatte Kelek 2011, Kühn 2008, Beck-Gernsheim 2004: 51ff., Höglinger 2002, Nökel 2002, Bauer 2001, Parekh 2000, Akkent u.a. 1999, Günzel 1998 und Homburg 1998.

76 Zu den Ausführungen über die Tuareg und den Gesichtsschleier siehe Brünenberg 2004 und 2007b.

Umstand gilt Europäerinnen und Europäern häufig als Begründung, warum die
Tuareg überhaupt einen Gesichtsschleier tragen.

Die Tuareg und ihr Gesichtsschleier

„Eine typisch europäische Erklärung für den chech *bzw.* tagilmust *ist der
Hinweis, dass er vor Sonne, Wind und Sand schützt. Fragt man die Tuareg
[...], nennen sie zwei Begriffe aus ihrer Sprache, die auch in anderen Zu-
sammenhängen immer wieder genannt werden:* tekerakit *und* ashek, *was so-
viel heißt wie ‚Zurückhaltung/Schamgefühl‘ und ‚Würde‘. [...] Die Tuareg sagen: ‚Ein Mann verhüllt seine Stirn durch* tekerakit *und seinen Mund durch*
ashek‘."*[77] *Außerdem schützt der Schleier vor den Kel Essuf, in der Wüsten-
Ödnis lebende Geistwesen.*[78]

Abb. 16: Verschleierung bei den Tuareg (Foto: Kerstin Brünenberg)

In Deutschland gehörte das Kopftuch zu vielen Trachten im ländlichen Raum, die
zum Teil auch heute noch – vor allem von älteren Frauen – getragen werden. Im
Oberhessischen ist z. B. im Winter ein gewebtes Kopf- und Schultertuch in ge-
deckten Farben Bestandteil der lokalen Tracht. Darüber hinaus schützten Arbeits-
kopftücher vor Wind, Wetter, Staub und Sonne, insbesondere bei der Feldarbeit.[79]

---

77 Brünenberg 2004: 253.
78 Brünenberg 2007b: 33.
79 Vgl. Kollhöfer 2004: 262f. sowie Akkent und Franger 1987: 21f. zum Kopftuch in
    Oberfranken sowie zu weiteren Beispielen aus dem deutschsprachigen Raum und einer
    Vielzahl von Beispielen weltweit.

Abb. 17: Frau aus Emsdorf (Foto: Nina Kollhöfer)

Bis heute werden Kopftücher jedoch auch als modische Accessoires genutzt – vor allem, um die Haarfrisur vor Windverwehungen zu schützen. Bis in die 1960er Jahre hinein war es modern, das Kopftuch vorne geknotet zu tragen.

Modisch im Trend sind nach wie vor die hauchdünnen „Cabrio-Kopftücher" – oder neuerdings auch „Cabrio-Kapuzentücher" – die durchaus einen Symbolgehalt von Wohlstand und gesellschaftlich hohem Status signalisieren. Geworben wird für sie z. B. mit den Adjektiven *„sportlich", „elegant", „extravagant", „exklusiv"* oder *„die Lady trägt den adäquaten Kopfschutz".*[80] Auch der richtige Knoten für das Cabrio-Kopftuch gehört zum korrekten Outfit.[81] Cabrio-Kopftücher sind einfach unverzichtbarer Bestandteil der Cabriokleidung. Diese Vorstellung fand auch Eingang in einen Münsterländer Krimi: *„Wenn sie mit meinem Cabrio fahren darf, ist sie glücklich. Sie fuhr uns pfeifend in den Stadtpark zum Hahnenkampf. Leider im Regen, so daß sie in Sonnenbrille und Kopftuch etwas overdressed wirkte. "*[82]

Neben den Cabrio-Kopftüchern gibt es weitere Trendsetter: Nach Auskunft von Modeseiten ist es im Moment besonders modern, Kopftücher im Stil eines Turbans oder Schleiers zu tragen.[83]

---

80 Vgl. z. B. www.brunibrocat.de/ (aufgerufen am 20.07.2011).
81 Vgl. z. B. www.krawattenknoten.info/cabriolet-kopftuch.html (aufgerufen am 20.07.2011).
82 Veit 2002: 12.
83 www.paradisi.de/Beauty_und_Pflege/Accessoires/Kopftuecher/ (aufgerufen am 20.07.2011).

Natürlich kann ein Kopftuch auch religiöse Bedeutung haben. Frauen, die der russisch-orthodoxen Kirche angehören, sollten im Gottesdienst ein Kopftuch tragen. In der Bibel sind in dieser Hinsicht eindeutige Verhaltensanweisungen des Apostels Paulus nachzulesen: *„Eine Frau aber entehrt ihr Haupt, wenn sie betet oder prophetisch redet und dabei ihr Haupt nicht verhüllt."*[84] Auch in Deutschland tragen viele ältere Aussiedlerinnen ein Kopftuch zum Kirchgang. Das gilt auch für Aussiedlerinnen, die einer protestantischen Glaubensrichtung angehören. Oftmals haben sie Schwierigkeiten mit den Gepflogenheiten in deutschen evangelischen Gemeinden – z.B. weil Frauen ohne Kopftuch und mit Hosen zum Gottesdienst kommen oder Frauen als Pfarrerinnen arbeiten. Daher gründen viele Aussiedlerinnen und Aussiedler eigene Gemeinden.[85]

Muslimische Mädchen und Frauen entscheiden sich aus ganz unterschiedlichen Gründen für das Tragen des Kopftuchs.

Muslima und das Kopftuch – Ergebnisse wissenschaftlicher Studien
In der jüngeren Generation entscheiden sich häufig besonders aktive, selbstbewusste und selbstständige Frauen und Mädchen für das Tragen des Kopftuchs. Wenn Mädchen das Kopftuch in der Schule tragen, tun sie dies zum Teil deshalb, weil sie so die Erwartungen zweier Welten zu einem eigenen Lebensentwurf verknüpfen können. Sie senden ein doppeltes Signal aus: eines an ihre Familien, dass sie Vertrauen verdienen – und eines an ihre Schulumwelt, dass sie „außer Reichweite" sind. So bestimmen sie selbst darüber, wie sie behandelt werden möchten. Es ermöglicht ihnen, ihren eigenen Weg zu gehen. Damit kommt in diesen Fällen dem Kopftuch gleichzeitig traditionelle als auch traditionsüberschreitende Bedeutung zu.

Darüber hinaus kann das Kopftuch bei Mädchen und jungen Frauen vor allem Ausdruck einer Religiosität sein, die Religion und Moderne verbindet. Viele dieser Kopftuchträgerinnen sind in Deutschland geboren oder aufgewachsen und besuchen nicht selten ein Gymnasium. Sie tragen das Kopftuch nicht, weil ihre Eltern es wollen oder weil sie sich in einer Parallelgesellschaft einrichten, sondern weil sie bewusst religiöse Symbole mit Zeichen der Massenkultur und Gläubigkeit mit Modernität verbinden. So wird das Kopftuch zu einem Symbol für einen eigenen Lebensentwurf, der sich nicht im Gegensatz zur „modernen" Gesellschaft versteht.

Schließlich kann das Kopftuch auch Ausdruck einer kulturellen Identität und transnationaler Zugehörigkeit sein.[86]

---

84 Apostel Paulus im 1. Kor. 11, 5–15, Die Bibel (zitiert nach Köllhofer 2004: 341).
85 Heinen 2000 und Theis 2006: 20f.
86 Vgl. Beck-Gernsheim 2004: 60ff; zu kritischen Anmerkungen zum Thema Kopftuch und Schule siehe Kelek 2011: 296.

Abb. 18: Kopftuchmodelle in Indonesien (Foto: Sabine Eylert)

In einem Fallbeispiel stellt Kaya die religiöse Entwicklung von Mutter Neziha aus Anatolien und ihrer in Deutschland geborenen Tochter Meral dar. Neziha kam mit 16 Jahren nach Deutschland. Offenbar erlitt sie einen Kulturschock, weil ihr in der Türkei verheirateter Schwiegervater sehr offen mit seiner deutschen Geliebten in der kleinen gemeinsamen Wohnung mit ihr und ihrem Mann verkehrte. Nach einigen Fehlgeburten wird Religion zu *„einer Form der Bewältigung und Kompensation von Verlustsituationen".*[87]

Neziha nutzt den Raum in der Moschee jedoch auch, um sich u.a. eine Teilnahme am öffentlichen Leben, soziale Bindungen und eine Autoritätsposition gegenüber ihrem Mann aufzubauen. In Bezug auf ihre Tochter Meral wird Religion zu einem Mittel, um die Bindung zwischen Eltern und Kindern zu erhalten und zu stärken.[88] Meral selbst wird *„von ihren Eltern bewusst für beide Gesellschaften erzogen und ihr Leben ist durch Religion (die mehr durch die Mutter gefördert wird) und Ausbildung (die mehr durch den Vater gefördert wird) gekennzeichnet. "*[89] Meral engagiert sich sehr in der Moschee, was von ihrer Mutter unterstützt wird.[90] In der 7. Klasse beginnt sie, in der Schule ein Kopftuch zu

---

87 Kaya 2007: 212.
88 Ebd.
89 Ebd. 213.
90 Ebd. 212f.

tragen. Sie fühlt sich deshalb insbesondere von den Lehrkräften *„nicht akzeptiert, verachtet und erniedrigt."*[91]

In einem Interview erzählt sie von ihrem Geschichtslehrer: *„ Weiß nicht mein mündliches Deutsch ist nicht so gut. Deswegen tue ich auch nicht oft (mich melden) [...]. Hm, etwas hat mich sehr genervt, ich habe mich lange Zeit am Unterricht nicht beteiligt also überhaupt nicht kann ich sagen. Ich dachte ich melde mich mal. Habe mich gemeldet. Dann hat der Lehrer gesagt: ehm ‚ja‘ sagt er [...] ‚bist du vom na Urlaub zurück gekommen‘ und so ‚du hast dich gut ausgeruht‘ [...] er hat mich also offensichtlich RUNTER GEMACHT (erniedrigt). Wenn es eine Deutsche oder sag ich mal jemand ohne Kopftuch gewesen wäre würde er ihm sagen ‚du fängst an dich zu bewegen‘ und so ‚mach weiter‘ und so [...]."*[92]

Fazit:

Wenn Menschen Kopftücher tragen, kann das für sie sehr unterschiedliche Bedeutungen haben. Voraussetzung für ein Verständnis des jeweiligen Bedeutungszusammenhangs durch außenstehende Betrachter ist daher die Frage: Was verbindet die Person, die ich gerade sehe oder treffe, mit dem Kopftuch-Tragen? Hat man die Antwort jedoch schon vorher parat – und im Extremfall immer dieselbe Antwort – läuft man Gefahr, ein eigenes vorgefasstes Bild auf die Andere bzw. den Anderen zu projizieren. Vielleicht trifft man mit dem eigenen Bild tatsächlich auch gelegentlich den richtigen Bedeutungszusammenhang – in vielen Fällen würde man die kopftuchtragende Person jedoch „in die völlig falsche Schublade stecken" und andere Möglichkeiten gar nicht mehr wahrnehmen.[93]

* * *

3.3 Wo ist der Mittelpunkt der Welt? – Das Phänomen Ethnozentrismus

Jeder Mensch macht sich nicht nur ein Bild vom Anderen, sondern auch von der Welt als Ganzes. Jeder Mensch hat somit ein Weltbild, das in interkulturellen Begegnungen eine wichtige Rolle spielt.

Der Ethnologe Bronislav Malinowski schrieb bereits 1922, dass es beim Weltbild – oder in seiner Wortwahl der *„ Weltanschauung"* – um den *„outlook on things"*[94] gehe. Mit *„outlook"* kann im Deutschen die Ansicht, die Auffassung, aber auch die Sicht vom jeweiligen Standpunkt aus gemeint sein. Malinowski fährt fort, dass jede Kultur ihren Mitgliedern eine bestimmte Erscheinungsform

---

91 Ebd. 214.
92 Ebd.; für weitere Fallgeschichten von muslimischen Frauen, ihre Entscheidungsprozesse für ein Kopftuch und die damit für sie verbundenen Bedeutungen vgl. z.B. Höglinger 2002, Akkent u.a. 1999 und Akkent und Franger 1987.
93 Vgl. dazu auch Christian Schüle in DIE ZEIT vom 6. Mai 2010.
94 Malinowski 1922: 517.

oder Vision von der Welt vermittle.[95] Ein Weltbild wäre damit – entsprechend dem eigentlichen Wortsinn – ein kulturell geprägtes Bild von der Welt. Es bedingt die Art und Weise, wie ein Mensch oder eine Gruppe von Menschen die „Realität" sieht.[96] Weltkarten sind ein gutes Beispiel für diesen Vorgang.

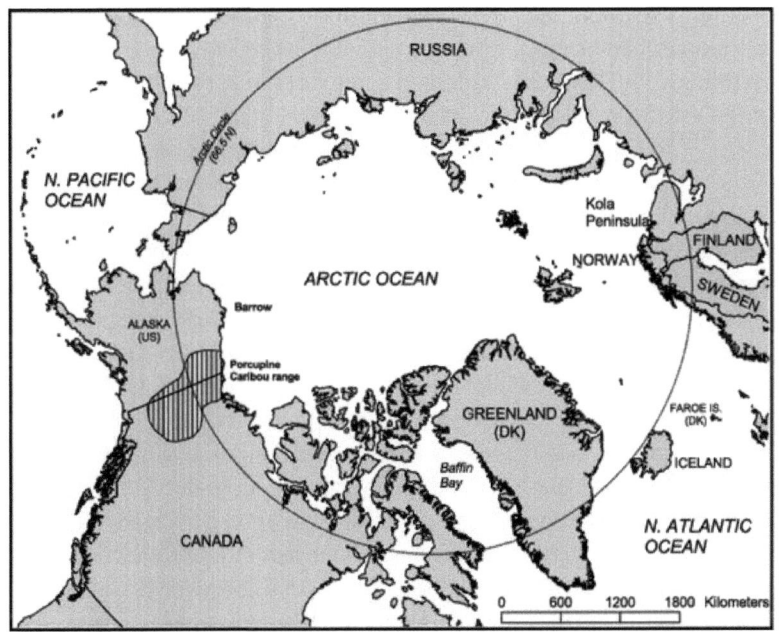

Abb. 19: Weltkarte aus arktischer Sicht (erstellt von Cliff Brown, entnommen SpringerImages, CC BY-NC 2.5)

Amerikanische Weltkarten zeigen sie aus Sicht der Amerikanerinnen und Amerikaner, die Bewohnerinnen und Bewohner der Arktis bilden sie aus ihrer eigenen Perspektive ab, in Indonesien schaut man durch die indonesische Brille in die Welt und für Europäerinnen und Europäer steht Europa im Zentrum der Weltkarte.[97] Jede Sicht der Welt ist kulturell geprägt – und immer ist der eigene Standpunkt Ausgangspunkt der Betrachtung, sofern die eigene Perspektive nicht bewusst gemacht wird. Dieses Phänomen nennt man Ethnozentrismus.

---

95 Ebd.
96 Vgl. Kearney 1984: 41.
97 Auch Erdkundebücher arbeiten mittlerweile mit unterschiedlichen Weltbildern wie japanischen Weltkarten oder chinesischen Erdvorstellungen im frühen Mittelalter. Weltbilder werden hier allerdings als Bilder definiert, *„die sich Menschen zu einer bestimmten Zeit von ihrer Erde und deren Beziehung zum Weltall"* machen (vgl. Palmen und Schminke 2004: 6f. – Klett-Perthes: Terra Erdkunde 7/8, Realschule). Aus ethnologischer Perspektive geht die kulturell geprägte Sicht von der Welt jedoch weit über geografische und astronomische Vorstellungen und Erkenntnisse hinaus. Diese Eingrenzung hat u.a. zur Folge, dass die Möglichkeiten einer Arbeit mit Kartenmaterial zur Vermittlung Interkultureller Kompetenz selten erschöpfend genutzt werden. Das gilt nach Mittag auch für Geschichtskarten (vgl. Mittag 2007: 12).

Dabei wird nicht nur die physische Welt aus einer ethnozentrischen Brille heraus gesehen, sondern auch andere „Wir-Gruppen"[98] mit ihrer jeweiligen Kultur. Die Sicht durch die ethnozentrische Brille hat zur Folge, dass die eigene Gruppe und Kultur als Mittelpunkt der Welt wahrgenommen werden. Damit geht die – vielfach unbewusste – Annahme einher, dass die Gegebenheiten der eigenen Kultur universale Gültigkeit besitzen.[99] Die Existenz des eigenen ethnozentrischen Weltbildes wird jedoch häufig erst bewusst, wenn Menschen mit anderen ethnozentrischen Weltbildern in Berührung kommen – wie z. B. mit Weltkarten aus Indonesien, Amerika oder der Arktis.

In diesem Sinn ist Ethnozentrismus ein allgemeinmenschliches Phänomen. Nach Bertels u. a. existieren ethnozentrische Sichtweisen in allen Kulturen und werden von frühester Kindheit an durch Enkulturation vermittelt.[100] Nach Moosmüller scheinen auch die neuesten neurophysiologischen Erkenntnisse zu bestätigen, dass Menschen gar nicht anders können, als die äußere Wirklichkeit auf der Grundlage ihrer inneren Wirklichkeit zu konstruieren.[101] Ohne Perspektivenwechsel besteht daher die Gefahr, dass *„Ausdrucksformen anderer Kulturen auf der Basis eigener Vorstellungen und Werte (fehl)interpretiert"* werden.[102] Gründe hierfür können z. B. fehlendes Faktenwissen oder *„ein mangelndes Bewusstsein für die Existenz von Unterschieden"* sein.*"*[103] In diesem Fall wird aufgrund einer fehlenden Sensibilisierung für die Notwendigkeit erst gar nicht der Versuch zum Perspektivenwechsel unternommen. Damit bleibt die Existenz der eigenen ethnozentrischen Brille unbewusst, was auch den Blick über den ethnozentrischen Brillenrand verhindert. Über diese eher unbewusste Form des Ethnozentrismus hinaus gibt es jedoch auch eine explizit wertende Form, bei der die eigene Gruppe bewusst zum „Maß aller Dinge" gemacht und kulturelle Unterschiede ausdrücklich negativ bewertet werden.[104]

Die erste umfassende Definition des Begriffs stammt von dem Ethnologen William Graham Sumner aus dem Jahr 1906. Er bezeichnete Ethnozentrismus als *„jene Weltanschauung, nach der die eigene Gruppe das Zentrum aller Dinge ist und alle anderen im Hinblick auf sie eingestuft und bewertet werden."*[105]

---

98 Zu diesem Begriff vgl. Kapitel 2: Was ist Kultur? – Exkurs: Kulturen, Ethnien und kulturelle Grenzen.

99 Bertels u. a. 2004: 47.

100 Ebd. Zur Enkulturation und zum Erlernen von Kultur vgl. Kapitel 2: Was ist Kultur? – Exkurs: Kultur als sozialer Prozess. Albert (1991: 118) betont entsprechend, dass jede Ethnie bzw. Kultur und jede kulturelle Identität ethnozentrisch ist.

101 Vgl. Moosmüller 2009: 13.

102 Bertels u. a. 2004: 47.

103 Ebd.

104 Zu diesen beiden Formen des Ethnozentrismus vgl. auch Maletzke 1996: 23ff. (in seiner Terminologie *„Selbstverständlichkeiten"* und *„Überlegenheitsbewußtsein"*).

105 Sumner 1906, zitiert in Stagl 2005c: 112.

Dabei gilt die eigene Kultur als die Bessere, während andere als minderwertig gesehen werden.[106] Diese Definition ist bis heute grundlegend für die Beschäftigung mit Ethnozentrismus geblieben. Antweiler definiert Ethnozentrismus folgendermaßen:

> *„Ethnozentrismus kann als Haltung gesehen werden, die Ethnie, der man sich zugehörig fühlt, in den Mittelpunkt [...] der gesamten Weltsicht zu stellen [...] und die Welt ‚durch die eigene Brille zu sehen.' [...] Ethnozentrismus kann als das Gegenteil des Kulturrelativismus gesehen werden: er besteht in einem Kulturzentrismus, der von der eigenen Kultur ausgeht und der sehr oft nicht bewußt ist. [...] Meist ist mit der Zentrierung der Perspektive auf die eigene Gruppe eine wertende Ein- und Unterordnung anderer Gruppen verbunden [...]. Im einzelnen besteht Ethnozentrismus darin,*
> *a) die Welt aus Warte der Eigengruppe wahrzunehmen [...]*
> *b) die Welt, bzw. Menschen, entsprechend zu bewerten bzw. beurteilen [...] und*
> *c) Menschen entsprechend zu behandeln [...].* "[107]

Bereits Ende des 16. Jahrhunderts beschrieb der französische Philosoph Michel Eyquem de Montaigne das ethnozentrische Weltbild im Detail, ohne den Begriff und das damit verbundene Konzept gekannt zu haben. Montaigne fragte sich, was dazu berechtigen könnte, Menschen in der „neuen Welt" Amerika als Wilde oder Barbaren zu bezeichnen, *„wenn nicht dies, daß ein jeder das Barbarei nennt, was seiner eigenen Gewohnheit nicht entspricht; scheint es doch, daß wir über keinen anderen Prüfstein der Wahrheit und der Vernunft verfügen als das Beispiel und Vorbild der Meinungen und Gebräuche des Landes, in dem wir leben. Dort herrscht die vollkommene Religion, die vollkommene Staatsordnung, die vollkommene und unübertreffliche Gepflogenheit in allen Dingen. "*[108] Beispiele für solche ethnozentrischen Beschreibungen gibt es viele.

---

106 Sumner 1906: 13; vgl. dazu auch Bertels u. a. 2004: 47. Auch jüngere Autoren beziehen sich nach wie vor auf diese Definition (vgl. z. B. Moosmüller 2007: 15f. und Antweiler 2004: 274f.).

107 Antweiler 2004: 274f. Zum Begriff Kulturrelativismus vgl. den folgenden Abschnitt Überwinden von Ethnozentrismus.

108 Zitiert in Kohl 1986: 22; allerdings geht es in seinen weiteren Ausführungen um das Postulat eines reinen Naturzustandes versus eines verfälschten Kulturzustandes, womit Montaigne die philosophische Grundlage für ein bis dahin zwar neues, aber wiederum stereotypes Bild nicht-europäischer Gesellschaften legt: den „edlen Wilden" (vgl. ebd.: 21ff.).

Der Blick durch die ethnozentrische Brille – Die Bakwiri in Kamerun zur deutschen Kolonialzeit
„Es ist kaum glaublich, daß ein solch verkommener Stamm wie die Bakwiri sind [...] in der herrlichsten Gegend der Erde [...] wohnt [...]. Bis über Buea hinaus, das 963 m hoch liegt, sitzen diese afrikanischen Tiroler und lugen weit ins Dualaland. Aber kein Jodler und kein harmonisches Herdengeläut klingt zu Tal, keine festen Häuser künden von einer höheren Kultur [...]. "[109]

Nach Antweiler geht der Ethnozentrismus mit der Abwertung anderer Gruppen und der damit einhergehenden Emotionalität über das allgemein menschliche Phänomen der Wir-Gruppen-Bildung oder Ethnizität hinaus.[110] Allerdings kann nach Bertels u. a. eine *„stark ausgeprägte Ethnizität auf der gesellschaftlichen [...] Ebene"*[111] zu einem ethnozentrischen Denken führen, das andere Gruppen abwertet. Die Ursachen für wertendes ethnozentrisches Denken sind jedoch sehr komplex und nicht auf einen einzigen Faktor reduzierbar. *„Angst und Abwehrhaltungen auf der individuellen Ebene können ebenso genannt werden wie mangelnde oder falsche Informationen oder die sozialpolitische Situation".*[112] Solche Vorstellungen und Einstellungen können nichtsdestotrotz das Weltbild der eigenen „Wir-Gruppe" mitprägen.[113] Entsprechend können Abwertungen anderer Kulturen Teil des von der eigenen Ethnie vermittelten Weltbildes werden, das dann an die nächste Generation weitergegeben wird.[114]

Ethnozentrische Weltbilder in ihrer unbewussten und ihrer wertenden Form beeinflussen den Umgang mit Menschen aus anderen Kulturen sehr weitreichend.[115] Was beinhaltet ein Weltbild aus ethnologischer Sicht aber überhaupt? Nach Kearney besteht es aus grundlegenden Annahmen und Vorstellungen über die Welt, die Menschen eine mehr oder weniger zusammenhängende Art des Denkens über sich und ihre Umwelt zur Verfügung stellen.[116] Dazu gehören nach Illius z. B. Beziehungen zu Nachbargruppen, zur natürlichen Umwelt und zu außermenschlichen Mächten im religiösen Bereich. Hinzu kommen z. B. eine Kosmologie, Vorstellungen von Raum und Zeit, von Kausalität und von so genannten Klassifikati-

---

109 Sembritzki 1908: 124.
110 Antweiler 1998: 30. Zur Ethnizität vgl. Kapitel 2: Was ist Kultur? – Exkurs: Kulturen, Ethnien und kulturelle Grenzen.
111 Bertels u. a. 2004: 49.
112 Ebd.
113 Ebd.: 47f.; zum Begriff „Wir-Gruppe" vgl. Kapitel 2: Was ist Kultur? – Exkurs: Kulturen, Ethnien und kulturelle Grenzen.
114 Vgl. Schröder 1993 und Antweiler 1998: 36ff. Siehe dazu auch Kapitel 2: Was ist Kultur? – Exkurs: Kultur als sozialer Prozess.
115 Das gilt ebenfalls für einzelne ethnozentrische Sichtweisen, die bereits zum Teil eines Weltbildes geworden sind oder neu entstehen.
116 Kearney 1984: 41. Illius (2005: 407) spricht von Vorstellungen über die Beziehungen zwischen dem, was in einer Kultur als Selbst, und all dem, was als Nicht-Selbst angesehen wird.

onssystemen.[117] Klassifikationssysteme sind ein wichtiges Element in der kulturell geprägten Sicht der Welt jedes Menschen. Nach Sprenger sind sie sogar einer der Hauptunterschiede zwischen Kulturen. Zur Klassifikation werden jeweils bestimmte Aspekte der *„wahrgenommenen Realität"*[118] betont, während andere Aspekte *„der vielfältigen Wirklichkeit"* vernachlässigt werden – *„zöge man sie vor, so gäbe es andere ‚Schubladen', in die man die Dinge einordnet."*[119] Ein Beispiel ist die Essbarkeit von Tieren – dienen Hunde, Pferde, Kühe, Schweine, Meerschweinchen als Nahrung für den Menschen oder sind sie tabu?[120]

Abb. 20: Gebackenes Meerschweinchen (Foto: Katrin Schröder)

Gerade die Verwendung und Bewertung von Nahrungsmitteln können schnell zu ethnozentrischen Wertungen anderer Kulturen führen. Hierfür finden sich auch viele historische Beispiele.

Die Azteken über das Volk der Otomí (heute hñahñu):
„Die Otomí sind faul, ohne inneren An-trieb[sic!], obwohl sie kräftig und stark sind [...] Die Otomí essen Stinktiere, essen Schlangen, essen Eichhörnchen [...] Alles essen sie".[121]

---

117 Illius 2005: 407.
118 Ebd.
119 Sprenger 2011: 20.
120 Siehe auch Unterrichtseinheiten *Indiens heilige Kühe* (UE 01), die bei ESE angefordert werden kann, sowie *Hund und Meerschweinchen* (UE 06) im Download.
121 Sahagún 1927: 413ff., zitiert nach Köhler: 227f.

Viele Menschen in Europa würden z. B. keine Meerschweinchen oder Hunde essen, weil diese Tiere für sie der Kategorie Heimtier oder Haustier und nicht der des Nutztiers angehören. Gleichzeitig finden sie es häufig zumindest seltsam, dass es in Indien heilige Kühe gibt oder dass Meerschweinchen in Peru und Bolivien ganz normale Nahrungsmittel sind. In diesem Fall könnte man nicht nur von Ethnozentrismus sprechen, sondern genauer von Eurozentrismus – einer ethnozentrischen Sicht von Menschen aus Europa.

Klassifikation von Hunden: Nahrung oder Haustier? Die Bulsa aus Nordghana

„Hunde, von denen in jedem Gehöft nur einer oder einige wenige vorhanden sind, hatten wenigstens früher keine ‚Vornamen‘, höchstens einen Nachnamen in der Form Abil biak *(Abils Hund) oder* Atiimyeri biak *(der Hund aus dem Gehöft* Atiimyeri*). Auch bei uns würde diese Art der Tiernamen bei Hunden vielleicht ausreichen, wenn hier nicht eine weitere Funktion der Namensgebung einträte: Die Anrede mit einem Eigennamen schafft ein persönliches, vertrautes Verhältnis zwischen den Partnern. Bulsa-Eltern sehen es nicht gerne, wenn ihre Kinder den Hunden menschliche Namen geben (wie es in moderner Zeit vorkommt), eine Zuneigung zu diesen Tieren entwickeln oder mit ihnen spielen. Die Kinder werden den fast sprichwörtlichen Satz hören: ‚Ba kann diini ale ngandiinta.‘ (Man spielt nicht mit Nahrung, d. h. mit Tieren wie dem Hund, die dem Verzehr dienen).* "[122]

Dieses Beispiel zeigt aber auch: Weltbilder sind keine statischen Größen, sondern verändern sich in Auseinandersetzung mit der Welt, in der eine Gruppe bzw. ein Individuum lebt. Außerdem können sie nicht als homogene Einheit betrachtet werden. Mitglieder einer Gesellschaft können u. a. je nach ihrer politischen, wirtschaftlichen und sozialen Position, ihrer religiösen Zugehörigkeit oder ihrem Alter unterschiedliche Weltbilder haben, die sich innerhalb dieser Kategorie wiederum individuell unterscheiden. Trotzdem bieten Weltbilder grundlegende kulturspezifische Orientierungen, die von Wertvorstellungen über Verhaltenskodizes bis hin zu Erklärungen für soziales Handeln reichen. Nach Illius definiert sich ein Weltbild entsprechend als *„ein meist nicht bewusst reflektiertes erkenntnis- und handlungsleitendes Weltdeutungsmodell“*.[123]

Weltbilder sind somit einerseits selbst kulturell geprägt, prägen andererseits aber auch die Bilder, die Gruppen und Individuen von der Welt haben. Nicht zuletzt sind sie Orientierung für das eigene Handeln.[124] Das heißt: Bei allem, was ein Mensch tut, ist er bewusst oder unbewusst von seiner „ethnozentrischen Brille" geprägt.

---

122 Kröger 2009: 34.
123 Illius 2005: 407.
124 Vgl. auch Lauser und Weißköppel 2008: 17.

Für ESE ist ein ethnozentrisches Weltbild daher nicht nur allgemein menschlich, sondern zunächst in Bezug auf die eigene Wir-Gruppe auch notwendig, weil es identifikationsstiftend, integrierend und den Zusammenhalt bestärkend wirkt.[125] Problematisch wird ein ethnozentrisches Weltbild jedoch insbesondere, wenn damit eine explizite Höherbewertung der eigenen Kultur und eine Abwertung anderer Lebensweisen einhergeht. In diesem Zusammenhang verdeutlicht auch die Ethnologie zunehmend die Gefahren des ethnozentrischen Denkens im Hinblick auf Fremdenfeindlichkeit und Rassismus.[126]

Überwinden von ethnozentrischem Denken

Mit welchen Mitteln kann nun ein Blick über den ethnozentrischen Brillenrand ermöglicht werden? Eine wesentliche Voraussetzung hierfür ist *„das Bewusstmachen der eigenen Werte als kulturbedingt und damit als relativ“*.[127] Grundlage dieses Prozesses ist für ESE eine *„gemäßigte und kritische kulturrelativistische Haltung [...], bei der man versucht, die Gegebenheiten anderer Kulturen nicht auf der Basis eigener Werte zu messen“*.[128] Was ist damit gemeint?

Kulturrelativismus in der Ethnologie besagt, dass *„kulturelle Phänomene nur in ihrem eigenen Kontext verstanden, beurteilt und bewertet werden können.“*[129] Das heißt: Wichtig ist die Erfassung der jeweiligen emischen Perspektive[130] – sowohl für den Umgang mit einzelnen materiellen, sozialen, politischen und anderen Aspekten fremder Kulturen[131] als auch für die Interaktion mit Menschen aus anderen Kulturen. Nur so wird Verstehen und Verständigung möglich.[132]

Das Extrem dieses Konzeptes – der so genannte absolute Kulturrelativismus – führt jedoch u.a. auch nach Ansicht von ESE im interkulturellen Umgang zu verschiedenen Problemen. Eines davon ist die Frage seiner Grenzen.[133] Denn weder kann die emische Perspektive eines Menschen vollständig erfasst, noch das Verstehen eines kulturellen Phänomens aus dem eigenen Kontext heraus vollkommen geleistet werden. Es kann sich deshalb immer nur um eine Annäherung handeln, um überhaupt in einen interkulturellen Dialog treten und in einer Begegnung schrittweise zu gegenseitigem Verstehen und gegenseitiger Verständigung gelangen zu können. Ein solches Verständnis würde einer gemäßigten kulturrelativistischen Haltung entsprechen.

---

125 Bertels u.a. 2004: 47.
126 Ebd.; vgl. auch Schröder 1993 und Antweiler 1994: 156.
127 Bertels u.a. 2004: 49.
128 Ebd.
129 Stagl 2005d: 226.
130 Vgl. Kapitel 3.2: Alles eine Frage der Perspektive.
131 Zu den vielen Ebenen von Kultur vgl. Kapitel 2: Was ist Kultur? – Eine Einführung in die globale Alltäglichkeit.
132 Zu Verstehen und Verständigung vgl. auch Definition Kapitel 3: Interkulturelle Kompetenz – mehr als ein Schlagwort.
133 Vgl. Bertels u.a. 2004: 49. Stagl (1992) spricht von radikalem Kulturrelativismus.

Eine kritische kulturrelativistische Haltung ergibt sich aus dem Aspekt der persönlichen Grenzen und der Grenzen durch Rahmenbedingungen.[134] Das heißt: Gibt es im eigenen Weltbild ethische Prinzipien, die dem Akzeptieren von Wertvorstellungen und Praktiken anderer Kulturen Grenzen setzen? Wichtig bleibt es jedoch, auch in diesen kritischen Fällen zunächst einen Perspektivenwechsel zu versuchen. Haben Menschen aus anderen Kulturen vielleicht unterschiedliche individuelle Motive für ein bestimmtes Verhalten, die in der eigenen Kultur auf sehr verschiedene Weise gewertet würden?[135] Möglicherweise würden sich nach einer entsprechenden Prüfung sogar Brücken für eine interkulturelle Verständigung ergeben, die Grenzen vielleicht anders gewichtet und bewertet sowie neue Lösungsmöglichkeiten gefunden werden. Allerdings könnte es auch sein, dass in bestimmten Fällen die Grenzen interkulturellen Verstehens erreicht werden.

Menschenrechte sind ein häufig zitiertes Beispiel für diesen schwierigen Balanceakt. Für viele – insbesondere auch im Ansatz kulturrelativistisch denkende – Menschen, haben Menschenrechte eine universale Gültigkeit.[136] Dies war bei der Verabschiedung der *Allgemeinen Erklärung der Menschenrechte* auch so gedacht. Die aus dieser Erklärung abgeleiteten internationalen Menschenrechtsinstrumente, ihre Ratifizierung durch die einzelnen Staaten sowie die Kontrollmechanismen ihrer Einhaltung auf internationaler Ebene beruhen ebenfalls auf dieser Prämisse. Ohne die Vorgabe der universalen Gültigkeit der Menschenrechte könnte ihre Einhaltung nicht weltweit eingefordert werden.

Trotzdem wird gleichzeitig eine Diskussion geführt, die die Universalität der Menschenrechte – so wie sie in der Menschenrechtserklärung festgehalten sind – bestreitet und kritisiert. Vielen Kritikerinnen und Kritikern – auch innerhalb der Ethnologie – gelten sie unter anderem als eurozentrisch.[137] Einer der Kritikpunkte gilt der Betonung individueller Menschenrechte. Nach Platenkamp geht sie auf die fundamentale Bedeutung des Individuums auf der „westlichen" kulturellen Werteskala zurück, die *„für universal zutreffend erklärt"* wurde.[138]

Um kulturell unterschiedliche Sichtweisen von Menschenrechten ging es z. B. auch in den Debatten im Rahmen der Verabschiedung der *Erklärung über die Rechte der indigenen Völker* der Vereinten Nationen.[139] Einer der zentralen Konfliktpunkte war die Forderung indigener Völker nach der Aufnahme von Kollektivrechten – in ihrem Rechtsverständnis von grundlegender Bedeutung – in sie betreffende Menschenrechtsinstrumente. Aus Sicht vieler Staaten stehen kollektive Rechte jedoch in einem Spannungsverhältnis zu individuellen Rechten und wer-

---

134 Vgl. auch Kapitel 3.4: Was mache ich, wenn …? – Exkurs: Wo sind meine Grenzen?
135 Siehe z. B. Kapitel 3.2: Alles eine Frage der Perspektive – Exkurs: Thema Kopftuch.
136 Vgl. Bertels u. a. 2004: 49.
137 Vgl. Antweiler 2011: 223f., der die neueren Autoren dieser Diskussion anführt: Rein 2008, Hornbacher 2006, Goodale 2006 und Schissler 2005.
138 Platenkamp 2007: 98 (Übersetzung der Autorinnen); zur Diskussion dieser *„fundamentalen westlichen Werte"* vgl. ebd.: 97ff.
139 United Nations Declaration on the Rights of Indigenous Peoples. Adopted by General Assembly Resolution 61/295 on 13 September 2007; www.un.org/esa/socdev/unpfii/documents/DRIPS_en.pdf.

den deshalb abgelehnt. Ausgangspunkt aus „westlicher" Perspektive sind dabei häufig die historischen Erfahrungen mit der Beschneidung oder Negierung individueller Rechte durch faschistische und kommunistische politische Systeme. Allerdings wurde kaum hinterfragt, ob denn solche Befürchtungen im Zusammenhang mit dem Rechtsverständnis indigener Völker überhaupt zutreffend wären. Während der Verhandlungen über den Text der Erklärung ergab sich daher aus indigener Sicht die Notwendigkeit, den Vertreterinnen und Vertretern der Regierungsseite ihre Rechtskonzepte aus ihrer Perspektive verständlich zu machen. So wurde es schließlich möglich, Formulierungen zu finden, die beide Sichtweisen zu kollektiven und individuellen Rechten anerkennen.[140]

Gerade in Menschenrechtsfragen gibt es jedoch auch Fälle, die an individuelle und gesellschaftliche Grenzen des interkulturellen Verstehens stoßen und nicht mehr aufgrund bestehender interkultureller Unterschiede toleriert werden können. So kann es vorkommen, dass bestimmte kulturelle Praktiken strafbar sind. Hierzu gehören in Deutschland die Genitalverstümmelung, die Zwangsheirat[141] und der so genannte Ehrenmord.

Innerhalb der Menschenrechtsdebatte gibt es auch Stimmen, die Wege aus der häufig vorkommenden Polarisierung zwischen Universalismus und Ethnozentrismus suchen.[142]

Nach Platenkamp haben Kulturen bezüglich ihrer Werte mehr Gemeinsames als Trennendes. Bestimmte Wertgrundlagen wie Schutz vor Gewalt, Gastfreundschaft gegenüber Fremden oder Mitgefühl mit leidenden Menschen gäbe es in jeder Gesellschaft – abgesehen von denjenigen, die sich in völliger Zerrüttung befinden. *„Es liegt an uns, eine solche gemeinsame Grundlage zu entdecken und zu kultivieren."*[143]

Bielefeldt sieht hingegen die Menschenrechtsidee eurozentrisch vereinnahmt und verweist dabei auf die innerislamische Menschenrechtsdebatte, die mit Argumenten aus der islamischen Gedankenwelt geführt wird. Kritik an den Menschenrechten, einschließlich der Vorwürfe ihres möglichen Eurozentrismus, hält er jedoch für eine Möglichkeit ihrer Weiterentwicklung als universales Rechtsinstrument.[144]

---

140 Zu „westlichen" Fehlinterpretationen kollektiver Sichtweisen und möglichen daraus folgenden interkulturellen Missverständnissen vgl. Platenkamp 2007.

141 Zwangsheirat wurde im März 2011 zu einem eigenen Straftatbestand (siehe Deutscher Bundestag 2011).

142 Bielefeldt (1997: 257) spricht auch von *„jener unheilvollen Alternative von Kulturimperialismus und Ethnozentrismus".*

143 Platenkamp 2007: 100 und 104, Übersetzung der Autorinnen. Ähnlich argumentiert auch Antweiler 2011: 25.

144 Bielefeldt 1997: 258.

Menschenrechtskritik als Wegweiser

„Ein Beispiel für eine Menschenrechtskritik in [sic!] Namen des Universalismus ist die von Olympe de Gouges im Jahre 1791 veröffentlichte ,Déclaration des droits de la femme et de la citoyenne'. Indem sie gleiche Rechte für Mann und Frau verlangt, stellt sie nicht nur einen ironischen Gegenentwurf zur androzentrischen ,Déclaration des droits de l'homme et du citoyen' von 1789 dar, sondern macht mit dem Universalismus der Menschenrechte überhaupt erst ernst. [...] Analog zur feministischen Kritik am Androzentrismus der klassischen Menschenrechtsdokumente könnte nun auch die Kritik an etwaigen eurozentrischen Vereinseitigungen innerhalb des Menschenrechtsdiskurses in den Dienst des Universalismus gestellt werden. "[145]

Allerdings erfordert ein solcher Prozess und die dazu notwendige *„diskursive Verständigung mit Menschen anderer Herkunft und Orientierung"* eine *„reflexive Distanz gegenüber der je eigenen Tradition oder Religion"*.[146] Diese wiederum ist letztlich nur durch die Fähigkeit zum Perspektivenwechsel, die Wahrnehmung der eigenen kulturellen Werte als relativ, das Erkennen der eigenen ethnozentrischen Brille und den Blick über den jeweiligen Brillenrand zu erreichen.

Aus all diesen Gründen definiert ESE das Lernziel bezüglich des Ethnozentrismus nicht als Erlangen von Kulturrelativismus, sondern als Bewusstmachen von Ethnozentrismus.[147] Denn: In interkulturellen Lernprozessen nehmen Menschen sich selbst und andere notwendigerweise aufgrund ihrer jeweiligen Brille *„mit kulturspezifisch geprägten Ethnozentrismen wahr"*.[148]

* * *

Exkurs: Evolutionismus und Ethnologie – *„… die Geister, die ich rief"*?

Nach Albert sollte *„Reflexion und kritisches Umgehen mit dem europäischen bzw. deutschen Ethnozentrismus [...] ein zentrales Anliegen interkulturellen Lernens sein [...]. "*[149] Denn auch in Europa haben ethnozentrische Kategorisierungen von Menschen eine lange Tradition. Nach Raum wurde bereits in der frühen Neuzeit zwischen vernunftbegabten Menschen – damit waren die Christen gemeint – und nicht vernunftbegabten Menschen unterschieden. Entwicklungstheorien gab es hingegen kaum.[150] Das ist auch nicht weiter verwunderlich, wurde doch in der kirchlichen Lehre ein Weltbild vertreten, das Wandel nicht vorsah. Dagegen wandten sich ungefähr ab der zweiten Hälfte des 19. Jahrhunderts die Evo-

---

145 Ebd.
146 Ebd.: 260.
147 Bertels u. a. 2004: 50.
148 Albert 1991: 121.
149 Ebd.: 118.
150 Raum 1992: 283.

lutionisten. *„Ihr Angriffsziel war"* – wie Stagl es formuliert – *„die Vorstellung einer durch göttliche Schöpfung unwandelbar festgelegten Weltordnung".*[151] Damals verstanden sich die Evolutionisten als Aufklärer.[152] Nach Raum wurzeln ihre Theorien in der Tat vor allem in der schottischen Aufklärung, deren Denken stark von den Auswirkungen der Industriellen Revolution und der zunehmenden Kolonialisierung der Welt durch Europa geprägt war. Adam Fergueson (1723–1816) entwickelte beispielsweise eine Einteilung der Menschheitsgeschichte in die Perioden „Wildheit", „Barbarei" und „Zivilisation".[153] Aber auch Kant, Hegel und Condorcet erdachten etwa zeitgleich Stufentheorien der Menschheitsentwicklung, die ebenfalls nicht ohne Einfluss blieben.[154]

Die evolutionistischen Theoretiker des 19. Jahrhunderts entwickelten diese Vorstellungen weiter und machten daraus ein globales Kulturkonzept, ein Stufenmodell der Menschheitsentwicklung. Mit biologischen Evolutionstheorien haben diese kulturellen Evolutionsmodelle nicht viel gemeinsam – im Gegenteil: Oftmals widersprechen sie sich sogar. Ein wesentlicher Unterschied liegt z.B. darin, dass biologische Evolution nicht als globale zielgerichtete Entwicklung gesehen wird, sondern es sich hierbei vor allem um Anpassungsprozesse an lokale Umweltgegebenheiten handelt, die im Laufe der Zeit zu Verbesserungen führen.[155] Nach Raum wurden die kulturevolutionistischen Entwicklungslehren *„von der Theorie der natürlichen Auslese Darwins [...] allenfalls am Rande beeinflußt".*[156]

Obwohl die Vertreter dieses „klassischen Evolutionismus" die Ethnologie als Universitätsfach etablierten, galten ihre Vorstellungen der Menschheitsentwicklung vielen Kritikern innerhalb des Faches schon zur Jahrhundertwende als nicht mehr haltbar[157] und wurden schon *„im früheren 20. Jahrhundert allmählich obsolet".*[158] Trotzdem hatten ihre Theorien weitreichende Auswirkungen über die Ethnologie hinaus.

---

151 Stagl 2005a: 114.
152 Ebd.
153 Dieses Modell wurde später von Lewis Henry Morgen, einem der einflussreichsten Kulturevolutionisten, übernommen (Rüddenklau 1993: 332).
154 Raum 1992: 283f.; vgl. auch Rüddenklau 1993: 332 sowie Gieler 2006: 15ff. zur Geschichte des Entwicklungsbegriffs.
155 Vgl. z.B. Casimir 2005: 114, Rüddenklau 1993: 331f., Raum 1992: 289f. und 295f. sowie Antweiler 1988: 93f. So werden auch in heutigen Biologiebüchern körperliche Unterschiede von Menschen wie die Hautfarbe bzw. menschliche Vielfalt mit Anpassungsprozessen an die lokalen – in diesem Fall klimatischen – Gegebenheiten erklärt. (vgl. z.B. Eck, Göbel, Holz u.a. 2010: 240 – Klett: Natura 2, Gymnasium). In Bezug auf eine gerichtete Entwicklung gibt es lediglich die sehr allgemeine und wertfreie Annahme von einer *„Zunahme an Differenziertheit der Organismen".* (Rüddenklau 1993: 331). Zu kulturevolutionistischen Fehlinterpretationen dieser Theorie vgl. Kapitel 4.1: Ethnozentrismus in Schulbüchern? – Beispiel 3: Die Aborigines in Australien – einfache Gesellschaften?
156 Raum 1992: 284; Hervorhebung im Original.
157 Vgl. z.B. Stagl 2005a: 115, Streck 1997: 27ff. und Raum 1992: 285f.
158 Stagl 2005a: 115.

Worin genau bestehen aber nun die Annahmen des klassischen Evolutionismus?[159] Das evolutionistische Stufenmodell besteht im Wesentlichen aus einer menschheitsgeschichtlichen Entwicklungsskala zwischen „Wildheit" und „Zivilisation", in die jede Kultur der Welt nach bestimmten Kriterien eingeordnet wurde.

Die eigene Kultur des europäischen Raumes galt als höchste Stufe der Entwicklung. Die klassischen Evolutionisten gingen davon aus, dass alle Gesellschaften die gleiche Entwicklung durch die unterschiedlichen Stufen ihres globalen Kulturmodells durchlaufen würden, was in der Ethnologie als unilineare Evolution bezeichnet wird. So geriet die eigene Kultur und Geschichte zum Idealfall für alle anderen Kulturen und „Fortschritt" konnte mit einer größtmöglichen Annäherung an dieses angenommene Endziel der Menschheitsentwicklung gleichgesetzt werden. Jede Gesellschaft, die sich zu sehr von der eigenen unterschied, wurde damit per Definition zu einer entwicklungsgeschichtlich früheren, damit tiefer stehenden und zurückgebliebenen. Streck nennt diesen Teil der Wissenschaftsgeschichte eine *„Epoche der Infantilisierung nichteuropäischer Kulturen"*,[160] welche mit Etiketten wie „primitiv" und „unmündig" versehen wurden.

Die Kriterien für die Einreihung in die evolutionistische „Zivilisationsskala" variierten. Als Messinstrumente für den „Entwicklungsgrad" wurden z.B. die Wirtschaftsformen (von der Jägerschar zur Industriegesellschaft) oder die Rechtsformen menschlichen Zusammenlebens (vom Verwandtschaftsverband zum Territorialstaat) herangezogen, aber auch eine Zunahme gesellschaftlicher Differenzierung und Komplexität, insbesondere im Bereich der Arbeitsteilung und beruflichen Spezialisierung.[161] Nach Greenwood und Stini ist die Einteilung in einfache und komplexe Gesellschaften sogar der vielleicht am meisten genutzte vergleichende Indikator.[162] Die Auswahl und Bewertung dieser Entwicklungsindikatoren entstammten ebenfalls der eigenen Gesellschaft und Geschichte. Oftmals wurde z.B. die Komplexität technologischer Gerätschaften als Maßstab für den „Entwicklungsgrad" einer Ethnie gewählt. Dabei wurde jedoch nicht bedacht, dass die Technologie nur eines von vielen möglichen Kulturelementen ist, an dem Komplexität gemessen werden kann. Die Auswahl des jeweiligen Indikators bestimmt das Ergebnis, so kann es z.B. die Gesamtheit der Sozialorganisation, das Verwandtschaftssystem, die Technologie oder die Mythologie sein. *„Je nach ausgewähltem Kriterium würden dieselben Gesellschaften verschiedene Komplexitätswerte ergeben, also in verschiedene Stufen eingeordnet werden."*[163]

Um überhaupt eine Einordnung aller bekannten Ethnien in ihre globalen Entwicklungsmodelle vornehmen zu können, isolierten die evolutionistischen Theoretikerinnen und Theoretiker einzelne kulturelle Aspekte wie Verwandtschafts-

---

159 Für die folgenden Ausführungen vgl. Stagl 2005a, Streck 1997, Rüddenklau 1993 und Raum 1992.

160 Streck 1997: 24.

161 Vgl. z.B. Morgan 1877/1966 und Sir Herbert Spencer 1971.

162 Greenwood und Stini 1977: 420; zum Komplexitätskriterium vgl. auch Antweiler 1988: 83.

163 Antweiler 1988: 83; vgl. dazu auch Kapitel 4.1: Ethnozentrismus in Schulbüchern? – Beispiel 3: Die Aborigines in Australien – einfache Gesellschaften?

termini, technische Gerätschaften oder Waffen aus ihrem jeweiligen kulturellen Kontext. Anschließend wurden sie auf formale Gemeinsamkeiten hin untersucht, klassifiziert und einer entsprechenden Stufe des Entwicklungsmodells zugeschrieben.[164] Verglichen wurde mit der eigenen europäisch geprägten Vorstellung vom technischen Fortschritt dieser Gegenstände.

Damit wurden nicht nur lokale Bedeutungszusammenhänge von Nützlichkeit und technologischer Angepasstheit negiert, sondern auch lokale Bedeutungskontexte völlig außer Acht gelassen. Denn: Jeder Aspekt von Kultur – auch wenn er ähnlich oder sogar gleich erscheint – kann für zwei Individuen, aber auch für Menschen aus unterschiedlichen Kulturen eine ganz andere und sogar gegensätzliche Bedeutung haben.[165]

Ein Haufen Wilder ist wie der andere

„Bei derartigen Vergleichen braucht man sich wenig um das Datum in der Geschichte oder um die Lage auf der Karte zu kümmern; die alten schweizer Pfahlbauer dürften neben die mittelalterlichen Azteken, die Odschibwäer Nordamerikas neben die südafrikanischen Zulus gestellt werden. Wie Dr. Johnson einst verächtlich sagte, als er in Hawkesworths' Reisen von Patagoniern und Südsee-Insulanern gelesen hatte, ist ‚ein Haufen Wilder wie der andere'. Wie wahr diese allgemeine Behauptung wirklich ist, kann jedes ethnologische Museum zeigen. [...] Das Holzfällen, das Fischen mit Netz und Schnur, Schiess- und Lanzenspiele, das Feuermachen, das Kochen, das Spinnen der Seile und das Flechten der Körbe. Alles wiederholt sich mit wunderbarer Gleichförmigkeit in den Schränken des Museums, welche uns ein Bild von dem Leben der Naturvölker von Kamtschatka bis Tierra del Fuego, von Dahome bis Hawaii geben sollen."[166]

Einer der wichtigsten wissenschaftlichen Kritikpunkte innerhalb der Ethnologie an evolutionistischen Stufenmodellen, Entwicklungsindikatoren und Vergleichsmethoden ist der Ethnozentrismus bzw. Eurozentrismus dieser Theorien und ihrer Messinstrumente.[167]

Sammlerinnen und Jäger beziehungsweise Wildbeuter fanden sich auf den untersten Ebenen dieses Entwicklungsmodells wieder.[168] Da sie aus Sicht der klas-

---

164 Vgl. Stagl 2005a: 114.
165 Vgl. Kapitel 3.2: Alles ein Frage der Perspektive – Exkurs: Thema Kopftuch.
166 Tylor 2005: 6, ursprüngliche Ausgabe: 1873.
167 Vgl. Stagl 2005a: 115; Antweiler 1988: 77ff. und Greenwood und Stini 1977: 424.
168 Der Begriff „Wildbeuter" ist eine synonyme Bezeichnung für „Sammlerinnen und Jäger". Heute wird für die Tätigkeit des Sammelns häufig die weibliche Form verwendet, weil dieser Wirtschaftsbereich vor allem eine Domäne der Frauen ist. Allerdings sollte beachtet werden, dass die Wirtschaftsweise von Wildbeutern nicht nur vom Sammeln und Jagen geprägt ist, sondern dass oft auch Fischfang betrieben wird (vgl. Icke-Schwalbe 2005: 412).

sischen Evolutionisten die frühen Menschheitsstadien noch nicht überschritten hatten, wurden sie auch als repräsentativ für die frühe Menschheitsgeschichte aufgefasst. Nach Raum wandten Prähistorikerinnen und Prähistoriker wie V. Gorden Childe ebenfalls das Stufenmodell des evolutionistischen Ethnologen Henry Lewis Morgan an, um ihre eigenen Befunde zu ordnen.[169] So hoffte die Forschung im Umkehrschluss, mit heute lebenden Sammlerinnen und Jägern mögliche Informationslieferanten für globale Vor- und Frühgeschichte gefunden zu haben – z. B. im Fall der San, der Inuit und der Aborigines.[170] Diese Theorie findet sich auch nach wie vor in heutigen Schulbüchern wieder.

Geschichtslose Menschen?

„Wie die altsteinzeitlichen Jäger und Sammler dachten, darüber gibt es nur wenige Funde. Doch gibt es auch heute noch Menschen, die uns darüber Auskunft geben können. [...] Die Frau eines Buschmannstammes in Südafrika ist als Sammlerin unterwegs. [...] In Ozeanien leben die Riffinselbewohner noch genauso wie ihre Vorfahren vor Tausenden von Jahren. "[171]

Diesen Ethnien wurde damit eine eigene Geschichte und kulturelle Entwicklung abgesprochen.[172] So lautet auch ein weiterer wesentlicher Kritikpunkt innerhalb der Ethnologie: Der Evolutionismus ist ahistorisch, weil er keine genauen Aussagen über die Geschichte einzelner Gesellschaften macht.[173] Dieser ahistorische Ansatz birgt mehrere Probleme: Ethnien, deren Wirtschaftsformen den Schwerpunkt auf das Jagen und Sammeln legen, werden zu „Typen" in einem Schema. Die enorme soziokulturelle Vielfalt dieser Gesellschaften kann so kaum mehr gesehen werden, eben so wenig wie der Kulturwandel, den jede Ethnie in ihrer Geschichte durchläuft.[174] Ähnliche Wirtschaftsformen müssen nicht automatisch eine ähnliche oder gleiche Kultur bedeuten.

Aber auch eine weitere Schwäche evolutionistischer Theorien wird hier sehr deutlich: Kontakte zwischen verschiedenen Kulturen und die daraus entstehenden gegenseitigen Beeinflussungen werden nicht nur empirisch vernachlässigt, sondern sind auch für das evolutionistische Denken irrelevant. Stattdessen gelten Kulturen als weitgehend voneinander isolierte Einheiten.[175] Jede nicht-europäische Gesellschaft geht den Weg vom Neandertaler zum Internet-Surfer[176] quasi infol-

---

169 Raum 1992: 304. Gordon Childe führte auch den Begriff „neolithische Revolution" ein (vgl. z. B. Cleve 1994: 32).
170 Vgl. z. B. Raum 1992: 302ff.; vgl. auch Kapitel 4.1: Ethnozentrismus in Schulbüchern?
171 Christoffer, Eck, Haupt u. a. 2007: 42 (Klett: mitmischen 1, Hauptschule).
172 Vgl. dazu Kapitel 2: Was ist Kultur? – Eine Einführung in die globale Alltäglichkeit.
173 Vgl. Greenwood und Stini 1977: 424 und Antweiler 1988: 77.
174 Vgl. auch Greenwood und Stini 1977: 424; vgl. auch Kapitel 2: Was ist Kultur? – Eine Einführung in die globale Alltäglichkeit.
175 Vgl. Antweiler 1988: 79.
176 In Anlehnung an Streck 1997: 24.

ge eines inhärenten Naturgesetzes. Die Entwicklung ist vorbestimmt.[177] Damit gerät Kulturwandel durch Kulturkontakt leicht aus dem Blick – es sei denn als angenommene „Höherentwicklung" durch Übernahme europäischer Kulturelemente oder beeinflusst von so genannten Hochkulturen, die Ähnlichkeiten mit Europa aufweisen. Heute weiß man jedoch, dass gesellschaftliche Entwicklung und Innovation wesentlich durch gegenseitigen kulturellen Austausch initiiert, getragen und angeregt wird – und zwar auf lokaler wie globaler Ebene. Gegenseitiger Austausch meint beidseitige Beeinflussung.[178]

Innovationen, Ideen, Wissen, kulturspezifische Lösungen für menschliche Probleme und Herausforderungen finden sich in jeder Kultur und werden von anderen Kulturen aufgenommen, in ihren jeweiligen Kontext eingepasst und weiter entwickelt.[179]

Jäger-und-Sammlerinnen-Gesellschaften sind – wie jede andere Kultur – in diesem Austausch sowohl auf der Empfänger- als auch auf der Geberseite.[180] Aber auch ein anderer methodischer Fehler kann zum Tragen kommen, wenn die Geschichte einer Gesellschaft als quasi nicht existent angesehen wird, wie das bei „Wildbeutern" oft der Fall ist: *„Heute wissen wir, dass die Vorfahren vieler rezenter Wildbeuter keine Wildbeuter waren."*[181] Jagen und Sammeln ist zunächst einmal eine Wirtschaftsform, die im Laufe der Geschichte gewechselt werden kann – beispielsweise als Reaktion auf äußere ökologische, historische oder politische Umstände. Fehlende empirische Fakten können so zu wissenschaftlich nicht fundierten Fehlschlüssen führen.

Viele Kritikerinnen und Kritiker innerhalb der Ethnologie sehen deshalb als weitere Schwachstelle des Evolutionismus, dass die Postulate kulturevolutionistischer Entwicklungsmodelle den empirischen Fakten ethnologischer und prähistorischer Forschung widersprechen, *„bzw. die stützenden Daten [...] äußerst selektiv zusammengesucht"* würden.[182] Sammlerinnen und Jäger der europäischen Steinzeit können nicht als automatisch austauschbar mit heutigen Menschen weltweit gesehen werden, die ihren Lebensunterhalt mit ähnlichen Wirtschaftsstrategien bestreiten. Gerade in Bezug auf die archäologische Forschung wird nach Mitchell die Gefahr gesehen, dass die automatische Zuordnung bestimmter Kategorien aus der materiellen Kultur zu Ethnien mit bestimmten Wirtschaftsformen – wie Steinwerkzeuge zu Wildbeutern und Haustiere zu Ackerbauern – den Blick

177 Vgl. dazu Greenwood und Stini 1977: 425f.
178 Vgl. Kapitel 2: Was ist Kultur? – Eine Einführung in die globale Alltäglichkeit und Kapitel 5: Perspektivenwechsel im Schulunterricht.
179 Vgl. Kapitel 5: Perspektivenwechsel im Schulunterricht – Exkurs: Wie die „neue" Welt die alte veränderte.
180 Vgl. z.B. ihr botanisches und medizinisches Wissen, das heute weltweit geschätzt und erforscht wird. (vgl. Kapitel 4.1: Ethnozentrismus in Schulbüchern? – Beispiel 1: Die San und die Menschheitsgeschichte und Exkurs: Das Stereotyp vom „Steinzeitmenschen").
181 Rao 1993: 495.
182 Antweiler 1988: 77.

auf anderslautende empirische Ergebnisse verstellt.[183] *„So zu argumentieren, birgt das Risiko, im Kreis zu laufen, der nur bestätigt, was wir bereits glauben."*[184]

Würde man jedoch die Grundannahmen der biologischen Evolutionstheorien hinsichtlich der Anpassung an lokale Gegebenheiten auf die Kulturevolution übertragen, dann könnte letztere ganz allgemein nach Casimir als *„Formen wie Ursachen der Veränderung bereits vorhandener bzw. Entstehung neuer Kulturmerkmale bei Individuen, Gruppen und Populationen"*[185] definiert werden. Evolution kann damit auch einfach als langfristiger Kulturwandel gesehen werden.[186]

In den 1940er Jahren entstand eine neue evolutionistische Schule innerhalb der Ethnologie, die so genannten Neo-Evolutionistinnen und -Evolutionisten. Viele ihrer Vertreterinnen und Vertreter kritisierten ebenfalls die Annahmen des klassischen Evolutionismus und entwarfen im Gegensatz dazu eine Theorie der multilinearen Evolution, bei der es nach Otterbein um *„den Wandel verschiedener Gesellschaften mit ähnlichen ökologischen Anpassungen"*[187] geht. Gleichzeitig wurden jedoch erneut Kriterien für die Einordnung in ein Entwicklungsschema der Kulturen angeboten wie z. B. die Menge der genutzten Energie, die technologische Innovation oder die gesellschaftliche und politische Organisation. Erneut wurde auch der Gedanke eines Entwicklungsmodells aufgegriffen, bei dem sich die Sammlerinnen und Jäger auf der untersten Kulturstufe befinden und die eigene Gesellschaft auf der obersten. Nach Raum wurden wie bereits zu Zeiten der klassischen Evolutionisten auch jetzt neo-evolutionistische Modelle (vor allem die Typologie von Elman R. Service)[188] von Prähistorikerinnen und -historikern sowie Geschichtswissenschaftlerinnen und -wissenschaftlern übernommen bzw. angewandt – und zwar bis heute.[189] Raum bemerkt dazu: *„Obwohl diese typologischen Stufenfolgen, die aufgrund der Angaben aus rezenten Gesellschaften entwickelt wurden, umstritten bleiben, bemühen sich Prähistoriker, ihre Grabungsfunde mit diesen Evolutionstypen in Beziehung zu setzen."*[190] Aus Sicht der Prähistorikerinnen und -historiker kann *„die Analyse rezenter Kulturen [...] also als methodisches Hilfsmittel aufgefaßt werden, mit dem nur noch archäologisch faßbare Kulturen durch Analogieschlüsse rekonstruiert werden können."*[191] Häufig werden

---

183 Vgl. z.B. Hobart 2003 und Mitchell 2009. Zu Einzelheiten vgl. Kapitel 4.1: Ethno-zentrismus in Schulbüchern? – Beispiel 1: Die San und die Menschheitsgeschichte.

184 Mitchell 2009: 24, Übersetzung der Autorinnen.

185 Casimir 2005: 114, wobei Casimir noch einen weiteren Aspekt nennt, nämlich die menschliche Entwicklung zur Kulturfähigkeit überhaupt.

186 Vgl. z.B. ebd.

187 Otterbein 1971: 241, zitiert nach Antweiler 1988: 51.

188 Service 1962.

189 Vgl. Raum 1992: 304; zur heutigen Verwendung in Schulbüchern vgl. Kapitel 4: Interkulturelle Didaktik in der Schule.

190 Raum 1992: 305; zum Verhältnis zwischen Prähistorikerinnen und Prähistorikern und neo-evolutionistischen Vorstellungen der Menschheitsentwicklung vgl. auch Antweiler 1990: 492f.

191 Raum 1992: 305. Diese Theorie wird in vielen neueren und neuesten Geschichtsbüchern aller Schulformen vertreten und in den begleitenden Lehrerbänden teilweise explizit erläutert (vgl. Kapitel 4.1: Ethnozentrismus in Schulbüchern?).

dabei ältere ethnologische Quellen aus den 1960er oder 1970er Jahren als „Belege" für ein „steinzeitliches Leben" herangezogen.[192] Hier mahnt z.B. der Ethnoarchäologe Peter Mitchell, dass es vor allem für Archäologinnen und Archäologen, die ihre theoretischen Modelle anhand von Ethnografien entwickeln und anwenden, wichtig sei, sich zunehmend bewusst zu werden, dass jede Ethnografie selbst eine Geschichte hat. Die zu einem bestimmten Zeitpunkt aufgenommene Gegenwart sei somit auf historische Prozesse sozialen Wandels zurückzuführen.[193]

Vor allem die Forschungsergebnisse von Ethnoarchäologinnen und -archäologen verändern in neuerer Zeit jedoch das statische evolutionistische Bild von Wildbeutern, das zum Teil auch von neo-evolutionistischen Ethnologinnen und Ethnologen vertreten wurde. Stattdessen zeigt sich, dass z.B. die Lebenszusammenhänge, Innovationen und Wirtschaftsformen der San während der letzten 2000 Jahre deutlich mehr Wandel unterworfen waren und sich sehr viel komplexer gestalteten, als aus evolutionistischer Perspektive angenommen wurde. Zudem finden sich viele überraschende neue Ergebnisse, die der evolutionistischen Stufentheorie nicht entsprechen.[194]

Welche wissenschaftlichen Kontroversen und sensationelle Medienaufmerksamkeit die evolutionistischen Vorstellungen über Sammlerinnen und Jäger noch in jüngerer Zeit hervorbringen können, zeigt der Fall der Tasaday auf den Philippinen.

Der Fall der Tasaday – ein steinzeitliches Höhlenvolk?

„Im Jahr 1971 ging die Nachricht wie ein Lauffeuer um die Welt: Man hatte eine Gruppe von Höhlenbewohnern tief im philippinischen Regenwald gefunden. Die Entdeckung hatte Manuel Elizalde jr. gemacht, der Leiter von Panamin, der Regierungsbehörde für Stammesangelegenheiten. Eine Gruppe von 26 Menschen, die Tasaday, hatte angeblich auf steinzeitliche Weise überlebt, ernährte sich ausschließlich von wilder Nahrung und bekleidete sich mit Blättern. Sie wussten nichts über die Außenwelt und kannten nicht einmal ein großes, nur vier Kilometer entfernt liegendes Bauerndorf. [...] Ihre Höhle lag im dichten Regenwald Südmindanaos in einer Höhe von 1200 Meter. [...] Gleich nach dem Sturz des philippinischen Präsidenten Ferdinand Marcos im Jahr 1986 tauchten Berichte auf, denen zufolge die ursprüngliche Tasaday-Geschichte eine komplette Ente war."[195]

---

192 In vielen Geschichtsbüchern der 5. und 6. Klasse wird mit diesem „Vergleichsmittel" gearbeitet, obwohl die Autorinnen und Autoren ihre Texte selbst oft gar nicht in einen evolutionistischen Zusammenhang gestellt hatten. Vgl. Kapitel 4: Interkulturelle Didaktik in der Schule.

193 Mitchell 2009: 38.

194 Vgl. z.B. Mitchell 2009 und Denbow 1984. Zu Einzelheiten vgl. Kapitel 4.1: Ethnozentrimus in Schulbüchern? – Beispiel 1: Die San und die Menschheitsgeschichte.

195 Headland 2000: 74.

Nach Headland gelang 1986 einem Schweizer Journalisten ein Überraschungsbesuch bei den angeblichen Menschen aus der Steinzeit. Dieses Mal bewohnten sie Häuser, betrieben Ackerbau und waren bekleidet.[196] Ihre Höhle war verlassen und pflanzenüberwuchert. *„Als jedoch eine Woche später Reporter des* Stern *in das Gebiet einflogen, bemerkte man ihre Ankunft etwas rechtzeitiger. Diese Reporter filmten dieselben Tasaday-Individuen, [...] doch nun lebten sie wieder in ihrer Höhle und trugen Blätterkleidung – unter denen jedoch die farbige Unterwäsche herausschaute.“*[197] Diese neuen Entwicklungen entfachten eine wissenschaftliche Kontroverse mit Hunderten von Artikeln und über 30 beteiligten Wissenschaftlerinnen und Wissenschaftlern. Bald glaubten die meisten von ihnen weder, dass die Tasaday *„vollkommen isoliert leben und damit einen Einblick in ein steinzeitliches Leben boten“* noch dass sie nur *„bezahlte Schauspieler“* seien.[198] Nach Headland tendiert die Forschung mittlerweile dahin, in ihnen die Absplitterung einer Cotabo Manobo-Gruppe zu sehen, die vor nicht allzu langer Zeit tiefer in Regenwälder bis in die Nähe ihres heutigen Aufenthaltsortes zog. Dabei gaben die Tasaday *„den Ackerbau zugunsten eines halbmobilen Sammlerlebens“* auf.[199]

In heutigen Einführungen zur Ethnologie werden evolutionistische Modelle – und hier sind vor allem die Vorstellungen von unilinearer Menschheitsentwicklung und globaler Einheitsgeschichte gemeint und nicht gesellschaftliche Prozesse der Anpassung an Umweltbedingungen oder langfristiger Kulturwandel – nur noch wissenschaftshistorisch behandelt.[200] Denn heute sollten *„Ethnologen [...] die eigene Gesellschaft aus der Ferne betrachten und mit der gleichen Distanz wie die fremden Kulturen wahrnehmen [...]. So erweist sich unser gesunder Menschenverstand einschließlich des Entwicklungs- und Fortschrittsgedankens auch als kulturelles Modell, als eine Sicht unter vielen.“*[201]

Diese Erkenntnis ist auch für die Unterrichtspraxis von großer Bedeutung. Nach Biilmann ist z.B. Geografieunterricht immer ethnozentrisch geprägt. Wesentlich ist es daher, das Vorhandensein des Ethnozentrismus zu erkennen.[202]

* * *

---

196 Vgl. auch Cañete 2009: 39.

197 Headland 1994: 74; vgl. auch Cañete 2009: 39.

198 Headland 1994: 74. Zu dieser Debatte vgl. z.B. auch Cañete 2009, Hemley 2001 und Berreman 1999.

199 Ebd.; auch in jüngerer Zeit finden sich die Tasaday als Beleg für heutige „Steinzeitmenschen“ in Geschichtsbüchern wieder. Vgl. z.B. Frenken, Lenniger, Pankratz u.a. 2001: 44 (Westermann: Durchblick. Geschichte/Politik 5/6, Hauptschule).

200 Vgl. z.B. Heidemann 2011. Allerdings thematisiert Heidemann die bleibende Wirkmächtigkeit des Evolutionismus außerhalb der Ethnologie (ebd.: 51f.). Eine grundlegende Kritik innerhalb der Ethnologie sowohl am klassischen Evolutionismus als auch an den Stufenmodellen des Neo-Evolutionismus lautet: spekulative oder hypothetische Geschichtsschreibung bzw. Geschichtsphilosophie (vgl. auch Raum 1992: 301). Nach Stagl geht der Neo-Evolutionismus aufgrund der entsprechenden Kritik an seinen klassischen Vorgängern jedoch *„wesentlich sorgfältiger mit dem ethnographischen Material um und ist vorsichtiger in seinen Generalisierungen“* (Stagl 2005b: 270; vgl. auch Antweiler 1990 und 1988).

201 Heidemann 2011: 52.

202 Biilmann 1984: 293.

Die Umsetzung im Unterricht:

Zur Umsetzung des Lernziels 3 sind folgende Methoden geeignet:[203]

a) Auseinandersetzung mit Vorurteilen und Wertungen allgemein (Cartoons, Texte, Zitate)

b) Analyse von Zitaten aus Reiseführern, Presse, Literatur etc.

c) Analyse von Konfliktsituationen, z.B. Alltagssituationen hier oder aktuelle Konflikte in der Welt (Kurztexte, Erzählungen, Pressemitteilungen)

d) Auseinandersetzung mit Erklärungen von Mitgliedern anderer Kulturen über ihre eigene Kultur (Kurztexte, Berichte, Zitate)

a) Auseinandersetzung mit Vorurteilen und Wertungen allgemein (Cartoons, Texte, Zitate)

Was ist schamlos?

Eine Möglichkeit, die Schülerinnen und Schüler mit dem eigenen Ethnozentrismus zu konfrontieren, ist der Einsatz des folgenden Cartoons:[204]

Abb. 21: Gegenseitiges Sehen und Beurteilen (Zeichnung: Susanne von Bülow)

---

203 Vgl. auch Bertels u.a. 2004: 71.

204 Eine ppt-Folie mit der Abbildung findet sich in den Materialien – M 08.

Die Schülerinnen und Schüler werden gebeten, die Sprechblasen auszufüllen. Steht in beiden Sprechblasen inhaltlich dasselbe – wie z. B. *„schamlos"* oder die Äußerung *„Wie kann man nur?"*, ist den Schülerinnen und Schülern der jeweilige Ethnozentrismus der beiden Frauen bewusst geworden: Beide urteilen aufgrund ihrer kulturellen Prägung.

Erklärungen

In unterschiedlichen Kulturen gibt es unterschiedliche Vorstellungen von dem, was schamlos ist. Sind Menschen, wie die beiden Frauen in dem Comic, nicht für die Existenz ihrer ethnozentrischen Brille sensibilisiert, gelten die eigenen Werte von Schamlosigkeit als diejenigen, die „normal" sind – und zwar überall auf der Welt. Gleichzeitig werden davon abweichende Vorstellungen anderer Kulturen abwertend beurteilt. Damit ist das Grundprinzip ethnozentrischen Denkens erklärt.

b)   Analyse von Zitaten aus Reiseführern, Presse, Literatur etc.

In der Unterrichtseinheit *Von Totenköpfen und Skeletten – das mexikanische Allerheiligenfest*[205] werden die Schülerinnen und Schüler mit folgendem Zitat konfrontiert:

„Der mexikanische Sinn für Humor tritt uns nirgends deutlicher entgegen als am zweiten November, dem Festtag Allerseelen. Dieser katholische Feiertag ist im wesentlichen heidnisch, und die Gebräuche, die hier in Mexiko noch gepflegt werden, führen auf älteste mexikanische Tradition zurück."[206]

Die Schülerinnen und Schüler werden gebeten, dieses Zitat zu beurteilen. Dabei wird deutlich, dass in vielen Reportagen, Berichten etc. Informationen zu finden sind, die nicht stimmen bzw. wertend sind.

c)   Analyse von Konfliktsituationen z. B. Alltagssituationen hier oder aktuelle Konflikte in der Welt (Kurztexte, Erzählungen, Pressemitteilungen)

Eine geeignete Methode, um den Schülerinnen und Schülern aufzuzeigen, dass wertender Ethnozentrismus oft durch das Fehlen von Informationen ausgelöst wird, ist die Analyse von Diskussionen eines Konfliktthemas.

Der zentrale Baustein der Unterrichtseinheit *Indiens heilige Kühe* ist daher eine Podiumsdiskussion, in der die Schülerinnen und Schüler in den Rollen eines

---

205 Diese Unterrichtseinheit findet sich unter UE 12.
206 Helfritz 1985: 209.

Agrarökonoms, eines Ethnologen und eines indischen Bauers über die Rolle der Kühe in Indien diskutieren.[207]

Zur Vorbereitung auf die Diskussion erhalten die Schülerinnen und Schüler Rollenkarten zu je einer der drei Personen. Auf der Rollenkarte des Agrarökonoms ist z.B. Folgendes zu lesen:

„Gordon Miller, Agrarökonom
Warum hungern viele Menschen in Indien, obwohl es eine Menge unnützer Rinder gibt? Unserer Meinung nach gibt es zu viele Rinder in Indien und ein Drittel der Rinderpopulation ist unproduktiv. [...] Keine Wirtschaft kann es sich leisten, alte und kranke Nutztiere bis zu ihrem natürlichen Tod durchzufüttern. Die Tatsache, dass alte Rinder in Altersheime kommen, für die sogar noch ein Entgelt gezahlt werden muss, ist aus ökonomischer Sicht nicht nachvollziehbar. [...] Angesichts einer sich abzeichnenden Bevölkerungsexplosion und damit verbundenen wachsenden Nahrungsansprüchen empfehlen wir, das religiöse Schlachtverbot von Rindern aufzuheben, um einer Hungersnot vorzubeugen. "

Auf der Grundlage dieser Informationen sowie der jeweiligen Rollenbeschreibungen wird die Podiumsdiskussion durchgeführt.

Ziel der Podiumsdiskussion ist es, anhand der verschiedenen Rollen und Perspektiven ethnozentrische Sichtweisen zu erkennen. Das Verstehen der kulturellen Hintergründe und der ökonomischen Logik einer zunächst fremden und befremdlichen Verhaltensweise ermöglicht den Schülerinnen und Schülern auch ein Überwinden von Ethnozentrismus. Interkulturelle Unterschiede können so auf einer neuen Ebene reflektiert werden. Mit einer solchen neuen Verständnisebene kann auch die Toleranz gegenüber Menschen aus anderen Kulturen gefördert werden.

Hintergrundinformationen

In Indien wird die Kuh als Mutter des Lebens verehrt, weshalb der größte Teil der Hindus auf Rindfleischkonsum verzichtet. Darüber hinaus können alte und kranke Rinder gegen ein geringes Entgelt in „Altersheimen" untergebracht werden. Die Polizei fängt umherstreunende Kühe ein und bringt sie auf eine Weide neben der Polizeistation, wo sie von ihren Besitzerinnen und Besitzern abgeholt werden können. Von den Bauern werden ihre Kühe als Familienmitglieder angesehen.[208]

Was aber ist der Hintergrund dieser Verehrung? Mahatma Ghandi bietet dazu folgende Erklärung: *„Das eigentliche Wesen des Hinduismus besteht in der Beschützung der Kuh. [...] Sie führt den Menschen über die Grenzen seiner Art hinaus. Die Kuh bedeutet für mich die ganze nichtmenschliche Welt. Der Mensch wird durch die Kuh dazu geführt, sein Eins- und Gleichsein mit allem, was da lebt, anzuerkennen. Warum gerade die Kuh zur Verehrung auserwählt wurde, ist*

---

207 Diese Unterrichtseinheit (UE 01) kann bei ESE angefordert werden.
208 Vgl. auch Wiesenbauer 2011: 208.

mir durchaus klar. Die Kuh war in Indien immer der beste Gefährte des Menschen. Sie war der Spender allen Reichtums. Sie gab nicht nur Milch, sondern ermöglichte auch den Ackerbau. Die Kuh ist ein Gedicht des Mitleids. Man liest Mitleid in diesem sanften Tier. Sie ist die Mutter von Millionen indischer Menschen. "[209]

d) Auseinandersetzung mit Erklärungen von Mitgliedern anderer Kulturen über ihre eigene Kultur (Kurztexte, Berichte, Zitate)

Viele Erklärungen von Mitgliedern anderer Kulturen über ihre eigene Kultur verdeutlichen, dass zum einen die Außensicht auf diese Kultur von wertendem Ethnozentrismus geprägt ist und dass zum anderen dieser Ethnozentrismus die Sicht auf die eigene Kultur versperrt.

Ein Beispiel ist ein Bericht von Dr. David Livingstone über eine Unterhaltung mit einem Regenmacher der Kwena in Afrika auf einer seiner Forschungsreisen im 19. Jahrhundert:

„Einem Regenmacher sagte ich in einer Unterredung unter anderem: ‚Ich bin über den Wert des Regens ganz mit Euch einverstanden, allein Ihr könnt durch Arzneien keinen Zauber auf die Wolken ausüben. Ihr wartet, bis Ihr die Wolken kommen seht, dann wendet Ihr Eure Arzneien an und schreibt Euch das Verdienst zu, welches Gott allein gebührt.‘ Er entgegnete: ‚Ich wende meine Arzneien an und Ihr bedient Euch der Eurigen; wir sind beide Doktoren, und Doktoren sind keine Betrüger. Ihr gebt einem Kranken Arznei; zuweilen beliebt es Gott, ihn mittels Eurer Arznei zu heilen; bisweilen aber – stirbt der Kranke auch. Wenn er geheilt wird, schreibt Ihr Euch das Verdienst dessen zu, was Gott thut. Ich thue dasselbe. Bisweilen verleiht uns Gott Regen, bisweilen aber auch nicht. Wenn er ihn uns giebt, so legen wir dem Zauber das Verdienst bei. Wenn Euch ein Kranker stirbt, so gebt Ihr darum das Vertrauen in Eure Arznei nicht auf; wir thun dasselbe, wenn der Regen ausbleibt. Wenn Ihr wollt, daß ich meine Arzneien aufgebe, warum behaltet Ihr die Eurigen noch bei?‘" [210]

Durch die Auseinandersetzung mit diesem Text lernen die Schülerinnen und Schüler, dass die Wahrnehmung eines kulturellen Aspektes von Außenstehenden oft durch voreiliges, aus ethnozentrischer Perspektive erfolgtes Bewerten beeinflusst wird. Die Methode unterstreicht zudem noch einmal, wie wichtig es für den interkulturellen Kontakt ist, sich auch mit der eigenen Kultur auseinanderzusetzen und bei allen interkulturellen Begegnungen die Technik des Perspektivenwechsels anzuwenden.

---

209 Zitiert nach ebd.
210 Zitiert in Streck 1997: 83f.

3.4   Was mache ich, wenn …? – Situationen des interkulturellen Umgangs reflektieren

Ein wichtiger Aspekt der Interkulturellen Kompetenz sind die Fähigkeiten, die für einen erfolgreichen unmittelbaren und persönlichen Umgang mit Menschen aus anderen Kulturen unerlässlich sind.[211] Dieser unmittelbare und persönliche Umgang setzt auf der kognitiven Ebene sehr viel Reflexivität voraus. Sowohl das eigene als auch das Verhalten des Anderen muss reflektiert werden, um eine Verständigung möglich zu machen.[212]

Aus der Vielzahl der für den unmittelbaren Umgang relevanten Fähigkeiten werden im Folgenden vor allem diejenigen genannt, die aus ethnologischer Sicht wichtig erscheinen und deren Umsetzung im Unterricht gewährleistet ist.

Wichtig für den unmittelbaren Umgang ist die Erwartung, dass Mitglieder anderer Kulturen sich gänzlich anders verhalten können, als dies von Menschen aus dem eigenen Umfeld erwartet wird. Das Wissen um die Existenz verschiedener Lebens-, Denk- und Verhaltensweisen lässt es zu, eine interkulturelle Situation als solche zu erkennen. Wichtig ist es aber auch zu verdeutlichen, dass nicht jeder Unterschied kulturell bedingt sein muss.

Da in interkulturellen Begegnungen Informationen über die jeweils andere Kultur oft nicht zur Verfügung stehen – zumal es immer auch z. B. regionale, individuelle, geschlechtsbezogene Unterschiede geben wird – sollte immer ein gewisses Maß an Unsicherheit mit einkalkuliert werden. Hierbei kann es sich sowohl um Unsicherheit über die Gründe und Absichten des Gegenübers als auch um Unsicherheit in Bezug auf das eigene Verhalten handeln. Über die Unsicherheit hinaus sollten die Beteiligten dazu fähig sein, wirklich kritische Situationen im interkulturellen Umgang zu erkennen, um eine Eskalation möglicherweise zu vermeiden.

Aus diesem Bewusstsein für möglicherweise kritische Situation ergibt sich auch die allgemeine Forderung nach Vorsicht und Zurückhaltung in interkulturellen Begegnungssituationen.[213] Dies gilt insbesondere in Bezug auf eine Beurteilung und Wertung des Verhaltens des Anderen, ohne dass man die hierfür notwendigen Hintergrundinformationen besitzt. Auch wenn Verhaltensweisen oder

---

211 Sehr häufig wird Interkulturelle Kompetenz allein auf den unmittelbaren Umgang bezogen (vgl. z. B. Gudykunst 1998, Knapp-Potthoff 1997 und Maletzke 1996). Wie gerade die Analyse von Schulbüchern zeigt (vgl. Kapitel 4: Interkulturelle Didaktik in der Schule), ist aber auch für den mittelbaren Umgang Interkulturelle Kompetenz zwingend erforderlich (s. auch Kapitel 3: Interkulturelle Kompetenz – mehr als ein Schlagwort).

212 Laut Thomas (2003: 146) zeigt sich Interkulturelle Kompetenz darin, *„dass zur Gestaltung der interkulturellen Situation leistungsrelevante Handlungspotentiale als Ergebnis der interkulturellen Lern- und Verstehensprozesse aktiviert werden und auf dieser Basis in ausreichendem Maße Handlungssicherheit, Handlungsflexibilität und Handlungskreativität zum Einsatz und zur Wirkung kommen."*

213 Siehe auch Klüter und Lütkes 1995: 92.

Ansichten des Gegenübers nicht mit den eigenen Werten zu vereinbaren sind,[214] tragen direkte Vorwürfe oder ein abwertendes Verhalten sicherlich nicht zu einer Verständigung bei. Eine offene und von Respekt geprägte Diskussion kann – wenn auf beiden Seiten Interkulturelle Kompetenz vorhanden ist – zielführender sein.

Eine generelle Vorsicht und Zurückhaltung bei interkulturellen Begegnungen beinhaltet auch die Bereitschaft zur Reflexion des eigenen Verhaltens. Zu dieser Reflexion gehört es zu hinterfragen, welche Rolle der eigenen Person (z. B. als besonderer Gast) in der Begegnung zugewiesen wird. Dies erleichtert es, die Reaktionen und Erwartungen des Anderen besser einordnen zu können.

Die Reflexion des eigenen Verhaltens und der daraus resultierenden Konsequenzen kann dazu führen, dass man sich manchmal in einer interkulturellen Begegnung entscheidet, sich anzupassen.[215] Anpassung kann in einigen Situationen nützlich sein, um Respekt vor der anderen Kultur zu signalisieren, einen eventuellen Konflikt zu meiden oder einfach nur eine positive Grundstimmung zu erzeugen. Wer sich wann wie weit anpassen kann, hängt allerdings sehr stark von jedem Einzelnen und von den Rahmenbedingungen einer interkulturellen Begegnung ab.[216] Gerade in Begegnungssituationen, in denen man davon ausgehen kann, dass dem Gegenüber die kulturellen Unterschiede nicht bewusst sind, kann Anpassung jedoch dazu genutzt werden, Missverständnisse oder gar Konflikte zu vermeiden.

Denn Ziel des interkulturellen Umgangs ist in jedem Fall das aktive Bemühen um Verständigung. Konflikt vermeidendes Verhalten wird daher oft als Schlüsselqualifikation von Interkultureller Kompetenz genannt.[217] Im interkulturellen Umgang bedeutet Konflikt vermeidendes Verhalten vor allem, ein Bemühen um Verstehen des Gegenübers zu signalisieren und Situationen durch Austausch von Informationen und den dadurch möglichen Perspektivenwechsel zu klären. Hierbei können Transferleistungen[218] sehr förderlich sein, die entweder theoretisch erarbeitetes Wissen auf eine konkrete Situation übertragen oder aber Erfahrungen aus bereits erfolgten interkulturellen Begegnungen in diese Situation einfließen lassen.

Die Umsetzung im Unterricht:

Zur Umsetzung des Lernziels 4 sind folgende Methoden geeignet:[219]

a) Analyse und Reflexion von Konfliktsituationen, die in Kurztexten oder persönlichen Erfahrungsberichten beschrieben werden

---

214 Siehe auch Kapitel 3.3: Wo ist der Mittelpunkt der Welt? – Das Phänomen Ethnozentrismus.
215 Vgl. auch u. a. Moosmüller 2000: 281.
216 Siehe hierzu Exkurs: Wo sind meine Grenzen? in diesem Kapitel.
217 Vgl. u. a. Luchtenberg 1994: 57.
218 Vgl. hierzu z. B. Thomas 1998: 235.
219 Vgl. auch Bertels u. a. 2004: 72.

b) Analyse und Reflexion eigener Erfahrungen der Schülerinnen und Schüler
c) Einüben von Verhaltensstrategien durch Szenarien (z. B. „*Wie würdest du dich verhalten, wenn …*") in Form von Rollenspielen oder Pro-Contra-Diskussionen
d) interkulturelle Streitschlichtung[220]

a) Analyse und Reflexion von Konfliktsituationen, die in Kurztexten oder persönlichen Erfahrungsberichten beschrieben werden

Eine Möglichkeit, mit Schülerinnen und Schülern Situationen des interkulturellen Umgangs zu reflektieren, ist der Einsatz von wirklich geschehenen oder aber auch fiktiven Situationsbeispielen. Fast zu jedem Thema lässt sich eine Fülle solcher Situationsbeispiele erstellen. Wie dies in der Praxis aussehen kann, wird im Folgenden an einem Beispiel aus der Unterrichtseinheit *Eine Knolle auf Reisen* verdeutlicht.[221]

Nachdem die Schülerinnen und Schüler viele Informationen über das Leben in den Anden und den Kartoffelanbau erhalten haben, werden sie in Gruppenarbeit mit verschiedenen interkulturellen Begegnungssituationen rund um das Thema Kartoffel konfrontiert. Ein Beispiel:

Wie würdet ihr reagieren?

Janine und Anna sind seit sechs Monaten als Austauschschülerinnen in La Paz. In den Ferien möchten sie noch mehr vom Land kennenlernen und reisen in die Anden. Einige Tage verbringen sie in einem Aymara-Dorf und freunden sich mit den jungen Frauen des Dorfes an. Als sie ihre Aymara-Freundinnen Maria und Luz zu Hause besuchen, sehen sie, dass diese gerade das Essen vorbereiten. Janine und Anna beschließen, beim Kochen zu helfen. Sie sehen viele Kartoffeln auf einer Matte auf dem Boden liegen. Janine und Anna nehmen einige davon und beginnen, sie für den Eintopf, der gerade zubereitet wird, zu schälen und in kleine Stücke zu schneiden. Ihre Aymara-Freundinnen schauen sie überrascht an und bitten die Beiden, sofort mit dem Kartoffelschälen aufzuhören und schicken sie zum Wasser holen. Janine und Anna spüren, dass sie etwas falsch gemacht haben. Mit ein paar Kindern gehen sie zum Bach um Wasser zu holen.

Was ist in dieser Situation passiert?
Welches Missverständnis liegt hier vor?
Was können Janine und Anna tun, um das Missverständnis zu klären?

---

220 Vgl. hierzu auch Bertels und Hellmann de Manrique 2011.
221 Diese Unterrichtseinheit (UE 10) kann bei ESE angefordert werden.

Die Frage „*Was ist in dieser Situation passiert?*" dient dazu zu klären, ob die Schülerinnen und Schüler die Situation verstanden haben. Gleichzeitig ist die Schilderung der Situation durch die Schülerinnen und Schüler notwendig, um den anderen Gruppen das Beispiel vorstellen zu können. Auch die Vorstellung durch ein Rollenspiel ist möglich.

Durch die Frage „*Welches Missverständnis liegt hier vor?*" werden die Schülerinnen und Schüler aufgefordert, anhand der im Vorfeld erhaltenen Informationen und eigenen Mutmaßungen die Ursache oder die Ursachen des Missverständnisses zu analysieren. Diese Analyse kann nur gelingen, wenn die Schülerinnen und Schüler die Perspektive wechseln und/oder ihr ethnozentrisches Denken überwinden.

Im Anschluss an die Analyse der möglichen Ursachen für das Missverständnis führt die Frage „*Was können Janine und Anna tun, um das Missverständnis zu klären?*" dazu, dass die Schülerinnen und Schüler mögliche Lösungsansätze diskutieren und somit eine erfolgreiche Möglichkeit des interkulturellen Umgangs finden.

Hintergrundinformationen:

Es gibt über 4.000 verschiedene Kartoffelsorten, die sich in Form, Farbe und Größe unterscheiden. Für jedes Rezept werden bestimmte Kartoffeltypen genommen, die nicht miteinander austauschbar sind bzw. im selben Rezept verwendet werden können – u. a. wegen ihres Geschmacks und Kochverhaltens. Kartoffeln zu vertauschen oder falsch zu behandeln, ist eine schwerwiegende Sache für Aymara. Janine und Anna haben die falschen Kartoffeln für den Eintopf geschält und damit Aymara Ess- und Kochregeln grundlegend verletzt.

Aymara unterscheiden vor allem zwischen „süßen" und „bitteren" Kartoffeln. Letztere werden nicht direkt zum Kochen verwendet und werden auch niemals geschält. Aus ihnen werden gefriergetrocknete Kartoffeln, *Chuños,* hergestellt. Genau diese Bitterkartoffeln waren auf der Matte zum Trocknen ausgebreitet. Damit haben Janine und Anna gleich zwei Fettnäpfe betreten: Sie haben Bitterkartoffeln für die *Chuño*-Produktion geschält, was niemals getan wird, und sie haben sie damit auch für die *Chuño*-Zubereitung unbrauchbar gemacht und verschwendet.

Was könnten Janine und Anna tun, um das Missverständnis zu klären?

Janine und Anna sollten am besten die Kinder fragen, was falsch gelaufen ist, und wenn sie keine klare Antwort bekommen, die Kinder zu den Kartoffeln befragen, die auf der Matte ausgebreitet sind. Wenn sie zurückkommen, sollten sie ihren Freundinnen erklären, dass sie von dieser Methode der Haltbarmachung nichts wussten und sie sollten sich nach dem Prozess erkundigen. Die Familie wird ihnen gerne erklären, wie viele *Chuños* sie gelagert haben und ihnen vielleicht sogar einige zeigen. Sie könnten danach fragen, wie diese steinharten *Chuños* zu kochen sind und ihnen wird von der Notwendigkeit erzählt werden, dass diese gefriergetrockneten Kartoffeln erst einmal gewässert werden müssen sowie von den vielen Gerichten, die man mit ihnen zubereiten kann.

b) Analyse und Reflexion eigener Erfahrungen der Schülerinnen und Schüler

Viele der Schülerinnen und Schüler haben bereits eigene Erfahrungen mit Situationen des interkulturellen Umgangs gemacht. Es ist daher sinnvoll, diese Erfahrungen zu nutzen, um den interkulturellen Umgang zu trainieren. Das Modul *Ursachen von Missverständnissen* eignet sich sehr gut dafür.

Zur Vorbereitung des Moduls werden die Ursachen von Missverständnissen sowie drei Oberbegriffe (fehlende Kenntnisse und Erfahrungen, auseinandergehende Wertvorstellungen und persönliche Schwierigkeiten und Eigenschaften) auf Moderationskarten ausgedruckt.[222] Die Karten mit den Ursachen von Missverständnissen werden ungeordnet an einer Pinnwand oder Tafel angebracht und kurz vorgestellt. Die Schülerinnen und Schüler erhalten nun folgenden Arbeitsauftrag:

Ruft euch eine interkulturelle Begegnung ins Gedächtnis, bei der es zu einem Missverständnis kam. Diese Begegnung kann in der Schule, während eines Schüleraustausches, in der Nachbarschaft, im Urlaub etc. stattgefunden haben. Es kann eine peinliche oder ärgerliche, aber auch eine lustige Situation sein. Überlegt, welche Ursache bzw. Ursachen zu diesem Missverständnis geführt haben könnten.

Anschließend werden die Schülerinnen und Schüler aufgefordert, sich die entsprechende Karte bzw. die entsprechenden Karten von der Pinnwand zu nehmen und sich dann wieder zu setzen.

Hinweis:
Es ist durchaus möglich, auch Begriffe, die nicht in der Tabelle (Abb. 22) vorhanden sind, auf neue Karten zu schreiben und so die möglichen Ursachen von Missverständnissen zu erweitern. Sollten zwei der Schülerinnen und Schüler den gleichen Begriff benötigen, kann dieser ebenfalls auf eine neue Karte geschrieben und so doppelt angebracht werden.

Haben alle Schülerinnen und Schüler, die sich an eine Situation erinnern, ihre Karte bzw. ihre Karten, werden die ggf. noch hängenden Karten abgenommen und die Oberbegriffe an die Pinnwand oder Tafel geheftet. Nun werden die Schülerinnen und Schüler gebeten, einzeln nach vorne zu kommen, ihr interkulturelles Missverständnis zu schildern und ihre Karte bzw. Karten den Oberbegriffen zuzuordnen. Im Anschluss ergänzt die Lehrkraft – wenn möglich mit eigenen Beispielen – die übrig gebliebenen Karten.

---

222 Eine Kopiervorlage findet sich in den Materialien – M 09.

Hinweis:

Während der Schilderungen der Situationen kommt es meistens schon zu lebhaften Diskussionen, ob eventuell noch andere Ursachen für das Missverständnis vorlagen. Auch werden die Schilderungen der einzelnen Schülerinnen und Schüler oft durch ähnliche Beispiele von den Mitschülerinnen und -schülern ergänzt.

Idealerweise sollte das Schaubild nach dem Anbringen wie folgt aussehen, wobei die Reihenfolge innerhalb der Rubriken nicht vorgegeben ist:

fehlende Kenntnisse und Erfahrungen	auseinander gehende Wertvorstellungen	persönliche Schwierigkeiten und Eigenschaften
Kultur	Geschlecht	fehlende Toleranz
Sprache	Moral	fehlende Flexibilität
	Religion	Ethnozentrismus
	Familie	Überheblichkeit
	Status	mangelnde Kommunikationsfähigkeit
		mangelnde Interaktionsfähigkeit
		Unfähigkeit, Widersprüche zu ertragen

Abb. 22: Ursachen von Missverständnissen

Wenn alle Karten angebracht sind, kann die Lehrkraft die einzelnen Begriffe kurz erläutern und nach Rubriken zusammenfassen.

Hinweis:

Diese Erläuterung und Zusammenfassung ist auch möglich, wenn die Begriffe – wie es meistens geschieht – in einer anderen Ordnung als der in der obigen Tabelle vorgegebenen angeheftet werden. Hier ist dann die Flexibilität der Lehrkraft gefordert.

Fehlende Kenntnisse und Erfahrungen:

Kultur:
In allen Bereichen von Kultur (Begrüßung, Essen, Kleidung etc.)[223] gibt es weltweit unzählige Unterschiede. Es ist wichtig, sich immer wieder bewusst zu machen, dass es diese Unterschiede gibt. Der Begriff Kultur ist in dieser Auflistung daher sicherlich der, unter den die meisten interkulturellen Missverständnisse eingeordnet werden können.

Sprache:
Sprachliche Missverständnisse lassen sich nicht vermeiden. Selbst wenn man eine Sprache sehr gut beherrscht, sind einem sicherlich nicht alle Bedeutungen und Sinnzusammenhänge einzelner Wörter oder Redewendungen bekannt.[224] Unter den Begriff Sprache fallen auch die Aspekte Gestik und Mimik, die im interkulturellen Kontext ebenfalls Ursache für viele Missverständnisse sein können.

Fazit:
Wissen über eine spezielle Kultur oder Sprache kann man sich nur aneignen, wenn man ausschließlich mit Mitgliedern einer oder zwei Kulturen zusammentrifft. Und selbst dann wird man immer wieder in „Fettnäpfchen" treten, da es sehr schwer ist, eine fremde Kultur oder Sprache mit allen Feinheiten zu kennen und zu verstehen. In einer globalisierten Welt kann man aufgrund der Vielfalt der Kulturen nicht mehr als nur Grundlegendes über alle in dieser Gesellschaft zusammenlebenden Kulturen wissen. Daher wird es immer wieder aufgrund von fehlenden Kenntnissen und Erfahrungen zu Missverständnissen kommen. Es ist jedoch wichtig, dass man sich der kulturellen Unterschiede bewusst ist.

Auseinander gehende Wertvorstellungen

Geschlecht:
In allen Gesellschaften gibt es Vorstellungen davon, wann man als Frau/Mann definiert wird und welche Rolle man dementsprechend in der Familie oder Gesellschaft hat. Diese Vorstellungen können so unterschiedlich sein, dass es in einer multikulturellen Gesellschaft im Bereich der Geschlechterrollen leicht zu Missverständnissen kommen kann. Darüber hinaus ist gerade dieser Bereich von vielen Vorurteilen geprägt, die man ständig hinterfragen sollte.[225]

---

223 Vgl. auch Kapitel 2: Was ist Kultur? – Eine Einführung in die globale Alltäglichkeit.
224 Lustige sprachliche Missverständnisse gibt es meistens viele. Zum Beispiel erzählte eine niederländische Studierende in einem Workshop, dass sie völlig irritiert gewesen sei, als sie beim gemeinsamen Kochen mit Freundinnen mitten im Sommer gebeten wurde, den Schneebesen zu holen.
225 Siehe auch z.B. Kapitel 3.2: Alles eine Frage der Perspektive – Exkurs: Thema Kopftuch.

Moral:

Was darf ich sagen und was nicht? Wie verhalte ich mich gegenüber Frauen/Männern oder Älteren? Welche Kleidung ist angemessen? Sagt mein Gegenüber die Unwahrheit oder ist er nur höflich? Dies sind nur einige der Fragestellungen, die verdeutlichen, dass unterschiedliche Moralvorstellungen das „richtige" Verhalten im interkulturellen Kontext erschweren.

Religion:

Je nach Überzeugung spielt Religion eine mehr oder minder große Rolle im Leben des Einzelnen. Für einige reicht es, ihre Religion beim einmaligen Kirchenbesuch zu Weihnachten zu leben, für andere ist es selbstverständlich, ihre Religion in allen Bereichen des Lebens, z. B. bei der Namensgebung, der Berufswahl oder der Ernährung, zu beachten. Gerade bei interkulturellen Begegnungen können im Bereich Religion die unterschiedlichsten Vorstellungen vom Stellenwert der Religion im Leben des Einzelnen in das Verhalten der Gesprächspartnerinnen und -partner mit einfließen, so dass es hier leicht zu Missverständnissen kommen kann.

Familie:

Ähnlich wie der Aspekt Religion kann auch der Aspekt Familie einen unterschiedlichen Stellenwert im Leben einer Person haben. Ist es in vielen westlichen Gesellschaften üblich, dass der Einzelne Entscheidungen über sein Leben trifft (z. B. Berufs- oder Partnerwahl), werden diese Entscheidungen in vielen anderen Gesellschaften von der ganzen Familie getroffen. Grundlage für diese Entscheidungen ist dann nicht ausschließlich das Wohl des Individuums, sondern das der Familie.[226] Dieses führt gerade in Bereichen, in denen es um eine Entscheidungsfindung geht, oft zu interkulturellen Missverständnissen.

Status:

In vielen Gesellschaften ist die Vorstellung von Status sehr ausgeprägt. Der Status einer Person kann z. B. von ihrer sozialen Herkunft, der ausgeübten Tätigkeit oder ihrem Alter abhängig sein. Je nach Status wird ein entsprechender Umgang mit der jeweiligen Person (z. B. sehr respektvolles Verhalten wie Verneigen oder das Akzeptieren von Entscheidungen) erwartet. In interkulturellen Begegnungen werden die unterschiedlichen Vorstellungen von Status und der Umgang mit Personen mit einem höheren Status oft unterschätzt. Der Aspekt Status ist daher ebenfalls eine häufige Ursache von Missverständnissen.

Fazit:

Auch bei den Wertvorstellungen ist es aufgrund der Vielfalt der Kulturen nicht möglich, alle unterschiedlichen Wertvorstellungen zu kennen. Kommt es jedoch zu interkulturellen Missverständnissen, sollte man daran denken, dass es unterschiedliche Wertvorstellungen in Bezug auf Geschlecht, Moral, Religion, Familie

---

226 Vgl. auch Kapitel 2: Was ist Kultur? – Eine Einführung in die globale Alltäglichkeit.

und Status geben könnte und dass diese ursächlich für das Missverständnis sein können.

Persönliche Schwierigkeiten und Eigenschaften

fehlende Toleranz:
Toleranz ist eine wichtige Voraussetzung für eine gelingende interkulturelle Begegnung.[227] Je offener und toleranter sich jemand auf sein Gegenüber mit einem anderskulturellen Hintergrund einlässt, desto leichter ist es, interkulturelle Missverständnisse zu vermeiden bzw. zu klären. Fehlende Toleranz ist demnach eine der grundlegendsten Ursachen von misslingender interkultureller Kommunikation.

fehlende Flexibilität:
Ein weiterer wichtiger Faktor in der interkulturellen Kommunikation ist Flexibilität. Diese Eigenschaft ermöglicht es, mit durch interkulturelle Missverständnisse entstandenen Situationen besser umzugehen und diese zu lösen. Fehlt Flexibilität, bleibt ein interkulturelles Missverständnis oft ungeklärt.

Ethnozentrismus:
Das Phänomen des Ethnozentrismus[228] wird als Ursache von Missverständnissen im interkulturellen Kontext oft unterschätzt. Es ist aber sehr wichtig, sich immer wieder selbst zu reflektieren und seinen oft unbewussten Ethnozentrismus zu erkennen. Wenn jede Person immer davon ausgeht, dass ihre Denk- und Lebensweise universell gültig ist, kommt es unweigerlich zu Missverständnissen.

Überheblichkeit:
Der Faktor Überheblichkeit führt ebenfalls zu Missverständnissen bzw. Konflikten in interkulturellen Begegnungen. Denn Überheblichkeit steht im starken Gegensatz zu den für eine gelingende interkulturelle Begegnung notwendigen Aspekten Toleranz und Flexibilität (s. o.). Zudem ist davon auszugehen, dass eine überheblich agierende Person nicht in der Lage sein wird, ihren Ethnozentrismus zu reflektieren.

mangelnde Kommunikationsfähigkeit:
Kommunikationsfähigkeit ist eine wesentliche Grundlage für eine gelingende interkulturelle Begegnung. Nur jemand, der diese Fähigkeit besitzt, ist in der Lage, bei einem eventuellen Missverständnis das Gespräch durch Fragen so zu führen, dass er die notwendigen Informationen erhält, um einen Perspektivenwechsel vollziehen zu können.[229] Allerdings ist Kommunikationsfähigkeit in interkulturel-

---

227 Vgl. auch Kapitel 3.5: Offenheit, Respekt & Co.
228 Vgl. auch Kapitel 3.3: Wo ist der Mittelpunkt der Welt? – Das Phänomen Ethnozentrismus.
229 Vgl. auch Kapitel 3.2: Alles eine Frage der Perspektive.

len Begegnungen nur eine Hilfe, wenn die Person auch über andere Fähigkeiten der Interkulturellen Kompetenz verfügt, sich also z. B. der Existenz von kulturellen Unterschieden bewusst ist.

mangelnde Interaktionsfähigkeit:
Gerade interkulturelle Begegnungen erfordern ein hohes Maß an Interaktionsfähigkeit. Durch eine flexible und z. T. auch spontane Interaktion ist es oft möglich, entstehende Missverständnisse zu erkennen und somit zu vermeiden bzw. bereits vorhandene Missverständnisse zu beseitigen und die Situation zu klären. Doch wie bei der o. g. Kommunikationsfähigkeit ist auch Interaktionsfähigkeit im interkulturellen Kontext nur dann hilfreich, wenn sie durch andere Aspekte der Interkulturellen Kompetenz ergänzt wird.

Unfähigkeit, Widersprüche zu ertragen:
Die Unfähigkeit, Widersprüche zu ertragen, ist sicherlich ein großes Hindernis für gelingende interkulturelle Begegnungen.[230] Denn jede/jeder muss bei interkulturellen Begegnungen damit umgehen können, dass die/der andere ganz anders denkt und handelt als man selber es gewöhnt ist. Diese Widersprüche zur eigenen Denk- und Lebensweise zu ertragen, fällt – auch wenn die Hintergründe hierfür bekannt sind – oft sehr schwer. Für eine gelingende interkulturelle Begegnung ist es daher sehr hilfreich, wenn jemand mit diesen Widersprüchen umgehen kann. Dies bedeutet jedoch nicht, dass man alles aus einem anders kulturellen Kontext akzeptieren und mittragen muss.[231]

Fazit:
Viele der genannten persönlichen Schwierigkeiten und Eigenschaften entsprechen den Aspekten der sozialen Kompetenz. Hierdurch wird deutlich, dass Interkulturelle Kompetenz auf sozialer Kompetenz basiert. Auf den Punkt gebracht bedeutet dieses, dass eine Person ohne soziale Kompetenz nie Interkulturelle Kompetenz erwerben wird. Für den Erwerb von Interkultureller Kompetenz ist es daher wichtig, an diesen persönlichen Schwierigkeiten und Eigenschaften zu arbeiten und die entsprechenden Fähigkeiten immer weiter auszubauen.

Zusammenfassung:

- Die Ursachen von Missverständnissen können ebenso banal wie vielschichtig sein. Missverständnisse können nicht immer vermieden werden. Es kommt bei einer Begegnung zwischen Mitgliedern aus unterschiedlichen Kulturen darauf an, wie mit eventuellen Missverständnissen umgegangen wird.

---

230 In der Literatur wird in diesem Zusammenhang oft von Ambiguitätstoleranz gesprochen (vgl. z. B. Moosmüller 2000: 281).
231 Siehe auch Exkurs: Wo sind meine Grenzen? in diesem Kapitel.

- Das Zusammenleben in einer multikulturellen Gesellschaft kann nur gelingen, wenn jeweils beide Gesprächspartnerinnen bzw. -partner bemüht sind, interkulturell kompetent mit Missverständnissen umzugehen.
- Es sind immer zwei Menschen, die miteinander umgehen. Daher muss nicht jeder Konflikt einen interkulturellen Hintergrund haben. Es kann auch sein, dass wie dies auch zwischen Mitgliedern ein und derselben Kultur vorkommt – *„die Chemie nicht stimmt"*. Auch dies sollte in die Reflexion von Missverständnissen zwischen Mitgliedern unterschiedlicher Kulturen einbezogen werden.

c)   Einüben von Verhaltensstrategien durch Szenarien (z. B. *„Wie würdest du dich verhalten, wenn …")* in Form von Rollenspielen oder Pro-Contra-Diskussionen

Die Schülerinnen und Schüler werden z. B. mit folgender Situation konfrontiert:

Dann gaben die Frauen mit ihren energischen Stimmen zu verstehen, dass es Zeit zum Essen sei. Mir wird als Erstes ein hölzerner Teller in die Hand gedrückt. Fast lasse ich ihn fallen, so sehr ekelt er mich an. Auf dem schwarzen, verkerbten Holz liegen wurmähnliche Tiere. Weiße, fette, lange Maden. Durch das Kochen ist ihre Farbe bräunlich geworden. Alle schauen mich an.[232]

Die Schülerinnen und Schüler diskutieren nun die Frage *„Wie hättet ihr euch verhalten?"*. Die Erfahrung zeigt, dass die Diskussion sehr kontrovers verläuft. Einige der Schülerinnen und Schüler würden probieren, andere würden auf jeden Fall ablehnen. Wichtig ist es zu verdeutlichen, dass es durchaus möglich ist abzulehnen. Nur sollte diese Ablehnung sehr höflich erfolgen, z. B. folgendermaßen: *„Ich bin es nicht gewohnt, Maden zu essen. Vielleicht probiere ich später einmal."* Bei einer solchen Ablehnung sollte man dann auf die Interkulturelle Kompetenz der Gegenseite vertrauen. Dieses Beispiel ist somit auch dafür geeignet, auf die Grenzen des interkulturellen Umgangs einzugehen.[233]

d)   Interkulturelle Streitschlichtung

An vielen Schulen werden Schülerinnen und Schüler seit Beginn der 1990er Jahre als Streitschlichterinnen und -schlichter ausgebildet. Hierbei wird die interkulturelle Komponente bislang wenig beachtet, obwohl davon ausgegangen werden kann, dass viele Konflikte in einer multikulturellen Schülerschaft auch auf interkulturelle Missverständnisse zurückzuführen sind. Daher erscheint es sinnvoll, in die Ausbildung zur Streitschlichtung auch ein Modul zum Thema *Interkulturelle*

---

232 Meyer 2006: 76f.
233 Vgl. Exkurs: Wo sind meine Grenzen? in diesem Kapitel.

Streitschlichtung einzubauen.[234] Ein Baustein hierfür ist die Übung „*Interkultureller Konflikt – ja oder nein?*".[235]

In diesem Baustein setzen sich die Schülerinnen und Schüler mit verschiedenen Aussagen auseinander. Die Aussagen werden vorgelesen und von den Schülerinnen und Schülern mit Farbkarten folgendermaßen bewertet:

rot   =   kein interkultureller Konflikt
gelb   =   vielleicht ein interkultureller Konflikt
grün   =   interkultureller Konflikt.[236]

Beispielhaft werden im Folgenden einige der Aussagen aufgeführt:[237]
* Simon ruft über den Schulhof: „Thomas knutscht mit Eva."
* Turgut knallt die Zimmertür, weil er nicht damit einverstanden ist, dass er erst seine Hausaufgaben machen muss, bevor er zum Fußballplatz darf.
* Julia und Laila wollen ins Kino. Lailas Eltern bestehen darauf, dass der zwei Jahre jüngere Bruder mitgeht.
* Pablo kneift Verena auf dem Schulhof in den Po.

Die Schülerinnen und Schüler haben kurz Zeit zu überlegen, wie sie den Konflikt einordnen. Anschließend werden sie aufgefordert, ihre Einschätzung zu begründen. Oft entstehen so Diskussionen, in denen individuelle Standpunkte, aber auch kulturelle Sichtweisen ausführlich erklärt werden können. Wichtig ist es, zu verdeutlichen, dass nicht jeder Konflikt, der zwischen Menschen unterschiedlicher Kulturen entsteht, ein interkultureller Konflikt sein muss.

* * *

Exkurs: Wo sind meine Grenzen?

Wie bereits erläutert, beruht die Arbeit von ESE auf einem kritischen Kulturrelativismus, das bedeutet, dass es Grenzen der interkulturellen Verständigung gibt. Dies sind zum einen persönliche Grenzen – wie z. B. Essen von ungewohnten Nahrungsmitteln, nicht bekannte Formen des Körperkontaktes oder unterschiedliche Hygienevorstellungen. Zum anderen gibt es Grenzen durch Rahmenbedingungen – wie zum Beispiel die Einhaltung des Grundgesetzes, Richtlinien im schulischen Kontext oder Regeln innerhalb einer Familie.

Für die persönlichen Grenzen gilt, dass jede/jeder diese selbst erkennen muss, bei jeder Person sind die persönlichen Grenzen anders definiert. Gerechterweise muss jede/jeder aber auch dem Gegenüber persönliche Grenzen zugestehen. Wichtig ist es zudem, sich bewusst zu machen, dass das Aufzeigen einer persön

---

234 Vgl. auch Bertels und Hellmann de Manrique 2011.
235 Siehe auch Eylert 2011b: 82.
236 Vgl. ebd.
237 Alle Aussagen finden sich als Druckvorlage in den Materialien – M 10.

lichen Grenze auch Konsequenzen haben kann. Ein Beispiel: Wenn eine deutsche Frau in einem Land, in dem das Kopftuchtragen vorgeschrieben ist, kein Kopftuch trägt, muss sie damit rechnen, entsprechend angesprochen zu werden. Und wenn eine Muslima ihr Kopftuch nicht so bindet, wie es in Deutschland für ein Passbild vorgeschrieben ist, erhält sie z. B. keinen Führerschein.

Bei den Grenzen durch Rahmenbedingungen gilt, dass diese von jeder bzw. jedem eingehalten werden müssen, um persönliche Konsequenzen zu vermeiden. Dies kann auch bedeuten, dass man manchmal eine Grenze aufzeigen muss, wenn die eigene persönliche Grenze noch nicht erreicht ist. Dies sollte man jedoch auf alle Fälle seinem Gegenüber in der interkulturellen Begegnung auch signalisieren.

Es ist daher für die interkulturelle Verständigung wichtig, den Schülerinnen und Schülern zu verdeutlichen, dass es die oben genannten Grenzen gibt und es nicht mangelnde Interkulturelle Kompetenz ist, wenn man seine persönlichen Grenzen oder die Grenzen durch Rahmenbedingungen benennt.

Umsetzung im Unterricht:

Begrüßung auf einer internationalen Tagung bzw. Der Marktplatz
Für das Aufzeigen von persönlichen Grenzen eignen sich die in Kapitel 3.1 beschriebenen Methoden *Begrüßung auf einer internationalen Tagung* und *Der Marktplatz*. Zusätzlich zu den in diesem Abschnitt genannten Auswertungsfragen kann das von den Schülerinnen und Schülern ggf. empfundene Unwohlsein bzw. der Umgang mit Nähe und Distanz eine Überleitung zu dem Thema persönliche Grenzen sein.

Stationen zum Thema Grenzen:
Verschiedene Texte bzw. Bilder werden auf unterschiedlich farbigen DIN-A3-Pappen aufgeklebt und in einem oder – wenn möglich – mehreren Räumen an den Wänden angebracht. Hier einige Beispiele:[238]

---

238 Druckvorlagen der hier vorgestellten Beispiele finden sich in den Materialien – M 11.

1.

Abb. 23: Eine ungewöhnliche Toilette? (Foto: Valerie Titz)

2. *„Dann gaben die Frauen mit ihren energischen Stimmen zu verstehen,*
    dass es Zeit zum Essen sei. Mir wird als Erstes ein hölzerner Teller in
    die Hand gedrückt. Fast lasse ich ihn fallen, so sehr ekelt er mich an.
    Auf dem schwarzen, verkerbten Holz liegen wurmähnliche Tiere. Weiße,
    fette, lange Maden. Durch das Kochen ist ihre Farbe bräunlich gewor-
    den. Alle schauen mich an. "[239]

3. *„Es ist wunderbar, wenn Reisende scheinbare soziale Missstände wahr-*
    nehmen und etwas dagegen unternehmen wollen. Dann empfiehlt es
    sich, immer erst nach den Hintergründen und Zusammenhängen zu fra-
    gen, bevor man aktiv wird. Besonders in ländlichen Regionen, wo der
    soziale Zusammenhalt noch besser funktioniert, bleibt einem Reisenden
    meistens verborgen, wie gut – oder schlecht – zum Beispiel ein Behin-
    derter in die Dorfgemeinschaft integriert ist. Würde dieser nun plötz-
    lich von Reisenden gezielt unterstützt werden, so wäre er zwar kurzfris-
    tig finanziell besser gestellt, liefe aber gleichzeitig Gefahr, den Neid der
    Dorfbevölkerung auf sich zu ziehen. Langfristig überleben kann aber
    ein schwaches Mitglied der Gesellschaft nur mit, niemals gegen sei-

---

239 Meyer 2006: 76f.

ne Gesellschaft. Darum ist eine solche Hilfe nur sinnvoll und wirksam, wenn sie gemeinsam mit dem gesamten betroffenen Personenkreis erdacht und umgesetzt wird."[240]

4. *„Sobald der Bus abgefahren war, kuschelten die Reisenden sich aneinander und fielen in Schlaf. Wie bei [...] einem Wurf Hundebabies verflochten sie die Beine und betteten ihren Kopf auf die Brust des Nachbarn. Leute, die einander offensichtlich fremd waren, räumten sich, um zu schlafen, Kuschelfreiheiten ein. Der Franzose und ich dagegen saßen steinern nebeneinander, bemüht, jede Berührung der Knie zu vermeiden.*"[241]

5. *„Vor der Jurte ruft sie einem kleinen Jungen etwas auf Kasachisch zu. Der Weg in den Wald folgt zuerst einem kleinen Bachlauf. Wir marschieren durch die ersten immergrünen Lärchen. Drei kleine Jungs laufen uns als ‚Aufpasser‘ hinterher. Jetzt verstehe ich [männlich] auch, warum Nurgül einem der Jungen etwas zugerufen hat. Ohne männliche Begleitung hätte sie mit mir nicht spazieren gehen dürfen.*"[242]

Die Schülerinnen und Schüler erhalten in Partnerarbeit folgendes Arbeitsblatt, wobei die Farbe, die der Frage zugeordnet ist, der Farbe der DIN-A3-Pappe entspricht, auf die sich diese Frage bezieht:[243]

Farbe	Frage	Antwort
dunkelgrün	Wäre ein solches Badezimmer für dich „grenzwertig"? Begründe deine Meinung!	
orange	Wie hättest du dich verhalten?	
blau	Gibt es soziale Missstände, über die du nicht hinwegsehen könntest? Begründe deine Meinung!	
gelb	Wo sind deine Grenzen in Bezug auf Körperkontakt erreicht?	
rot	Würdest du dich in einer solchen Situation „anpassen"? Begründe deine Meinung!	

Abb. 24: Wo sind meine Grenzen?

---

240 Friedl 2005: 127.
241 Barley 1994: 46.
242 Giefer 2006: 139.
243 Eine Kopie des Arbeitsblattes findet sich in den Materialien – M 12.

Die Schülerinnen und Schüler gehen nun von Plakat zu Plakat und diskutieren die Fragen auf dem Arbeitsblatt. Anschließend werden die Antworten im Plenum diskutiert. Als Fazit werden die persönlichen Grenzen und die Grenzen durch Rahmenbedingungen erläutert.

Grenze – keine Grenze

Auch mit folgender Methode werden die Schülerinnen und Schüler dazu aufgefordert, sich mit ihren eigenen Grenzen – auch im interkulturellen Umgang – auseinanderzusetzen:[244]

Die Schülerinnen und Schüler erhalten DIN-A4-Karten, auf denen verschiedene Aussagen stehen. Hier einige Beispiele:[245]
- Bei einem deutsch-französischen Jugendaustausch wirst du zur Begrüßung umarmt und auf die Wange geküsst.
- Du bist bei einer Familie aus Peru zum Abendessen eingeladen. Als Hauptspeise gibt es Meerschweinchen.
- Deine Lehrerin bittet dich, vor der Klasse etwas aufzuführen.

Die Schülerinnen und Schüler werden nun gebeten, diese Aussagen zwischen den Endpunkten „Grenze" und „keine Grenze" einzuordnen. Da die einzelnen Aussagen von den Schülerinnen und Schülern unterschiedlich bewertet werden, kommt es hierbei oft zu lebhaften Diskussionen. Diese Methode verdeutlicht daher sehr eingehend, wie unterschiedlich persönliche Grenzen sein können.

* * *

Exkurs: Der Kulturschock

Zu einer erfolgreichen interkulturellen Verständigung gehört auch der adäquate Umgang mit dem Kulturschock. Oft hört man Aussagen *„Da bekomme ich ja einen Kulturschock!"* oder *„Das war vielleicht ein Kulturschock!"*. Doch obwohl der Begriff oft benutzt wird, ist vielen nicht bekannt, dass sich dahinter ein wissenschaftlich erforschtes und auch beschriebenes Phänomen verbirgt, mit dem sich jede Person, die in eine andere Kultur reist oder aber die mit Menschen umgeht, die aus anderen Kulturen nach Deutschland gekommen sind, auseinandersetzen sollte.[246]

---

244 Vgl. auch de Vries 2011: 143f.

245 Alle Aussagen finden sich als Druckvorlage in den Materialien – M 13.

246 ESE geht im Gegensatz zu Apfelthaler (2002: 186) davon aus, dass ein Kulturschock auch durch die Vermittlung von Interkultureller Kompetenz nicht zu vermeiden ist. Interkulturelle Kompetenz hilft allerdings dabei, mit dem Kulturschock besser umgehen zu können.

Bei dem Kulturschock handelt es sich um einen Anpassungsvorgang: Fremde Verhaltensregeln müssen zunächst erfasst und danach verarbeitet werden. Das Neue und Unbekannte kann zu psychischen Reaktionen führen, die spezifisch für einen Kulturschock sind.[247]

Der Kulturschock lässt sich in verschiedene Phasen gliedern. Der Verlauf eines Kulturschocks kann jedoch individuell sehr verschieden sein.[248] Wer sich wann wie lange in welcher Phase des Kulturschocks befinden wird, lässt sich nicht vorhersagen. Wichtig ist es, sich die Phasen des Kulturschocks bei dem Aufenthalt in einer anderen Kultur immer wieder zu verdeutlichen und sich selbst sehr genau zu beobachten, um bestimmte Reaktionen besser einordnen zu können. Zudem sollte man das Verhalten z. B. von Gastschülerinnen und -schülern beobachten, um anhand von bestimmten Reaktionen oder Äußerungen einordnen zu können, ob jemand sich in einer Phase des Kulturschocks befindet. Dasselbe gilt für Auslandskräfte, aber auch für Menschen mit Migrationsvorgeschichte in Deutschland.

Im Folgenden werden daher die einzelnen Phasen kurz beschrieben.[249] Darüber hinaus werden die möglichen Reaktionen in den Phasen durch Äußerungen von Schülerinnen und Schülern zweier Berufskollegs, die an einem sechswöchigen Aufenthalt in Schottland teilnahmen, verdeutlicht.[250]

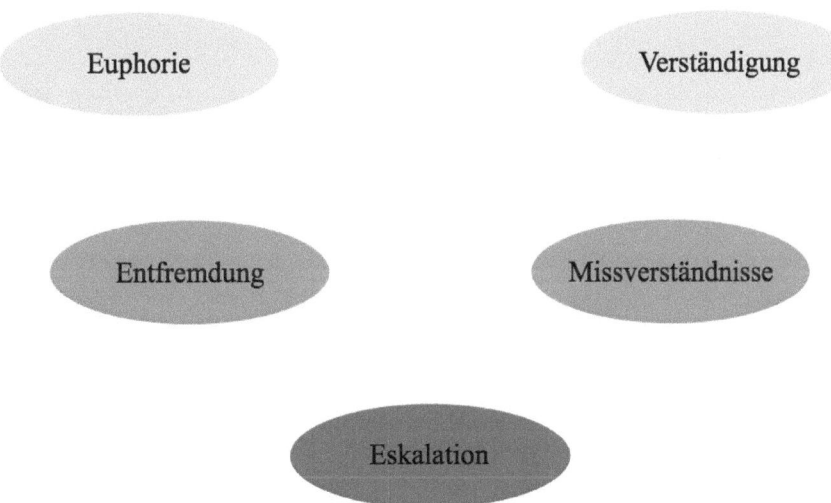

Abb. 25: Die Phasen des Kulturschocks (abgeändert nach Wagner 1996: 19).

---

247 Vgl. auch Wagner 1996: 19ff.

248 Ebd.

249 Die Beschreibungen der einzelnen Phasen beziehen sich hauptsächlich auf Wagner 1996: 19ff. Eine ppt-Folie mit dem Modell des Kulturschocks findet sich in den Materialien – M 14.

250 Der Aufenthalt erfolgte im Rahmen des durch EU-Mittel finanzierten Projektes *Move and Work – Integration durch Austausch*. Durch Mitarbeiterinnen von ESE wurden die Schülerinnen und Schüler vor und während des Auslandsaufenthaltes in Interkultureller Kompetenz, Konfliktmanagement, Berufsorientierung und Englisch geschult.

1. Phase: Euphorie

Die erste Phase des Kulturschocks, die oft auch *Honeymoon*-Phase genannt wird, wird geprägt von der Faszination des Fremden. Die Fremdheit wird allerdings selektiv wahrgenommen, positive Eindrücke überwiegen.

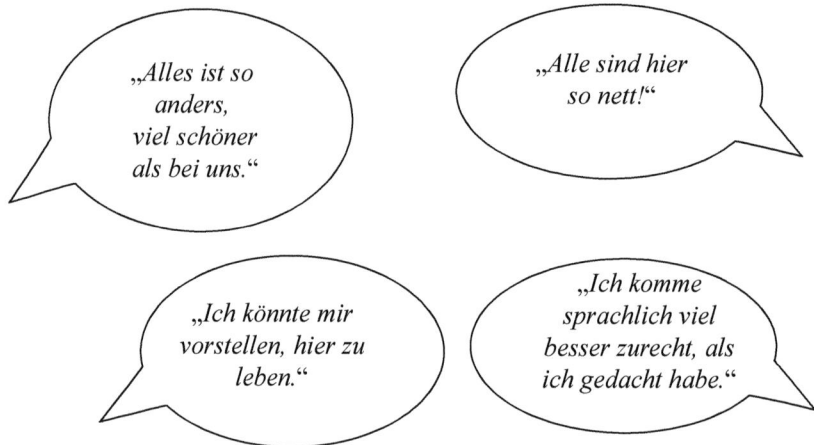

2. Phase: Entfremdung

In der Phase der Entfremdung wird die Fremdheit der neuen Kultur bewusster. Man merkt, dass die gewohnten Verhaltensmuster nicht gelten, neue Regeln, Moralvorstellungen, Werte etc. müssen erlernt werden. Dies führt zu Verunsicherung, Stress, Ernüchterung und Orientierungslosigkeit. Erste Kontaktschwierigkeiten treten auf. Diese führen zu Selbstzweifel und Selbstbeschuldigungen. Man sehnt sich nach etwas Vertrautem, deshalb wird diese Phase auch oft die *Schwarzbrot*-Phase genannt.

Bemerkt man, dass man in der Phase der Entfremdung ist, sollte man sich Auszeiten einräumen und wenn möglich den Kontakt mit Mitgliedern aus der eigenen Kultur suchen. Durch diesen Kontakt wird man merken, dass die eigenen Verhaltensweisen von anderen geteilt werden und es sich nicht um persönliches Versagen, sondern um eine kulturelle Prägung handelt. Sobald einem dies bewusst ist, ist man fähig, die Kontaktschwierigkeiten als das zu sehen, was sie sind, nämlich als interkulturelle Missverständnisse. Ist dieser Schritt gelungen, ist es möglich, die *3. Phase: Eskalation* zu überspringen und direkt in die *4. Phase: Missverständnisse* zu gelangen.

3. Phase: Eskalation
In der Phase der Eskalation kommt es aufgrund der eingetretenen Schwierigkeiten zu Schuldzuweisungen. Schuld sind allerdings immer die „Anderen", also die fremde Kultur. Auch das, was man in der *1. Phase: Euphorie* positiv gesehen hat, wird nun negativ gesehen. Parallel kommt es zu einer Verherrlichung der eigenen Kultur, die sich in Überheblichkeit und wertendem Ethnozentrismus widerspiegelt. Dies führt zu einer immer größer werdenden Isolation. Die Phase der Eskalation ist oft verbunden mit starkem Heimweh. Die Reaktionen auf diese Phase können zu Erkrankungen führen. Nicht selten wird der Aufenthalt in einer anderen Kultur in der Phase der Eskalation abgebrochen.

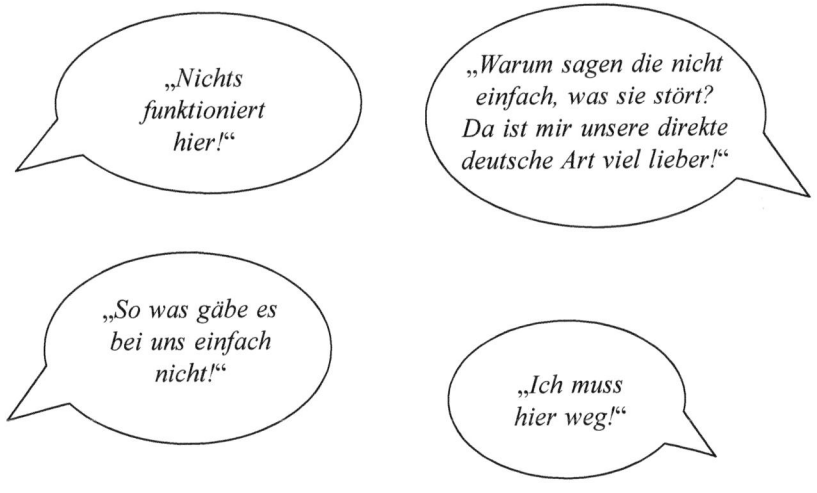

Um die Phase der Eskalation zu überwinden, ist der Austausch mit anderen Personen unerlässlich. Dies können – wie oben bereits beschrieben – Angehörige der eigenen Kultur sein, aber auch „Leidensgenossen", andere Personen, die fremd in der Kultur sind. Empfehlenswert ist auch der Kontakt zu Personen, die als Kulturvermittler dienen können, wie z. B. Tutorinnen und Tutoren, die selbst schon als Gastschülerinnen oder -schüler in dem Land waren.

4. Phase: Missverständnisse

Sobald man erkannt hat, dass die Verständigungsschwierigkeiten auf kulturellen Unterschieden beruhen und es sich somit um interkulturelle Missverständnisse handelt, hat man den Sprung in die Phase der Missverständnisse geschafft. Prägend für diese Phase ist, dass es nun keine Schuldzuweisungen mehr gibt – weder an die eigene Person noch an die Mitglieder der anderen Kultur. Man bemüht sich nun, durch das Einholen von Informationen und den dadurch möglichen Perspektivenwechsel die Verständigungsschwierigkeiten zu klären.

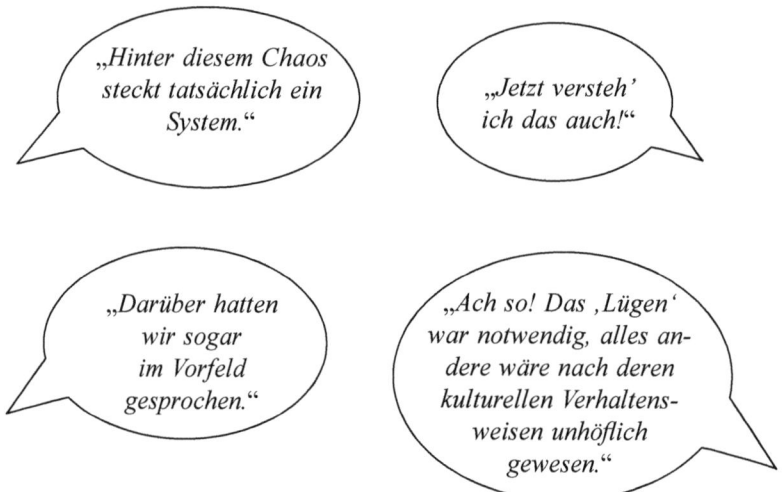

5. Phase: Verständigung

Durch die Klärung der Situationen während der Phase der Missverständnisse sind nun viele Verhaltensmuster, Normen und Werte der fremden Kultur erlernt worden. Dies hat zur Folge, dass Missverständnisse immer seltener werden bzw. man immer besser damit umgehen kann. Man ist fähig, sich sowohl in der eigenen als auch in der fremden Kultur kompetent zu verhalten. Dies führt dazu, dass man sich in der fremden Kultur wohl fühlt. Die bei Ankunft verspürte Euphorie wird allerdings nicht wieder erlangt. Man ist sozusagen im realen Leben angekommen.

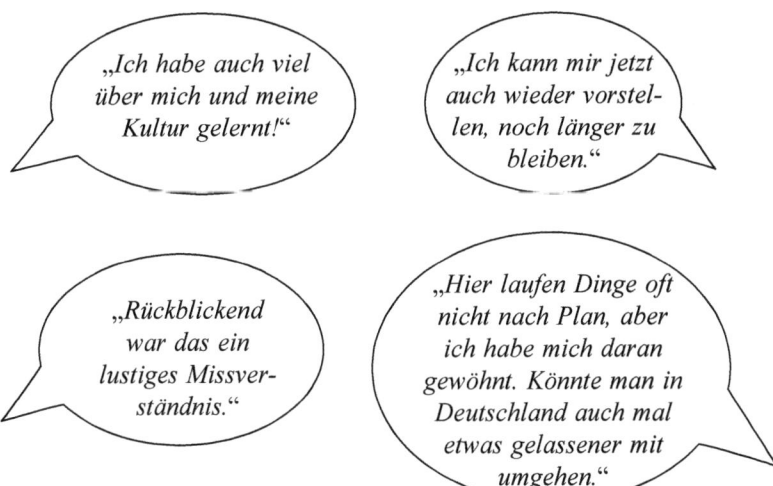

Während eines längeren Aufenthaltes in einer anderen Kultur ist es durchaus möglich, dass jemand mehrmals von der Phase der Verständigung wieder in die Phase der Entfremdung gelangt und dann erneut die weiteren Phasen des Kulturschocks durchläuft.

Das Eintreten eines Kulturschocks ist auch nach einem längeren Aufenthalt in einer anderen Kultur bei der Rückkehr in die eigene Kultur möglich. Dieser Kulturschock, der als Eigenkulturschock oder reversiver Kulturschock bezeichnet wird, ist oft sogar heftiger, da er nicht erwartet wird. Man geht davon aus, dass man bei der Rückkehr in die eigene Kultur auf vertraute Strukturen trifft. Auch für den Eigenkulturschock sind die oben beschriebenen Phasen anwendbar.

1. Phase: Euphorie
Nach einem Aufenthalt in einer anderen Kultur freut man sich auf die Rückkehr zur Familie, Freundinnen und Freunden etc. Man malt sich aus, was man als erstes an lang vermissten Speisen essen wird oder welche Freizeitaktivitäten man unternehmen wird.

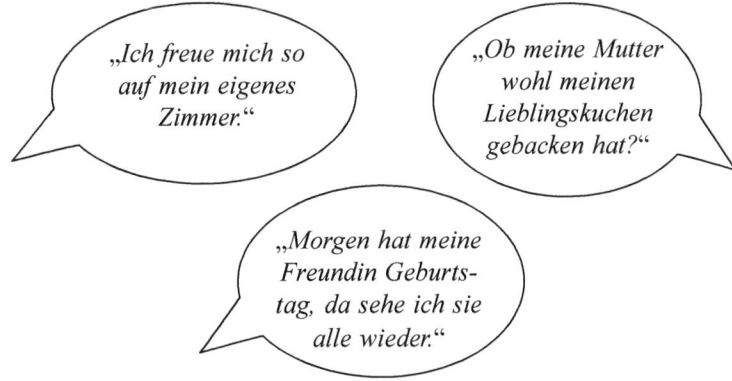

Die Phase der Euphorie endet jedoch bei der Rückkehr meistens deutlich eher als bei der Ankunft in der anderen Kultur. Man merkt sehr schnell, dass vieles sich verändert hat.

2. Phase: Entfremdung

Durch den Aufenthalt in einer anderen Kultur verändert man sich – wenn auch oft nur unbewusst. Vielleicht hat man bestimmte Verhaltensweisen angenommen, die jetzt im vertrauten Umfeld auf Unverständnis stoßen. Doch auch die Menschen im Umfeld haben sich weiterentwickelt. Es gibt z. B. Klassenfahrten oder Familienfeiern, bei denen man nicht anwesend war und deshalb auch nicht mitreden kann. Auch bei der Rückkehr kommt es dann dazu, dass man sich selbst die Schuld an den veränderten Verhältnissen gibt.

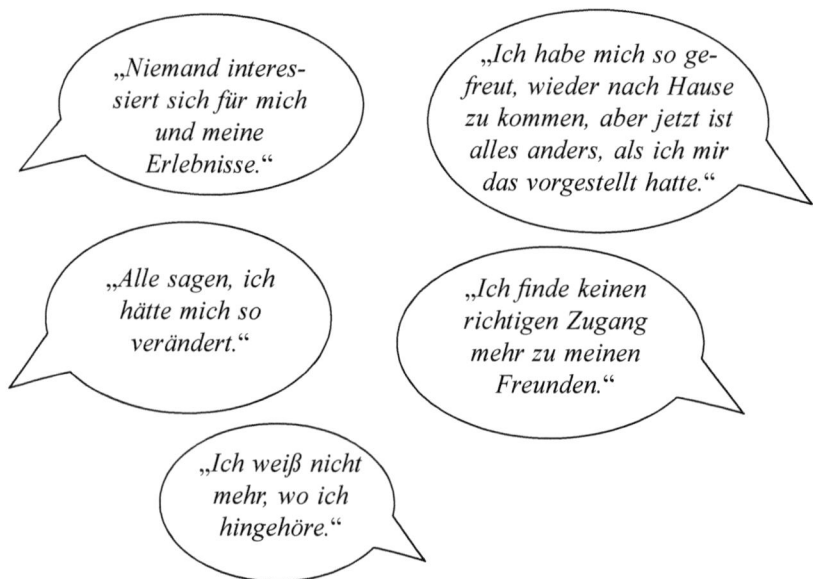

Wichtig ist es, sich zu verdeutlichen, dass es viele Veränderungen geben hat, und sich Zeit zu geben, um wieder in der eigenen Kultur anzukommen.

3. Phase: Eskalation

Ist man nicht fähig zu erkennen, dass die Veränderungen – sowohl die eigene als auch die der Anderen – Ursache für das „Fremdfühlen" sind, wird man auch bei der Rückkehr in die eigene Kultur in die Phase der Eskalation kommen. Dies führt dazu, dass man nur die Veränderungen der Anderen wahrnimmt und ihnen die Schuld an dem eigenen „Fremdfühlen" gibt. Geprägt ist die Phase der Eskalation von einer Verherrlichung der fremden Kultur. Dies führt oft zu Fernweh – man möchte zurück in das, was einem nun vertrauter erscheint als das Eigene. Eine mögliche Reaktion ist auch hier – wie bereits oben beschrieben – der Rückzug von Familie und Freundeskreis.

Auch in der Phase der Eskalation bei dem Eigenkulturschock kann es helfen, sich mit „Leidensgenossen" , also Menschen, die ebenfalls lange in einer anderen Kultur gelebt haben und bei der Rückkehr ähnliche Erfahrungen gemacht haben, auszutauschen.

4. Phase: Missverständnisse

Ist man sich bewusst, dass die Schwierigkeiten auf die beidseitigen Veränderungen zurückzuführen sind, gelangt man in die Phase der Missverständnisse. Nun ist es ohne Schuldzuweisung möglich, die Wahrnehmung des Anderen anzuerkennen. Durch Austausch von Informationen werden die Gründe für die Veränderungen nachvollziehbar.

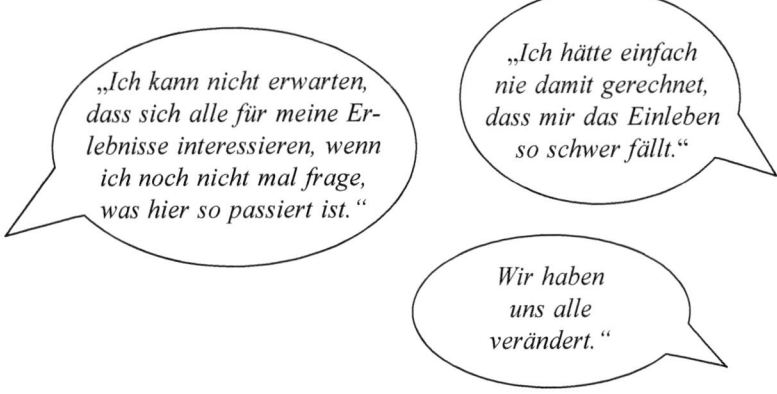

5. Phase: Verständigung

Durch das Reflektieren der Veränderungen ist es möglich, wieder in der eigenen Kultur anzukommen. Man ist nun wieder in der Lage, kompetent mit beiden Kulturen – der eigenen und der fremden – umzugehen und das Positive, aber auch das Negative beider Kulturen wahrzunehmen.

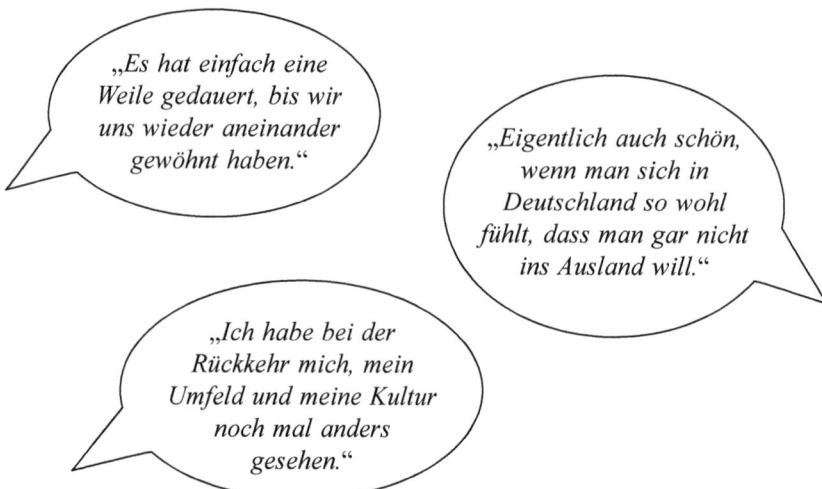

Die obigen Erläuterungen zeigen, dass zu der Reflexion von Situationen des interkulturellen Umgangs auch das Thema Kulturschock gehört. Die Informationen über den Kulturschock ermöglichen es den Schülerinnen und Schülern auch zukünftig nicht nur, sich selbst während eines Auslandsaufenthaltes in Bezug auf die Phasen des Kulturschocks zu reflektieren, sie unterstützen oftmals auch dabei, Reaktionen von Menschen aus anderen Kulturen in Deutschland besser einordnen zu können.

* * *

3.5   Offenheit, Respekt & Co.

Eine interkulturelle Begegnung wird entscheidend dadurch geprägt, welche Haltung die Personen gegenüber Mitgliedern anderer Kulturen haben, d. h. welche Einstellungen und Werte sie besitzen.[251] Eine Einstellung wird hierbei als Haltung bzw. Ausrichtung des Denkens, Erkennens, Wahrnehmens, Urteilens und Wertens verstanden.[252] Diese Haltung hat in den meisten Fällen eine direkte Auswirkung auf die Handlungen und Reaktionen des Individuums. Werte werden meist als Auffassungen dessen definiert, was in einer Gesellschaft als wünschenswert bzw. als abzulehnen gilt und somit entweder gebilligt oder missbilligt wird.[253]

---

251 Vgl. auch Bertels u. a. 2004: 58f.
252 Vgl. auch Allport 1954.
253 Vgl. u. a. Kluckhohn 1962: 395f.

Einstellungen beschreiben somit vor allem die Perspektive des Individuums, Werte beziehen sich auf von der Gesellschaft gemachte Vorgaben. Beide sind stark kulturell geprägt. Da gesellschaftliche Werte in Einstellungen des Einzelnen zur Geltung kommen können und Einstellungen eines Einzelnen durchaus gesellschaftliche Werte prägen können, ist der Übergang zwischen beiden fließend. Daher wird im Folgenden zusammenfassend von Einstellungen und Werten gesprochen.

Obwohl der Bereich der Einstellungen und Werte ein zentraler Aspekt des interkulturellen und globalen Lernens ist – z.B. um eine fremdenfeindliche Haltung zu vermeiden oder die Wertschätzung gegenüber Menschen anderer Kulturen zu fördern –, stellt sich das Problem, dass auf den Bereich der Einstellungen und Werte kaum direkt und keinesfalls kurzfristig Einfluss genommen werden kann.[254] Hinzu kommt, dass Werte und Einstellungen kulturell geprägt sind und eventuell nicht von jeder Kultur als positiv empfunden werden und somit eine Auswahl ggf. ethnozentrisch ist. Für die Umsetzung des interkulturellen und globalen Lernens wurden daher vier Einstellungen und Werte ausgewählt, die in der Literatur Berücksichtigung finden und aus Sicht von ESE für den Erwerb von Interkultureller Kompetenz besonders wichtig erscheinen: Offenheit, Toleranz, Akzeptanz und Respekt.[255] Diese vier ausgewählten Einstellungen und Werte stellen zudem die Verbindung der Interkulturellen Kompetenz zur sozialen Kompetenz dar. Ohne diese auch für die soziale Kompetenz unerlässliche Grundlage ist Interkulturelle Kompetenz nicht möglich. Leider gibt es kaum einheitliche Begriffsbestimmungen zu den vier o. g. Einstellungen und Werten. Für die Umsetzung des interkulturellen und globalen Lernens wurden daher folgende Begriffsbestimmungen vorgenommen:[256]

Offenheit
Eine offene Haltung gegenüber Fremdem ist eine grundlegende Voraussetzung für eine erfolgreiche interkulturelle Begegnung. Ausschlaggebend für eine offene Haltung ist der Wunsch nach Kontakt bzw. Interesse an weiteren Informationen. Offenheit beinhaltet darüber hinaus, möglichst unvoreingenommen in die Begegnung hineinzugehen. Man sollte dazu bereit sein, sich seine Vorurteile bewusst zu machen und diese ggf. zu revidieren.

Toleranz
Toleranz wird oft als Duldsamkeit und Großzügigkeit gegenüber fremden Meinungen, Glaubensüberzeugungen etc. umschrieben.[257] Ein toleranter Mensch gesteht anderen ihre eigene kulturelle Identität zu und lässt Anderssein zu. Somit verbietet Toleranz das Verleugnen von kulturellen Unterschieden durch die Überbetonung von Gemeinsamkeiten. Als eine Haltung, die die Ablehnung anderer

---

254 Schlöder 1988: 70.
255 Vgl. u.a. Wiseman, Hammer und Nishida 1989: 351 und Auernheimer 1994: 21.
256 Vgl. auch Bertels u.a. 2004: 60ff.
257 Vgl. Dorsch 1994.

Menschen aufgrund ihres Andersseins nicht zulässt, ist Toleranz für interkulturelles und globales Lernen unerlässlich.

Akzeptanz

Im Gegensatz zu dem eher passiven Aspekt der Toleranz bedeutet Akzeptanz, das Anderssein anzunehmen und zu billigen.[258] Akzeptanz umfasst die Bereitschaft, andere am eigenen Leben teilhaben zu lassen. Sie führt dazu, dass Fremde als gleichwertig und gleichberechtigt angenommen werden.[259]

Respekt

Respekt beschreibt eine wertschätzende Haltung gegenüber Mitgliedern anderer Kulturen. Die Achtung gegenüber den Werten und Regeln anderer Kulturen ist somit ein wichtiger Bestandteil von Respekt. Die durch Respekt zum Ausdruck gebrachte Wertschätzung des Gegenübers wird von vielen als Kernpunkt von Interkultureller Kompetenz genannt.[260]

Umsetzung im Unterricht:

Es ist aufgrund der obigen Erläuterungen nicht sinnvoll, die Vermittlung der genannten Einstellungen und Werte im Unterricht als gesondertes Lernziel umzusetzen. Vielmehr wird durch die Vermittlung der Lernziele 1 bis 4 auch das Lernziel 5 (Fördern von Einstellungen und Werten) erreicht. So fördert zum Beispiel das Lernziel 1 (Interesse und Informationen) die Offenheit und Toleranz und das Lernziel 2 (Perspektivenwechsel) die Akzeptanz und den Respekt.

Dennoch kann es sinnvoll sein, das Thema Werte im Unterricht explizit zu behandeln, um zum einen den Schülerinnen und Schülern Informationen zu den Werten und Einstellungen zu vermitteln und zum anderen zu zeigen, dass Einstellungen und Werte kulturell geprägt sind.

Erstellung einer Collage

Die Schülerinnen und Schüler werden gebeten, basierend auf Fotos aus Zeitschriften etc., Collagen zu folgenden Themen anzufertigen:
* Offenheit im interkulturellen Umgang bedeutet für mich …
* Toleranz im interkulturellen Umgang bedeutet für mich …
* Akzeptanz im interkulturellen Umgang bedeutet für mich …
* Respekt im interkulturellen Umgang bedeutet für mich …

Im Anschluss daran präsentiert jede Gruppe den anderen ihre Collage.

---

258 Siehe auch Textor 1996: 16.
259 Siehe auch Haller 1991: 88.
260 Vgl. auch Thomas 1998: 232.

3.6　Wie interkulturell kompetent sind Sie?

Die obigen Erläuterungen haben gezeigt, dass Selbstreflexion ein wichtiger Bestandteil von Interkultureller Kompetenz ist. Eine interkulturelle Begegnung kann nur gelingen, wenn jede/jeder sich selbst immer wieder reflektiert. ESE hat daher zwei Methoden entwickelt, mit Hilfe derer jede bzw. jeder Einzelne seine Interkulturelle Kompetenz einschätzen bzw. im Rahmen einer Gruppendiskussion testen kann.

Selbsttest: Wie interkulturell kompetent bin ich?[261]

1.　Interessieren Sie sich für das Leben in fremden Kulturen?

Interessiert 　　☐　☐　☐　☐　☐　☐　☐　　Interessiert
mich gar nicht　　　　　　　　　　　　　　　　　mich sehr

2.　Welche Möglichkeiten würden Sie nutzen, um sich Informationen über ein Volk im südlichen Afrika zu verschaffen?

a) ....
b) ....
c) ....
d) ....

3.　Die Massai in Kenia sind ein Hirtenvolk, d.h. sie leben vor allem von ihren Rinderherden. Weiße Menschen im Land wundern sich oft, dass die Massai sich im Gegensatz zu anderen dort lebenden Völkern weigern, Ackerbau zu betreiben, auch wenn sie wegen dieser Weigerung manchmal hungern müssen. Können Sie sich vorstellen, warum sie sich weigern?

....
....
....
....
....

4.　„Der Indianer in Lateinamerika hängt zäh an seiner rückständigen Art der Bodenbearbeitung. Es fällt ihm schwer, den Boden durch Dünger ertragfähiger zu machen."
Was fällt Ihnen an dieser Aussage auf?

....
....
....
....
....

261　Eine Kopiervorlage des Selbsttestes findet sich in den Materialien – M 15.

5. Stellen Sie sich folgende Situation vor:
    Eine deutsche Touristin fährt mit dem Zug nach Thailand. Der Zug ist überfüllt, und viele Passagiere stehen oder sitzen auf dem Gang. In der Nacht legen sie sich dort auch zum Schlafen hin. Als die Touristin nachts zur Toilette muss, möchte sie die schlafenden Passagiere nicht wecken und steigt vorsichtig über sie hinweg. Auf dem Rückweg zu ihrem Abteil wird eine Frau wach, als die Touristin über sie steigt. Sofort beginnt die Frau, ärgerlich auf die Touristin einzureden. Auch andere Passagiere wachen auf und beginnen die Touristin zu beschimpfen. Eine Frau zerrt sogar an ihrem Arm. Die Touristin flüchtet zurück in ihr Abteil.
    Wie hätten Sie sich an der Stelle der Touristin verhalten? Begründen Sie Ihre Meinung.

....
....
....
....
....
....

Die Aufgaben für diesen Selbsttest, der sich für ältere Schülerinnen und Schüler eignet, wurden im Rahmen der Studie *Ethnologie in der Schule* entwickelt.[262] Jede der Aufgaben fragt ein Lernziel für interkulturelles Lernen ab, wobei das Lernziel 1: Aneignung und Beschaffung von Informationen und Entwickeln von Interesse in zwei Fragen geteilt wurde.

Lösungen:

1. Interesse an fremden Kulturen ist eine Grundlage für den Erwerb von Interkultureller Kompetenz. Je mehr man sich daher für fremde Kulturen interessiert, desto besser ist dieses.[263]
2. Zum Erwerb von Interkultureller Kompetenz gehört auch, dass man in der Lage ist, Informationen über fremde Kulturen kritisch zu hinterfragen oder sich wissenschaftlich fundierte Informationen über fremde Kulturen zu beschaffen. Hierfür sind neben der Recherche im Internet auch Fachbücher (z. B. ethnologische Studien) geeignet.[264]
3. Ein wichtiger Bestandteil der Interkulturellen Kompetenz ist die Fähigkeit zum Perspektivenwechsel. Hierbei stehen die Fragen *„Wie sehen die anderen uns"* und *„Wie sehen die anderen sich selbst, wie sehen wir die anderen"* im Vordergrund. Ziel ist es, die Relativität der jeweiligen Sichtweisen zu erkennen.

---

262 Zu Aufgabe 1 vgl. auch Bertels u. a. 2004: 81, zu Aufgabe 2 vgl. ebd. 80, zu Aufgabe 3 vgl. ebd. 84, zu Aufgabe 4 vgl. ebd. 89f. (siehe auch Barrink und Radke 1971: 69 (Schöningh: Erdkunde 4), zu Aufgabe 5 vgl. auch Bertels u. a. 2004: 95ff.
263 Vgl. Bertels u. a. 2004: 81.
264 Ebd.: 80f.

Es ist daher wichtig zu versuchen, die Entscheidung der Massai aus ihrer Sicht heraus zu begründen z. B. *„ Vielleicht dürfen sie aus religiösen Gründen keinen Ackerbau betreiben. "*[265]

4. Ethnozentrismus basiert auf der Annahme, dass die Gegebenheiten der eigenen Kultur universal gültig sind. Ethnozentrismus beinhaltet dabei meistens eine Höherbewertung der eigenen Kultur und eine Abwertung der anderen Kultur. Dies spiegelt sich u. a. in verbalen Ausdrücken wie z. B. „rückständig" wider.[266]

5. Interkulturelle Kompetenz bedeutet vor allem den kompetenten Umgang mit Mitgliedern anderer Kulturen. Hierbei gilt es, Verhaltensstrategien zu entwickeln, die eine möglichst konfliktfreie und gelingende Kommunikation ermöglichen. In der beschriebenen Situation ist es daher wichtig, diese als kritisch zu erkennen und vorsichtig und zurückhaltend zu reagieren. Wenn möglich sollte man später versuchen, Informationen zu erhalten, die die Situation erklären.[267]

Darüber hinaus sind Werte und Einstellungen (wie z. B. Offenheit, Toleranz, Akzeptanz und Respekt) als Grundhaltung zum Erwerb Interkultureller Kompetenz notwendig. Diese Werte und Einstellungen lassen sich jedoch ab einem Alter von ca. 14 Jahren nicht mehr leicht ändern. Jeder, der Interkulturelle Kompetenz erwerben will, sollte diese Werte und Einstellungen jedoch fördern.

Gruppendiskussion: Interkulturell kompetent ja oder nein?

Die Schülerinnen und Schüler werden in zwei Gruppen geteilt. Jede Gruppe erhält je eine DIN-A4-Karte „interkulturell kompetent" und „nicht interkulturell kompetent" sowie mehrere DIN-A4-Karten mit verschiedenen Aussagen[268]:

- „Als Mitarbeiterin einer Kantine gebe ich kein Schweinefleisch an Muslime aus, weil sie es von ihrer Religion her nicht essen dürfen."
- „Ich trage natürlich die traditionelle Kleidung zu einer Hochzeitsfeier, wie es in Indonesien üblich ist."
- „Ich erwarte, dass sich Ausländer in Deutschland anpassen."
- „Wenn ich von einer befreundeten peruanischen Familie zum Essen eingeladen werde und es Meerschweinchen gibt, esse ich es natürlich auch, um die Gastfreundschaft nicht zu verletzen."
- „Wenn ich in ein fremdes Land fahre, lerne ich die Sprache vorher."
- „Es ist nicht wichtig für mich, welcher Religionsgemeinschaft meine Freunde angehören."
- „Ich würde nie bei Leuten aus anderen Ländern zu Hause etwas essen."

---

265 Ebd.: 85 bzw. 250f.
266 Ebd.: 254.
267 Ebd.: 94ff.
268 Kopiervorlagen der Eckpunkte und der Aussagen finden sich in den Materialien –
   M 16.

- „Menschen, die in einem fremden Land leben, sollten die Sprache des Landes sprechen, in dem sie leben, anstatt ihre eigene Sprache weiter zu benutzen."
- „Menschen aus *Entwicklungsländern* können nicht so gut arbeiten wie die Leute in *Industrieländern*."
- „Auch wenn ich (Erzieherin) bei der Begrüßung von einem muslimischen Vater nicht mit Handschlag begrüßt werde, nehme ich das nicht persönlich."
- „Offenheit, Gelassenheit und Respekt sind mein wichtigstes Handwerkszeug, wenn ich mit Menschen aus anderen Kulturen zusammen treffe."
- „Ich möchte nicht, dass meine Kinder im Kindergarten von christlichen Erzieherinnen erzogen werden."
- „Natürlich nehme ich die Einladungen der Eltern unserer Einrichtung regelmäßig an, um die guten Beziehungen nicht zu gefährden."

Aufgabe der Gruppen ist es nun, die Aussagen zu diskutieren und in einem Ranking zwischen den beiden Endpunkten anzuordnen. Wenn beide Gruppen ein Ranking erstellt haben, werden sie gebeten, sich ihr Ergebnis gegenseitig vorzustellen, wobei sie die wichtigsten Diskussionspunkte in der Gruppe aufzeigen sollen.

Hinweis:
Einige Karten lassen sich sehr schnell den Eckpunkten zuordnen. Bei den anderen Karten ist es jedoch so, dass es schwer ist, sie einzuordnen, da die Aussagen aus dem Zusammenhang gerissen sind. Hieran kann man sehr gut verdeutlichen, dass viele interkulturelle Begegnungen auch sehr subjektiv wahrgenommen werden und eine Reflexion durch eine dritte Person immer sinnvoll ist.

3.7   Fazit

In den vorherigen Kapiteln wurden die Lernziele des interkulturellen und globalen Lernens theoretisch erläutert und Methoden für ihre Umsetzung vorgestellt. Hierdurch wurde verdeutlicht, dass es – sei es durch einzelne Methoden oder sei es durch Unterrichtsreihen – möglich ist, die Lernziele des interkulturellen und globalen Lernens im Unterricht zu vermitteln.

Wichtig ist es, die Lernziele des interkulturellen und globalen Lernens bei jeder Gelegenheit in den Unterricht einfließen zu lassen. Nur so können die Lernziele nachhaltig vermittelt werden.

Um diese Nachhaltigkeit zu festigen, ist es zudem nach längeren Unterrichtseinheiten zu Themen des interkulturellen und globalen Lernens sinnvoll, den Schülerinnen und Schülern die aus den Lernzielen abgeleiteten Regeln der Interkulturellen Verständigung mit auf den Weg zu geben:[269]

---

269 Eine Kopiervorlage der Regeln zur interkulturellen Verständigung findet sich in den Materialien – M 17.

Regeln der interkulturellen Verständigung

Kulturelle Unterschiede
in den Auffassungen über die Phänomene der Welt einbeziehen.
Der Andere hat möglicherweise Gründe für sein Verhalten, die ich nicht kenne.

Informationen über mögliche Hintergründe einholen,
direkt nachfragen oder Personen mit einbeziehen, die möglicherweise mehr Erfahrungen haben.
Das kann Aufschluss über das Verhalten des Anderen bringen.

Den Perspektivenwechsel vollziehen,
indem man versucht, sich in den Anderen hineinzuversetzen, um ihn zu verstehen:
•   Wie sieht der Andere sich und die Welt auf der Basis seiner eigenen Kultur?
•   Wie nimmt das Gegenüber mich wahr?

Ethnozentrismus überwinden,
vorsichtig sein mit schnellen Einschätzungen und Urteilen.
Eigene Werte und Verhaltensweisen als relativ begreifen.
Sich selbst und seine Kultur immer wieder reflektieren.

Das eigene Verhalten überprüfen,
es kann Ursache von Missverständnissen sein. Offenheit und Bemühen signalisieren.

Anpassung an den Anderen erwägen,
insbesondere wenn keine Erfahrung im interkulturellen Umgang erwartet werden kann.

Missverständnisse als normal einkalkulieren.
Wichtig sind Kreativität, Flexibilität und Mut zum Ausprobieren und manchmal auch Humor.

Diese Regeln sollte sich jede/jeder bei einer interkulturellen Begegnung immer wieder ins Gedächtnis rufen und so die eigene Interkulturelle Kompetenz ständig erweitern. Hierdurch wird eine wichtige Grundlage dafür geschaffen, das Leben in einer globalisierten Welt verantwortungsvoll mitgestalten zu können.

4. Interkulturelle Didaktik in der Schule

Die Anbindung einer interkulturellen Didaktik in der Schule ist nicht ganz einfach. Bislang ist der Erwerb Interkultureller Kompetenz weder verpflichtender Teil der Lehrerausbildung noch ist er in den Schulbüchern verankert. Viele Schulbücher bemühen sich zwar darum, neue Wege zu gehen. In einzelnen Fachdisziplinen gibt es z. B. mittlerweile eine Diskussion um interkulturelles und globales Lernen im Schulunterricht.[1] Auch Schulbücher versuchen vermehrt, in einigen Unterrichtseinheiten fachliche Inhalte mit Methoden der interkulturellen Didaktik zu verbinden und/oder zu vermitteln. Diese Ansätze greifen jedoch oft zu kurz. Dafür gibt es mehrere Gründe: Häufig fehlen fundierte ethnologische Informationen über die in den Unterrichtsmaterialien dargestellten Ethnien und die mit ihnen verbundenen Sachverhalte. Das führt dazu, dass die Schülerinnen und Schüler keine Gelegenheit erhalten, sich einer emischen Sichtweise anzunähern und einen Perspektivenwechsel vollziehen zu können. Auch eine Sensibilisierung für die eigene ethnozentrische Brille kann so kaum stattfinden.[2]

Darüber hinaus hat das Fehlen von fundierten ethnologischen Informationen zur Folge, dass oft ein verzerrtes Bild von fremden Kulturen wiedergegeben wird. Obwohl viele Schulbücher sich um eine nicht-ethnozentrische Darstellung bemühen, gelingt dies nicht immer. Hier könnte eine verstärkte interdisziplinäre Zusammenarbeit mit Ethnologinnen und Ethnologen dazu beitragen, eine bessere Verankerung interkultureller Didaktik im Unterricht zu erreichen und die Vermittlung Interkultureller Kompetenz in der und durch die Schule zu fördern.[3]

In der folgenden Schulbuchanalyse werden insbesondere Geschichts-, Erdkunde-, Politik- und Deutschbücher im Hinblick auf interkulturelle Methodik und Didaktik sowie auf mögliche verzerrte Bilder hin untersucht.[4] Zudem wird der – oft unbewusste – ethnozentrische Hintergrund beleuchtet, auf dem sie zum Teil basieren. Im *Kapitel 4.1: Ethnozentrismus in Schulbüchern?* werden drei Beispiele (San, Inuit und Aborigines) analysiert. Das *Kapitel 4.2: Das Bild von Afrika* stellt anhand von alternativen ethnologischen und ethno-historischen Informationen dem in den Schulbüchern vorhandenen Bild dieses Kontinents ein Gegenbild

---

1 Vgl. z. B. Körber 2001 sowie Schrüfer und Schwarz 2010.
2 Vgl. Kapitel 3.2: Alles eine Frage der Perspektive? und Kapitel 3.3: Wo ist der Mittelpunkt der Welt? – Das Phänomen Ethnozentrismus.
3 Vgl. Bertels u. a. 2004: 10ff.
4 Diese Analyse ist jedoch auch für Fachlehrerinnen und Fachlehrer anderer Unterrichtsfächer wie Ethik/Religion oder Fremdsprachen von Bedeutung, weil diese Fächer ebenfalls mit den hier vorgestellten Problemfeldern in ihrem Unterricht in Berührung kommen. Für Lehrkräfte naturwissenschaftlicher Unterrichtsfächer kann dieses Kapitel als Grundlage für eine Sensibilisierung für die Vermittlung des Themas Interkulturelle Kompetenz genutzt werden. Schließlich kann jede Nutzerin und jeder Nutzer aus einem anderen Tätigkeitsfeld anhand der folgenden Untersuchung die eigenen vorhandenen Bilder überprüfen sowie einen Zugang zu möglichen Bildern von Schülerinnen und Schülern bzw. Jugendlichen finden (z. B. in der außerschulischen Jugendarbeit oder der sozialpädagogischen Arbeit).

gegenüber, das insgesamt eine Annäherung an die emische Perspektive und damit einen Perspektivenwechsel erlaubt.

4.1 Ethnozentrismus in Schulbüchern?

Die *Geographische Rundschau* veröffentlichte 1983 einen Artikel des Ethnologen Ulrich Köhler, der mit einer Gruppe Studierender am Seminar für Völkerkunde der Universität Münster eine Untersuchung aller 1980 in Nordrhein-Westfalen für das Fach Erdkunde zugelassenen Schulbücher durchgeführt hatte.[5] In seiner Analyse findet sich als Beispiel für ethnozentrische Interpretationen aus europäischer Sicht folgendes Zitat:

„Die Kulturstufen sind wie eine Treppe: auf den Stufen die Menschen, stehend oder steigend. Ganz oben thronen wir. Unsere Kultur erscheint als Vorbild für die Entwicklung der anderen Kulturen.‟[6] Köhler bemerkt dazu, dass es sich bei diesem Kulturstufenschema um ein Modell handelt, das erstens hauptsächlich anhand wirtschaftlicher und technologischer Kriterien entwickelt wurde und zweitens über die jeweilige Lebensqualität anderer Kulturen zunächst nichts aussagt. Außerdem würde hier ein *„zwangsläufiger mechanischer Ablauf‟* suggeriert, den er folgendermaßen kommentiert: *„Dahinter verbergen sich Gedankengänge eines naiven Evolutionismus, wie er von unserer Wissenschaft schon zu Beginn dieses Jahrhunderts aufgegeben worden ist.‟*[7]

1995 führte ESE eine weitere exemplarische Schulbuchanalyse von Erdkundebüchern durch und stellte fest, dass *„in heutigen Büchern [...] nicht mehr ausdrücklich von niedrigen Kulturstufen geredet‟* wird.[8] Trotzdem fand ESE auch in Erdkundebüchern neueren Datums Formulierungen, die den Schluss zulassen, dass sie auf evolutionistischem Gedankengut basieren. Oft ist es die Wortwahl, die eine subtile Abqualifizierung entlarvt. Folgendes Beispiel aus dem Jahr 1987 zeigt eine solche veränderte Form evolutionistischer Interpretation: *„In wenig erforschten Teilen Amazoniens gibt es heute noch wildlebende Indianer [...].‟*[9]

Wie handhaben nun Schulbücher im 21. Jahrhundert die evolutionistische Kulturstufentheorie, die in der Ethnologie selbst als überholt gilt? In einem Geschichtsbuch für die 5. Klasse aus dem Jahr 2001 kann man nachlesen: *„Heute noch leben* Naturvölker *wie Menschen in der Altsteinzeit. Forscher beobachten sie, um*

---

5 Köhler 1983.
6 Schultze, Blank, Blünstorf u. a. 1979: 244 (Klett: Terra Geographie 7/8, länderübergreifende Ausgabe für alle Schulformen), zitiert nach Köhler 1983: 36.
7 Ebd.; zur weiteren Information über die Theorien des Kulturevolutionismus, ihre Auswirkungen auf den Entwicklungsbegriff, wissenschaftliche Kritik an ihren Methoden und ihre eurozentrischen Ansätze vgl. auch Kapitel 3.3: Wo ist der Mittelpunkt der Welt? – Exkurs: Evolutionismus und Ethnologie – *„... die Geister, die ich rief‟*?
8 Klüter 1995: 54.
9 Cloeren, Geyer, Groten u. a. 1987: 38 (Cornelsen und Schroedel: Mensch und Raum. Seydlitz 7/8 Erdkunde, Realschule).

Vergleiche zu den Steinzeitmenschen zu ziehen. "[10] Mit „Forscher" sind in diesem Fall vor allem Prähistorikerinnen und -historiker gemeint. Ähnliches findet sich auch in einem Geschichtsbuch für die 5. Klasse aus dem Jahr 2008: *„Auch heute noch gibt es Völker, die so ähnlich leben wie die Wildbeuter*[11] *der Steinzeit, zum Beispiel Inuit in Nordamerika, Buschmänner in Südafrika und Ureinwohner Australiens. Durch Beobachtungen an ihnen versuchen Forscher, Informationen über die Lebensweise von Steinzeitmenschen zu gewinnen.* "[12] Buschmänner, die auch häufig als San bezeichnet werden, Inuit – von Europäerinnen und Europäern oft „Eskimos"[13] genannt – und die Aborigines, die Ureinwohnerinnen und Ureinwohner Australiens, gehören zu den beliebtesten Beispielen für „heutige Wildbeuter".

In einem Geschichtsbuch aus dem Jahr 2008 wird versucht, die eurozentrische Sichtweise des Evolutionismus in einer Art Quadratur des Kreises zu überwinden: *„Uns erscheint diese Lebensweise heute manchmal reizvoll und abenteuerlich, zugleich aber auch primitiv. Aber die Wildbeuter der Steinzeit waren nicht ‚unterentwickelt'. Sie waren Spezialisten in ihrer Lebensweise, die das Angebot der Natur gezielt und geschickt nutzten.* "[14]

Wie schwierig es ist, diese Konstruktion aufrecht zu erhalten, zeigt sich im anschließenden Arbeitstext aus dem Jahr 1998 zu den ersten Menschen aus Europa, in dem es unter der Überschrift *„Ein Lagerplatz aus der Steinzeit"* heißt: *„Die Wohnbauten selbst waren wohl ähnlich zeltartigen Stangengerüsten errichtet, wie wir das heute noch bei einfachen Naturvölkern [...] beobachten können.* "[15]

In manchen Schulbüchern werden alle Ethnien als Naturvölker definiert, die nicht (wie wir) in Industriegesellschaften leben: *„Auf fast allen Kontinenten der Erde gibt es auch heute noch Völker, deren Lebensweise sich seit ihrer Frühzeit kaum verändert hat. Zeitgleich mit uns Menschen in den Industriestaaten führen andere Völker ein Leben als Jäger, Sammler, Ackerbauern oder nomadisierende Hirten. Sie werden als ‚Naturvölker' bezeichnet.* "[16]

---

10 Frenken, Lenniger, Pankratz u.a. 2001: 43 (Westermann: Durchblick. Geschichte/ Politik 5/6, Hauptschule).

11 Zum Begriff Wildbeuter vgl. Kapitel 3.3: Wo ist der Mittelpunkt der Welt? – Exkurs: Evolutionismus in der Ethnologie – „... *die Geister, die ich rief*"? – Fußnote 168.

12 Sauer 2008: 36 (Klett: Geschichte und Geschehen 1, Gymnasium).

13 Nach Faller und Rexford (2006: 77, Fn 1) bedeutet der Begriff so viel wie *„Esser von rohem Fleisch"*.

14 Sauer 2008: 36 (Klett: Geschichte und Geschehen 1, Gymnasium).

15 Der Text stammt aus Mania 1998, zitiert in Sauer 2008: 38 (Klett: Geschichte und Geschehen 1, Gymnasium).

16 Brokemper, Köster und Potente 2003: 40 (Cornelsen: Geschichte Real 1, Realschule). In den neueren Ausgaben der Cornelsen-Geschichtsbücher werden heutigen Ethnien, die Jagen und Sammeln betreiben, nicht mehr mit Menschen aus der europäischen Steinzeit verglichen. Vgl. Kapitel 3.3: Wo ist der Mittelpunkt der Welt? – Exkurs: Evolutionismus und Ethnologie – „... *die Geister, die ich rief*"?.

Menschen aus der Steinzeit?

„Naturvölker, die noch bis vor kurzer Zeit weitgehend isoliert von zivilisatorischen Prozessen der Moderne waren, lebten – zugespitzt formuliert – ‚wie in der Steinzeit‘; bei genauerer Betrachtung muss man sogar sagen: wie die Jäger und Sammlerinnen in der Altsteinzeit, also auf einer Entwicklungsstufe, die in Mitteleuropa vor etwa 8000 Jahren überwunden wurde. Für die SuS besteht der Reiz gerade in dieser ‚Gleichzeitigkeit des Ungleichzeitigen‘ – ein entsprechendes Staunen sollte provoziert werden.“[17]

Diese Zitate umfassen ungefähr einen Zeitraum von den 1970er Jahren bis in die Gegenwart. Das Bild von Wildbeutern, ihre Einordnung auf der untersten Stufe der Menschheitsgeschichte und die Hauptkritikpunkte an diesen kulturevolutionistischen Theoriegebäuden werden im Folgenden anhand der Beispiele San, Inuit und Aborigines etwas näher beleuchtet.[18]

Beispiel 1: Die San und die Menschheitsgeschichte

Die San oder Buschmänner leben im südlichen Afrika, vor allem in den heutigen Staaten Namibia, Botswana, Südafrika und Angola und insbesondere in der Kalahari-Halbwüste. Nach Guenther ist die Bezeichnung „Buschmann“ vom niederländischen „Bosmanneken“ oder „Bosjesmens“ abgeleitet. So nannten die burischen Siedler Südafrikas die Wildbeuter, auf die sie im Landesinneren trafen. Offenbar wählten die Buren den Begriff „Bosmaneken“, was so viel wie Menschen aus dem Wald bedeutet, weil sie in ihnen das Äquivalent zum malayischen Orang Utan sahen. Für sie waren die Sammlerinnen und Jäger eher Affen als Menschen. Die Buren jagten und töteten sie so lange, bis sie am Kap quasi ausgerottet waren.[19] Noch heute sind die San eine der am meisten marginalisierten Ethnien im südlichen Afrika.[20]

Nach der evolutionistischen Stufentheorie stehen Ackerbauern, Hirtennomaden, sesshafte Viehzüchter und alle anderen Wirtschaftsformen über den Sammlerinnen und Jägern. Damit wird für die San die tiefstmögliche Unterentwicklung postuliert.

Viele Prähistorikerinnen und -historiker sehen in ihnen wie in anderen heute lebenden Gesellschaften, die ihren Lebensunterhalt durch Sammeln und Jagen erwirtschaften, Repräsentantinnen und Repräsentanten der Altsteinzeit und damit

---

17 Lendzian 2009: 24 (Schöningh: Zeiten und Menschen 1 – Lehrerband, Gymnasium).

18 Zu den wissenschaftlichen Kritikpunkten am Kulturevolutionismus vgl. Kapitel 3.3: Wo ist der Mittelpunkt der Welt? – Exkurs: Evolutionismus und Ethnologie – „… *die Geister, die ich rief*“?

19 Guenther 1986: 8; zu den diskriminierenden und teilweise menschenunwürdigen Lebensbedingungen in Namibia in den 1970er bis 1990er Jahren vgl. z. B. Speeter-Blaudszun 2006.

20 Vgl. Chennels u. a. 2009: 168ff. und Vermeylen 2009.

der untersten Stufe der Menschheitsentwicklung. Haben die San also gar keine menschliche Entwicklungsgeschichte aufzuweisen und sind sozusagen geschichtslos?

Der Ethnoarchäologe Peter Mitchell untersuchte die 1.800-jährige Geschichte der Interaktion zwischen den San in der südafrikanischen Maloti-Drakensberg Region und ihren zugewanderten Bantu-sprachigen Nachbarn, den Sotho und Nguni. Beide betreiben Ackerbau und Viehzucht. Dabei kam er zu erstaunlichen Ergebnissen. Ausgrabungen ergaben, dass die San im Hochland von Lesotho schon im ersten Jahrtausend v. Chr. im Besitz von zumindest einigen Schafen und Kühen gewesen sein müssen – einige Jahrhunderte bevor die ersten Bantugruppen überhaupt in die Gegend kamen.[21] Möglich wäre, dass die San bereits damals Viehhaltung mit ihrer Jäger- und Sammlerinnen-Wirtschaft kombiniert haben. Spätestens im 19. Jahrhundert war die Nutzung von Tabak in der Maloti-Drakensberg Region verbreitet und der lokalen Erinnerung nach haben die dortigen San Tabak oder Cannabis angebaut, bevor die Sotho Ende der 1870er Jahre in dieser Gegend siedelten. Seit den 1880er Jahren nutzten sie auch vermehrt Pferde, beispielsweise für die Jagd.[22] Für die Maloti-Drakensberg Region hat die Forschung wenig Zweifel daran, dass die San bereits zwischen dem ersten und frühen vierten Jahrhundert v. Chr. eigene Töpferwaren in einem eigenen Stil hergestellt haben – ebenfalls vor der Ansiedlung von Bantugruppen in ihrer Nachbarschaft.[23] Hinweise auf eine eigene Töpfertradition gibt es auch für die San in Botswana.[24] Die Nachbarschaft zwischen den Bantugruppen und den San in der Maloti-Drakensberg Region veränderte im Übrigen beide Kulturen, vor allem im religiösen Bereich lassen sich gegenseitige Einflüsse nachweisen.[25] Das heißt: Auch die Ackerbauern und Viehzüchter, in diesem Fall die Nguni, haben kulturelle Elemente der Wildbeuter-Gruppen übernommen.

Diese Befunde zeigen auch: Die Vorstellung von isolierten Steinzeitmenschen kann nicht zutreffen. In der Tat müssen die San in der Maloti-Drakensberg Region bereits vor mehr als 2.000 Jahren in weitreichende Handelsnetzwerke eingebunden gewesen sein, worauf z. B. ihre Nutzung von Meeresmuscheln für die Schmuckherstellung hinweist. Die Muscheln stammten von den Küsten des Indischen Ozeans.[26] Auch bei Ausgrabungen in Botswana wurden auf prähistorischen Lagerplätzen der San Kaurimuscheln gefunden, die auf einen ähnlichen Zusammenhang weisen.[27] Außerdem stand den San in der Maloti-Drakensberg Region bereits im achten oder neunten Jahrhundert v. Chr. Eisen zur Verfügung – wahrscheinlich ebenfalls durch Handelsbeziehungen.[28] Nach Widlock arbeiteten San-Gruppen in Namibia im 19. Jahrhundert als Schmiede sowie im Kupferabbau und

---

21 Mitchell 2009: 32.
22 Ebd.: 19 und 30.
23 Ebd.: 25.
24 Denbow 1984: 184f.
25 Mitchell 2009: 22.
26 Ebd.: 28.
27 Denbow 1984: 181.
28 Mitchell 2009: 27f.

tauschten ihre Waren bei den Landwirtschaft betreibenden Ovambo gegen Hirse ein.[29]

Trotz der vielfältigen Kontakte zwischen den San und bantusprachigen Ethnien blieb das Jagen und Sammeln häufig die hauptsächliche Wirtschaftsaktivität.[30] Für die Maloti-Drakensberg Region ist dies trotz der offenbar gut ausgebauten Heiratsbeziehungen zwischen beiden Gruppen vielfach der Fall.[31] Gleichzeitig praktizieren die San jedoch bereits über einen langen Zeitraum hinweg eine Mischung oder Kombination von Wirtschaftsformen.

Ein häufiger Wechsel zwischen verschiedenen Erwerbsmöglichkeiten mit einer nach wie vor bestehenden Anbindung an das Sammeln und Jagen wurde auch in einer Studie aus den 1980er Jahren für San-Gruppen aus Botswana dokumentiert. Beispielsweise konnte eine Gruppe ein Jahr lang als Viehhüter auf einer Rinderfarm leben, das nächste Jahr als Sammlerinnen und Jäger verbringen und im dritten Jahr am Rande einer größeren Stadt leben, wo die Frauen als Haushaltshilfen und die Männer in den südafrikanischen Minen arbeiteten.[32] Auch Guenthers Forschungen, die er ebenfalls in den 1980er Jahren in Botswana durchführte, belegen eine Vielzahl von Lebenssicherungsstrategien der San. Manche Gruppen lebten als Sammlerinnen und Jäger, manche waren auf großen Farmen sesshaft und bauten neben der Arbeit auf der Farm auch Nahrungsmittel für den Eigenbedarf auf dem Land ihrer Arbeitgeber an. Andere waren Lohnarbeiter in unterschiedlichsten Jobs und manche arbeiteten als Kleinunternehmer, die vor allem Kunsthandwerk für den Tourismus produzierten und vermarkteten. Auch hier wird von einem Wechsel ökonomischer Strategien berichtet.[33]

Gleichzeitig sind viele San bis heute auch Spezialisten für das Überleben in der unwirtlichen Kalahari, deren natürliche Gegebenheiten sie genau kennen und zu nutzen wissen. Land- und Nutzungsrechte sind für sie in diesem Zusammenhang eine zentrale Frage. Nach Guenther ist die Kalahari-Halbwüste erstaunlich reich an Umweltressourcen, die sich durch eine Lebensweise als Sammlerinnen und Jäger gut nutzen lassen. Landwirtschaftliche Nutzung hingegen hat zu Umweltschäden geführt, weshalb für die San in der Nähe des von Guenther untersuchten Farmgebietes in Botswana auch aus ökologischen Gründen ein Leben als „Wildbeuter" in der näheren Umgebung nicht mehr möglich war.[34] Die San aus diesem Gebiet kannten bis zu 200 verschiedene Wurzeln, Knollen, Gemüse, Nüsse, Beeren, Blätter und Melonen[35], die vor allem von den Frauen gesammelt und in den Trockenzeiten auch als Wasser- und Feuchtigkeitsspender genutzt

---

29 Widlock 2000: 517f.
30 Denbow 1984: 188 für Botswana.
31 Mitchell 2009: 22. Nach Mitchell stellte sich z. B. in den Forschungen von Challis (2008) sogar heraus, dass die im 19. Jahrhundert als San-Gruppe eingeordneten Thola tatsächlich von der Herkunft ihrer Mitglieder her äußerst gemischt war (San, Khoe und Xhosa).
32 Biesele u. a. 1989: 111.
33 Guenther 1986: 10ff. und 129ff.
34 Guenther 1986: 97 für die Nharo im Ghanzi-Distrikt in Botswana.
35 Ebd.: 104.

wurden.[36] Die technologische Ausrüstung war einfach und leicht aus den natürlichen Ressourcen ihrer Umgebung herzustellen. Nach Marshall Thomas können beispielsweise Melonen den San nicht nur als feste und flüssige Nahrung dienen sondern sie nutzen das Fruchtfleisch auch als Flüssigkeitsspender zum Kochen. Zudem werden die Kerne geröstet oder zu Mehl verarbeitet. Die Melonenschalen bieten darüber hinaus vielfältige Verwendungsmöglichkeiten: Sie werden zu Schüsseln und Arbeitsgefäßen, Kochtöpfen und Aufbewahrungsbehältern, zu Zielen für die Schießübungen der Kinder und schließlich zu Resonanzobjekten für Musikinstrumente.[37] Nach Guenther liegt der hauptsächliche Grund für die geringe Anzahl technologischer Gerätschaften vor allem in den enormen Wegstrecken, die die San als Sammlerinnen und Jäger zurücklegen, wobei sie ihr Hab und Gut mit sich tragen müssen.[38]

Bereits Marshall Thomas war in den 1950er Jahren von der Herstellung der vergifteten Pfeile der San fasziniert. Vor allem die Gewinnung des Pfeilgiftes erstaunte sie nachhaltig, war dieser Prozess doch mit einem hohen Grad an Wissen verbunden. Lieferant des Pfeilgiftes ist eine Käferart in ihrem Puppenstadium. Wie – so fragte sich Marshall Thomas – konnten die San diesen bestimmten Käfer unter den Tausenden von Spezies im südlichen Afrika entdecken?

> **Das Pfeilgift der San**
> Die San gewinnen ihr Pfeilgift aus den Puppen einer Käferart. Die Larven haben Erdfarbe und finden sich ausschließlich zwischen Wurzeln bestimmter relativ seltener Bäume und Büsche. Das Gift wirkt nur im Blutkreislauf und solange man selbst keine Wunden hat, kann auch das Fleisch einer erlegten Antilope nahe der Pfeilwunde ohne Bedenken gegessen werden. Das Gift wird direkt aus den Larven auf den Pfeilschaft gepresst und z.B. mit einem Grashalm verteilt. Diese Vorgehensweise gilt für Pfeilspitzen aus Knochen. Für Pfeilspitzen aus Metall, die lange von Bantu-Ethnien im Osten eingehandelt wurden, wird ein anderes Verfahren angewandt: Hier muss ein Bindemittel zugefügt werden, weil die Giftpaste der Larven schlecht an den Metall-Schäften klebt. Zum Binden wird eine bestimmte Baumrinde genutzt.[39]

Heute ist das Wissen der San auch für die Industrie interessant geworden. Ein berühmtes Beispiel ist der so genannte „*Hoodia*-Fall". Der südafrikanischen Firma Phytopharm wurde in einer internationalen Kampagne vorgeworfen, Biopiraterie zu betreiben, weil sie versuchte, Wissen der San über die Eigenschaften der „*Hoodia*-Pflanze" zu vermarkten. Das ethnobotanische Wissen der San war in den 1960er Jahren im Rahmen eines Projektes des südafrikanischen *Councils of Sci-*

36　Vgl. z.B. Marshall Thomas 1977: 101ff.
37　Ebd.: 102.
38　Guenther 1986: 112.
39　Nach Marschall Thomas 1977: 98ff.

entific and Industrial Research (CSIR) über essbare Wildpflanzen gesammelt worden. 1995 beantragte der CSIR ein Patent für die appetithemmenden Wirkstoffe der *Hoodia*-Pflanze in Südafrika – ohne dass die San davon wussten. Phytopharm wiederum schloss 1998 einen Lizenzvertrag mit dem CSIR, der der Firma die weitere *Hoodia*-Entwicklung und -Kommerzialisierung zusicherte. Im selben Jahr wurden dem CSIR auch internationale *Hoodia*-Patente erteilt. Nach internationalen Protesten willigten die Beteiligten in Verhandlungen mit den San ein, an deren Ende Gewinnbeteiligungsverträge ausgehandelt wurden.[40] Allerdings zeigte sich die Implementierung als äußerst langwieriger Prozess. Bislang gestaltet sich sowohl die Generierung von hohen Gewinnausschüttungen als auch die flächendeckende Verteilung an alle Sangruppen als schwieriges Unterfangen.[41] Auch der Rückzug von Unilever aus der kommerziellen Entwicklung von *Hoodia*-Produkten im Dezember 2008 bedeutete einen Rückschlag für die Gewinnerwartungen aus der *Hoodia*-Vermarktung.

Ein weiteres verzerrtes Bild ist das eines geruhsamen Lebens, das die San angeblich führen.

„Ein geruhsames Leben
Über einen heutigen Buschmannstamm in Südwestafrika:
Das Sammeln der Pflanzenkost, die dem Gewicht nach 60 bis 80 Prozent ausmacht, ist Aufgabe der Frauen, die damit zwei oder drei Tage in der Woche zubringen. Die Männer, die mittelgroße und große Tiere mit vergifteten Pfeilen jagen, beschaffen außerdem Kleintiere und Pflanzen. Auch sie halten sich in der Woche zwei oder drei Tage lang außerhalb des Lagers auf. Die restliche Zeit verbringt die gesamte Gruppe mit Schwatzen, Singen, Tanzen und Nichtstun im Lager.
Es hat demnach den Anschein, dass diese Menschen ein erstaunlich geruhsames Leben führen und sich sehr gut und abwechslungsreich ernähren. Selten sind Essensvorräte für mehr als zwei oder drei Tage im Lager, doch man sorgt sich nicht um das Morgen. Die Nahrungsressourcen (natürlichen Vorräte) sind ergiebig und verlässlich [...] Die Menschen erreichen ein hohes Alter und kennen kaum Sorgen und Ungewissheit."[42]

Ein geruhsames Leben führen die heutigen San sicherlich nicht und haben es auch in der Vergangenheit vielfach nicht geführt. Obwohl dieses Schulbuch sich bemüht, den Schülerinnen und Schülern ein teilweise auf ethnologischen Informationen beruhendes Gegenbild zum „primitiven Steinzeitmenschen" zur Verfügung zu

---

40 Wynberg und Chennels 2009.
41 Wynberg und Chennels 2009, Wynberg 2009 und Working Group of Indigenous Minorities in Southern Africa (WIMSA) o.J.
42 Cleve 1994: 32f., zitiert in Sauer 2008: 36 (Klett: Geschichte und Geschehen 1, Gymnasium).

stellen, wird hier dennoch ein Problem sichtbar, das doch wieder auf das evolutionistische Bild von Wildbeutern verweist. Die Anordnung der Unterrichtsmaterialien und die Verwendung einer älteren Quelle suggerieren erneut, dass die San weder eine Geschichte haben noch Kulturwandel kennen und dass ihre äußeren Lebensbedingungen immer dieselben waren und noch heute sind.

Das Leben der heutigen San ist geprägt von vielen Konflikten. Eines ihrer größten Probleme ist der Landverlust wie beispielsweise die 2002 erfolgte Zwangsumsiedlung aus dem Central Kalahari Game Reserve in Botswana, gegen die sich die San seitdem gerichtlich zur Wehr setzen. Ein großer Erfolg war die Bestätigung ihrer Landrechte in diesem Gebiet durch den Obersten Gerichtshof des Landes im Jahr 2006.[43] Ohne Land ist ein Leben als Sammlerinnen und Jäger nicht mehr möglich. Die Überlebensstrategien können nicht mehr frei gewählt und der eigenen Lebenssituation angepasst werden. Nach Guenther hatten in den 1980er Jahren auch die auf den Farmen sesshaft lebenden San des Ghanzi Distrikts in Botswana ständigen Kontakt mit anderen San-Gruppen, die als Sammlerinnen und Jäger lebten. Gegenseitige monatelange Besuche waren üblich sowie häufige Heiraten zwischen den Gruppen, so dass jedes Individuum ein weit verstreutes Netzwerk von Freundinnen und Freunden sowie Verwandten hatte.[44] Ohne Land bleibt ihnen nur die Wahl, permanent in den im Rahmen von Regierungsprogrammen hochgezogenen sterilen Umsiedlungsdörfern, auf dem Land der Farmbetriebe oder am Rand größerer Städte zu leben. Ihre Situation ist oft in erschreckendem Maße von extremer Armut, Gesundheitsproblemen wie hohen Alkoholismusraten, sozialen Problemen und großer Hoffnungslosigkeit gekennzeichnet. Die Gründe könnten unter anderem darin liegen, dass der Verlust ihres Landes mit einem Verlust an Selbstachtung verbunden ist, was wiederum zu gesundheitlichen Problemen wie Depressionen führen kann. Ein weiterer Grund wird auch in der Kolonialzeit als kollektivem Trauma der San gesehen.[45] Wynberg und Chennels konstatieren, dass die San heute – nach Jahrhunderten des Genozids und der Marginalisierung, die zu Landverlust und daraus resultierend zum Verlust ihrer Kultur und Identität führten – eine unangefochtene Nische in den Ländern des südlichen Afrikas besetzen würden, nämlich die der *„Ärmsten der Armen"* und relativer Machtlosigkeit.[46] Daran hat auch die Aushandlung von Gewinnbeteiligungsverträgen für die *Hoodia*-Nutzung bis jetzt nichts Wesentliches geändert.[47]

Aber auch dieses Bild von den San ist nicht repräsentativ. Manche San führen Landrechtsprozesse, in denen sie wichtige Erfolge erringen. Und auch die Ethno-

---

43 Vgl. Odysseos 2011 zum Konflikt um das Central Kalahari Game Reserve und Vermeylen 2009 zu indigenen Landrechten in Namibia. Im Januar 2011 bestätigte Botswanas Berufungsgericht das Recht auf den Zugang der San zu Wasser im Central Kalahari Game Reserve, das ihnen bislang verweigert wurde. Vgl. Court of Appeal of the Republic of Botswana 2011.

44 Guenther 1986: 11.

45 Vgl. Wynberg und Chennels 2009: 92f. und Chennells u. a. 2009: 168ff.

46 Wynberg und Chennels 2009: 91.

47 Vgl. wie oben erwähnt.

login Sonja Speeter-Blaudszun berichtete aus den 1990er Jahren von einer San-Gruppe aus Namibia, die in den 1980er Jahren mit internationaler Unterstützung die Einrichtung eines Wildreservates auf ihrem Land verhindert hatte, sich aufgrund einer Dürre und mangelnder Infrastruktur in einer desolaten Situation befand und auf Maismehllieferungen der Welternährungsorganisation angewiesen war: *„Trotz dieser schwierigen Situation nahm ich die Menschen nicht als passiv und resigniert wahr. In den folgenden Wochen sprach ich vorwiegend mit Frauen, da die Männer häufig auf die Jagd gingen, um die einseitige Ernährung aus Maismehl zu bereichern. Die Frauen wirkten auf mich selbstbewusst und kompetent. Viele Gespräche der Frauen drehten sich um ein Modell von ‚Conservancy‘ (Erhaltung), das die Buschleute von Nyae Nyae mit der namibischen Regierung aushandeln wollten. "*[48]

Beispiel 2: Die Inuit – technologisch unterentwickelt?

Kennen Sie das Geräusch, wenn 30 Schülerinnen und Schüler gleichzeitig vor Überraschung die Luft durch die Nase einziehen und es dann ein paar Sekunden lang ganz still ist? Diese Geräuschkulisse können Sie bei einer 7. oder 8. Klasse in der Unterrichtseinheit *Nicht nur im Western eine besondere Beziehung – Die nordamerikanischen Plains- und Prärieindianer und das Bison* mit der Antwort auf folgende Frage erzeugen:[49]

Stimmt oder stimmt nicht?
Von Europäern haben die Indianerinnen und Indianer Schneeschuhe, Anoraks, Kanus und Kajaks übernommen. Die Einführung dieser nützlichen Dinge hat ihnen das Alltagsleben sehr erleichtert.

Die Antwort lautet: Stimmt nicht! Es ist genau umgekehrt: Diese sehr nützlichen Utensilien übernahmen europäische Pioniere von den Inuit[50] sowie von Bewohnerinnen und Bewohnern weiter südlich gelegener Regionen im heutigen Kanada und US-amerikanischen Grenzgebiet.[51]

---

48 Speeter-Blaudszun 2006: 33ff.
49 Diese Unterrichtseinheit (UE 03) kann bei ESE angefordert werden.
50 Vgl. Fußnote 13.
51 Kajaks stammen von den Inuit; von den Kanus wurde v. a. das Birkenrindenkanu, das insbesondere in der Region der Oberen Großen Seen bis zur Atlantikküste und zur Hudson Bay im heutigen Kanada verbreitet war, übernommen (Haberland 1975: 40f.); Anoraks waren ebenfalls eine Erfindung der Inuit (ebd.: 44). Schneeschuhe waren bis in das Plains-Prärie-Gebiet hinein verbreitet. Europäische Pioniere übernahmen den Schneeschuhtyp der nördlichen Athapasken (Hartmann 1979: 64, 176 und 332). Zu den nördlichen Athapasken zählen hauptsächlich die Ethnien im Landesinneren Alaskas und westlichen Kanada bis ins südliche Alberta hinein (Krauss und Golla 1981: 67).

Die Inuit leben in den arktischen Regionen der heutigen Staaten Kanada (Yukon, Nordwest-Territorien, Nunavut, Quebec, Neufundland), USA (Alaska), der Russischen Föderation (Tschuktschen-Halbinsel) sowie der größten Insel der Welt, Grönland. Grönland gehört formell zu Dänemark, ist aber seit 1979 teilweise unabhängig.[52] In Kanada wurde 1999 ein Teil der Nordwest-Territorien zu einem selbstverwalteten Inuit-Territorium namens Nunavut.[53] Kulturelle Unterschiede zwischen den Inuit-Gruppen in diesem riesigen Gebiet von Russland bis Grönland mit den extremen arktischen Bedingungen waren und sind vielfältig – unter anderem auch aufgrund regionaler geografischer Unterschiede. Jagd, Fallenstellerei, Fischen und Sammeln (v. a. von Beeren, Pflanzen, Seetang, Muscheln und Vogeleiern in den kurzen Sommern) bildeten jedoch im Allgemeinen die wirtschaftliche Lebensgrundlage. Gejagt wurden – je nach Region – insbesondere Meeressäugetiere wie Robben, Seehunde und Wale, aber auch Karibus oder Moschusochsen, Eisbären, Polarfüchse und Vögel.[54] Ihre ausgefeilten Erfindungen ermöglichten den Inuit ein Überleben unter diesen schwierigen Umweltbedingungen. Der Anorak z. B., ein Wort aus der Inuitsprache Inuktitut, ist *„ein Mantel oder eine Jacke ohne Öffnung an der Vorderseite"*[55] mit einer daran anschließenden Kapuze. Das Kleidungsstück – eine thermisch hochentwickelte Winterbekleidung – samt seiner Inuit-Bezeichnung fand weite Verbreitung in Europa und Nordamerika. Auch der Kajak, mit dem heute olympische Rennen gefahren werden, ist eine Erfindung der Inuit.

Die Reaktion der Schülerinnen und Schüler auf diese unerwarteten Informationen hat verschiedene Aspekte. Deutlich wird: Es ist undenkbar, dass Europäerinnen und Europäer nützliche Dinge aus dem indianischen Amerika und von den Inuit[56] übernommen haben könnten und nicht der umgekehrte Fall zutrifft.

Wie also verhält es sich nun mit dem Anorak? Der Anorak ist – wie auch andere Bestandteile der Inuit-Bekleidung – ein den extremen arktischen Bedingungen gut angepasstes Kleidungsstück. Nach Buijs und Stuckenberger hatten die europäischen Nordpol-Forscher aufgrund ihrer Kleidung noch große Schwierigkeiten mit dem arktischen Klima. Die Mitglieder der 1893 durchgeführten Expedition des Polarforschers Nansen trugen z. B. europäische Pelze über ihrer Wollkleidung. Der Effekt: Die Pelze waren immer zu warm und die Forscher begannen stark darunter zu schwitzen. Das wiederum führte dazu, dass die Wollkleidung die Körperfeuchtigkeit absorbierte und so schwer wurde, dass dem Gepäck ein erhebliches Mehrgewicht zugefügt wurde. Zog man die Kleidung jedoch nach

---

52 Grönland hat seit 1979 einen Autonomie-Status, der 2009 zu einem Selbstverwaltungs-Status erweitert wurde.
53 Nunavut hat den gleichen Status wie die anderen kanadischen Provinzen und Territorien.
54 Vgl. z. B. Stuckenberger und Lambert 2007: 60, Buijs 2004: 154 und Damas 1984b.
55 Buijs und Stuckenberger 2004: 209.
56 Die Inuit werden zusammen mit den Aleuten einer eigenen Sprachgruppe zugeordnet (vgl. z. B. Damas 1984a: 1ff.).

längerem Tragen in der Kälte aus, gefror sie so steif, dass sie kaum wieder anzuziehen war.[57]

Die Kleidung der Inuit hingegen funktionierte nach dem Luft-Einschluss-Prinzip. Damit ist der Aufbau eines Warmluftspeichers zwischen Körper und Kleidung gemeint sowie die Verhinderung des Entweichens der durch den Körper erwärmten Luft nach außen.[58] Hergestellt werden bis heute polartaugliche Kleidungsstücke aus winddichten Materialien wie Pelzen oder Leder, insbesondere von Robben- und Karibou-Fellen.[59] Buijs und Stuckenberger bemerken dazu: *„Bei einer Expedition hat sich jüngst gezeigt, dass Karibou-Fell der High-Tech-Kleidung überlegen ist.“*[60] Vor allem die Kajakbekleidung aus Darm oder Leder ist nicht nur wind- sondern auch wasserdicht.[61]

Das Luft-Einschluss-Prinzip der Inuit
„Die Kleidung, die direkt auf der nackten Haut getragen wurde, saß stets locker am Körper. Fellbekleidung trug man mit den Haaren nach innen. Zwischen Körper und Kleidung befand sich eine isolierende Luftschicht, die außerdem für die Verdunstung der Körperflüssigkeit sorgte. Über dieser Unterbekleidung trug man eine zweite Schicht Fellbekleidung, die Außenkleidung, wobei hier das Fell mit den Haaren nach außen getragen wurde. Zwischen den beiden Felllagen blieb eine dünne isolierende Schicht, die ebenfalls aus Luft bestand.
Die Haare der Felle sind hohl und enthalten Luft, was ebenfalls eine isolierende Wirkung hat. Felle ohne Pigmente wie etwa das weiße Eisbärenfell, enthalten mehr Luft als andere Fellarten, da der Hohlraum in den einzelnen Haaren (der normalerweise die Pigmente enthält) ebenfalls luftgefüllt ist. Aus diesem Grund ist Eisbärenfell am wärmsten.“[62]

Aber auch der Schnitt der Kleidung spielt eine wesentliche Rolle für Wärmespeicherung und Kälteisolierung. Ein Anorak – eben eine geschlossene Jacke ohne Vorderverschlüsse – ist besser für die Wärmespeicherung geeignet als eine offene Jacke. Außerdem ist er völlig winddicht. Die Anorak-Kapuze hat eine zusätzliche Wirkung: Ist es zu kalt, kann warme Luft durch Aufsetzen der Kapuze gespeichert werden. Ist es aber zu warm, kann die warme Luft mit Absetzen der Kapuze

---

57 Nansen zitiert in Buijs und Stuckenberger 2004: 204f.
58 Buijs und Stuckenberger 2004: 205.
59 Ebd.: 206.
60 Ebd: 204, Fußnote 3.
61 Ebd.: 210.
62 Buijs und Stuckenberger 2004: 205; Wiktorin 2005: 22 (Westermann: Diercke Erdkunde 2, Realschule) erwähnt diese Prinzipien teilweise sowie die komplette Verwertung der Rohstoffe, die die Tiere für Kleidung und Alltagsgegenstände liefern.

entweichen und so ein Feuchtwerden und sofortiges Gefrieren der Kleidung durch Schwitzen verhindert werden.[63]

Heute gehört der Anorak in Grönland zur Nationaltracht, die im Laufe des 20. Jahrhunderts entstand. Die Frauen tragen einen Baumwollanorak mit großem bunten Perlenkragen, die Männer einen weißen Baumwollanorak.[64]

Wie aber wird das Leben der heutigen Inuit in Schulbüchern dargestellt? In den Geschichtsbüchern der 5. Klasse werden sie selten ausführlicher angesprochen. Hier wird eher beispielhaft auf die San eingegangen.[65] Stattdessen wird das Thema „Inuit" in der 7. Klasse im Fach Erdkunde im Zusammenhang mit unterschiedlichen Lebensräumen und Klimazonen der Erde oft behandelt. Gerne werden die Inuit als Beispiel für ein *„Leben mit der Kälte"*[66] gewählt. Mit einigen Sätzen werden daneben oft auch die Samen in Skandinavien und der Russischen Föderation sowie indigene Völker[67] Sibiriens erwähnt. In einigen Erdkundebüchern werden Erfindungen der Inuit kurz vorgestellt. *Terra Erdkunde 7/8* beschreibt z. B. den Kajak als *„wohl das beste Einmannboot der Erde"*.[68]

Kajaks werden tatsächlich so gebaut, dass sie gut an Wellen, Wind und das Verhalten der Meerestiere angepasst sind. Kajaks sind nicht nur leicht und schnell, sondern auch gut zu manövrieren. Gleichzeitig sind sie so robust, dass die Jäger auch bei unruhiger See arbeiten können.[69] Den Iglus werden in *Terra Erdkunde 7/8* ebenfalls einige Zeilen gewidmet: *„Während der winterlichen Jagd bauten die Inuit optimal isolierende Schneehäuser, die Iglus. [Absatz] Heute gibt es keine Iglus mehr."*[70] *Diercke Geographie 2* schreibt über die Wohnverhältnisse der Inuit: *„Ein Iglu war früher eine dem Lebensraum in der Arktis angepasste Behausung."*[71] Dazu findet sich die Abbildung eines abgelegenen Iglus aus Schnee mit Schlittenhunden und daneben eine Abbildung von dicht beieinanderstehenden Häusern in Igluform. Der Text darunter lautet: *„Wohnverhältnisse der Inuit in der Arktis früher ... und heute."*[72]

---

63 Buijs und Stuckenberger 2004: 205f.

64 Ebd.: 214.

65 Vgl. Beispiel 1: Die San und die Menschheitsgeschichte in diesem Kapitel.

66 Palmen und Schminke 2004: 24f. (Klett-Perthes: Terra Erdkunde 7/8, Realschule).

67 Bislang gibt es – auch im Rahmen der Vereinten Nationen – keine endgültige Definition des Begriffs „Indigene Völker". Vielfach wird auf die Arbeitsdefinition des UNO-Sonderberichterstatters José R. Martínez Cobo (1986/7, para. 379) als Grundlage für eine Begriffsbestimmung zurückgegriffen. Cobo stellt hier einige grundlegende Referenzaspekte zur Verfügung wie u. a. die – im Verhältnis zu anderen Bevölkerungsgruppen des jeweiligen heutigen Nationalstaates – frühere Präsenz auf dem entsprechenden Territorium und die Marginalisierung durch koloniale Prozesse, die Bewahrung und Weiterentwicklung der eigenen Kultur mit u. a. eigenen sozialen Institutionen und Rechtssystemen sowie das Recht auf Eigendefinition als Indigene Völker.

68 Palmen und Schminke 2004: 24 (Klett-Perthes: Terra Erdkunde 7/8, Realschule).

69 Stuckenberger und Lambert 2007: 60.

70 Palmen und Schminke 2004: 24 (Klett-Perthes: Terra Erdkunde 7/8, Realschule).

71 Latz 2009a: 51 (Westermann: Diercke Geographie 2, Gymnasium).

72 Ebd.: 50.

Beide Erdkundebücher stellen in unterschiedlicher Weise das Früher und das Heute diametral gegenüber. Dabei entstehen leicht Schwarz-Weiß-Kategorien, die der komplexen Lebensrealität der Inuit nicht immer gerecht werden. Solche Schwarz-Weiß-Kategorien entstehen auch, wenn die Gegenwart vor allem mit dem Begriff „modern" verbunden wird.

In *Terra Erdkunde 7/8* aus dem Jahr 2004 kann man dazu z. B. nachlesen: „*Seit den 1960er/70er Jahren hat sich die Lebensweise in Grönland immer stärker verändert. Dänemark förderte seit dieser Zeit die Modernisierung des Landes. Die Menschen, die seit jeher von Jagd und Fischfang gelebt und sich damit weitgehend selbst versorgt hatten, bilden immer mehr eine moderne und auf Export ausgerichtete Gesellschaft. Heute gibt es in Grönland noch 2 500 professionelle Jäger. Wie wir kaufen die Inuit ihre Nahrung meist im Supermarkt und wohnen in geheizten Häusern. Viele Grönländer arbeiten in Fischfabriken.*"[73]

Modernität bedeutet hier: Die Menschen leben so wie wir. Mit anderen Worten: Modern sind diejenigen, die so leben wie wir. Mit noch anderen Worten: Modernität ist die höchste Stufe der Entwicklung.[74] Komplexe kulturelle Wirklichkeiten anderer Gesellschaften können so kaum mehr wahrgenommen werden – obwohl *Terra Erdkunde 7/8* sich bemüht, kein einseitiges Bild zu zeichnen. In *Diercke Geographie 2* aus dem Jahr 2009 kommen kulturelle Zusammenhänge so gut wie gar nicht mehr vor.

> **„Leben in der Arktis**
> *Die Menschen, die früher in der Arktis als Selbstversorger lebten, hatten als Behausungen Zelte oder Iglus aus Schnee.*
> *Die Wohn- und Lebensverhältnisse haben sich inzwischen stark verändert. Nur noch wenige Menschen leben von der Jagd, dem Robben- und Fischfang, stattdessen arbeiten sie in den Fischfabriken, auf Fangfabrikschiffen oder in anderen Betrieben. Einige Arbeitsplätze bietet auch der Tourismus. Die große Mehrheit der Bevölkerung lebt in festen Siedlungen. Hier gibt es Geschäfte, öffentliche Einrichtungen wie Postämter und Schulen sowie Strom und Zentralheizungen. Das moderne Leben hat aber auch Schattenseiten. Es fehlen hier, so hoch im Norden, Arbeitsplätze. Viele Menschen sind arbeitslos und auf staatliche Unterstützung angewiesen.*"[75]

Zusätzlich beschränken sich die Lerninhalte sowohl in *Terra Erdkunde 7/8* als auch in *Diercke Geographie 2* explizit oder implizit auf die Situation in Grönland. Tatsächlich spielt die Fischindustrie nicht in allen Inuit-Gebieten eine so bedeutende Rolle wie hier. Andererseits ist die Jagd auch in Grönland nach wie vor von zentraler Bedeutung für die Inuit, obwohl sie als Vollerwerbstätigkeit und einzige

---

73 Palmen und Schminke 2004: 24 (Klett-Perthes: Terra Erdkunde 7/8, Realschule).
74 Zum evolutionistischen Stufenmodell vgl. Kapitel 3.3: Wo ist der Mittelpunkt der Welt? – Exkurs: Evolutionismus und Ethnologie – „ ... *die Geister, die ich rief*"?
75 Latz 2009a: 50 (Westermann: Diercke Geographie 2, Gymnasium).

finanzielle Einnahmequelle deutlich hinter anderen Berufen zurücksteht. Das kann leicht zu einer weiteren Verzerrung der Vorstellungen von Schülerinnen und Schülern über die Inuit führen. Aber auch Erdkundebücher, die das Leben im Inuit-Territorium Nunavut zum Thema haben, stellen das traditionelle Gestern dem Leben in einer „*modernen Inuitsiedlung*"[76] gegenüber – ohne dies zum Teil jedoch explizit so zu benennen. Auch in Nunavut spielt nicht nur die Jagd, sondern auch das Sammeln nach wie vor eine wichtige Rolle im Alltag der Inuit und in den kurzen Sommern findet das Leben häufig außerhalb der Dörfer statt. Viele Familien verbringen einen Großteil der weniger kalten Monate in Camps auf dem Land, auf dem sie vor ihrer Umsiedlung in Dörfer gelebt haben.[77] Die komplexe heutige Lebensrealität der Inuit wird auch in diesen Beispielen nicht deutlich. Inuit sind in vielen Schulbüchern entweder „traditionell" oder „modern".[78]

Die „Modernisierung der Inuit" bestand vielfach in einem geplanten Anpassungsprozess an die jeweilige Kultur der neuen Siedler oder der Kolonialmacht. John Ross, der wie viele seiner Zeit nach einer Nordwest-Passage nahe der grönländischen Küste suchte, schrieb 1835: „*Ist es nicht das Schicksal der Wilden und Unzivilisierten auf dieser Erde, den Weg freizugeben für die Schlaueren und besser Informierten, für Wissen und gehobene Gesellschaft?*"[79] Nach Oosten wurden Inuit noch bis Mitte des 20. Jahrhunderts mit Tieren verglichen.[80] Vor allem das Erziehungswesen wurde zu einem Schlüssel für „Entwicklung".

Nachdem die USA 1867 Alaska vom russischen Zarenreich gekauft hatten, wurde eine Schulpolitik eingeführt, die die Inuit darauf vorbereiten sollte, die Lebensweise der weißen Bevölkerung des neuen Bundesstaates zu übernehmen.[81] 1887 erließ der US-Kongress ein Gesetz, mit dem die indigene Bevölkerung in den USA zu Farmern gemacht werden sollte, weil dies in Einklang mit den evolutionistischen Theorien der Zeit als die höhere Kulturstufe angesehen wurde. Da Landwirtschaft in Alaska jedoch nicht möglich ist, wurde stattdessen die Rentierzucht eingeführt. Diese galt im kulturevolutionistischen Denken zwar als weniger hoch entwickelt, aber dennoch höherstehend als das Sammeln und die Jagd.[82]

---

76 Meinel 2011: 22f. (Schroedel: Seydlitz 2 Erdkunde, Realschule). Eine wenig wertende, informative und mit fundierten Einblicken in die emische Sichtweise der Inuit versehene Darstellung ihres Lebens in der Arktis früher und heute bieten Heinz, Krull und Ninnemann 2006: 62ff. (Cornelsen: Doppel-Klick 8, Hauptschule).

77 Stuckenberger 2007: 37ff.; vgl. auch Stuckenberger 2005: 51ff.; für die Weitergabe des Wissens siehe z.B. Irniq 2004: 18ff.

78 Diese Kritikpunkte wurden von Stöber (1996: 178ff.) bereits 1996 in einer bundesweiten Schulbuchanalyse zur Darstellung der Inuit in Geografiebüchern herausgearbeitet. Der Vergleich zeigt, dass sich die Lehrinhalte – bis hin zu den beliebtesten Topoi und Formulierungen – in den letzten 15 Jahren, trotz konstruktiver kritischer Anregungen, kaum geändert haben. Zur historischen Analyse des Bildes von der indigenen Bevölkerung des gesamten amerikanischen Kontinents in Schulbüchern seit den 70er Jahren des 19. Jahrhunderts vgl. Allkämper 1998.

79 Ross 1835: 257, zitiert in Oosten 2005: 190; Übersetzung der Autorinnen.

80 Oosten 2005: 190.

81 Der Regierungskommissar für Erziehungsangelegenheiten in seinem Abschlussbericht von 1898, zitiert in Chance 1984: 648.

82 Ebd.

1889 erließ der Regierungskommissar für Indianerangelegenheiten eine Richtlinie, die auch Auswirkungen auf die Inuit hatte: „Der Indianer" müsse sich so oder so an die Lebensweise des weißen Mannes anpassen – sei es freiwillig oder gewaltsam erzwungen.[83] Bereits 1879 wurde in den USA die erste Internatsschule für indigene Kinder etabliert. Ihr Gründer, Richard Pratt, formulierte das Unterrichtsziel folgendermaßen: *„Töte den Indianer, um den Menschen zu retten."*[84] In Kanada wurde bald ein ähnliches System von Internatsschulen aufgebaut wie in den USA, weil die bis dahin ausschließlich operierenden Tagesschulen als unzureichend für die „Zivilisierung" der indigenen Bevölkerung angesehen wurden.[85] Bis 1947 gab es jedoch in der kanadischen Arktis nur wenige Internatsschulen sowie einige kirchliche und staatliche Tagesschulen. Vor allem die Missionen waren für die Schulbildung zuständig. Zwischen 1947 und 1960 wurde der Bau von Schulen vorangetrieben. In den frühen 1960er Jahren begann die kanadische Bundesregierung eine massive Erziehungskampagne in der Arktis, die jede Siedlung erreichte. Immer noch ging es um die Übernahme der „weißen Kultur" durch die Inuit und die Aufgabe ihrer eigenen Lebensweise.[86]

In der Russischen Föderation begann die Umerziehung der indigenen Bevölkerung nach russischem Vorbild nach dem Zweiten Weltkrieg. Auch hier kam dem Schulsystem – und insbesondere Internatsschulen – eine Schlüsselrolle zu. Wie in den USA und Kanada war es den Kindern z. B. verboten, ihre jeweilige Sprache zu sprechen.[87] In Grönland lag das Erziehungswesen seit Beginn der Kolonialisierung in der Hand der lutherischen Kirche. Missionierung und Schulbildung waren eng miteinander verbunden: Die lutherische Kirche bildete Inuit-Katechisten für kirchliche Zwecke aus, die gleichzeitig ein Training für die Durchführung von Schulunterricht erhielten. Diese Katechisten wurden dann in die Inuit-Gemeinden entsandt. Für die Missionierung war es vor allem wichtig, den Gemeindemitgliedern das Lesen beizubringen, um die Kirchendoktrinen aufnehmen und die Bibel lesen zu können. Eine gute Schulausbildung konnte praktisch nur in Dänemark selbst absolviert werden. Auch die Dänisch-Kenntnisse des Großteils der grönländischen Bevölkerung waren lange Zeit unzureichend – was ein großes Handicap war, als Dänisch zur offiziellen Landessprache erklärt wurde.[88] In Grönland begann die eigentliche „Dänisierung" des Landes allerdings erst nach Beendigung des Kolonialstatus in den 1950er Jahren.[89]

---

83 Ebd: 649.
84 Zitiert nach Smith 2009: 5; Übersetzung der Autorinnen.
85 Ebd.: 8.
86 Vallee u. a. 1984: 672f. Allerdings gab es seit Ende der 1960er Jahre Bestrebungen, Inuit-Elemente sowie ihre Sprache Inuktitut in die Ausbildung einzubeziehen (ebd.: 673).
87 Vgl. z. B. Smith 2009: 7 und 9 sowie Bussmann 1997: 58.
88 Vgl. z. B. Buijs 2004: 137f.; Peterson 1995: 122; Gad 1994: 561ff. Seit 2009 ist Grönländisch die Amtssprache in Grönland (Statsministeriet 2009: Para. 20).
89 Peterson 1995: 121f.; zur „Dänisierung" im Bereich der Schulbildung vgl. z. B. Kleivan 1984: 770ff.

Heute gibt es insbesondere in Nunavut vielfältige Bestrebungen, sowohl die Sprache als auch das traditionelle Wissen der Inuit – das *qaujimajatu-qangit* – in den Schulunterricht zu integrieren.[90]

Ein zweiter wichtiger „Modernisierungseinschnitt"[91] in das Leben der Inuit waren die Umsiedlungsprozesse der 1950er und 1960er Jahre, die teilweise als Zwangsumsiedlungen erfolgten. Die Inuit praktizierten u. a. aus ökologischen Gründen eine hochmobile[92] Lebensweise in kleinen Gruppen. Zu unterschiedlichen Jahreszeiten wurden unterschiedliche Tierarten in unterschiedlichen Lebensräumen der Küste und des Landesinneren gejagt. Einerseits passten sie sich damit dem Migrationsverhalten der Tiere an. Andererseits konnte so aber auch das fragile Ökosystem geschont werden. Josie Kusugak aus Nunavut schildert eine diesbezügliche Inuit-Regel so: *„Schlage dein Lager nie mehr als drei Jahre an einem Ort auf, so dass du das Land nicht zerstörst."*[93] Die kleinen Jagdcamps wurden zu größeren ständig bewohnten Siedlungen zusammengefasst, die mit Wohnungsbauprogrammen der jeweiligen Regierung in der Arktis errichtet wurden. Den neuen Dörfern wurden in der Regel Verwaltungsstrukturen, kleine Geschäfte, Post und teilweise medizinische Versorgung, Schulen und Kirchen angegliedert. Natürlich hatte diese Ansiedlungspolitik auch Auswirkungen auf die Jagdmöglichkeiten der Inuit. Oft befanden sich die Jagdterritorien jetzt weit von den Siedlungen entfernt und waren nur noch schwer erreichbar. Auch die Kosten für die Jagdausrüstung wurden im Laufe der Zeit immer höher, heute werden z. B. Motorboote oder Motorschlitten genutzt. Deshalb können sich viele Familien die Jagd nicht mehr leisten, unterstützen aber oft Jäger in der Verwandtschaft, damit diese sie mit dem Fleisch der erlegten Tiere versorgen können.[94] In Grönland besteht nach einer Studie aus dem Jahr 2010 die Ernährung in den kleineren abgelegeneren Siedlungen immer noch zu 42 % aus lokaler Nahrung, womit die von den Inuit durch Jagen und Sammeln gewonnenen Lebensmittel gemeint sind.[95] Auch die grönländische Regierung betont, dass die Jagd nach wie vor eine wichtige Rolle für die Bevölkerung spielt und wirtschaftlich vor allem im lokalen Fleischhandel aber auch als Nebenerwerbsquelle von großer Bedeutung ist.[96]

---

90 Stuckenberger 2007: 41, The Government of Nunavut o. J. a und The Government of Nunavuat o. J. b.

91 Zum Folgenden vgl. Stuckenberger 2007: 34, Stevenson 2006: 16, Buijs 2004: 153ff., Bussmann 1997: 58, Petersen 1995: 120f. und Kleivan 1984: 700ff.

92 In der Ethnologie wird hier auch der Begriff „Nomadismus" verwendet. Nach Bollig umfassen nomadische Strategien unter anderem saisonale Wanderungen von Haushalten und/oder Haushaltsteilen bis hin zum so genannten Vollnomadismus, bei dem der gesamte Haushalt über das ganze Jahr hinweg mobil ist. Mittlerweile werden diese Begrifflichkeiten selten verwendet und stattdessen *„eher von hochmobilen Bevölkerungen/ Haushalten gesprochen."* (Bollig 2005a: 401).

93 Zitiert nach Oosten 2005: 195; Übersetzung der Autorinnen.

94 Stuckenberger 2007: 37.

95 Bjerregard und Jeppesen 2010: 21 und 16; vgl. auch Stuckenberger 2007: 37ff. zu Jagd- und Sammelaktivitäten der Inuit in Nunavut, die beginnen, sobald das Küsteneis in den kurzen Sommern zu schmelzen beginnt.

96 The Government of Greenland (Nanoq) 2008.

Diese Beispiele machen deutlich: So wie Europäerinnen und Europäer Anoraks[97] und Kajaks von den Inuit übernommen haben und in ihrem kulturellen Kontext nutzen, so nutzen Inuit ebenfalls europäische Erfindungen – beispielsweise, um weiterhin jagen zu können. Denn: Für Inuit ist die Jagd weit mehr als ein Job oder ein Arbeitsplatz. Jagen – und insbesondere der Robbenfang – ist ein Teil ihrer Identität.[98] Im Nunavut Wirtschaftsausblick aus dem Jahr 2010 heißt es dazu: *„Die traditionellen Tätigkeiten der Inuit wie Jagen, Fischen und der Robbenfang sowie die Herstellung von Kleidung sind von enormer Wichtigkeit für die Lebensqualität von Nunavuts Bevölkerung. Diese Aktivitäten leisten einen positiven Beitrag zu Gesundheit, Erziehung, Familie, Gemeinde, Kultur und Geist des Landes und sind notwendig für Nunavuts gegenwärtigen und zukünftigen Erfolg und dürfen deshalb bei keiner Diskussion über Nunavuts Wirtschaft übergangen werden.“*[99]

Auch in einem anderen Bereich ist das traditionelle Wissen der Inuit zu einer wichtigen Ressource geworden, nämlich im Kampf gegen den Klimawandel. Heute gibt es viele wissenschaftliche Projekte, die mit neuen interdisziplinären Konzepten das Wissen und die Beobachtungen der Inuit zu Wetter- und Klimaveränderungen aufgreifen und für die Klimaforschung nutzbar machen.[100]

Inuit und Klimawandel

„Unsere Jäger – geleitet von unserer Inuit-Wissenschaft – waren die ersten, die bemerkten, dass etwas grundlegend anders war. Sie kamen zu uns mit Berichten von dünner werdendem Eis, verschwindenden Treibeisschollen, sich verändernden Migrationsmustern der Tiere und erodierenden Küsten. Ihr traditionelles Wissen, das sie von ihren Großeltern bekommen haben, die es wiederum von ihren Großeltern bekamen, hatte ihnen ein Verständnis dafür vermittelt, dass Migrationsmuster von Tieren sich verändern, genauso wie sich das Klima verändert. Aber etwas war anders, sagten sie uns. Sie konnten sich nicht mehr wie früher auf ihr Jägerwissen verlassen. [Absatz] Der Inuit Circumpolar Council[101] und andere Inuit-Organisationen wiesen Wissenschaftler, Medien, die Industrie und Regierungen auf diese Berichte hin.“

Aqqaluk Lynge, Präsident des Inuit Circumpolar Councils in Grönland.[102]

---

97 Vgl. auch die Präsentation des Anoraks im Rautenstrauch-Joest-Museum in Köln als deutscher „Import" aus der Kultur der Inuit (Münstersche Zeitung v. 22.10.2010).

98 Vgl. z. B. Stuckenberger 2007: 196.

99 Impact Economics 2010: 37; Übersetzung der Autorinnen.

100 Vgl. z. B. Ross u. a. 2007: 13f. sowie Krupnik u. a. 2010.

101 Der Inuit Circumpolar Council ist eine Organisation von Inuit aus Alaska, Grönland, der Russischen Föderation und Kanada, siehe auch www.inuit.org.

102 Lynge 2007: 10; Übersetzung der Autorinnen. Zum Klimawandel vgl. auch Unterrichtseinheit *Popcorn – Mais ist mehr als ein Snack* unter UE 11.

Beispiel 3: Die Aborigines in Australien – einfache Gesellschaften?

Australische Aborigines sind eines der beliebtesten Beispiele für so genannte einfache Gesellschaften – auch in Geschichtsbüchern der 5. Klasse und Erdkundebüchern der 7. Klasse. Gemeint sind damit die verschiedenen Aborigine-Gruppen, die sämtlich Sammlerinnen und Jäger waren, als die ersten Europäer den Kontinent betraten.[103] Das Sammeln und die Jagd sind in vielen Gegenden Australiens nach wie vor Bestandteil der Kultur der Aborigine-Bevölkerung, die ganz oder teilweise auf ihrem Land leben. Natürlich leben viele von ihnen heute auch in den Städten. Insgesamt gibt es rund 600 verschiedene ethnische Gruppen australischer Aborigines.[104]

Aborigines – Die Quintessenz des Einfachen?

„Beschäftigen wir uns mit dem Fall der australischen Aborigines. Diese Menschen wurden immer als den einfachsten Kulturen der Welt zugehörig eingestuft. Ihre Technologie bestand aus Steinäxten, Grabstöcken und einigen anderen Werkzeugen. Ihnen fehlte jedweder höhere Grad sozialer Schichtung und die Arbeitsteilung verlief ausschließlich entlang von Geschlechterlinien. [...] Mit anderen Worten: im Vergleich zu uns waren sie die Quintessenz des ‚Einfachen'.“[105]

Greenwood und Stini untersuchten die Vorstellung von der Einfachheit der Aborigines etwas genauer und kamen zu folgendem Ergebnis: Der einfache technologische Werkzeugkasten der Aborigines war für ihre Zwecke nicht nur sehr gut geeignet, sondern auch vollkommen ausreichend. Mehr wurde nicht gebraucht. Ihr Wissen über ihre physische Umwelt einschließlich der gesamten Tierwelt war dagegen ausgesprochen komplex. Zusätzlich verfügten sie über eine Fülle von klimatologischem und botanischem Wissen. So konnten sie vieles aus ihrer natürlichen Umwelt erkennen und nutzen, was wir noch nicht einmal zu identifizieren in der Lage sind. Nur weil dieses enorme Wissen keinen physischen Gegenpart in Form von Werkzeugen und Büchern hatte, schien ihre Technologie einfach. Das heißt für Greenwood und Stini: Hier muss zwischen Technologie als Werkzeugen und Technologie als Wissen und Fähigkeiten unterschieden werden. Wenn wir

---

103 Allerdings wird nach Schlatter im Norden Australiens auch von Landwirtschaft berichtet. Er zitiert Roberts (1979: 19), die berichtet: *„In den besser bewässerten Teilen bearbeiteten sie ihr Land, gewannen durch Rodung Weideland, züchteten Weidevieh und bauten regelmäßig Felder mit Hackfrüchten an, wie z. B. yamwurzel [sic!].“* (Schlatter 1985: 29).

104 Vgl. Paul 1980: 278. Zu den durch die europäische Besiedlung des australischen Kontinents entstandenen Landrechtskonflikten siehe z. B. Lane 2003.

105 Greenwood und Stini 1977: 420f.; Übersetzung der Autorinnen.

diese Unterscheidung treffen, ist es nicht mehr so einfach zu bestimmen, was eine komplexe oder was eine einfache Technologie sein soll.[106]

Wie wichtig diese Unterscheidung ist, wird z.B. auch an dem vielleicht berühmtesten technologischen Gerät der Aborigines, dem Bumerang, deutlich. Die Herstellung von Bumerangs aus einfachsten Mitteln wie gekrümmten Ästen erfordert ein hohes Maß an physikalischem Know-how.

Bumerang – Wunderwaffe der Aborigines?

„Bumerangs fliegen schnell, um ihre Querachse rotierend, geradeaus und ihre Flugbahn behält die beim Loslassen gegebene Richtung bei, wodurch dem Wurf ein hoher Grad an Treffsicherheit zukommt. [...] Aborigines können größere Tiere wie Känguruhs oder Emus auf 100 m und mehr zur Strecke bringen. Das Gewicht des Bumerangs spielt dabei eine Rolle; so lassen sich mit Waffen von 300 g bis 400 g, die bis 180 m weit fliegen, die besten Ergebnisse erzielen.“[107]

Eine besondere – und vielleicht für Nicht-Aborigines die faszinierendste – Form dieser Gerätschaft ist der so genannte Rückkehrbumerang. Wurf- und Luftbewegungen müssen genauestens aufeinander abgestimmt sein, z.B. darf ein Rückkehrbumerang nicht mit der Windrichtung geworfen werden. Richtet man sich nach den Wurf- und Luftbewegungen, dann beschreibt er seine berühmte Flugkurve, an deren Ende er zum Werfer zurückkehrt. Nach Schlatter war der Rückkehrbumerang vor allem ein Geschicklichkeitsspielzeug und wurde nur gelegentlich zur Vogeljagd benutzt. Dann allerdings fällt er dort, wo er trifft, auch zu Boden. Erst 1939 konnten Wissenschaftler mit Formeln und Schaubildern erstmals den Flug des Rückkehrbumerangs erklären.[108] Aber noch 1956 wurden wissenschaftliche Erläuterungen dieses Phänomens unter dem Titel *„Das Mysterium des Bumerangs“* veröffentlicht.[109]

---

106 Greenwood und Stini 1977: 421.
107 Schlatter 1985: 79f.
108 Ebd.: 75.
109 Cornish 1956.

Abb. 26: Das Rätsel des Bumerangs (Zeichung: Susanne von Bülow)

Neben der Technologie untersuchten Greenwood und Stini auch die Sozialstruktur der Aborigines – und konstatierten, dass ihre sehr komplexe Form der sozialen Organisation Generationen von Ethnologinnen und Ethnologen Kopfschmerzen beschert hat. Greenwood und Stini berichten sogar von einem frustrierten Kollegen, der die Vermutung anstellte, die Aborigines würden wohl ihre gesamte freie Zeit darauf verwenden, mit den Regeln ihres Heiratssystems zu spielen, um die Ethnologen zu verwirren.[110]

Greenwood und Stini schlussfolgern: Auf den zweiten Blick wird die Einfachheit der Aborigines plötzlich sehr problematisch. Erstens basieren die Bedeutungen von „einfach" und „komplex" auf unseren eigenen kulturellen Vorstellungen. Zweitens hängt die Charakterisierung einer Kultur oder einzelner ihrer Aspekte als „einfach" oder „komplex" sehr davon ab, wie man beide Begriffe definiert.

Die Aussage *„Aborigines haben eine einfache Technologie"* kann nach Greenwood und Stini daher nichts anderes bedeuten als *„im Vergleich zu uns haben die Aborigines ein kleines Inventar materieller Mittel, um mit ihrer Umwelt umzugehen"*. Das sagt nichts darüber aus, ob die jeweiligen Werkzeuge nützlich und für den Gebrauch im jeweiligen Kontext gut angepasst und daher ausreichend sind. Noch weniger sagt es über die Komplexität des vorhandenen Wissens und der entsprechenden Anwendungsfähigkeiten aus. Betrachtet man das soziale System der Aborigines im Vergleich mit unserem, kann der Begriff „einfach" nur im Zusammenhang mit Arbeitsteilung und sozialer Differenzierung im Sinne von sozialer Schichtung verwendet werden. Vergleicht man dagegen ihr Heiratssystem

---

110 Greenwood und Stini 1977: 421.

mit unserem, dann ist – so Greenwood und Stini – unser Heiratssystem das einfache.[111]

Misst man also Komplexität mit den eigenen Maßstäben, wie dies in evolutionistischen Modellen geschieht, dann sind die kulturellen Aspekte, bei denen Komplexität erwartet wird, eben diejenigen der eigenen Kultur. Bei kulturellen Aspekten, von denen keine Komplexität erwartet wird, besteht andererseits schnell die Gefahr, sie in fremden Kulturen entweder einfach zu übersehen oder als irrelevant zu werten.

Auch die Aborigines in Australien wurden zur Zielgruppe vielfältiger „Zivilisierungsmaßnahmen" der neuen europäischen Siedlerbevölkerung.[112] Grundlage war das Bild der Europäerinnen und Europäer vom „primitiven Ureinwohner". John Turnbull schrieb z.B. 1813 über sie: *„Diese indigenen Bewohner dieser abgelegenen Region sind in der Tat jenseits jeglichen Vergleichs die barbarischsten auf dem gesamten Globus. [...] Die Anwesenheit von Europäern hat bisher keinerlei Ergebnis gezeigt, die Eingeborenen befinden sich immer noch in demselben Zustand wie in den Tagen unserer ersten Siedlungen. [...] Mir scheinen sie, in der Tat, insgesamt die dümmste und unbewussteste Menschenrasse zu sein, die ich je gesehen habe."*[113]

Was können Schülerinnen und Schüler heute über die Aborigines lernen? In der 5. Klasse lernen sie in der Regel im Geschichtsunterricht, dass die Ureinwohnerinnen und -einwohner Australiens heute noch so ähnlich leben würden wie die Wildbeuter oder Naturvölker der Steinzeit[114]. Zu den Materialien der Schulbücher gehört unter anderem auch ein Foto von zwei Aborigines, die gerade ein Feuer entzünden. Die Bildunterschrift lautet: *„**Feuer entzünden wie die Urmenschen,** Foto, 1989. Noch heute beherrschen einige Ureinwohner Australiens die Technik des Feuermachens mit einfachen Mitteln."*[115] Hier zeigt sich ein aktueller Trend vieler Schulbücher: Die meisten Verlage versuchen, die ethnozentrische Falle mit einer Positivwertung der Kenntnisse der entsprechenden Menschen zu umgehen. Trotzdem suggeriert der Vergleich mit der Steinzeit immer wieder, diese Kulturen hätten sich nie weiter entwickelt und hätten in ihrer gesamten Geschichte keine Erfindungen gemacht. Auch der Begriff „Naturvölker" gehört, wie oben bereits erläutert, in diese Kategorie.[116]

---

111 Ebd.
112 Dazu gehörte u.a. auch die Zwangsverschulung von Aborigine-Kindern, oft in weit entfernten Internatsschulen. Die Kinder wurden häufig gewaltsam von ihren Eltern getrennt (vgl. z.B. Kidd 1997: 21ff.)
113 Turnbull, zitiert in Reynolds 1989: 101; Übersetzung der Autorinnen.
114 Vgl. u.a. Lendzian 2008a: 48 (Schöningh: Zeiten und Menschen 1, Gymnasium); Sauer 2008: 36, (Klett: Geschichte und Geschehen 1, Klett, Gymnasium); Christoffer, Heimbach, Jabs u.a. 2004: 135 (Klett: zeitreise 1, Realschule); Brokemper, Köster und Potente 2003: 40ff. (Cornelsen: Geschichte Real 1, Realschule). Die Inuit und die San werden ebenfalls zu dieser Kategorie gezählt.
115 Regenhardt 2008: 17 (Cornelsen: Forum Geschichte Kompakt 1, Gymnasium), Hervorhebung im Original.
116 Vgl. auch Kapitel 3.3: Wo ist der Mittelpunkt der Welt? – Exkurs Evolutionismus und Ethnologie – *„... die Geister, die ich rief"*?

In *Zeiten und Menschen 1* wird besonders der Aborigines-Gruppe der Mardu in Zentralaustralien ein ganzes Kapitel gewidmet: *„Naturvölker heute. Ein Tag im Leben der australischen Ureinwohner."*[117] Das Buch arbeitet mit einer ethnologischen Quelle aus dem Jahr 1966, die einem Artikel über Australiens Aborigines aus den 1990er Jahren entnommen ist.[118] Der Autor dieses von *Zeiten und Menschen 1* genutzten Artikels ordnet die Forschung bei den Mardu selbst explizit nicht als kulturevolutionistisch im Sinne von „Einblicke in die Steinzeit" ein, sondern folgendermaßen: *„Das Land der Mardu, das den westlichen Teil dieser gewaltigen Wüste umfaßte, war eines der letzten Gebiete, in die die Europäer eindrangen, und einige Mardu lebten noch in den sechziger Jahren nach ihrer traditionellen Lebensweise. Diese erlaubte den Anthropologen, sich ein umfassendes Bild von der vorkolonialen Welt zu machen und gab uns einen unschätzbaren Einblick in das überlieferte Leben der Aborigines."*[119] Auch der Herausgeber der Reihe setzt sich kritisch mit dem Titel des Bandes *„Naturvölker heute"* auseinander und definiert ihn explizit nicht kulturevolutionistisch: *„Dennoch haben wir den Mut, den [...] letzten Band der Reihe ‚Naturvölker heute' zu nennen – ein Titel, der sich auf die reiche, aber ständig zurückgehende Vielfalt nicht-industrialisierter Kulturformen bezieht. [...] Über lange Zeit war das Bild der europäischen Siedler über Menschen, die nicht der westlichen Kultur angehörten, von der festen Überzeugung geprägt, daß die westliche Kultur den Gipfel der Menschheitsgeschichte darstellte. [...] Es wäre jedoch völlig falsch, die Weltgeschichte nur als Geschichte der westlichen Expansion zu verstehen. Sie ist vielmehr das Ergebnis tausender Kulturformen, die miteinander in Kontakt kommen und einander beeinflussen."*[120]

Trotzdem sollen die Schülerinnen und Schüler anhand des Textes über die Mardu Unterschiede und Gemeinsamkeiten zwischen *„den Mardu und unseren Vorfahren in der Steinzeit"*[121] herausarbeiten. Darüber hinaus sollen sie die von manchen Geschichtswissenschaftlern vertretene These der „Gleichzeitigkeit des Ungleichzeitigen" erklären und Position beziehen zu folgenden Aussagen:

1. *„Man sollte diese Menschen in Ruhe lassen; sie brauchen keine anderen Nahrungsmittel, keine Kleidung und auch keine moderne Medizin."*
2. *„Diese Menschen kann man nicht so primitiv weiterleben lassen."*[122]

In den Unterrichtsmaterialien werden die komplexen sozialen und rechtlichen Systeme der Aborigines genau so wenig erwähnt wie ihr komplexes technologisches Wissen oder Fragen kulturellen Wandels vor und nach der Kolonisation des australischen Kontinentes durch Europäerinnen und Europäer.[123]

---

117 Lendzian 2008a: 48f. (Schöningh: Zeiten und Menschen 1, Gymnasium).
118 Sackett 1994: 76ff.
119 Ebd.: 79.
120 Burenhult 1994: 1.
121 Ebd.: 48.
122 Ebd.
123 Zur für die Aborigines traumatischen Geschichte der Kolonisation Australiens vgl. z.B. die Quellensammlungen von Kidd 1997 und Reynolds 1989.

Horizonte 1. Geschichte aus dem Westermann-Verlag wirft allerdings einen ganz anderen Aspekt auf: Bis vor kurzem hatte man den Aborigines nicht zugetraut, Australien gezielt und auf dem Seeweg besiedelt zu haben. *Horizonte 1* stellt den Schülerinnen und Schülern eine andere Theorie zur Verfügung: *„Deshalb ist die Besiedlung von Australien/Neuguinea insofern besonders bedeutsam, als dafür Wasserfahrzeuge erforderlich waren und somit der älteste Beweis für den Gebrauch solcher Fahrzeuge durch den Menschen erbracht war. Erst rund 30 000 Jahre später tauchten Boote in einem anderen Teil der Welt auf, und zwar im Mittelmeerraum."*[124] Auch in Schöpfungsgeschichten der Aborigines heißt es, dass ihre Vorfahren die australische Küste mit Kanus erreichten.[125]

In der 7. Klasse Erdkunde wird das Thema Australien in vielen Schulbüchern wieder aufgegriffen und hier geht es vor allem um Landnutzung, die zum Teil auch die Aborigenes betrifft. Das *Diercke Erdkunde 2*-Buch für Realschule aus dem Westermann-Verlag fügt den Lerninhalten der 5. Klasse z. B. folgende hinzu:

Tourismus auf dem Vormarsch
„In den letzten Jahren haben die Dienstleistungen die Landwirtschaft in ihrer Bedeutung abgelöst. Aufgrund der landschaftlichen Vielfalt ist Australien zu einem beliebten Reiseziel geworden. Waren es 1984 erstmals mehr als eine Million Touristen, so kommen in den letzten Jahren etwa 4,5 Mio. Touristen jährlich auf den Kontinent ‚down under'. Vor allem Sporttouristen bereisen das Land: Ob auf großen ‚Tracks' durch den Dschungel oder unter Wasser im Great Barrier Reef – Touristen erkunden das Land und füllen so die Haushaltskasse Australiens. [...]"[126]

Schräg über dem Kasten findet sich ein unkommentiertes Foto von Aborigines in leichter Bekleidung und Körperbemalung. Eine Aufgabe zu den oben und im Folgenden genannten Materialien lautet nämlich: *„Nenne mögliche Gründe, warum Australien ein gut besuchtes Reiseland ist."*[127] Eine eigene Aufgabe wird dem Taucherparadies Great Barrier Reef gewidmet.

Den beiden australischen touristischen Kultur-Highlights, nämlich den archäologischen Stätten der Aborigines (*sites*) sowie der Aborigine-Kunst, wird keine Zeile gewidmet.[128] Besonders bekannt als Touristenmagneten sind Ayers

---

124 Baumgärtner und Fieberg 2007: 20 (Westermann: Horizonte 1. Geschichte, Gymnasium).
125 Vgl. z. B. Banduk 2003.
126 Latz 2011: 99 (Westermann: Diercke Erdkunde 2, Realschule).
127 Ebd.
128 In Breitbach und Richter 2004: 81 (Cornelsen: Mensch und Raum. Geographie 7, Gymnasium) finden sich allerdings entsprechende Hinweise auf die Nationalparks, die Einstellung von Aborigines als Ranger-Guides und ihren Beitrag als Kulturvermittler.

Rock (Uluru)[129] und der Kakadu Nationalpark. Beide befinden sich auf traditionellem Aborigine-Land und werden jedes Jahr von Tausenden von Touristinnen und Touristen besucht. Insbesondere die Felszeichnungen sind ein beliebtes Besichtigungsziel. Der Kakadu-Nationalpark ist mittlerweile von der UNESCO als Weltkulturerbe und als Weltnaturerbe anerkannt. Für die Aborigines ist mit der Betreibung des Parks auch der Wunsch verbunden, den „Weißen" ein besseres Verständnis für ihre Kultur und ihr Denken zu vermitteln.[130]

Touristen im Kakadu Nationalpark – Die Sicht von Aborigine-Landbesitzern

„Ich mag es, wenn Besucher zu den Ubirr-Felsen kommen, um die Felszeichnungen zu betrachten und die damit verbundenen Geschichten zu lernen. Die äußeren [oder öffentlichen Geschichten] sind gut, um sie den Besuchern zu erzählen und es ist sehr gut für die Kinder[131], sie zu kennen. Es ist gut für balanda *[die Weißen], über die Lebensweise der Aborigines zu lernen.[132]
Die* balanda, *die nach Ubirr kommen, verstehen nicht wirklich, was sie sehen. Sie rasen durch die Sites und dann zurück in ihre Busse. Sie bleiben nicht lange genug da. Wie können sie verstehen? [...] Nach einem Besuch der Ubirr-Felsen sollten sie etwas mehr verstanden haben, wie Aborigines denken und leben. "[133]*

Auch die Kunst der Aborigines ist mittlerweile in der ganzen Welt bekannt. Insbesondere ihre Punktmalerei ist heute eine hochdotierte Kunst in Australiens Galerien, Museen und auf dem globalen Kunstmarkt.[134] Bei der öffentlichen Darstellung der Bildmotive geht es – wie bei Besuchen der *Sites* – vor allem darum, den (weißen) Betrachtern die Kultur der Aborigines näher zu bringen bzw. sie in ihrer Kultur zu unterrichten.[135]

Aber auch die Tourismusindustrie und andere Unternehmen haben ihre Bildmotive entdeckt und sie gewinnbringend auf Souvenir- und Exportartikeln vermarktet, z.B. als Aufdrucke auf verschiedensten „Australien-Produkten". Dies

---

129 Der Ayers Rock liegt im Ulurua-Kata Tjuta National Park (bzw. Ayers Rock-Olgas National Park).

130 Vgl. auch die offizielle Seite des Kakadu-Nationalparks www.kakadunationalpark. com/.

131 Damit sind auch die Aborigine-Kinder gemeint. Die äußeren oder öffentlichen Versionen der Geschichten stehen am Beginn der Wissensvermittlung an die nächste Generation.

132 In allen Kunstformen gibt es öffentliche und nicht-öffentliche Versionen sowie Versionen für verschiedene Wissensgrade der Adressaten. (Vgl. z.B. für die Yolngu Morphy 1983, Morphy 1991 und Morphy 1992 sowie Federal Court of Australia 1998 für die Ganalbingu).

133 Neijie 1984: 41; Übersetzung der Autorinnen.

134 Vgl. z.B. Morphy 1995.

135 Vgl. z.B. Federal Court of Australia 1989: 2.

geschieht häufig ohne Wissen und Einwilligung der Aborigines. In zwei aufsehen-erregenden Fällen in den 1990er Jahren verklagten einige Aborigine-Kunstschaf-fende mehrere Unternehmen auf unautorisierte Reproduktion ihrer Kunstwerke und damit Verletzung ihrer Urheberrechte. In einem Fall ging es um die Verwen-dung auf Textilien, in einem anderen Fall um die Nutzung auf Teppichen.[136] In beiden Fällen mussten die betroffenen Firmen die entsprechenden Produkte vom Markt nehmen.

Bei der Urteilsfindung setzte sich das Gericht auch mit der Rechtslage nach Aborigine-Recht auseinander. Hier stehen komplexe kollektive intellektuelle Ei-gentums- und Nutzungsrechte an Wissen, die Beziehung zwischen Kunst und Landrechten sowie bestimmte kulturelle Pflichten in Bezug auf die Nutzung von künstlerischen Motiven im Vordergrund. Natürlich sind diese Dimensionen mit den Bestimmungen der Urheberrechtsgesetzgebung für individuelle künst-lerische Produkte nicht zu fassen. Trotzdem wurden die Unterschiede zwischen den Rechtssystemen analysiert und Bereiche benannt, in denen die Erfassung des Sachverhaltes aus Aborigine-Sicht mit der gegenwärtigen australischen Gesetzge-bung nicht geleistet werden kann.

Die Gerichtsverfahren fanden auch Eingang in eine Studie der Aborigine-An-wältin Terri Janke über die Verletzungen intellektueller Eigentumsrechte von Abo-rigines durch kommerzielle Nutzung, die sie für die Weltorganisation für geistiges Eigentum (*World Intellectual Property Organization* – WIPO) verfasste.[137] WIPO richtete im Jahr 2000 einen Ausschuss ein, der u. a. unterschiedliche Ansätze von indigenen Völkern und lokalen Gemeinschaften hinsichtlich des Schutzes ihres so genannten traditionellen Wissens diskutiert und Vorlagen für neue adäquate inter-nationale Rechtsformen entwickelt.

Auch populärethnologische Bücher wie Marlo Morgans Bestseller *Traumfän-ger* versuchen, mit der Kultur der Aborigines Gewinne zu erzielen: *„Das Problem mit dem Traumfänger ist: Als authentischer Erlebnisbericht einer Botschafterin der letzten wirklichen Aborigines [...] aufgemacht, ist er eine Fälschung. Marlo Morgan war nie im* Outback, *ihr angeblicher Gewährsmann, der dem Buch Au-thentizität verleihen sollte, ist mit den Stammestraditionen nicht vertraut und sie plaudert angebliche Stammesgeheimnisse und geheime Zeremonien in ihrem Buch aus, die sie, ernst genommen, nie hätte veröffentlichen dürfen. Die Verbreitung von Morgans Büchern wird deshalb von den Aborigines erbittert bekämpft."*[138]

* * *

Exkurs: Das Stereotyp vom „Steinzeitmenschen"

Wie in den Beispielen von San, Inuit, Aborigines und anderen Sammlerinnen und Jägern bzw. Wildbeutern gezeigt, ist auch in heutigen Schulbüchern ein Stereotyp

---

136 Federal Court of Australia 1998 und Federal Court of Australia 1994.
137 Jenke 2003.
138 Schönhuth 2004: 89; vgl. auch Postert 2004.

vom „Steinzeitmenschen" vorhanden. Das den Schülerinnen und Schülern vermittelte Bild besagt: Diese Kulturen stehen auf einer steinzeitlichen Stufe, besser gesagt sogar auf einer altsteinzeitlichen, die unsere Vorfahren schon seit Tausenden von Jahren verlassen haben. Sie entwickeln sich nicht weiter, haben sich bis zum ersten Kontakt mit Europäern nie gewandelt und sind einfach.[139]

Ethnien wie die Papua in Neuguinea oder die Yanomami in Venezuela und Brasilien, die Landwirtschaft betreiben, werden ebenfalls als „Steinzeitmenschen" klassifiziert, allerdings jedoch in der Regel der Jungsteinzeit zugeordnet. In manchen Schulbüchern werden die Yanomami z. B. als *„Waldindianer"* bezeichnet.[140] Allerdings gibt es mittlerweile ebenfalls Erdkundebücher, die den Begriff *„indigene Völker"* verwenden.[141] Häufig findet man auch den Begriff „Naturvölker", der Vorstellungen ähnlich dem „Leben auf Steinzeitniveau" beinhaltet. Beispielsweise heißt es in einem Erdkundebuch aus dem Jahr 2011 unter der Überschrift *„Leben im Einklang mit der Natur"*: *„In den tropischen Regenwäldern leben auch heute noch zahlreiche Naturvölker – so wie seit Jahrhunderten. Sie haben ihre Lebensweise den Naturbedingungen gut angepasst."*[142]

Dieses Bild beruht auf in der Ethnologie längst widerlegten Theorien von kultureller Evolution aus dem 19. Jahrhundert.[143] Nach Barnard haben europäische Denker Sammlerinnen und Jäger eben über einen langen Zeitraum hinweg benutzt, um eine positive oder negative Verkörperung einer „Menschheit im Naturzustand" zu kreieren.[144] Dabei sind die stereotypen Vorstellungen von den „Steinzeitmenschen" oder „Naturvölkern" oftmals faktisch falsch. Vielfach beruhen sie auf einem Mangel an Informationen.

Vorratshaltung

Häufig wird in Geschichtsbüchern z. B. von europäischen Sammlerinnen und Jägern der Steinzeit berichtet, dass sie keine Vorratshaltung gehabt, ohne längerfristige Planung von einem Tag auf den anderen gelebt und daher keine Ernährungssicherheit gekannt hätten. Dieses Bild wird oft implizit auf heutige Gesellschaften übertragen, deren Wirtschaftsweise Sammeln und Jagen umfasst. Damit wird ihnen generell auch ein ähnliches Verhalten unterstellt. Hier wird ein Bild entwor-

---

139 Vgl. auch Kapitel 3.3: Wo ist der Mittelpunkt der Welt? – Exkurs: Evolutionismus und Ethnologie – *„… die Geister, die ich rief"*?

140 Vgl. z. B. Böning, Broscheit, Cichon u. a. 2005: 106f. (Schroedel: grenzenlos, Hauptschule).

141 Z. B. Rausch und Rütten 2004: 70f. (Klett-Perthes: Terra 7/8, Gymnasium), in der Terra-Ausgabe für die Realschule von 2011 heißt es allerdings *„Ureinwohner"* (Palmen und Schminke 2011: 30f. (Klett: Terra Erdkunde 2, Realschule).

142 Blumberg, Bösch und Castelle 2011: 72 (Schroedel: Seydlitz Erdkunde 2, Realschule). Zum Begriff Naturvölker vgl. auch Kapitel 3.3: Wo ist der Mittelpunkt der Welt? – Exkurs: Evolutionismus und Ethnologie Ethnologie – *„… die Geister, die ich rief"*?

143 Vgl. Kapitel 3.3: Wo ist der Mittelpunkt der Welt? – Exkurs: Evolutionismus und Ethnologie – Ethnologie *„… die Geister, die ich rief"*?

144 Barnard 1999: 375.

fen, das die Realität nur sehr bedingt trifft. Sicherlich gab und gibt es – insbesondere in Regionen mit extremen klimatischen Bedingungen wie der Arktis oder Wüstengegenden – Situationen, in denen nicht genügend Nahrungs- oder Wasserressourcen zur Verfügung standen oder stehen, um das Überleben zu sichern. Sammlerinnen und Jäger weltweit hatten und haben daher eine Vielfalt von Strategien entwickelt, um mit meist zeitlich bedingten Engpässen in der Nahrungssituation (z. B. in Kälteperioden oder Dürren) umzugehen. Die mangelnde Ernährungssicherheit war daher selten ein Dauerzustand.

In den Sammlerinnen- und Jäger-Kulturen in den subarktischen Gebieten ist z. B. das Räuchern von Fisch eine beliebte Konservierungsart, um Essensvorräte anzulegen. In den Plains- und Präriegebieten Nordamerikas wurde getrocknetes Fleisch – *pemmikan* – als Reiseproviant und Wintervorrat genutzt. Nach Hartmann wurde das Fleisch in Streifen oder Fladen geschnitten und an speziellen Gerüsten zum Trocknen ausgehängt. War der Dörrprozess abgeschlossen, wurde das getrocknete Fleisch pulverisiert und die so gewonnene Masse mit heißem Fett übergossen. Vielfach wurden dann noch Traubenkirschen und Beeren hinzugefügt. Das Produkt, so Hartmann, *„zeichnete sich durch Wohlgeschmack und Haltbarkeit aus [...]. Viele Weiße [...] gewöhnten sich so sehr an diese indianische Konserve, daß sie schließlich nicht mehr darauf verzichten mochten."*[145]

In manchen Fällen ist Vorratshaltung noch nicht einmal als solche zu erkennen. Bei den San kann es z. B. wesentlich sinnvoller zu sein, die Vorräte im Sand der Kalahari zu belassen, bis man sie benötigt, als sie zu lagern.

Vorratshaltung der San in den frühen 1950er Jahren
Bi Wurzeln sind ein Hauptnahrungsmittel der San während der Trockenzeit in der Kalahari. Die Wurzel ist sehr wasserhaltig und wird deshalb auch als Wasser-Ressource genutzt. Das Vorkommen von *Bi* Wurzeln im Nutzungsterritorium einer San-Gruppe ist natürlicherweise begrenzt. Deshalb werden die Wurzeln in der Erde gelassen, wenn sie nicht gebraucht werden. Anders kann ihr Wassergehalt nicht konserviert werden. Die San teilen sich in ihren Alltagsgesprächen gegenseitig mit, wer welche Vorräte in der Wüste genutzt hat. Deshalb weiß jeder sehr genau, welche Wurzeln noch da sind und welche nicht.[146]

Auch die Vorstellung, alle Sammlerinnen und Jäger würden ihr Jagdglück ohne Planung und Ressourcenmanagement dem Zufall überlassen, ist falsch. Die Inuit z. B. verfügen über ein sehr genaues Wissen hinsichtlich der Migrationsrouten der Tiere, die sich permanent oder zeitweise in ihrem Jagdterritorium aufhalten. An-

---

145 Hartmann 1979: 64.
146 Marshall Thomas 1977: 103 und 106f.

hand dieses Wissens planen sie ihre Jagdtätigkeiten.[147] Auch die Cree in Kanada haben ein gut geplantes Management-System für den Tierbestand in ihrem Gebiet. Das Territorium der James Bay Cree z. B. ist in kleinere Jagd- und Fallenstellereigebiete der verschiedenen Großfamilien eingeteilt. Jede *trapline* wird von einem so genannten *otchimaw* verwaltet, dem ein nachhaltiges Ressourcenmanagement obliegt. Durch ständige Kommunikation mit den Jägern und Fallenstellern kann er stets vorgeben, zu welchem Zeitpunkt in welchen Gebietsteilen seiner *trapline* gejagt werden kann. Darüber hinaus wird mit Hilfe des ständigen Monitorings des Tierbestandes sowie Vergleichen mit vorherigen Jahren berechnet, wie viele Tiere in der aktuellen Jagdsaison getötet werden können. Einen ähnlichen Funktionsträger gibt es für das Management des Gänsebestandes.[148] Für den Wechsel zwischen verschiedenen Jagdgebieten innerhalb einer *trapline* ist eine hohe Mobilität notwendig.

Ähnliches gilt für so genannte Hirtennomaden,[149] die aufgrund ihrer mobilen Lebensweise im evolutionistischen Denken häufig ebenfalls auf einer sehr niedrigen Kulturstufe angesiedelt werden – allerdings oberhalb der „Wildbeuter". Viele Samen in den arktischen Regionen Norwegens, Schwedens, Finnlands und der Russischen Föderation leben z. B. von der Rentierzucht. Dabei legen sie mit ihren Herden oft hunderte von Kilometern zwischen ihren Winterweiden in der Taiga und ihren Sommerweiden in den Berg- und Küstenregionen zurück. Diese Wanderungen sind notwendig, weil die Tiere die Waldgebiete erstens aufgrund der im Sommer einsetzenden Mückenplagen verlassen müssen und zweitens ihr Nahrungsbedarf zwischen Sommerfutter und Winterfutter wechselt, das jeweils auf den Sommer- bzw. Winterweiden zu finden ist. Bewirtschaftet wird das Weideland anhand eines gut geplanten Rotationssystems. Dazu wird es in verschiedene Weidezonen eingeteilt, die nach mehrjähriger Nutzung einer ebenfalls mehrjährigen Brachezeit unterliegen. Innerhalb der einzelnen Zonen werden die Weideplätze auch regelmäßig gewechselt. Dieses Rotationssystem dient dazu, die sensiblen Ökosysteme der Taiga und Tundra nicht zu übernutzen. Die Nutzungsrechte an dem jeweiligen Weideland sind dabei sehr genau definiert.[150]

---

147 Vgl. z. B. Lynge 2007: 10 und Irniq 2004: 20ff. für den jährlichen Jagdzyklus der Inuit auf die verschiedenen Tierarten und Kap. 4.1: Ethnozentrimus in Schulbüchern? – Beispiel 2: Die Inuit.

148 Vgl. Feit 1999: 42, Brightman 1993: 319 und Feit 1973. Innerhalb der Ethnologie wird debattiert, wann diese Management-Praktiken entstanden sind und wie groß z. B. der Einfluss des von der Hudson Bay Company betriebenen Pelzhandels in der Region bei der Entwicklung dieses Systems gewesen ist.

149 Nach Bollig werden als Hirtennomaden *„vorrangig von Herdenhaltung lebende Bevölkerungen"* bezeichnet, *„die aufgrund saisonaler Schwankungen im Futterangebot, politischer Bedingungen und kultureller Muster räumlich mobil sind."* (Bollig 2005b: 174).

150 Vgl. Bußmann u. a. 2011: 167ff.

Brandrodungsfeldbau – eine komplexe Anbaumethode von „Naturvölkern" auf schwierigen Böden

Teilweise sind jedoch nicht nur die in den Schulbüchern vermittelten Bilder über andere Kulturen falsch oder verzerrt, sondern auch die über diese Gesellschaften vermittelten Fakten. Beispielsweise werden die Yanomami im Amazonasgebiet oder die Papua in Neuguinea häufig als Sammlerinnen und Jäger klassifiziert. Beide Ethnien betreiben jedoch Brandrodungsfeldbau[151] und sind deshalb keineswegs als „Wildbeuter" einzuordnen, wollte man denn den evolutionistischen Kategorien folgen. Die Yanomami beispielsweise erwirtschaften durch Jagen und Sammeln zusätzliche Nahrungsmittel, bauen jedoch den größten Teil in den nahe ihrer Dörfer liegenden Gärten an. Auch die Papua haben eine solche vielfältige Wirtschaftsweise, oft kommt hier noch die Tierhaltung – vor allem Schweine- und Hühnerzucht – hinzu.

Auch hier zeigt sich, dass die Vorstellung, „Naturvölker" würden sich in ihrer Lebensweise ausschließlich der Natur anpassen, ohne sie zu gestalten, der Lebensrealität dieser Gesellschaften nicht entspricht. Denn gerade der Brandrodungsfeldbau ist ein besonders gutes Beispiel für ein komplexes Anbausystem auf Böden mit schnell erodierender Humusschicht, das ein hohes Maß an ökologischem und landwirtschaftlichem Wissen voraussetzt. Gleichzeitig stellt es einen menschlichen Eingriff in das Ökosystem Regenwald dar, der die Umwelt verändert und deshalb auch ein nachhaltiges Wirtschaften notwendig macht.

Der Brandrodungsfeldbau der Yanomami

„Mit Buschmessern und Äxten schlagen sie zunächst die Sträucher und kleineren Bäume eines Waldstücks ab. Das Holz lassen sie mehrere Monate zum Trocknen liegen. Danach wird es mit der gesamten Pflanzendecke abgebrannt. Die nährstoffreiche Asche düngt den Boden.

*Doch der ständige Regen wäscht die Nährstoffe nach und nach aus dem Boden aus. Der Ertrag der Flächen wird damit immer geringer. Nach drei bis fünf Jahren ist er schließlich so niedrig, dass die Yanomami die Felder nicht mehr bearbeiten. Sie roden in wenigen Hundert Metern Entfernung des Dorfes neue Waldflächen und verlagern auch ihre Siedlungen dorthin. Die Yanomami betreiben **Wanderfeldbau**. Sie leben im Wald und vom Wald – zerstören ihn aber nicht. Sie roden immer nur kleine Flächen. Auf den verlassenen Feldern wächst mit der Zeit neuer Wald. Es vergehen Jahrzehnte, bis diese Flächen erneut zum Feldbau genutzt werden können."*[152]

---

151 Siehe auch die Unterrichtseinheit *Popcorn – Mais ist mehr als ein Snack* unter UE 11.
152 Blumberg, Bösch und Castelle 2011: 73 (Schroedel: Seydlitz Erdkunde 2, Realschule).

Obwohl der Brandrodungsfeldbau in vielen Schulbüchern der 7. Klasse Erdkunde im Ansatz beschrieben und seine Prinzipien in Teildetails vermittelt werden, bleibt parallel dazu auf denselben Seiten des Unterrichtsmaterials oft das Bild vom „Naturvolk" bestehen, wenn es sich um die Yanomami oder Papua handelt. In Bezug auf Afrika ist dies seltener der Fall. Hier wird in groben Zügen über die Anbaustrategien und die Logik der landwirtschaftlichen Methoden in Kamerun[153], Gabun[154] oder „der Bantu-Ackerbauern in Zentralafrika"[155] berichtet.

Nach Håkansson wurde diese Anbauform vielfach missverstanden – oft aufgrund von Vorurteilen. Brandrodungsfeldbau wurde häufig als irrational und umweltschädigend per se wahrgenommen. Entsprechende politische Versuche in vielen so genannten Entwicklungsländern, ihn zu kontrollieren oder auszurotten, basierten sämtlich auf der Prämisse, er sei eine unproduktive, unwissenschaftliche und unökologische Methode der Landnutzung. Einer der gravierendsten Vorwürfe ist nach Håkansson die Rodung von Urwald als Teil des landwirtschaftlichen Zyklus dieser Anbauweise, was als hochgradig umweltschädigend gesehen werde. Auch die Feuerrodung selbst sei häufig mit Sorge betrachtet worden. Man glaubte, sie sei eine Quelle von Waldbränden, die die Primärwälder weiter zerstören würden. Dabei sei beispielsweise außer Acht gelassen worden, dass zum Brandrodungsfeldbau auch ein Maßnahmenpaket zur Verhinderung von Waldbränden gehöre, was beispielsweise für den Plantagenanbau nicht unbedingt gelte.[156] So zeigte sich z. B. das Europäische Parlament im Jahr 1997 in einer Entschließung *„zutiefst besorgt über die Krise, die in Südostasien infolge Tausender unkontrollierbarer Waldbrände, insbesondere auf den indonesischen Inseln Sumatra, Kalimantan, Celebes, Irian Jaya sowie anderen Inseln entstanden ist"*.[157] Das Parlament stellte fest, *„daß zahlreiche Brände von Großunternehmen gelegt wurden, um Land für das Anlegen von Ölpalmenplantagen sowie den Ausbau von Zellstoff- und Kautschukbetrieben zu gewinnen, während die Regierungen davon ablenken und dem schon lange praktizierten System der Brandrodung in der Landwirtschaft die Schuld geben."*[158]

Heute wird der Brandrodungsfeldbau in Schulbüchern eher als nachhaltige Anbauweise dargestellt, die die Böden in Regenwaldregionen ausgesprochen gut zu nutzen weiß. Dasselbe gilt auch für Hanglagen von Bergregionen. Die ganze Komplexität und Logik dieses ausgefeilten Systems wird hingegen oft nicht deutlich. In Guatemala und Mexiko ist z. B. der so genannte *milpa*-Anbau weit verbreitet. Auf den mit Brandrodung vorbereiteten Feldern werden Mais, Bohne und Kürbis gepflanzt. In indianischen Kulturen Nordamerikas wird diese Kombinati-

---

153 Breitbach und Richter 2004: 48 (Cornelsen: Mensch und Raum. Geographie 7, Gymnasium).
154 Böning, Broschert, Cichon u. a. 2005: 104f. (Schroedel: grenzenlos 2, Hauptschule).
155 Latz 2011: 63 (Westermann: Diercke Erdkunde Band 2, Realschule) und Latz 2009b: 32f. (Westermann: Diercke Geographie 2, Gymnasium).
156 Nach Håkansson 2001: 9f.
157 Entschließung des Europäischen Parlamentes 1997.
158 Ebd.

on ebenfalls häufig genutzt und ist auch unter der Bezeichnung „Die drei Schwestern" bekannt.

Der *milpa*-Anbau aus Sicht eines Amerikaners

„*Der traditionelle Ackerbau in Nord- und Mittelamerika gründete sich auf das kleine Feld, genannt milpa, das weder gepflügt noch in ordentlichen Reihen bestellt wurde. Stattdessen häuften die indianischen Bauern kleine Hügel an, auf denen sie ihren Mais anpflanzten. Anders als bei gepflügten Reihen spült der Regen von so einem kleinen Hügel relativ wenig Erdreich fort, so dass die Bodenerosion gering bleibt.*

Auf vielen Maya-Farmen im heutigen Yucatán wird das Land nach diesen Regeln bestellt. Eine solche Farm sieht anders aus als wir uns vielleicht einen Bauernhof mit Wiesen und Feldern vorstellen; sie gleicht eher einer verlassenen Gegend nach einem Waldbrand. Das Feld zieht sich wie ein schwarzer Tintenfleck über das Land. Auf dem verkohlten Erdboden ragen nur teilweise verbrannte Baumstämme und Stumpen empor, und Mais, Kürbis und verschiedene Bohnenarten scheinen beliebig durcheinander zu wachsen.

Erst nachdem man mit den Bauern gesprochen hat, erkennt man das komplizierte System."[159]

Der gemeinsame Anbau von Mais, Kürbis und Bohnen hat eine Reihe von Vorteilen. Die Maispflanzen dienen als Gerüst für die Bohnen, die an ihren Stengeln emporklettern. Würde nur Mais angebaut, würde sich die Bodenqualität schnell verschlechtern, weil Mais dem Boden viel Stickstoff entzieht. Bohnen führen dem Boden jedoch Stickstoff und Mineralien zu, was eine optimale Düngung für den Mais bedeutet. Die großen Blätter der Kürbisse wiederum schützen den Boden vor dem Austrocknen und vor Erosion durch Regen und Wind.

Auch die Nutzung der Artenvielfalt von gelbem über weißen bis schwarzen Mais und ihre unterschiedlichen Ansprüche an Bodenqualität und Höhenlage sind eine wichtige Ergänzung des *milpa*-Systems. Insbesondere Kleinbauern, die nur Zugang zu Land mit schlechter Bodenqualität haben, können diesem Problem durch Nutzung von Artenvielfalt bis zu einem gewissen Grad begegnen.[160]

Wissenschaftliche Untersuchungen aus den 1990er Jahren über die Kombination von Mais, Kürbis und Bohnen kamen zu dem Ergebnis, dass diese Anbauweise auch den Schädlingsbefall verringert. Denn mit dieser Mischung werden Insekten angezogen, die sich von den Pflanzenschädlingen ernähren und damit den Befall in Grenzen halten. Das an den *milpa*-Rändern wachsende Grünpflanzengemisch mag vielleicht für einen „westlichen Blick" wie Unkraut aussehen, ist aber eben-

---

159 Weatherford 1995: 103.
160 Siehe auch die Unterrichtseinheit *Popcorn – Mais ist mehr als ein Snack* unter UE 11.

Abb. 27: Anbau auf der *milpa* (Zeichnung: Susanne Einfeld)

falls ein Schädlingsbekämpfungsmittel. Indem die Randbepflanzung selbst Schädlinge anzieht, schützt sie Mais, Bohnen und Kürbis auf den Feldern.[161]

Ein Problem, das der Brandrodungsfeldbau heute mit sich bringt und das in einigen Schulbüchern thematisiert wird, hat sowohl mit den steigenden Bevölkerungszahlen in den Regenwaldregionen als auch den schwindenden Flächen durch Abholzung für Plantagenwirtschaft, großangelegte Rinderhaltung oder Export von Tropenhölzern zu tun. Auf den immer kleiner werdenden Flächen für immer mehr Menschen kann der Brandrodungsfeldbau zu einer zusätzlichen Belastung für die Umwelt werden. Aber auch Straßen- und Staudammprojekte oder Bergbau in großem Stil tragen zur Zerstörung des Ökosystems Regenwald bei. Manche Regierungen verfolgen zudem eine gezielte Zuwanderungspolitik mit Landvergabe oder Arbeitskräftewerbung für die wirtschaftlichen Großprojekte in den Regenwaldgebieten. Bei sinkender Fläche mit gleichzeitig steigender Bevölkerungszahl steht

---

161 Nach Weatherford 1995: 104, der sich auf Gliessman u.a. 1991 sowie Chacon und Gliessman 1992 bezieht.

auch den Brandrodungsfeldbauern immer weniger Waldland für ihr Rotationssystem zur Verfügung. In diesem Fall kann die Rodung neuer Flächen zur Anlage von Feldern zur Zerstörung des Regenwaldes beitragen. Darüber hinaus kann die langjährige Brachezeit kaum mehr eingehalten werden, was die Bodenqualität verschlechtert. Einige Schulbücher erwähnen, dass in manchen Regionen nicht mehr die Siedlungen verlegt, sondern nur noch die Felder gewechselt werden. Andere stellen die Situation landloser Bauern dar, die ebenfalls Regenwald roden, um mit ihren Familien überleben zu können.

Unentdeckte Steinzeitmenschen in Reinkultur?

Ein weiteres Vorurteil vor allem gegenüber Wildbeutern, aber auch gegenüber anderen Ethnien wie den Papua ist die Ansicht, sie seien in ihrem „Steinzeitleben" von der Außenwelt isoliert gewesen und hätten weder Handel betrieben noch Erfindungen gemacht. Hier wurden Fakten übersehen. Neuere archäologische Forschungen bestätigen den San eine lange Handelshistorie[162] und die Aborigines waren miteinander über ein Handels- und Informationsnetzwerk verbunden, das den gesamten Kontinent umfasste.[163] Zudem sind auch bei ihnen mehrere Jahrhunderte vorkolonialer (Handels)Kontakte zu indonesischen Bevölkerungsgruppen nachgewiesen.[164]

Die Papua in Neuguinea – und vor allem die im Hochland lebenden Ethnien – werden in Schulbüchern ebenfalls häufig als „eine der letzten Steinzeitkulturen" betrachtet, die bis in die neuere Zeit unentdeckt lebten. Als die ersten europäischen „Entdecker" ab den 1920er Jahren die Region zu erforschen begannen, hatten die dort lebenden Menschen jedoch vielerorts bereits einen tiefgreifenden Wandel ihrer jüngeren Geschichte durchlaufen: die so genannte Süßkartoffelrevolution.[165] Süßkartoffeln sind das Hauptnahrungsmittel im Hochland und mittlerweile hat sich ihr Anbau in anderen Teilen der Insel ebenfalls durchgesetzt. In manchen Gegenden werden sie auch zusätzlich zu Kochbananen oder Wurzeln aus der Region wie Taro und Yams gepflanzt. Schätzungen zufolge wurde die ursprünglich aus Südamerika stammende Süßkartoffel um 1.700 n. Chr. auf Neuguinea eingeführt[166] und bald von vielen Hochland-Ethnien in unterschiedlichster Weise übernommen. Manche nutzten sie vor allem als Schweinefutter und manche ersetzten ihr bis dahin einheimisches Hauptnahrungsmittel Taro durch

---

162 Vgl. Kap. 4.1: Ethnozentrismus in Schulbüchern? – Beispiel 1: Die San und die Menschheitsgeschichte.

163 Gehandelt wurde über weite Distanzen, nach Michaels war ganz Australien von einem Informations- und Handelsnetzwerk überzogen (Michaels 1985: 508). Dabei legten die Händler entweder selbst weite Strecken zurück oder die Güter konnten über verschiedene Aborigine-Gruppen als Zwischenstationen an ihr Ziel verschickt bzw. auf überregionalen Treffen direkt gehandelt werden (vgl. dazu auch Paul 1980: 162ff.).

164 Vgl. Morphy 1991: 3.

165 Die Süßkartoffelrevolution wird auch als *Ipomoea*-Revolution (nach dem botanischen Namen der Süßkartoffel *Ipomoea batatas*) bezeichnet.

166 Ballard 2005: 12.

die neue Knolle. Der Grund: Mit dem revolutionären Gewächs ließen sich bessere Erträge erzielen. Denn das Hochland ist dicht besiedelt, insbesondere die Tä-
ler im westlichen Teil. Die Anbauformen der westlichen Dani variieren z. B. zwischen intensivem und extensivem Anbau.[167] Obwohl die Süßkartoffel mancherorts
auch im Tiefland angebaut wurde, als Europäerinnen und Europäer um 1870 erste Kontakte mit der Insel hatten,[168] wurde sie hier nicht so flächendeckend genutzt
wie im Hochland. Noch heute werden in einigen Tieflandgegenden nach wie vor
hauptsächlich Kochbananen angebaut.

Die spannende Frage, die sich den Wissenschaftlerinnen und Wissenschaftlern
jedoch stellt, ist die folgende: Wie kam die Süßkartoffel aus Südamerika nach
Neuguinea? Neuere Untersuchungen haben ergeben, dass diese Kulturpflanze aus
dem fernen Kontinent spätestens seit 1.000 n. Chr. in Polynesien eingeführt war,
von wo aus sie wahrscheinlich nach Neuguinea kam. Viele Forscherinnen und
Forscher fragen sich jetzt: Gab es einen transpazifischen Kontakt?[169]

Dieses Beispiel zeigt: Wie jede andere Gesellschaft verändern sich die Papua
ständig: Kulturwandel fand auch in ihrer voreuropäischen Geschichte statt. Und:
Es gab (Handels)Kontakte innerhalb Neuguineas sowie darüber hinaus lange, bevor die ersten Europäerinnen und Europäer die Insel überhaupt entdeckt haben.[170]

Das Wissen indigener Völker – eine wertvolle Ressource im internationalen Wirtschaftssystem

Auch die Frage nach der Erfindungsfähigkeit von Sammlerinnen und Jägern und
anderen als „Naturvölkern" klassifizierten Ethnien muss mit „ja" beantwortet werden. Dass ihr Wissen und ihre Kunst heute in der globalen Nachfrage in den oberen Rängen zu finden sind, wurde bereits anhand der Beispiele von San, Inuit und
Aborigines deutlich.[171] Das Wissen der so genannten „Steinzeitmenschen" wird
beispielsweise zur Produktentwicklung in der Agroindustrie und der pharmazeutischen Industrie genutzt, ihre Kunst findet vielfältige Anwendung von der Tex-
til- über die Tourismus- bis hin zur Spielzeugindustrie.[172] In den letzten Jahren
hat es mehrere Patentklagen und Urheberrechtsprozesse gegen diese – oft unautorisierte und gewinnbringende – Nutzung gegeben. Das so genannte Bioprospec-
ting – die Suche nach und das Sammeln von biologischem Material und traditionellem Wissen – hat beispielsweise auf dem Land indigener Völker in den letzten
Jahrzehnten zugenommen.[173] Bereits 1997 kann man beim Bundesministerium für

---

167 Ploeg 2005: 155.
168 Bourke 2005: 171.
169 Vgl. Scaglion 2005: 35.
170 Vgl. z. B. auch Ploeg 2006.
171 Vgl. Kapitel 4.1: Ethnozentrismus in Schulbüchern? – Beispiele 1 bis 3.
172 Vgl. zu Letzterem die Auseinandersetzung zwischen Lego und den Maori in Neusee-
land um das Lego-Produkt „Bionicle" (siehe Coombe und Herman 2004 und Fitzgerald und Hedge 2009).
173 Das stellte bereits Dutfield (1999: 505) fest.

wirtschaftliche Zusammenarbeit und Entwicklung (BMZ) nachlesen, dass nach wissenschaftlichen Schätzungen 99 % des existierenden Wissens über nutzbare biologische Spezies bei indigenen Völkern liege.[174] Nach Swanson können das botanische Wissen indigener Völker, ihr Wissen über die physiologischen Wirkungen von Pflanzen und ihre Methoden zur Arzneimittelherstellung der pharmazeutischen Industrie viele wertvolle Erkenntnisse zur Identifikation und Isolierung der aktiven Wirkstoffmoleküle liefern. Es wird geschätzt, dass die Nutzung ethnobotanischer Informationen beim Pflanzenscreening die Entdeckungsrate biologischer Wirksamkeit um 400 bis 800 % gesteigert hat.[175]

Arznei aus dem tropischen Regenwald
„Cape Tribulation National Park. Mi 26. Juli [...] Am frühen Morgen verlassen wir Cairns über den Cook Highway in Richtung Norden. Die Fahrt geht zum Daintree National Park. [...] Wir tauchen ein in das grünliche Dunkel des Regenwaldes. [...] Wer weiß schon, dass die Pharmaindustrie über 4000 Substanzen nutzt, die aus dem tropischen Regenwald Australiens stammen? Dies gilt auch für andere Pflanzen, deren Säfte, Rinden, Blätter und Zweige wegen ihrer Heilwirkung schon von den hier ansässigen Aborigines genutzt wurden."[176]

Mittlerweile haben sich auch die internationale Umweltgesetzgebung und die Vereinten Nationen dieses Problems angenommen. Die Weltorganisation für geistiges Eigentum (*World Intellectual Property Organization* – WIPO) in Genf hat einen eigenen Ausschuss für geistiges Eigentum, genetische Ressourcen, traditionelles Wissen und Folklore eingerichtet. Der Ausschuss bemüht sich um die Entwicklung neuer gesetzlicher Rahmenbedingungen auf internationaler Ebene, welche die Perspektiven indigener Völker einbeziehen. Im Übereinkommen über die biologische Vielfalt (*Convention on Biological Diversity* – CBD) gibt es einen eigenen Artikel zur Regelung der Nutzung ihres Wissen und ihrer Innovationen: den Artikel 8(j).

---

174 Bundesministerium für wirtschaftliche Zusammenarbeit und Entwicklung (BMZ) 1997: 8.
175 Swanson 1995: 9. Die „Apotheke Regenwald" wird mittlerweile in vielen Schulbüchern thematisiert.
176 Breitbach und Richter 2004: 81 (Cornelsen: Mensch und Raum. Geographie 7, Gymnasium).

Der Artikel 8(j) des Übereinkommens über die biologische Vielfalt
„Jede Vertragspartei wird, soweit möglich und sofern angebracht, [...]
j) im Rahmen ihrer innerstaatlichen Rechtsvorschriften Kenntnisse, Innova-
tionen und Gebräuche eingeborener und ortsansässiger Gemeinschaften[177]
mit traditionellen Lebensformen, die für die Erhaltung und nachhaltige Nut-
zung der biologischen Vielfalt von Belang sind, achten, bewahren und erhal-
ten, ihre breitere Anwendung mit Billigung und unter Beteiligung der Trä-
ger dieser Kenntnisse, Innovationen und Gebräuche begünstigen und gerechte
Teilung der aus der Nutzung dieser Kenntnisse, Innovationen und Gebräuche
entstehenden Vorteile fördern.“[178]

Im Rahmen dieses internationalen Übereinkommens wurde 1998 eine Arbeitsgruppe zum Artikel 8(j) etabliert. Sowohl im o. g. Ausschuss der WIPO als auch
in der Arbeitsgruppe der CBD stellen Vertreterinnen und Vertreter indigener Völker ihre Perspektiven und Forderungen vor und diskutieren diese mit Vertreterinnen und Vertretern von Regierungen und internationalen Organisationen. Ziel ist
es, neue internationale Richtlinien zu entwickeln.

Auch das Übereinkommen der Vereinten Nationen zur Bekämpfung der Wüs-
tenbildung hat im Bereich Forschung und Entwicklung ausdrücklich die Dokumentation von traditionellem und lokalem Wissen, Know-how und Praktiken mit
aufgenommen – u. a. um ihre breitere Nutzung zu ermöglichen, sie zu verbessern
oder auf ihrer Basis neue Technologien zu entwickeln. Dabei geht es auch um den
Schutz des Wissens und um Gewinnbeteiligung an möglichen kommerziellen An-
wendungen.[179]

Doch nicht nur Sammlerinnen und Jäger sind von Biopiraterie und Verletzung
von Urheberrechten betroffen, sondern auch Bevölkerungen in Afrika, Latename-
rika und Asien, die Landwirtschaft betreiben. Hier sind es nach Daes u. a. Züchtungen wie Kartoffeln, Reis und Mais, die zur Verbesserung kommerzieller Pflan-
zensorten für Nahrungs- und Textilproduktion verwendet werden können – z. B.
um die Resistenz gegen extreme klimatische Bedingungen oder Krankheiten zu
erhöhen.[180]

* * *

---

177 Deutsch ist keine UNO-Sprache. Deshalb handelt es sich hier um eine Übersetzung.
    Der Text im Englischen heißt: *„indigenous and local communities“*.
178 Übereinkommen über die biologische Vielfalt 1993.
179 Vgl. Art. 10.2(f), 16(g), 17(c), 17(d), 17(f) und 18.2.
180 Daes 1993: para. 103.

Fazit: Ethnozentrismus in Schulbüchern?

In vielen Schulbüchern findet sich auch heute noch ein „Stereotyp vom Steinzeitmenschen", dessen Grundlage im Geschichtsunterricht der 5. Klasse gelegt wird. Er bezieht sich insbesondere auf Gesellschaften, deren Wirtschaftsstrategien Sammeln und Jagen umfassen. Viele Fächer bauen im Lauf der Sekundarstufe 1 auf diesem Bild von nicht-europäischen Kulturen auf. Vor allem im Erdkundeunterricht der 7. Klasse wird es noch vertieft.

Häufig wird dies nicht explizit in Unterrichtsmaterialien und Aufgabenstellungen zum Ausdruck gebracht, sondern – zum Teil möglicherweise ungewollt oder sogar mit gegenteiliger Intention – über das Konzept von so genannten Naturvölkern vermittelt. Beispielsweise geht es oft explizit oder implizit um die Frage ihrer „Moderninisierung" oder „Entwicklung" nach europäischen Maßstäben. Es entsteht der Eindruck: Europa ist diesen Kulturen überlegen. Dieses Bild ist – obwohl die heutigen Schulbücher versuchen, dies zu vermeiden – nicht nur ethnozentrisch, sondern auch eurozentrisch geprägt.

Dabei bleibt die Darstellung dieser Kulturen in der Regel schablonenhaft in einem stereotypen „Früher" und „Heute" verhaftet. Entwicklungen und Kulturwandel vor ihrem Kontakt mit oder ihrer Kolonialisierung durch Europäerinnen und Europäer fehlen in vielen Fällen. Auch die heutigen oft komplexen kulturellen Realitäten dieser Gesellschaften werden vielfach im Schulbuch zu Schwarz-Weiß-Bildern, möglicherweise manchmal auch bedingt durch die notwendige Kürze der Unterrichtsmaterialien.

So entstehen oft Schmalspurbilder von fremden Kulturen, die die Tendenz haben, bereits bestehende Stereotype erneut zu bestätigen. Ohne Perspektivenwechsel ist es kaum möglich, fremde Kulturen realitätsnah darzustellen – auch nicht im Schulbuch. Perspektivenwechsel ist keine einmalige Angelegenheit. Perspektivenwechsel muss man erlernen. Und dazu braucht es Übung. Den Perspektivenwechsel üben können die Schülerinnen und Schüler nur mit eigens dazu konzipierten Unterrichtsmaterialien.[181] Auf dieser Grundlage können sie dann in der 7. und 8. Klasse im Fach Erdkunde mit einer gewissen Interkulturellen Kompetenz die Welt erkunden und im Fach Geschichte sich den vielen interkulturellen Begegnungen widmen, die mit der europäischen Entdeckung und Eroberung fremder Kontinente und Kulturen einhergingen – und die bis heute einen Einfluss auf die internationalen Beziehungen in einer globalen Welt haben. Auch in den Fächern Deutsch, Politik, Religion/Ethik und Fremdsprachen spielt der Erwerb Interkultureller Kompetenz eine wichtige Rolle: Geht es doch auch in diesen Fächern oftmals um eine Begegnung und den Umgang mit fremden Kulturen.

---

181 Dazu sind fundierte Kenntnisse des Kulturkonzeptes sowie wissenschaftlich fundierte Informationen über die heutige Lebenssituation der jeweils dargestellten Ethnie notwendig, einschließlich ihrer emischen Sicht (vgl. Kapitel 3.2: Alles eine Frage der Perspektive) bestimmter Sachverhalte wie Entwicklungsprozesse, nachhaltiges Wirtschaften und sozialer Beziehungen.

4.2   Das Bild von Afrika

Im Jahr 2001 gab die Konrad-Adenauer-Stiftung einen Bericht über den For-schungsstand zur Afrika-Darstellung in deutschen Schulbüchern und Medien he-raus, der unter anderem die bis dahin erschienenen Studien zusammenfasste.[182] Das Fazit: Die Bilder in den Köpfen sitzen tief. Eine Befragung an Berliner Schu-len ergab z. B.: *„Afrikanische Männer jagen, afrikanische Frauen sammeln. Arm sind sie alle, auch in der Stadt. Afrika ist vor allem defizitär: ganze Mängelkata-loge mit all dem, was die Menschen dort nicht haben, können, wissen, werden in den Aufsätzen zusammengestellt. Was sie haben, können, wissen, scheint selten überhaupt zu interessieren, oder vielleicht erscheint es den Befragten unmöglich, dass die Leute in Afrika etwas haben, können, wissen könnten. "*[183]

Eine Dekade später hat sich die Darstellung Afrikas in den Schulbüchern kaum geändert. Das heutige Afrika wird in Erdkunde- und Politikbüchern der Sekundar-stufe 1 vor allem im Zusammenhang mit Entwicklungshilfe – oder besser gesagt: wirtschaftlicher Zusammenarbeit – behandelt.[184] Gelegentlich wird erwähnt, dass europäische Entwicklungsexpertinnen und -experten mit der Bevölkerung zusam-men arbeiten und auf deren Wissen angewiesen sind, um sinnvoll Hilfe leisten zu können.[185]

> **Brunnenbau in der Sahelzone**
> *„Für den Bau von Brunnen und Kleinstaudämmen muss man die ökologi-schen Verhältnisse vor Ort, wie die Gestalt der Landoberfläche, Wasserdurch-lässigkeit des Gesteins und wasserführende Schichten, sehr gut kennen. Dabei hilft das Wissen der Bauern und Dorfältesten. Die Baumaßnahmen erfolgen durch die gesamte Dorfbevölkerung. Die Dorfältesten werden verantwortlich einbezogen. "*[186]

Darüber hinaus, so stellt der Bericht der Konrad-Adenauer-Stiftung fest, ist Af-rika in den Schulbüchern ein Kontinent ohne Geschichte. Die Geschichte Afri-kas beginnt mit der europäischen Kolonisation und habe nur im Zusammenhang mit Europa eine Bedeutung.[187] Auch dieses Problem lässt sich eine Dekade spä-ter noch immer feststellen. Selten wird in den Schulbüchern der Sekundarstufe 1

---

182 Poenicke 2001.
183 Ebd.: 8.
184 Eine Ausnahme bilden teilweise die Unterrichtseinheiten zum Brandrodungsfeldbau (vgl. Kapitel 4.1: Ethnozentrismus in Schulbüchern? – Exkurs: Das Stereotyp vom „Steinzeitmenschen") und die Darstellung von Nomaden in den Wüstenregionen, insbesondere der Tuareg in der Sahara in der 7. Klasse Erdkunde.
185 Vgl. auch Schott 1981.
186 Breitbach und Richter 2005: 57 (Cornelsen: Mensch und Raum. Geographie 8, Gym-nasium).
187 Poenicke 2001: 32; diesen Feststellungen liegt eine Analyse der 2001 aktuellen Geschichtsbücher zugrunde.

die vorkoloniale Geschichte und Kultur Afrikas erwähnt. Auch die Geschichtsbücher der 8. oder 9. Klasse, die Afrika im Zusammenhang mit dem Imperialismus und der europäischen Aufteilung der Welt im 19. Jahrhundert behandeln, gehen kaum – und wenn dann mit wenigen Sätzen – darauf ein. Zu den Schulbüchern, die überhaupt eine voreuropäische afrikanische Geschichte thematisieren, gehören *mitmischen 2* für die Hauptschule und *zeitreise 2* für die Realschule, beide im Klett-Verlag erschienen, sowie *Zeiten und Menschen 2* für Gymnasien aus dem Schöningh-Verlag.

Afrika im Schulbuch – Der Hinweis auf die Geschichte Afrikas
„Wie die Afrikaner lebten
Im 15./16. Jahrhundert hatten Portugiesen und Spanier an den Küsten Afrikas Stützpunkte und Handelsniederlassungen errichtet. Erst viel später unternahmen Forscher und Kaufleute Reisen in das Innere des Kontinents. Sie berichteten, dass die Afrikaner überwiegend in Stammesgemeinschaften lebten. Einige Völker gingen auf die Jagd oder waren als Nomaden auf ständiger Suche nach neuen Weideplätzen für ihre Tiere. Andere waren Bauern, Handwerker und Händler. Die Afrikaner hatten ihre eigene Religion und Kultur. Sie lebten in Dörfern, aber auch in alten Städten, die an Handelswegen lagen." [188]

Wie wichtig ein positives Afrikabild ist, betont auch Botschafterin Christine Nkulikiyinka: *„Die Bildung sollte sich dazu verpflichten, nicht nur im Bereich der Bildungsorganisationen internationalen Standards gerecht zu werden, sondern auch dem asymmetrischen Zugang zu Wissen entgegenwirken. Denn während in Afrika europäische Geschichte, Geografie und Literatur gelehrt wird, ist es undenkbar, dass in einer deutschen Schule z. B. afrikanische Literatur gelehrt wird. Dies schafft Abhängigkeiten in der Wissensproduktion und verstärkt die minderwertige Wahrnehmung Afrikas. Es wäre begrüßenswert, wenn Afrika einen Platz in den deutschen Lehrplänen findet (z. B. in den Fächern Geschichte, Geografie, Literatur und Wirtschaft). [...] Denn nur wer rechtzeitig und richtig informiert wurde, ist bereit, im späteren Berufsleben mit Afrika auf gleicher Augenhöhe zusammenzuarbeiten."* [189]
Wie z. B. ein verbessertes Wissen über afrikanische Geschichte das Bild von Afrika verändern könnte, zeigen die folgenden Beispiele.
Timbuktu, im heutigen Mali gelegen, war im 15. Jahrhundert eine florierende Großstadt. Der florentinische Kaufmann Benedetto Dei besuchte sie im Jahr 1470 und konnte mit eigenen Augen die Legenden bestätigen, die in Europa über die Existenz einer solchen Stadt in Umlauf waren. Diese afrikanische Metropole war ein Knotenpunkt des Fernhandels und ein geistiges Zentrum der Region mit einer Universität. Die besten Geschäfte wurden, so berichtet der maurische Rei-

---

188 Christoffer, Eck und Gloger 2008: 186 (Klett: mitmischen 2, Hauptschule).
189 Nkulikiyinka 2012: 2.

sehistoriograf Leo Africanus im 16. Jahrhundert, mit dem Buchhandel gemacht. Er hatte Timbuktu in diplomatischer Mission besucht. 1828 fand der Franzose René Caillié die Stadt durch kriegerische Auseinandersetzungen mit Nachbarethnien aus der Region verfallen und nur noch aus einer Reihe von Lehmhäusern bestehend.[190] Den steinernen Königspalast gab es nicht mehr.[191] Heute ist Timbuktu eine Provinzhauptstadt.

Berichte über große afrikanische Reiche und Städte gibt es schon seit 977, als der arabische Geograf Ibn Haukal Westafrika bereist hatte. Ein anderer arabischer Geograf, El Bekri, schrieb ein Jahrhundert später über die Hauptstadt des Königreiches Gana,[192] dass die Häuser aus Stein gebaut seien und der König in einem Schloss mit Glasfenstern leben würde, das mit Gemälden und Skulpturen ausgestattet sei.[193] Auch der berberische Gelehrte Ibn Batuta berichtete über die großen Reiche und Städte, als er im 14. Jahrhundert durch Afrika reiste. 1352 durchquerte er die Sahara, lebte ungefähr ein Jahr lang im damaligen Königreich Mali und hatte bereits 1331 die großen afrikanischen Handelszentren an der Ostküste besucht.[194]

Schon zu Zeiten von Leo Africanus betrieben neben Timbuktu auch andere Städte wie Gao im heutigen Mali oder Katsina und Kano im heutigen Nigeria Handel mit europäischen Gütern wie Stoffen und Metallwaren, die sie über nordafrikanische Zwischenhändler bezogen.[195] Große Handelszentren gab es vor Ankunft der Europäer nicht nur in Westafrika, sondern auch an der Ostküste, insbesondere der heutigen Staaten Somalia, Kenia und Tansania. Zeugnisse über den Ostküstenhandel gibt es spätestens seit dem 3. Jahrhundert n. Chr.[196] Er wurde mit so genannten Dhaus betrieben, den afrikanischen Handelsschiffen.[197] Der Küstenhandel zwischen der Südspitze Afrikas und dem Roten Meer wurde mit kleineren Schiffen abgewickelt, die es auch heute noch gibt. Überseetaugliche Dhaus, die mit Hilfe der Passatwinde den Indischen Ozean überquerten, wurden für den Fernhandel mit Asien genutzt. Große überseeische Handelspartner waren neben den Ländern des Orients auch Indien und China. Aus Asien brachten die afrikani-

---

190 Caillié 2006.

191 Nach Davidson 1969: 17f. und 24; vgl. auch Davidson 1968, 1987 und 1998. Der Historiker Basil Davidson brachte mit seinen Werken die vorkoloniale Geschichte Afrikas wieder in das (bislang noch v. a. wissenschaftliche) Bewusstsein Europas.

192 Hier ist das Königreich Gana gemeint, dass nicht mit den Staatsgrenzen des heutigen Ghana übereinstimmt, sondern sich im damaligen so genannten westlichen Sudan befand.

193 Hansen 2007: 20, der Bertaux 1966 zitiert.

194 Davidson 1969: 82 und Hansen 2007: 23.

195 Davidson 1969: 86.

196 Ebd.: 87; zu den Ostküstenzentren vgl. z. B. auch Sheriff 2009.

197 Genauer gesagt waren Dhaus ursprünglich die arabischen Handelsschiffe. Allerdings haben Dhaus nach Mondfeld (1979: 17) afrikanische, asiatische und europäische Wurzeln, die sich im arabischen Mittelmeerraum zu einem neuen Schiffstyp entwickelten. Prins (1965: 78) weist darauf hin, dass Europäer häufig alle Schiffsarten an der afrikanischen Ostküste als „Dhaus" bezeichnen. Für Lamu identifiziert er z. B. zwei weitere Schiffstypen, die nicht arabischen Ursprungs sind: die seetaugliche *jahazi* und die in der küstennahen Inselwelt genutzte *mashua* (ebd.: 74ff.).

schen Boote u. a. chinesisches Porzellan und Gewürze mit.[198] Zum Vergleich: Damals wurde in Europa noch an den notwendigen technischen Voraussetzungen für die Überseeschifffahrt gearbeitet.

Afrika im Schulbuch – Der Hinweis auf die Geschichte Afrikas
„Afrika aus Sicht der Europäer im 19. Jahrhundert
Die Kenntnisse über Afrika, das wie kein anderer Kontinent unter der imperialistischen Politik zu leiden hatte, waren im Europa des 19. Jahrhunderts gering. Wohl kannte man die Küste, über die Lebensweise – besonders im Landesinneren – herrschten überwiegend Vorurteile: Die Bewohner stellten sich viele Europäer als ‚unzivilisierte Wilde' vor, die als Jäger und Sammler in Stämmen im Urwald hausten. Tatsächlich gab es ‚Buschmänner', die im dünn besiedelten Afrika von Wasserstelle zu Wasserstelle zogen.[199] Doch dies war nur die eine Seite: Ebenso gab es sesshafte Völker, die in Dörfern und Städten lebten, wie das Volk der ‚Yoruba'. Nach Reiseberichten aus dem 16. Jahrhundert ist die Rede von Städten mit bis zu 100 000 Einwohnern, der Pracht höfischen Lebens im Palast des damaligen Königreichs Benin oder von Straßen bis zu einer Breite von 30 Metern. Bronzestatuen und Elfenbeinschnitzereien aus dem 15./16. Jahrhundert zeugen von einer ausgeprägten Kunst und Kultur. "[200]

Der vorkoloniale Handel war ausgesprochen gut organisiert.[201] Ein Netz von Handelsstationen umspannte den afrikanischen Kontinent, die Beförderungsmittel waren vielfältig. Eselskarawanen bewerkstelligten den Transport durch die westlichen Küstenländer, Kamelkarawanen durch die Sahara.[202] Insbesondere der Sahel mit seinen Handelsmetropolen stellte eine Drehscheibe für den Transsahara-Handel zwischen Nord- und Westafrika dar und diente so gewissermaßen als Scharnier zwischen beiden Regionen. Seine großen Handelsstädte waren aber auch Umschlagplätze für den Süd- und Osthandel.[203] Die Königreiche im Inneren Afrikas wurden von den Handelszentren am Rande der Regenwaldzone mit Träger-

---

198 Davidson 1969: 94; vgl. auch Davidson 1987: 169ff.
199 In diesem Text wird suggeriert, die Buschmänner könnten als „unzivilisierte Wilde" klassifiziert werden und würden auf einer niedrigeren Kulturstufe leben als sesshafte Ethnien wie die Yoruba (die es im Übrigen auch heute noch gibt). Zur verkürzten ethnozentrischen Sicht auf die Buschmänner oder San in Schulbüchern vgl. Kapitel 4.1: Ethnozentrimus in Schulbüchern? – Beispiel 1: Die San und die Menschheitsgeschichte.
200 Lendzian 2008b: 229 (Schöningh: Zeiten und Menschen 2, Gymnasium).
201 Zur Organisation des innerafrikanischen Handels und der Funktion afrikanischer Handelsgesellschaften vgl. auch Harding 2010: 153f.
202 Davidson 1969: 97. Zum vorkolonialen Transsahara-Handel (mindestens seit dem 9. Jh. n. Chr.) und der damaligen Funktion des Sahel als Verbindungselement zwischen Nord- und Westafrika vgl. auch Hammer 2005: 15f.
203 Hammer 2005: 16.; vgl. dazu auch Krings 2006: 82f.

karawanen beliefert, die auf dem Rückweg Produkte aus dem Landesinneren mitbrachten. Im Osten dienten im Landesinneren auch Zitadellen wie Zimbabwe als Lagerplatz für die Waren aus dem Süden. Von hier aus wurden sie, ebenfalls über Trägerkarawanen, an die Ostküstenhäfen gebracht. Dort verschiffte man sie mit Dhaus zu den damaligen Umschlagplätzen des Ostafrikahandels, den reichen Inselstaaten Kilwa im heutigen Tansania und Lamu im heutigen Kenia.[204]

Schon als die Portugiesen 1441 eine erste Expedition an der afrikanischen Westküste entlang durchführten, stellten sie fest, dass es im Landesinneren große Reiche gab. Eines davon war Kongo. Der damalige König von Kongo, Nzinga Mbemba, unterhielt Handelsbeziehungen mit König Manuel von Portugal, mit dem er in einem regen Briefwechsel stand. Insgesamt besteht seine Diplomatenpost aus 22 Briefen nach Lissabon.[205]

Ein noch wichtigerer Handelspartner für Europa war das Königreich Benin im heutigen Nigeria, ein Ort „wo der Pfeffer wächst". 1486 wurden von den Portugiesen erste Pfefferproben in die europäischen Metropolen, beispielsweise die großen Handelsstädte in Flandern, geschickt. Pfeffer aus Benin wurde bald ein Verkaufsschlager, der auf den europäischen Märkten hohe Preise erzielen konnte. Der König von Benin gewann ebenfalls Interesse an engeren Kontakten mit den Portugiesen und schickte im selben Jahr seinen ersten Gesandten an den portugiesischen Hof – der Beginn von mehr als 100 Jahren offizieller diplomatischer Beziehungen zwischen beiden Ländern.[206] Die Hauptstadt Benins, die ebenfalls Benin hieß, war über viele Jahrhunderte eines der wichtigsten Handelszentren Westafrikas. Zu den Exportgütern gehörten sogar heimische Baumwolltextilien.[207] Heute ist auch Benin eine Provinzstadt.[208]

Goldhandel erwies sich als eine der bedeutendsten Quellen des afrikanischen Reichtums. Eines der größeren Goldvorkommen lag im heutigen Ghana, im damaligen Königreich der Ashanti.[209] Die technischen Erfindungen zur Betreibung von Goldbergbau und Goldbearbeitung wurden in Afrika von Afrikanern entwickelt.[210] Nach Davidson profitierte auch der Bergbau in Brasilien von diesen Kenntnissen, wurden doch die dortigen Minen bis ins frühe 19. Jahrhundert hinein hauptsäch-

---

204 Davidson 1969: 97.
205 Ebd.: 101.
206 Ebd.: 102.
207 Plankenstein 2007: 23.
208 Nach Harding (2010: 124) lässt sich den Berichten europäischer Händler und Missionare entnehmen, dass sie äußerst erstaunt gewesen seien über die Ausdehnung und Größe der Stadt Benin. Die afrikanische Handelsmetropole konnte offenbar einem Vergleich mit den damaligen europäischen urbanen Zentren durchaus standhalten. In den Berichten hieß es, sie sei *„größer als Madrid"*, es gäbe *„Straßen breiter als die berühmte Warmoes-Straße in Amsterdam"* und die Stadt habe einen Palast, *„der allein eine Fläche einnehme wie die ganze Stadt Tübingen"*. Erst im 19. Jahrhundert scheint die Stadt ein Bild des Niedergangs geboten zu haben, und wurde nun *„als eine Ansammlung von halb zerfallenen Lehmhäusern"* beschrieben (ebd.).
209 Davidson 1969: 107. Zu den Ashanti heute vgl. Turé 2004.
210 Ebd.: 87.

lich von Afrikanern betrieben, die über den Sklavenhandel nach Amerika gekommen waren. Ihre Fähigkeiten und ihr Können hatten sie in Afrika erworben.[211]

Afrika im Schulbuch – Der Hinweis auf die Geschichte Afrikas
„Das ‚alte Afrika'
Auf dem afrikanischen Kontinent lebten verschiedene Völker. Einige führten ein Leben als Jäger und Sammler, andere als Bauern, Handwerker oder Hirten und manche zogen als Nomaden umher. Die Menschen lebten in Großfamilien zusammen, die allen Angehörigen Schutz boten. Alle Völker hatten ihre eigenen Lieder, ihre eigene Sprache, Kultur und Religion. Politisch war der Kontinent in mehrere Reiche aufgeteilt, in denen Könige, Fürsten oder Priester herrschten. Auch gab es jahrhundertealte Städte, die meist an alten Handelswegen lagen. "[212]

Afrika war jedoch nicht nur ein Kontinent des Handels – es gab auch gut organisierte vorindustrielle Warenproduktion. Als der deutsche Reisende Heinrich Barth im Jahr 1851 in die Stadt Kano im Norden des heutigen Nigerias kam, fand er sich in einem Zentrum der Baumwollweberei wieder. Darüber hinaus wurde die in Kano hergestellte Baumwollbekleidung in ortsansässigen Färbereien mit lokal angebautem Indigo eingefärbt. Barth berichtet weiter: *„Ein anderer Hauptartikel einheimischer Industrie sind Sandalen, die in Kano mit großer Nettigkeit gearbeitet werden. Es gibt noch manche andere Zweige der Manufaktur in Kano, z. B. die Einrahmung der kleinen, von Tripolis eingeführten Spiegelchen, die Anfertigung kleiner Schachteln und Büchsen aus Leder und dem Kerne der Dumfrucht. Natürliche Produkte anderer Art, auf die der Großhandel sich erstreckt, sind das Negerkorn*[213] *und die Guro- oder Kola-Nuß. "*[214] Der Gewinn aus der Baumwollmanufaktur allein betrug nach Barths Schätzungen 300 Millionen *kurdí*.[215] Nach Barth konnte eine ganze Familie damals von 50.000 bis 60.000 *kurdí* im Jahr gut leben und sämtliche Ausgaben decken.[216]

Nicht nur der Export aus Kano war lukrativ. Auch der Warenimport aus Afrika und Europa war beeindruckend. Über europäische Einfuhren schreibt Barth: *„Die hauptsächlichen Waren, welche von da auf den Markt nach Kano kommen, sind gebleichter, ungebleichter und gedruckter Kattun von Manchester, französische Seide, rotes Tuch aus Sachsen und aus Livorno [...], Glasperlen aus Venedig, sehr grobes Papier, Spiegel, Nadeln und Kurzwaren von Nürnberg, Schwertklingen von Solingen, Rasiermesser aus der Steiermark und Zucker aus Marseille.*

---

211 Ebd.: 168.
212 Christoffer, Dähling, Heimbach u. a. 2005: 190 (Klett: zeitreise 2, Realschule).
213 Damit ist Hirse gemeint.
214 Barth 1967: 92.
215 *Kurdí* ist eine Währungseinheit auf der Basis von Berechnungen mit Kauri-Muscheln.
216 Ebd.: 93.

Fast alle Klingen, die ich sah, selbst bei den westlichen Tuareg, bis nach Timbuktu hin, waren aus Solingen."[217]

Mit Hansen ließe sich nun folgende Frage stellen: *„Vergleichen Sie die Beschreibungen von Audoghast*[218] *[...] und von Konstantinopel [...]. Warum wissen wir etwas von der einen Stadt und nichts von der anderen?*"[219] Das Nicht-Wissen über afrikanische Geschichte hat seinerseits eine Geschichte. Der Bericht der Konrad-Adenauer-Stiftung über den Forschungsstand zur Afrika-Darstellung in deutschen Schulbüchern und Medien merkt z.B. an: *„Afrikas Geschichte per se hat [...] in deutschen Schulbüchern für Geschichte keine Bedeutung. [...] da ist es nicht nötig, weiterhin explizit zu formulieren, Afrika habe keine Geschichte, denn die heute zu leicht zu widerlegende koloniale Rechtfertigungslüge bleibt weitgehend erhalten.*"[220] Zudem hat sich diese Vorstellung zu einer tiefverwurzelten ethnozentrischen Sicht insbesondere auf das Afrika südlich der Sahara entwickelt, die die Ethnologin Rita Schäfer am Beispiel Zimbabwes beschreibt:

Kann Zimbabwe afrikanisch sein?

„Die Machtbasis der afrikanischen Reiche Monomatapa und Zimbabwe – beide im heutigen Zimbabwe gelegen – war neben der Überschussproduktion von landwirtschaftlichen Produkten und von Vieh vor allem der Goldhandel. [...] Von den weitreichenden Handelsbeziehungen der afrikanischen Herrscher zeugen archäologische Funde an den großartigen Steinruinen von Great Zimbabwe, dem ehemaligen Zentrum des Reiches Zimbabwe: Chinesisches Porzellan, indischer Schmuck und persische Keramik waren Prestigegüter, die von arabischen Händlern gegen Gold eingetauscht wurden. In europäischen Berichten aus der Jahrhundertwende wird spekuliert, ob die hochstehende Kultur Zimbabwes überhaupt von Afrikanern geschaffen wurde oder ob nicht vielmehr Kolonisatoren aus Vorderasien bzw. dem Nahen Osten die Grundlage zur Entwicklung Zimbabwes legten. Es wurde versucht, hier das Reich der Königin von Saba bzw. das Goldland Ophir zu lokalisieren, was den europäischen Machtinteressen eine historische Kontinuität verleihen sollte und den Afrikanern eigene Kulturleistungen absprach. Wissenschaftliche Untersuchungen seit den 1920er Jahren erbrachten den Beweis, dass Zimbabwe eine afrikanische Kultur war."[221]

Ein defizitäres Bild von Afrika ist häufig auch Teil der medialen Berichterstattung. Botschafterin Christine Nkulikiyinka betont, dass Hunger, Krieg und Armut Herausforderungen für den afrikanischen Kontinent sind, die bewältigt werden müssen. *„Doch sie sind nur ein Bruchteil dessen, was Afrika und die Länder*

---

217 Ebd. 92f.
218 Eine frühe Stadt in der Sahara, die schon von Ibn Haukal beschrieben wurde.
219 Hansen 2007: 26.
220 Poenicke 2001: 32; vgl. dazu auch Reinwald 1990: 41.
221 Schäfer 2000: 69f.

Afrikas ausmacht. Die Fokussierung auf die negativen Aspekte hat viele Gründe. Einer der Gründe für die einseitige Darstellung Afrikas in den Medien ist das geringe Interesse an der afrikanischen Wirklichkeit abseits der Kriege und Krisen. [...] Es entsteht ein konstruierter Gegensatz zwischen dem scheinbar ohnmächtigen, verlorenen Afrika und dem allmächtigen Europa; dem unterentwickelten und entwickelten, dem armen und reichen Kontinent. "[222]

Im Folgenden wird der Umgang von Schulbüchern mit diesem gängigen Afrikabild anhand von vier Beispielen näher beleuchtet.

Beispiel 1: Problemkontinent Afrika

Sieht man das heutige Afrika ohne seine Geschichte und ohne seine eigene kulturelle Dynamik und eigenen kulturellen Leistungen, lässt sich in der Tat leicht der Eindruck gewinnen, Afrika sei ein „hoffnungsloser Problemkontinent". Zumindest das Bild vom „Problemkontinent" wird regelmäßig in den Erdkunde-, Politik- und teilweise auch den Geschichtsbüchern der Sekundarstufe 1 transportiert. In einigen Schulbüchern werden Gründe für die heutige „Unterentwicklung" angeführt, wobei als eine Ursache oft auch die Kolonialzeit in den jeweiligen Ländern genannt wird. Vielfach wird das von den Kolonialmächten verursachte Ausmaß des menschlichen Leidens vor allem in den Geschichtsbüchern realistisch dargestellt. Das Ausmaß der wirtschaftlichen und gesellschaftlichen Zerstörung bleibt jedoch häufig außen vor. Dies ist auch nicht verwunderlich, wenn die Analyse und Darstellung auf dem Bild des geschichtslosen Afrikas – und den damit häufig implizit verbundenen Assoziationen vom unzivilisierten oder gar wilden Kontinent – beruhen.

Nach Davidson zerstörten die Portugiesen im 16. Jahrhundert die Häfen der großen afrikanischen Städte an der Ostküste, um den lukrativen Handel im Indischen Ozean selbst übernehmen zu können. Sie machten so aus der pulsierenden Handelsregion *„eine kommerzielle Provinz".*[223] Heute ist von den einstigen Stein- und Korallenbauten nicht mehr viel zu sehen.[224]

Im Fall Zimbabwes wirkte sich nach Schäfer die Kolonialzeit folgendermaßen aus: Fünf große Minengesellschaften mit Hauptsitz in London etablierten sich im Land. Um möglichst kostengünstig arbeiten zu können, brauchten sie Arbeitskräfte auf möglichst niedrigem Lohnniveau. Ab 1894 wurden von der Kolonialregierung Steuern erhoben, die von der afrikanischen Bevölkerung in Vieh oder Geldzahlungen geleistet werden mussten. Die Folge: Umfangreiche Beschlagnahmungen ihrer Rinder beeinträchtigten die lokale Wirtschaft nachhaltig. Auch das Land für den eigenen Anbau wurde knapp, da große Teile der fruchtbaren und regenreichen Gebiete mit der Landgesetzgebung ab 1909 den jetzt in die Kolo-

---

222 Nkulikiyinka 2012: 1.
223 Davidson 1969: 180.
224 Ebd.; zur tansanischen Ostküste heute vgl. z. B. Turé 2009.

nie kommenden weißen Farmern zugesprochen wurde. Die damit einhergehenden Zwangsumsiedlungen und Vertreibungen fügten auch der afrikanischen Landwirtschaft langfristigen Schaden zu. Darüber hinaus wurden die einheimischen Bauern durch Vermarktungsbeschränkungen auf dem Getreide-, Gemüse- und Tabakmarkt gegenüber den weißen Farmern benachteiligt. So wurde die afrikanische landwirtschaftliche Konkurrenz gezielt ausgeschaltet. Um die Steuern bezahlen zu können, musste sich die männliche lokale Bevölkerung in immer größerem Maß als Minenarbeiter verdingen.[225]

Ähnliche Entwicklungen gab es auch im Zuge des Aufbaus einer Plantagenwirtschaft[226] zur Produktion von so genannten Kolonialwaren wie Kaffee und Kakao oder industriellen Rohstoffen wie Palmöl und Baumwolle für den lukrativen Export nach Europa. Gleichzeitig sollten die Kolonien ihrerseits zu Absatzmärkten europäischer Fertigwaren wie Textilien und Metallwaren werden.[227] Für die Plantagen brauchte man allerdings ebenfalls Arbeitskräfte. Das erwies sich aber häufig als Problem. Nach Tewes wurde z.B. in Togo, das von 1884 bis 1914 deutsche Kolonie war, von der Kolonialregierung eine Hüttensteuer erhoben, die ohne Bargeld nicht gezahlt werden konnte. Da auch hier das Land für die afrikanischen Bäuerinnen und Bauern aufgrund von Landenteignungen knapp geworden war, konnten sie das Geld nicht durch zusätzlichen Anbau und Verkauf der Produkte aufbringen. In vielen Fällen blieb der männlichen Bevölkerung nur der Weg als billige Arbeitskraft auf die neuen Plantagen. Eine andere Methode bestand darin, die politischen Würdenträger unter Strafandrohung zu verpflichten, Arbeitskräfte zur Verfügung zu stellen.[228]

Viele Schulbücher gehen darauf ein, dass die Schaffung von Absatzmärkten für europäische Produkte und der Zugang zu billigen Rohstoffen für die europäische Industrie ein wesentlicher Grund für die europäische Kolonialisierung war.[229]

Deutschland als Kolonialmacht

„Besonders Vertreter der Großindustrie verlangten den Erwerb von Kolonien. Sie versprachen sich davon die Einfuhr billiger Rohstoffe und die Erschließung neuer Absatzmärkte für die stark gestiegene Industrieproduktion.“[230]

---

225 Schäfer 2000: 70.

226 Zu Plantagenwirtschaft und Monokulturanbau vgl. Unterrichtseinheit *Popcorn – Mais ist mehr als ein Snack* unter UE 11.

227 Vgl. z.B. Tewes 2000: 61f. und Sippel 1996: 313. Dieser Punkt wird regelmäßig auch in den Geschichtsbüchern genannt, z.B. Frenken, Lenniger, Pankratz u.a. 2001: 44 (Westermann: Durchblick. Geschichte/Politik 5/6, Hauptschule).

228 Tewes 2000: 63f.

229 Z.B. Baumgärtner und Fieberg 2008: 208 (Westermann: Horizonte 2, Gymnasium); Christoffer, Eck und Gloger 2008: 182 (Klett: mitmischen 2, Hauptschule) und Ebeling und Birkenfeld 2008: 257 (Westermann: Die Reise in die Vergangenheit 7/8, Hauptschule).

230 Baumgärtner und Fieberg 2008: 208 (Westermann: Horizonte 2, Gymnasium).

Häufig bieten Schulbücher den Schülerinnen und Schülern auch Unterrichtsmaterial zur oft unmenschlichen Behandlung der afrikanischen Arbeitskräfte. In einigen Schulbüchern wird das Beispiel einer Kautschukplantage im belgischen Kongo angeführt, bei dem ein Foto mit Arbeiterinnen und Arbeitern aus dem Jahr 1907 gezeigt wird. Den Menschen waren die Hände abgehackt worden, weil sie nach den Vorstellungen der Plantagenleitung zu wenig Kautschuk gezapft hatten.[231]

Selten wird jedoch thematisiert, dass die Maßnahmen der Kolonialherren auch dazu dienten, die lokale afrikanische Konkurrenz auszuschalten. Es kam sogar vor, dass erfolgreiche afrikanische Geschäftsideen, die sich sogar unter schwierigsten Bedingungen etablieren konnten, durch Einzelfallmaßnahmen unterbunden wurden. In Zimbabwe wurde den afrikanischen Bäuerinnen und Bauern in der Nähe der Minen nach Schäfer ab 1911 der Verkauf von frischem Gemüse an die Arbeiter verboten. Stattdessen wurden europäische Farmer mit den Lebensmittellieferungen beauftragt, die in der Regel nur aus Mais und Rindfleisch bestanden.[232] Die Folge: Die unzureichende Gemüseversorgung verursachte Mangelerscheinungen. Im selben Jahr wurde den Minenarbeitern verboten, afrikanisches Hirsebier zu brauen. *„Obwohl es sehr nahrhaft war und einen vergleichsweise niedrigen Alkoholgehalt hatte, sollte Flaschenbier aus europäischer Herstellung verbreitet werden. Neben den zusätzlichen Einnahmen, die sich die Minenbetreiber aus dem Verkauf des teuren Flaschenbieres versprachen, wurde damit ein weiterer Bereich der afrikanischen Eigenständigkeit zerstört."*[233] Auch die Zwangsumsiedlungen und Vertreibungen afrikanischer Bäuerinnen und Bauern, um Land für den Bedarf europäischer Siedlerinnen und Siedler oder für den Plantagenanbau zu „erschließen", trugen zur Zerstörung der afrikanischen Wirtschaftsstruktur bei, die nicht selten Überschüsse für die lokalen Märkte und sogar – wie oben erwähnt – den Großhandel produzierte. Stattdessen wurde auf diese Weise der Aufbau einer Landwirtschaft nach europäischem Muster und einer Exportwirtschaft für europäische Märkte ohne afrikanische Konkurrenz gefördert. Gleichzeitig wurde billige afrikanische Arbeitskraft freigesetzt.

Allerdings erwähnen einige Schulbücher explizit, dass sich sogar die Sahelländer vor der Kolonialzeit selbst versorgen konnten.

---

231 Vgl. z. B. Sauer 2009: 301 (Klett: Geschichte und Geschehen 2, Gymnasium), Christoffer, Dähling, Heimbach u. a. 2005:193 (Klett: zeitreise 2, Realschule) und Brokemper, Köster und Potente 2004: 242 (Cornelsen: Geschichte Real 2, Realschule).
232 Die folgenden Ausführungen stützen sich auf Schäfer 2000: 75.
233 Ebd.: 75f.

> **„Mali als Kolonie**
> *Der heutige Staat Mali wurde im 19. Jahrhundert Teil des riesigen franzö-*
> *sischen Kolonialreiches in Nordafrika. Frankreich beutete die Kolonie rück-*
> *sichtslos aus und gestaltete die Wirtschaft nach seinen Bedürfnissen um.*
> *Auf den besten Böden wurden Baumwoll- und Erdnuss-Plantagen angelegt*
> *und die Waren dann nach Frankreich exportiert. Die traditionelle Selbstver-*
> *sorgungswirtschaft der eigenen Bevölkerung wurde dagegen immer weiter*
> *zurückgedrängt. Als Mali im Jahr 1960 von Frankreich unabhängig wurde,*
> *konnte sich die Bevölkerung nur noch unzureichend ernähren.* "[234]

Nach Hammer war der Sahelraum über Jahrhunderte durch vielfältige und ökologisch angepasste Wirtschaftsformen eigenständig lebensfähig. Räumliche, wirtschaftliche, soziale und ökologische Aspekte wurden aufeinander abgestimmt. Dadurch konnten die Folgen auch früher schon vorkommender Dürren abgeschwächt
werden. Die wirtschaftliche Produktion fand in lokalen und regionalen Kreisläu-
fen statt, die jedoch auch nach außen geöffnet waren. Seine eigenständige Le-
bensfähigkeit verlor der Sahel nach nur wenigen Jahrzehnten europäischer Kolonialherrschaft und Weltmarktöffnung.[235] Die alten Ressourcennutzungssysteme
waren nicht kleinräumig nachhaltig, sondern *„zyklisch nachhaltig"*.[236] Das heißt:
Es fand eine kurzfristige Übernutzung des Landes statt, das oft durch Brachezei-
ten von 30 bis 50 Jahren wieder regeneriert werden konnte. Da genügend Land-
fläche zur Verfügung stand, konnte eine nachhaltige Nutzung nur großräumig erfolgen.[237] Nach Hammer führten *„erst die Eingriffe von außen vor allem im 20.*
Jh. [...] dann sozusagen zu permanenten Notsituationen mit einer immer stärke-
ren großräumigen Ressourcendegradation. "[238]

Vielfach wurde der als koloniale Plantagenwirtschaft eingeführte Anbau für
den Export nach der Unabhängigkeit der neuen afrikanischen Staaten als cash
crop-Wirtschaft fortgeführt und ausgeweitet – oft zu Lasten der Eigenversorgung
mit Nahrungsmitteln. Cash crops sind nach wie vor häufig der einzige Weg, fi-
nanzielles Einkommen zu erwirtschaften. Industriell sind die „Entwicklungsländer" von den Kolonialherren nie gefördert worden. Gesucht waren Absatzmärkte für europäische Produkte. In manchen Schulbüchern wird der cash crop-Anbau
ausschließlich mit dem Phänomen des Kulturwandels erklärt und die Schülerinnen und Schüler aufgefordert, die Auswirkungen auf die Ernährungssituation zu
erklären und Lösungsmöglichkeiten abzuwägen.[239] Bedenkt man jedoch die Wirt-

---

234 Blumberg, Bösch und Castelle 2011: 108 (Schroedel: Seydlitz Erdkunde, Realschule).
235 Hammer 2005: 37.
236 Ebd.: 38.
237 Ebd.: 39.
238 Ebd.: 40.
239 Diese Sichtweise ist ein Beispiel für die Darstellung afrikanischer Lebenszusammenhänge aus dem Blick durch die ethnozentrische (bzw. in diesem Fall eurozentrische) Brille; vgl. auch Kapitel 3.3: Wo ist der Mittelpunkt der Welt? – Das
Phänomen Ethnozentrismus.

schaftsstruktur in der Stadt Kano und ihrer Umgebung, wie Heinrich Barth sie 1851 beschrieben hat, wurde auch in vorkolonialer Zeit z. B. Baumwolle als cash crop angebaut, die ausschließlich für die Manufakturproduktion und somit für den Verkauf und die Textilherstellung bestimmt war. Der Unterschied: Der Anbau dieser cash crops war Teil der lokalen diversifizierten Wirtschaft und der Gewinn in der damaligen Währung *kurdi* blieb in der Region und bei den Produzenten.[240]

> **„Anbau für die Welt**
> *Überall in Afrika ändern sich die Traditionen und Lebensgewohnheiten der Menschen. Man möchte europäische Kleidung, Radios, Fahrräder ...*
> *Doch dazu ist Geld nötig, das man als Selbstversorger in den trockenen Bereichen der Savanne nicht hat. Deshalb wurden neue Pflanzen angebaut, die ausschließlich für den Export bestimmt sind und auf dem Weltmarkt verkauft werden. Doch der Wandel der Wirtschaftsweise vom Tauschhandel der Selbstversorger zum Geldmarkt verändert das Leben. [...] Seit einiger Zeit bauen die Bauern im Senegal in den trockeneren Gebieten der Savanne auf den Feldern statt Hirse Erdnüsse an. [...] Mit den cash crops lässt sich viel Geld verdienen. [Absatz] Deshalb verlagern die Bauern in niederschlagsreichen Jahren ihre Anbauflächen in Gebiete, die sich eigentlich nicht eignen.“*[241]

Im folgenden Abschnitt mit dem Titel *„Wenn der Preis nicht stimmt"*, wird der Eindruck vom cash crop-Anbau als reiche Geldquelle jedoch relativiert: Da die Bäuerinnen und Bauern die Preise nicht bestimmen können, sondern vom Weltmarktgeschehen abhängig sind, müssen sie ihre Ernte oft für wenig Geld verkaufen.[242]

Doch bereits in der Kolonialzeit war der größte Teil der für die Landwirtschaft nutzbaren Fläche des Sahels mit der Produktion von Agrar-Rohstoffen belegt,[243] was schon damals immer weniger Raum für die Eigenversorgung bot. So war auch der Beginn des Erdnussanbaus im senegalesischen Sahel ein koloniales Großprojekt. Erdnüsse wurden nach Hammer im 17. Jahrhundert von den Portugiesen aus Südamerika importiert und verbreiteten sich rasch als beliebtes afrikanisches Nahrungsmittel. Für die Kolonialverwaltung war die Anlage von monokulturellen Erdnussplantagen aufgrund der Erdnussölgewinnung für industrielle Zwecke und als Lebensmittel interessant. So legten sie mit dem so genannten senegalesischen Erdnussbecken eine im Dauerfeldbau genutzte Plantagenregion an, die nach Hammer eineinhalbmal so groß ist wie die Schweiz.[244] Voraus ging die Abholzung der Wälder und Buschgebiete der Region.[245] Ähnlich wie in

---

240 Vgl. Barth 1967: 92f.
241 Palmen und Schminke 2011: 54 (Klett: Terra. Erdkunde 2, Realschule).
242 Ebd.: 55.
243 Hammer 2005: 66.
244 Ebd.
245 Ebd.: 63.

Zimbabwe und Togo sorgte nach Hammer im Senegal eine Kopfsteuer dafür, die lokale Bevölkerung zum Erdnussanbau auf den Plantagen zu zwingen. Als unabhängiger Staat setzte auch der Senegal nach 1960 diese Monokulturexportwirtschaft als cash crop-Anbau fort, um die Verwaltung des Landes nun aus eigenen Mitteln finanzieren zu können. Diese Strategie wurde damals nicht nur für den Senegal, sondern für ganz Afrika u. a. von den europäischen Institutionen der Entwicklungszusammenarbeit gefördert.[246] In den 1980er Jahren brachen die Erdnusspreise ein und damit wurde auch das Erdnussbecken nach Hammer zu einer Krisenregion. Die großräumige Übernutzung des Bodens führte zu fallenden Erträgen, auch im Nahrungsmittelanbau. So wurde eine Spirale in Gang gesetzt: Die tiefen Erdnusspreise zwangen die Bäuerinnen und Bauern, auf den bereits übernutzen Böden immer mehr zu produzieren. Gleichzeitig verteuerten sich in den 1980er Jahren auch Düngemittel und Agrarmaterialien. Die Folge: Die lokale Bevölkerung konnte sich einen sachgerechten Anbau immer weniger leisten, was die Böden noch schneller auslaugte. So entstand nach Hammer in wenigen Dekaden eine Region von der Größe der Schweiz mit degradierten Böden.[247] Dazu kommt unter anderem auch ein hohes Bevölkerungswachstum, nach Hammer sowohl Folge einer verbesserten medizinischen Grundversorgung als auch des Aufbrechens einheimischer Formen von Geburtenkontrolle.[248]

In manchen Politikbüchern wird ein weiterer Faktor für die heutige „Unterentwicklung" erwähnt: die Herausbildung einer Staatsbürokratie und die Fortsetzung der kolonialen Sicht auf die Bäuerinnen und Bauern im eigenen Land.

> *„Landwirtschaft in Mali*
> *Die Baumwollverkäufer in den Städten Malis bieten den Bauern weniger als die Hälfte des Preises an, der beim Export in die Industrieländer erzielt wird. Ein erheblicher Teil der Einnahmen bleibt als Steuer beim Staat, der daraus die ‚Entwicklung' bezahlt: Es werden Straßen, Schulen und Fabriken gebaut, Armeen finanziert und – natürlich das Heer der Beamten in der Verwaltung. Woher sollten die Gelder für ‚Entwicklung' auch sonst kommen? [...] Nach den Vorstellungen der Beamten und der Aufkäufer braucht den Bauern nur wenig bezahlt zu werden: Sie bauen ja ohnehin Getreide an, um die Ernährung ihrer Familien zu sichern. Ob sie dabei ein kleines Feld für den Export, z. B. von Baumwolle, von ihren Getreidefeldern abzweigen oder nicht, erscheint unerheblich und werde von den Bauern im Grunde nebenher erledigt. "[249]*

---

246 Zu der entsprechenden Politik der damaligen Europäischen Wirtschaftsgemeinschaft und internationaler Geldgeber sowie den Versuchen der senegalesischen Regierung, zumindest eine gewisse Preisstabilität für die Erdnusserzeugnisse des Landes zu erhalten, vgl. z.B. Rempe (2012: 125ff.). Gleichzeitig förderten nach Krings (2006: 69 und 72f.) die Regierungen der Sahelländer sowie internationale Agrobusinessunternehmen die Erzeugung solcher Exportkulturen zu Lasten von Savanne und Weideflächen.

247 Hammer 2005: 68.

248 Ebd.: 77.

249 Ubben 1998: 184 (Cornelsen: Politikbuch 3, Realschule).

Allerdings wird den Schülerinnen und Schülern der Hintergrund für diese Entwicklung nicht nahe gebracht. So entsteht ein verzerrtes Bild. Auch die Entstehung reicher Eliten in vielen so genannten Entwicklungsländern, die Entwicklungsgelder nicht an die arme Bevölkerung sondern eher an die eigenen Taschen weiterleiten (so genannte „schlechte Regierungsführung"), wird in manchen Schulbüchern als Ursache von Unterentwicklung benannt, aber nicht erklärt.[250] *Diercke Geographie 3* für Gymnasien schreibt dazu: *„In den meisten Entwicklungsländern bestimmt eine kleine, reiche, gebildete Oberschicht die Leitlinien der Entwicklung. Leider geschieht dies nicht immer zum Wohl der breiten Bevölkerung. Nicht selten kommt es zu Misswirtschaft und Bestechung. Daran sind häufig internationale Firmen beteiligt. Sie versuchen zum Beispiel über Korruption, Aufträge zu bekommen oder das Recht zur Ausbeutung von Bodenschätzen zu erhalten."*[251]

Kaum ein Schulbuch geht jedoch auf die historische Dimension dieser Entwicklung ein. *Geschichte und Geschehen 2* zitiert allerdings zum Thema Folgen der Kolonialpolitik die Ausführungen des in Kenia geborenen Politikwissenschaftlers Ali A. Mazrui aus dem Jahr 1980:

„Folgen der Kolonialpolitik
[...]Die Europäer zerstörten die afrikanischen Einrichtungen für die Ausübung von Autorität und Regierungsgewalt; sie hinterließen eine tiefe politische Leere. Die Regeln des Zusammenlebens, wie sie in der vorkolonialen Zeit bestanden, die Werte der indigenen (eingeborenen) Gesellschaften und die gemeinsam getragenen Verantwortlichkeiten für das Miteinanderauskommen wurden von künstlichen, aus Europa importierten Vorstellungen ersetzt. [...] Eine koloniale Gesellschaft nach der anderen erlebte das Entstehen neuer sozialer Klassen ohne dabei auch die Fähigkeit zu entwickeln, soziale Konflikte wirkungsvoll beizulegen."[252]

Schulbücher vermitteln jedoch nicht nur häufig pauschalisierende Informationen über die afrikanische Realität, ohne die Hintergründe zu erklären. Darüber hinaus werden auch bestehende ethnozentrische Vorstellungen von Afrikanerinnen und Afrikanern selten thematisiert und hinterfragt.

---

250 Vgl. z.B. Floren 2008: 270 (Schöningh: Politik Wirtschaft 5/6, Gymnasium).
251 Latz 2009b: 22 (Westermann: Diercke Geographie 3, Gymnasium).
252 Sauer 2009: 301 (Klett: Geschichte und Geschehen, Gymnasium).

Beispiel 2: Das Bild vom „faulen Neger"

Obwohl die Geschichtsbücher der 8. oder 9. Klasse in der Regel auf den europäischen Rassismus gegenüber Afrikanerinnen und Afrikanern eingehen und die *„Vorstellung vom barbarischen Neger"* als *„Schöpfung Europas"* entlarven,[253] wird kaum eine Möglichkeit zu fundiertem Perspektivenwechsel geboten. Damit bleibt auch die mögliche Überwindung eigener ethnozentrischer Vorstellungen in der Schwebe. Die Entstehung solcher Ethnozentrismen sowie notwendige Hintergrundinformationen für einen Perspektivenwechsel lassen sich am Beispiel des Bildes vom „faulen Neger" verdeutlichen.

Kaum erwähnt wird in den Schulbüchern, dass im Zusammenhang mit dem kolonialen Arbeitskräftebedarf auf Plantagen und im Bergbau auch das Bild vom *„afrikanischen Müßiggang"*[254] bzw. vom *„faulen Neger"*[255] entstand. Nach Schäfer war Fleiß jedoch beispielsweise in Zimbabwe ein hoher Wert in der lokalen Arbeitsethik und Statuszuschreibung beider Geschlechter.[256] Denn Fleiß war ein wichtiges Element in der bäuerlichen Wirtschaft: *„In Sprichworten und Liedern wurde bereits Kindern die existentielle Wichtigkeit von kontinuierlicher Arbeit und von der Bereitschaft zur Zusammenarbeit mit anderen vermittelt."*[257] Hacken, Jäten oder Dreschen waren eben mit Körperkraft und Durchhaltevermögen verbunden. Um die Arbeitsanstrengungen zu reduzieren, wurden sie in Kooperation mit Nachbarn oder Verwandten erledigt. Die Anforderungen der Arbeit erfuhren keine negative Bewertung, sondern wurden *„als Beitrag zur Ernährungssicherung und zum gesellschaftlichen Wohlergehen gesehen."*[258] Als Gemeinschaftsaufgabe wurde auch die Arbeit auf den Feldern der lokalen Autoritäten betrachtet. Die Erträge wurden in Gemeinschaftsspeichern gelagert, um so Krisenzeiten überstehen zu können.

Vielfach waren die europäischen Kolonialherren jedoch angetreten, um die Afrikanerinnen und Afrikaner *„zur Arbeit zu erziehen"*[259] – nicht zuletzt, um die Frage der Arbeitskräfterekrutierung zu lösen.[260]

Im Bericht der Konrad-Adenauer-Stiftung zum Forschungsstand zur Afrika-Darstellung in deutschen Medien und Schulbüchern heißt es: *„Europa hat das Bild des faulen Afrikaners in dem Moment entworfen, in dem es beschloss, ihn zu versklaven, und dafür nach einer Rechtfertigung suchte."*[261]

---

253 Christoffer, Eck und Gloger 2008: 193 (Klett: mitmischen 2, Hauptschule).
254 Schäfer 2000: 71.
255 Vgl. Gronemeyer 1991.
256 Vgl. z.B. auch die hohe Bedeutung von Fleiß bei den Bamana in Mali (Polak 1996).
257 Schäfer 2000: 71.
258 Ebd.
259 Vgl. z.B. ebd. sowie Sippel 1996: 313f.
260 Vgl. Sippel 1996: 314.
261 Poenicke 2001: 34.

„Der faule Neger" – eine koloniale Erfindung
„So wie die geforderten regelmäßigen Tätigkeiten im überwiegend fremden Interesse in den europäischen Betrieben bei den Afrikanern nur wenig Gegenliebe begegneten, so stieß auch ihre ablehnende Haltung gegenüber der Lohnarbeit bei den Kolonisierenden auf großes Unverständnis. Die Kolonialwirtschaftler und ihre Anhängerschaft pflegten die afrikanische Bevölkerung daher bei jeder sich bietenden Gelegenheit als ‚arbeitsscheu', ‚faul' oder ‚indolent' zu diffamieren. [...] Da man die Afrikaner zudem ohnehin als ‚große Kinder' ansah, die von den Kolonisierenden erst zur ‚Zivilisation' erzogen werden mussten [...], erschien es den frühen deutschen Kolonialapologeten durchaus vorteilhaft, das von Missionaren befürwortete Postulat nach ‚Erziehung des Eingeborenen' [...] mit der von den kolonialwirtschaftlichen Kreisen geforderten Lösung der ‚kolonialen Arbeiterfrage' zu verbinden."[262]

Nach Häfner wurde dieses Bild über den *„faultierhaften Neger"*[263] auch in damaligen Kinder- und Jugendbüchern vermittelt. Beispielsweise ist in einem Kindergedicht mit Bildern, das um das Jahr 1910 veröffentlicht wurde, folgendes nachzulesen:

„Als unsere Kolonien vor Jahren
noch unentdeckt und schutzlos waren
schuf dort dem Volk an jedem Tage
die Langeweile große Plage
denn von Natur ist nichts wohl träger
als so ein faultierhafter Neger.
Dort hat die Faulheit, das steht fest
Gewütet fast wie eine Pest.
Seit aber in den Kolonien
das Volk wir zur Kultur erziehen
und ihm gesunde Arbeit geben
herrscht dort ein munteres, reges Leben.
Seht hier im Bild den Negerhaufen
Froh kommen die herbeigelaufen
Weil heute mit dem Kapitän
Sie kühn auf Löwenjagden gehen ..."[264]

Die Situation der afrikanischen Lohnarbeiter war oft äußerst prekär. Nach Schäfer starben in Zimbabwe bis 1933 über 30.000 Minenarbeiter, 3.000 durch Unfälle und 27.000 aufgrund von Krankheiten, die durch Unterernährung, überfüllte Un-

---

262 Sippel 1996: 314.
263 Häfner 1988: 564.
264 Zitiert in Häfner 1988: 563f.

terkünfte und mangelnde ärztliche Versorgung um sich greifen konnten.[265] Ihr Arbeitstag bestand aus mindestens zehn Stunden. Darüber hinaus wurden oftmals weitere Überstunden gefordert. Die Arbeiter standen durch Willkürmaßnahmen weißer Vorarbeiter unter einem ständigen Druck, noch höhere Arbeitsleistungen zu erbringen. Eine Methode bestand darin, die Anerkennung der Arbeitstage eines Lohnarbeiters von oft irrationalen Leistungskriterien abhängig zu machen. Ein nicht anerkannter und registrierter Arbeitstag bedeutete für die afrikanischen Arbeitskräfte die Streichung des Lohns für den entsprechenden Zeitraum.[266] *„Zudem bedienten sich die Vorarbeiter brutaler physischer Gewalt und Strafandrohungen: Auspeitschungen und Isolationshaft waren ihre Antworten auf unzureichenden Arbeitseinsatz, wobei sie die Definitionsmacht innehatten, was unter diesem ‚Vergehen‘ zu verstehen sei.“*[267]

Nach Sippel führten so die Kolonisatoren als moralische Legitimation zur Durchsetzung ihrer Interessen immer wieder die Notwendigkeit an, die einheimische Bevölkerung erziehen zu müssen, weil letztere nicht in der Lage sei, eine ‚moderne Zivilisation‘ zu entwickeln. Diese Erziehung fand in den Überseeunternehmen der Kolonialherren statt. Lohnarbeit war ihr pädagogisches Instrument.[268]

Gleichzeitig war nach Schäfer das europäische Arbeitsethos besonders widersprüchlich, weil die Europäer selbst das Delegieren und Überwachen der Arbeit übernahmen – trotz ihres Selbstverständnisses, *„die fleißigen Vorbilder zu sein“*.[269]

Der afrikanische Historiker Cheikh Anta Diop über die Entstehung des Mythos vom „Neger"

„Durchdrungen von ihrer jüngsten technologischen Überlegenheit, zeigten die Europäer von Anfang an Verachtung gegenüber der schwarzen Welt, von der sie nichts anzutasten wagten als deren Reichtümer. Die Unkenntnis der weit zurückliegenden Geschichte Afrikas, die Unterschiede in Sitten und Gebräuchen, die ethnischen Vorurteile zwischen Rassen [...], verbunden mit der ökonomischen Notwendigkeit der Ausbeutung, all jene Faktoren formten den Verstand der Europäer derart vor, daß sie die moralische Persönlichkeit der Schwarzafrikaner und ihre intellektuellen Fähigkeiten völlig verfälschten.
‚Neger‘ wurde seitdem zum Synonym eines primitiven, minderwertigen Wesens, das mit einer unterhalb der Logik angesiedelten Mentalität behaftet ist. [...] Der Gipfel des Zynismus: man stellt die Kolonisation als Gebot der Menschlichkeit dar, indem man sich auf die zivilisatorische Mission des Westens beruft, der die Aufgabe zukomme, den Afrikaner auf die Stufe der anderen Menschen zu heben.“[270]

---

265 Schäfer 2000: 73.
266 Ebd.: 72.
267 Ebd.
268 Vgl. Sippel 1996: 329.
269 Schäfer 2000: 71.
270 Cheikh Anta Diop, zitiert in Reinwald 1990:101f.

In der Tat wurde nach Martin „*das Wort ‚Neger‘, das einen durch seine ‚schwarze‘ Farbe ausgewiesenen barbarischen Primitiven suggeriert*", erst im 17. Jahrhundert geprägt.[271] Es verdrängte dabei langsam den seit dem 13. Jahrhundert verwendeten Begriff „Mohr"[272], der ebenfalls im Laufe der Zeit einen Bedeutungswandel erfuhr. In der Renaissance und frühen Neuzeit meinte er den Repräsentanten einer „*als beneidenswert empfundenen ‚orientalischen‘ Kultur*".[273] Als „Mohr" wurden Afrikaner damals „*zu einem Symbol für privilegierten Genuß*".[274] Die Kolonisation Afrikas und der transatlantische Sklavenhandel trugen nach Martin erheblich zum „*Abstieg des Afrikaners*" in der deutschen öffentlichen Meinung bei.[275]

Auch der Sklavenhandel gehört in das Kapitel europäisch-afrikanischer Geschichte, der nicht nur in Afrika, sondern auch in Amerika tiefe Spuren hinterlassen hat. Nach Brünenberg schätzen manche Historiker, „*dass 10 Millionen Sklaven den amerikanischen Boden betraten, andere – vor allem afrikanische Historiker – schätzen, dass es 15 Millionen gewesen sind. Dabei handelt es sich nicht nur um die in Nord- und Südamerika und der Karibik angekommenen Sklaven. Hinzu kommen noch diejenigen, die während der zweimonatigen Überfahrt durch Krankheiten, Unterernährung oder Misshandlung ums Leben gekommen sind. Vorsichtige Schätzungen gehen von einer Sterblichkeitsrate von 17% aus.*"[276]

Beispiel 3: Afrikanische Frauen

Auch die oft enorme Arbeitsleistung von afrikanischen Frauen wird häufig in Politik- und Erdkundebüchern thematisiert. Damit einhergehen kann Kritik am mangelnden Arbeitseinsatz der Männer, die gelegentlich mit einem Beispiel aus einem Land als allgemeingültig für Afrika oder sogar die „Dritte Welt" suggeriert wird.

Frau Edeogu aus Burkina Faso
„*Frau Edeogu ist froh, dass sie zwei kräftige Töchter hat. Ihr Mann und ihre Söhne helfen wenig. ‚Es ist nun einmal so – eine Frau kann einen Mann nicht zur Arbeit zwingen. Das gehört sich nicht!‘ Ihre Söhne gehen zur Schule. Herr Edeogu trifft sich mit seinen Freunden, wenn er nichts zu tun hat.*"[277]

---

271 Martin 1993: 85.
272 Ebd.
273 Ebd.: 12.
274 Ebd.
275 Ebd.; auch die tiefgreifenden historischen Wandlungsprozesse der deutschen Gesellschaft selbst im Zeitalter der Kolonisation sind ein wichtiger Faktor für die erneute Veränderung des Bildes „vom Afrikaner" (ebd.).
276 Brünenberg 2000: 52f.
277 Fricke-Finkelnburg und Pandel 1995: 111 (Cornelsen: Politikbuch 1, Realschule).

Abgesehen davon, dass es auch afrikanische Gesellschaften gibt, in denen Fleiß ein wichtiger Wert der Männer und ein unabdingbares Element für ihre gesellschaftliche Anerkennung ist, gibt es andererseits für afrikanische Frauen häufig auch Möglichkeiten, ihre Rechte gegenüber ihren Ehemännern durchzusetzen. Denn, wie in *Mensch und Raum, Geographie 8* betont wird, sind es südlich der Sahara vor allem die Bäuerinnen, die mit ihrer Nahrungsmittelproduktion und -vermarktung das Überleben möglicherweise des ganzen Kontinentes, aber zumindest ihrer lokalen Gemeinschaft garantieren. In demselben Schulbuch aus dem Jahr 2005 wird dagegen gestellt, dass Frauen weniger als 7 % der landwirtschaftlichen Entwicklungshilfe und weniger als 10 % der an Kleinbauern vergebenen Kredite erhalten. Es wird allerdings nicht erläutert, ob dieses Problem durch mangelndes Verständnis der Rolle der Frauen seitens der Geldgeber entsteht[278] oder durch Behinderung der Frauen seitens ihrer Ehemänner. Ein weiterer Kritikpunkt ist der mangelnde Landbesitz von Frauen. Zudem wird unterstellt, dass Frauen nicht an Entscheidungen mitwirken können, *„die ihr Leben betreffen"*,[279] weil ein hoher Prozentsatz des Lesens und Schreibens unfähig sei.[280] Obwohl die niedrige Alphabetisierungsrate von Frauen in so genannten Entwicklungsländern sicherlich ein Problem darstellt, bedeutet sie nicht automatisch, dass Frauen nicht an Entscheidungen mitwirken können, die sie und ihr Leben unmittelbar betreffen.

Oftmals hatten Frauen in Afrika – auch in vorkolonialer Zeit – eigene soziale Institutionen, mit denen sie ihre Interessen wahren und ihren Protest zum Ausdruck bringen konnten. Sie aktivierten ihre Protestmechanismen insbesondere, wenn ihnen ihre Ehemänner ihre Rechte verweigerten.[281] Den Igbo-Frauen im Nigerdelta z. B. standen nach Schäfer zwei solcher Institutionen zur Verfügung: die *inyemedi*- und die *umuada*-Vereinigungen. *Inyemedi* war der Zusammenschluss sämtlicher Ehefrauen eines Dorfes. Diese Interessensvereinigung war besonders wichtig, weil bei den Igbo die Frauen mit ihrer Heirat aus ihrem eigenen Herkunftsdorf in das Dorf des Ehemannes ziehen. Die Wahrung ihrer Interessen in ihrem neuen Umfeld bestand vor allem im Zugang zu Land und im Erhalt ihrer Möglichkeiten, Handel zu betreiben. Denn die Igbo-Frauen waren vor allem Bäuerinnen und Händlerinnen. Die zweite Vereinigung, *umuada*, war ein Zusammenschluss aller Frauen, die im selben Dorf geboren waren. Auf den Treffen beider Zusammenschlüsse ging es insbesondere um Anbau- und Vermarktungsfragen sowie um die Einhaltung der Regeln im Verhältnis der Geschlechter. Hier gefällte Vereinbarungen verpflichteten auch alle Männer zu entsprechendem Handeln. Ein Mann konnte z. B. bestraft werden, wenn er seine Ehefrau misshandelte oder sie nicht gut versorgte. Dann kleideten sich alle Frauen in Pflanzenfasern und zogen zum Gehöft des betreffenden Mannes. So brachten sie ihn nicht nur in eine

---

278 Oft verfügen Frauen und Männer in den Familien über eigene Einkommensquellen, die völlig voneinander getrennt sind. Dieses Wissen ist für Entwicklungsmaßnahmen von großer Wichtigkeit (vgl. z. B. Kievelitz 1987).

279 Breitbach und Richter 2005: 28 (Cornelsen: Mensch und Raum. Geographie 8, Gymnasium).

280 Ebd.

281 Diese und die folgenden Aussagen stützen sich auf Schäfer 2006: 115ff.

äußerst peinliche Situation, sie erinnerten mit ihrer Pflanzenfaserbekleidung auch an ihre wirtschaftliche Rolle, die das Überleben der Familie ermöglichte. Zudem zeugten ihre mit Asche von den Herdstellen bemalten Gesichter von ihrer Trauer über den fehlenden männlichen Respekt gegenüber der Ehefrau. Ein Schuldbekenntnis des Ehemannes und seine Bereitschaft, eine Ziege an sie zu zahlen, lösten das Problem. Andernfalls hatten die Frauen die Möglichkeit, vom Rat der Männer weitere Strafen einzufordern.[282]

Diese Protestformen wandten die Igbo-Frauen auch gegen die britische Kolonialregierung an, als in der Owerri-Provinz eine Frauenbesteuerung eingeführt werden sollte. Über ihre beiden Zusammenschlüsse verbreiteten sie die Neuigkeit blitzschnell in der ganzen Provinz. Mehrere hundert Frauen zogen in Pflanzenfaser-Bekleidung und mit Asche bemalten Gesichtern vor das britische Verwaltungsgebäude in Aba. Ihr Protest endete blutig: Die Briten töteten über fünfzig Frauen. Ebenso viele wurden schwer verletzt. Nun breitete sich der Protest auf die gesamte Owerri-Provinz aus, in der damals rund zwei Millionen Menschen lebten. Nach Schäfer gingen diese Ereignisse als Aufstände in Aga in die britischen Kolonialakten ein, während sie in der Igbo-Geschichte als *ogu umunwanyi* überliefert werden – einem legitimierten und von den Männern akzeptierten Frauenprotest.[283]

Nach Schäfer waren viele Frauenzusammenschlüsse auch im Verlauf der Unabhängigkeitsbestrebungen Nigerias und des Biafra-Krieges[284] gegen die Igbo aktiv beteiligt und sind es heute wieder im Zusammenhang mit der umweltzerstörenden Ölförderung im Niger-Delta.[285]

Auch der Brautpreis ist ein häufig angeführtes interkulturelles Missverständnis: *„In vielen afrikanischen Gesellschaften werden bis heute Ehen durch die Zahlung eines sogenannten Brautpreises geschlossen. Bei Europäern stößt dieses oft auf Unverständnis, da sie mit jener Aktion einen Brautkauf verbinden [...]. Dies ist ein Vorurteil, das nur entkräftet werden kann, wenn man den Sinn und Zweck eines Brautpreises kennt."*[286] Denn die Zahlung und die Annahme eines Brautpreises unter Zeugen ist die rechtliche Besiegelung einer „traditionellen" Ehe in Afrika. Mit dieser formalen Handlung *„erwerben die Brautleute wie auch deren Familien gegenseitige Rechte und Pflichten".*[287] Damit einher geht auch ein Schutz für die Ehefrau, denn die Ehe kann aufgelöst werden, wenn z. B. ihr Ehemann seine Pflichten ihr gegenüber nicht erfüllt. Aber auch der umgekehrte Fall kann eintreten. Zudem wird durch Zahlung des Brautpreises an die Familie der Frau die Verwandtschaftszugehörigkeit der gemeinsamen Kinder sowie außerehelicher Kinder der Frau geklärt: Sie gehören zur Familie des Mannes. Damit sind die Kinder zu legalen Erben des Ehemannes geworden.[288]

---

282 Schäfer 2006: 116.
283 Ebd.: 117ff.
284 Der Biafra-Krieg in Nigeria war ein Bürgerkrieg und dauerte von 1967 bis 1970.
285 Schäfer 2006: 119.
286 Tietmeyer 1997: 53.
287 Ebd.
288 Zur rechtlichen und sozialen Problematik bezüglich Witwen und ihrer Kinder sowie zur Auflösung vorkolonialer gesellschaftlicher Mechanismen zum Schutz ihrer Rechte vgl. z. B. Schäfer 1997 am Beispiel der Shona in Zimbabwe.

Ausgehandelt wird der Brautpreis von beiden Familien. In vorkolonialer Zeit konnte er nach Tietmeyer aus Tieren, Naturalien, Textilien sowie Haushaltsgeräten oder anderen Gegenständen bestehen, heute wird meist zusätzlich ein Geldbetrag vereinbart.[289]

Nach Tietmeyer können sich jedoch in über 40 afrikanischen Gesellschaften auch Frauen das System der Brautpreiszahlung zunutze machen und mit Hilfe dieses Instrumentes andere Frauen heiraten. Diese Ehe ist allerdings eine *„sozial anerkannte, vertraglich geregelte Zweckgemeinschaft, die mit dem Ziel eingegangen wird, eine Familie zu gründen und legale Nachkommen hervorzubringen. Homosexuelle Bedürfnisse spielen in solchen Lebensgemeinschaften keine Rolle.“*[290] Bei den Gikuyu in Zentral-Kenia war und ist die Heirat einer jüngeren Frau durch Zahlung eines Brautpreises eine Möglichkeit für kinderlose Frauen, eine eigene Familie zu gründen. Dafür suchen sie einen Mann in der Familie ihres Vaters oder Ehemanns, der mit ihrer Ehefrau Kinder zeugt. Sie selbst übernehmen in der Frauen-Ehe die männliche Rolle, da sie ja den Brautpreis an die Familie ihrer Ehepartnerin gezahlt haben. Eine kinderlose Frau konnte durchaus noch mit einem Mann verheiratet sein und gleichzeitig eine Ehe mit einer jüngeren Frau eingehen, oftmals war sie jedoch Witwe.

Dabei spielen für Frauen, die keine Kinder bekommen können, mehrere Aspekte für das Eingehen einer solchen Ehe eine wichtige Rolle: Ohne Kinder könnte eine Frau nach ihrem Tod ihren Platz als verehrte Ahnin der Zurückgebliebenen nicht einnehmen – eine undenkbare Vorstellung in einer Gesellschaft, in der Ahnenverehrung eine zentrale Bedeutung hat. Aber auch zu ihren Lebzeiten kann sie durch die Frauen-Ehe ihren Status in der Gikuyu-Gesellschaft erhöhen.[291] Heute ziehen auch die jüngeren Frau einen praktischen Nutzen aus einer solchen Konstellation: *„In der Regel hat diese jüngere Frau bereits Kinder, die entweder außerehelich sind oder aus ihrer geschiedenen Ehe stammen. Wenn sie sich nicht selbst versorgen kann, wohnt sie bei ihren Eltern oder ihren Brüdern, die sie oft mehr schlecht als recht unterstützen können. Die Frauenheirat bietet ihr also eine Möglichkeit, ihrer sozialen und finanziellen Notsituation zu entfliehen.“*[292] Kinderlose Frauen sind bei den Gikuyu in der Regel recht wohlhabend, weil sie ihre gesamte Zeit und Energie auf wirtschaftliche Aktivitäten verwenden können. Ihre Motivation zur Heirat einer Frau kann auch darin bestehen, dass sie verhindern möchten, dass die Brüder ihres (verstorbenen) Ehemannes sie nach ihrem Tod beerben.[293]

Darüber hinaus kann die Frauen-Ehe heute ebenfalls die Funktion einer „Sozialversicherungs-Institution“ einnehmen, bei der beide Parteien Rechte und Pflichten haben: *„Die ältere Frau gilt als Familienoberhaupt und fühlt sich den Kindern und ihrer Mutter gegenüber verantwortlich, indem sie z. B. das Schulgeld für*

---

289 Diese und die folgenden Aussagen stützen sich auf Tietmeyer 1997: 53ff.
290 Ebd.
291 Ebd.: 54f.
292 Ebd.: 56.
293 Ebd.

die Kinder zahlt, der jüngeren Frau Land zuteilt, das diese für sich bewirtschaf-
ten kann, und sie finanziell versorgt. Als Gegenleistung muß die jüngere Frau ihre
Pflichten im Haushalt erfüllen und die ältere Frau im Alter versorgen. Wenn eine
von beiden ihre Aufgaben nicht wahrnimmt, hat die andere das Recht, vor einem
staatlichen Gericht die Scheidung einzureichen."[294]

Beispiel 4: Afrikanische Kultur und Europäisierung

Häufig wird in Schulbüchern nicht nur suggeriert, es gäbe keine vorkoloniale afrikanische Geschichte. Darüber hinaus wird oft betont, dass die afrikanischen Kulturen, die die Europäer dort antrafen, als sie den Kontinent erkundeten, samt und
sonders einer Europäisierung gewichen wären. Die obigen Beispiele zeigen: Das
ist nicht der Fall.

Darüber hinaus werden Kulturelemente aus aller Welt in Afrika – wie auch in
Europa[295], Amerika oder Asien – in einen neuen eigenen kulturellen Kontext gestellt und genutzt. *„Die meisten Europäer würden höchstwahrscheinlich in Ge-*
lächter ausbrechen, wenn sie gehäkelte Toilettenpapierrollenhüllen als Hüte
wiederfinden würden. Nüchtern betrachtet haben wir es aber mit einer neuen In-
terpretation textiler Objekte zu tun, der ein kreativer Prozess zugrunde liegt."[296]
Ein anderes Beispiel ist der Gebrauch von Frottee-Badetüchern bei den Bulsa
und Tallensi in Nordghana. Bei den Bulsa können sie von den Ältesten als Teil
des „Outfits" bei offiziellen Anlässen getragen und zu Umhängetüchern werden.
Die Ethnologin Barbara Meier schreibt dazu: *„Zum ersten Mal fiel mir der Ein-*
satz der bunten Badetücher [...] 1988 auf. Es handelte sich um eine Prozessi-
on würdiger alter Männer auf dem Weg zum Markt. Sie waren alle angezogen
mit handgewebten Gewändern (inklusive Kopfbedeckung), bestickten Lederstie-
feln oder schwarzen Herrenschuhen, geschmückten Handstöcken, Fliegenwedel
aus Kuhschwänzen, Sonnenbrillen und eben jenen auffällig bunten Badetüchern
über der Schulter."[297] Bei den Tallensi wiederum können Frottee-Badetücher als
Kleidungsersatz beim Aussaat-Fest *golib* genutzt werden – gerade weil sie nicht
Bestandteil der alltäglichen Kleiderordnung sind. Zu diesem Fest kommen Menschen von weither angereist. Bei bestimmten Teilritualen gilt ein Kleidungsge-
bzw. -verbot. Niemand trägt seine alltägliche Kleidung, die offenbar aus religiösen Gründen tabu ist. Allerdings sind die Akteure auch nicht völlig nackt: Von
den Männern werden u. a. Shorts bzw. ein Dreiecksschurz und bunte Badetücher
getragen.[298] Diese Beobachtungen werden von der neueren Forschung auch auf
globaler Ebene gemacht.[299] Hannerz, einer der Pioniere der „Ethnologie der Glo-

---

294 Ebd.: 56f.
295 Vgl. Kapitel 5: Perspektivenwechsel im Schulunterricht – Exkurs: Wie die „neue
Welt" die alte veränderte.
296 Meier 2004: 276; für die folgenden Aussagen vgl. ebd.: 271ff.
297 Ebd.
298 Ebd.: 277f.
299 Vgl. z.B. Breidenbach und Zugkriegel 2000.

balisierung", betont z. B., dass Globalisierung nicht zu einem Verschwinden kultureller Diversität führen werde, sondern zu einer neuen Art ihrer Konstruktion – das heißt: die verfügbaren Elemente werden auf neue Weise zusammengesetzt.[300]

> *„Europäisierung*
> *Der Begriff bezeichnet den sich ausdehnenden Einfluss Europas auf die Welt im Zuge der Entdeckungen. Die europäische Lebensweise wurde vorherrschend und verdrängte die ursprünglichen Lebensformen der einheimischen Bevölkerung. "*[301]

In einigen Schulbüchern werden afrikanische Quellen aus den frühen 1980er[302] oder 1990er[303] Jahren zitiert, die zwar eine Negation afrikanischer kultureller Werte durch den Kolonialismus beklagen oder Minderwertigkeitskomplexe der Afrikaner gegenüber dem Westen thematisieren, diese aber nicht erklären. In den so genannten Entwicklungsländern, nicht nur auf dem afrikanischen Kontinent, wurden einheimische kulturelle Strukturen oftmals zielgerichtet und gewaltsam zu zerstören versucht, Kulturwandel sollte erzwungen werden. *Horizonte 2* für Gymnasien aus dem Westermann-Verlag bemerkt dazu: *„Imperialistische Herrschaft rechtfertigte sich auch mit der angeblichen ‚Mission des weißen Mannes‘, die westliche Zivilisation in allen Teilen der Welt zu verbreiten. "*[304]

> *„Auswirkungen auf die Einheimischen*
> *Das Schicksal der einheimischen Bevölkerung interessierte die Kolonialherren in der Regel kaum. [...] Westliche Verwaltung und Gerichtsbarkeit, Grenzziehungen und militärische Besatzung dienten der Sicherung der Kolonialherrschaft. Auch das tägliche Leben der Einheimischen wurde davon bestimmt. Deren überlieferte Lebensformen und Moralvorstellungen wurden durch westliche Werte und Gesetze zurückgedrängt. Die eigene Kultur ging zunehmend verloren. Die Folgen davon belasten noch heute das Verhältnis zwischen europäischen Ländern und ihren ehemaligen Kolonien. "*[305]

---

300 Hannerz 1996: 64; zur Schaffung einer neuen Art von Diversität (in Hannerz' Terminologie „Kreolisierung") vgl. z. B. ebd. 65ff. und Moosmüller 2007: 21; eine Zusammenfassung der neueren Forschung siehe ebd.: 21ff. sowie Lauser u. a. 2008: 12ff. Zu afrikanischen Lokalperspektiven auf die Globalisierung und die Verschränktheit von Lokalem und Globalem vgl. z. B. Loimeier u. a. 2005.
301 Lendzian 2008b: 251 (Schöningh: Zeiten und Menschen 2, Gymnasium).
302 Ebd.: 234.
303 Christoffer, Dähling, Heimbach u. a. 2005: 199 (Klett: zeitreise 2, Realschule).
304 Baumgärtner und Fieberg 2008: 201 (Westermann: Horizonte 2, Gymnasium).
305 Sauer 2009: 200 (Klett: Geschichte und Geschehen, Gymnasium).

Die Kolonialzeit hat afrikanische Gesellschaften sicherlich nachhaltig geschädigt, vieles auch zerstört und tiefe Wunden im eigenen Selbstverständnis verursacht. Trotzdem gibt es in Afrika nach wie vor kulturelle Vielfalt, oft auf neue Weise. Dennoch ist die Darstellung der heutigen vielfältigen Lebensweisen genauso selten wie die der vorkolonialen. Afrika bleibt der unbekannte Kontinent. Dieses Problem wird auch in *Politik Wirtschaft 5/6* aus dem Schöningh-Verlag thematisiert – mit dem Fazit, dass wir eigentlich über die so genannten Entwicklungsländer gar nichts wissen.

> *„Entwicklungsländer haben viele Gesichter*
> *Berichte über Länder in Afrika oder Asien, die uns in Europa erreichen, handeln fast nur von Kriegen, Katastrophen, Korruption, Elend, Vertreibung oder Zerstörung der Umwelt. Aber dieses Bild, das wir uns vom ‚Süden' machen, ist verzerrt. [...] Was wissen wir in Europa eigentlich von den Ländern, die wir Entwicklungsländer nennen? Wie erfahren wir etwas vom* Leben und Alltag der Menschen *dort? Zum Beispiel aus Zeitungs- und Fernsehberichten. Aber Nachrichten von dort müssen schon besonders ‚interessant' sein, um zu uns zu gelangen. Mit anderen Worten: Was wir von Entwicklungsländern erfahren, ist nicht das Alltägliche, sondern das Außergewöhnliche, ist nicht die Regel, sondern die Ausnahme.* "[306]

Die fehlenden Hintergrundinformationen machen sich zum Teil auch bemerkbar, wenn Schülerinnen und Schüler in Geschichtsbüchern zum Perspektivenwechsel aufgefordert werden.[307] Dieser Ansatz zur Vermittlung Interkultureller Kompetenz ist vielversprechend. Allerdings haben die Schülerinnen und Schüler im Vorfeld kaum etwas über afrikanische Kultur und Kulturen gelernt. Das macht es für sie sehr schwer, sich in die Sicht der Angehörigen der jeweiligen Kulturen zu versetzen, ohne die eigenen vorhandenen Vorstellungen als Grundlage zu nehmen.

Könnten sie sich z.B. vorstellen, dass Politik in Afrika ganz anders funktionieren kann als in Europa? In Ghana beispielsweise kann Kleidung als politisches Instrument genutzt werden, um Wählerinnen und Wähler zu gewinnen und als „rückständig" geltende Landesteile aufzuwerten.

---

306 Floren 2008: 260 (Schöningh: Politik Wirtschaft 5/6,, Gymnasium).
307 Vgl. z.B. Christoffer, Eck und Gloger 2008 : 188f. (Klett: mitmischen 2, Hauptschule).

Kleidung als politisches Instrument

„Der ehemalige Staatspräsident Ghanas, J.J. Rawlings [...] wählte, je nach Anlass und Ort seiner Auftritte ganz bewusst sein outfit, um seine Zugehörigkeit und Nähe zu seinem jeweiligen Publikum zu demonstrieren. Erstmals trug ein Staatschef bei offiziellen Anlässen einen smock, ein Kleidungsstück, das im Norden Ghanas sowie in der umliegenden Savannenzone verbreitet ist. [...] Wenn nun ein aus dem Süden stammender Politiker bei Ansprachen und Reisen in den Norden ebenfalls einen smock trägt, so ist das eine offene Solidaritätsbekundung gegenüber diesen Menschen. Der gewünschte Effekt, den Rawlings auf so einfache Weise erzielte, war die Unterstützung der nördlichen Bevölkerung. Eine weitere Folge war, dass das Festtagsgewand smock der ansonsten als ärmlich und rückständig scheinenden Bevölkerung überall im Lande und darüber hinaus eine soziale Aufwertung erfuhr. Durch Rawlings Strategie werden inzwischen im ganzen Lande diese smocks akzeptiert.“[308]

Ethnologische Forschung für den Unterricht nutzbar gemacht, kann helfen, diese Wissenslücken aufzufüllen. Nur so können Perspektivenwechsel ermöglicht und ethnozentrische Vorstellungen überwunden werden.[309]

* * *

Exkurs: Neubewertung des Entwicklungsbegriffs

Nach Heidemann wird Entwicklung bis in die Gegenwart häufig folgendermaßen gesehen: *„Entwicklung erscheint als gerichteter, oft als eindimensionaler Prozess hin zu einem fiktiven Zeitpunkt und findet seine Konkretisierung auch in Begriffen wie ‚Entwicklungsland‘ oder ‚Entwicklungshilfe‘. In Schulbüchern und in Leitartikeln, im Parlament und am Stammtisch liest und hört man von Entwicklungsstufen, die in den Vorstellungen regelrecht zu Treppenhäusern mutieren.“*[310] Mittlerweile wird der Entwicklungsbegriff in einigen Schulbüchern jedoch infrage gestellt – obwohl sich nach wie vor ethnozentrische Vorstellungen in den Texten und Materialien finden lassen.

1995 beginnt das *Politikbuch 2* aus dem Cornelsen Verlag das Kapitel *„Die Dritte Welt in Not“* mit einer Karikatur, die einen Afrikaner und einen Roboter zeigt. In der Sprechblase des Afrikaners ist die Frage an den Roboter zu lesen:

---

308 Meier 2004: 272f.; vgl. dazu Kapitel 3.3: Wo ist der Mittelpunkt der Welt? – Exkurs: Evolutionismus und Ethnologie – „... die Geister, die ich rief“?

309 Vgl. z.B. die für die Nutzung in der Schule aufbereiteten ESE-Veröffentlichungen der Reihe Gegenbilder, die ihren Schwerpunkt auf das Erkennen soziokultureller Vielfalt in Afrika und das Einüben des Perspektivenwechsels legen (siehe u.a. Turé 2004 und 2009 sowie Chuwa 2004a und 2004 b).

310 Heidemann 2011: 51f., siehe auch Kapitel 3.3: Wo ist der Mittelpunkt der Welt? – Exkurs: Evolutionismus und Ethnologie – „... die Geister, die ich rief“?

„Können Sie mir auch helfen, ohne daß ich so werden muß wie Sie?"[311] Im weiteren Textverlauf wird auch auf die evolutionistische Vorstellung von Entwicklung eingegangen.

Was verbirgt sich hinter dem Ausdruck „Unterentwickelte Länder"?
„Hinter dem Ausdruck (unterentwickelte Länder) liegt [...] die äußerst naive Vorstellung einer Art ‚Stufenleiter' mit den Entwicklungsländern auf der niedrigsten Stufe und den Industrieländern ganz oben. Entsprechend müssten also die Entwicklungsländer nur dieselben Stufen erklimmen, um den Stand der Industrieländer zu erreichen."[312]

In einigen Schulbüchern wird unter anderem eine neue Form von Entwicklungspolitik vorgestellt, in der Forstexpertinnen und -experten anhand indigener Anbaumethoden gemeinsam mit Betroffenen neue Methoden des Dauerfeldbaus entwickeln. Insbesondere die Baumgärten der Maya auf Yucatán dienen hier als Modell.[313]

Vor allem die Erdkundebücher der Sekundarstufe 2 thematisieren heute die insbesondere durch die Diskussion um nachhaltige Entwicklung ins Wanken geratene bisherige Vorstellung von Entwicklung aus europäischer (oder „westlicher") Sicht. Bei *Terra Erdkunde* heißt es z. B.: *„ Und was heißt überhaupt ‚Entwicklung'? Versteht man darunter wirtschaftliches Wachstum, dann würde dies bedeuten, dass allein durch eine Steigerung des Bruttosozialproduktes, Erscheinungen der ‚Unterentwicklung' wie Hunger, Armut, Krankheit oder geringe Lebenserwartung auf Dauer beseitigt werden könnten. Die Zielvorstellung von ‚Entwicklung' gäben in diesem Fall die wohlhabenden Industrieländer. [...] Aber auch unabhängig von der Frage, ob sich diese Zielvorstellung realisieren lässt, muss man angesichts wachsender Umwelt- und anderer Probleme in den Industrieländern bezweifeln, ob diese überhaupt nachahmenswerte Entwicklungsmodelle darstellen."*[314]

Terra Wirtschaftsgeographie für die Sekundarstufe 2 beleuchtet die Geschichte dieser Neubewertung: *„Die Beschränkung der Entwicklungspolitik auf wirtschaftliches Wachstum in den 50er- und 60er-Jahren sowie auf die Armutsproblematik in den 70er und 80er Jahren stieß schon bald auf Kritik, da sie die globa-*

---

311 Pandel 1995: 134 (Cornelsen: Politikbuch 2, Realschule).

312 Ebd.: 139; vgl. dazu auch Kapitel 3.3: Wo ist der Mittelpunkt der Welt? – Exkurs: Evolutionsmus und Ethnologie – *„ ... die Geister, die ich rief"*?

313 Vgl. z.B. Blumberg, Bösch, Castelle u.a. 2011: 80f. (Schroedel: Seydlitz Erdkunde 2, Realschule), Böning, Borscheit, Cichon u.a. 2005: 105 (Schroedel: grenzenlos 2, Hauptschule), Palmen und Schminke 2011: 31 (Klett: Terra Erdkunde 2, Realschule) und Rausch und Rütten 2004: 80f. (Klett-Perthes: Terra Erdkunde 7/8, Gymnasium). Das Anbau-Modell besteht insbesondere aus dem so genannten Stockwerkanbau, der die Stockwerkstruktur des Regenwaldes imitiert. Zu afrikanischen Beispielen und zur Erläuterung vgl. das folgende Beispiel der Bamiléké in Kamerun.

314 Kreus und von der Ruhren 2007: 237 (Klett: Terra. Erdkunde Sekundarstufe II, Räume und Strukturen, Gymnasium).

le Dimension von Entwicklung zu wenig berücksichtigte. [...] Zwei Themenkreise rückten in den 90er-Jahren in den Mittelpunkt der entwicklungspolitischen Debatte: die Begrenzung der natürlichen Ressourcen der Erde und die Belastbarkeitsgrenzen des globalen Ökosystems. Damit bahnte sich auch ein grundlegend anderes Verständnis von Entwicklung an: Die Industrieländer konnten nicht mehr nur als Geber, Helfer, Berater und erst recht nicht als Vorbild agieren, da sie, ökologisch fehlentwickelt, selbst ‚Entwicklungsländer' geworden waren. So setzte sich mehr und mehr die Einsicht durch, dass die Erhaltung der Umwelt im Sinne einer nachhaltigen, d. h. zukunftssichernden Entwicklung nicht ein regionales, sondern ein globales Problem ist. "[315]

Längst hat die Diskussion um nachhaltige Entwicklung auch eine interkulturelle Dimension angenommen – nicht zuletzt aufgrund des Beitrages indigener Völker und ihrer Philosophien zur Debatte um die Entwicklung dieses Konzeptes. In der Agenda 21 ist indigenen Völkern ein eigenes Kapitel gewidmet. Aber auch das Lernen von nicht-europäischen Kulturen hat Eingang in die Schulbücher gefunden. Wissen aus Afrika beginnt ebenfalls, seine Würdigung zu erfahren. *Terra. Erdkunde, Räume und Strukturen* führt ein Beispiel von den Bamiléké aus Kamerun an: *„Die in Kamerun während der Kolonialzeit eingeführte ‚moderne' Landwirtschaft war in erster Linie exportorientiert. Darunter litt – und leidet bis heute – die Nahrungsmittelversorgung, und auch die ökologischen Risiken wurden nicht bedacht.* "[316] Als positives Beispiel führt *Terra* den ökologischen Landbau der Bamiléké an.

Ökologische Landwirtschaft bei den Bamiléké in Kamerun

„Ein Beispiel findet sich bei den Bamiléké, einem Stamm im westlichen Bergland Kameruns. Das Prinzip der Bamiléké lautet: ‚Agriculture in Layers': Die Felder werden mit den unterschiedlichsten Nutzpflanzen angelegt, und zwar so, dass die Kultur später dem stockwerkähnlichen Aufbau des Regenwaldes ähnelt. Oberstes Gebot ist dabei, dem Boden möglichst wenig Mineralien zu entnehmen. Deshalb lassen die Bamiléké sämtliches Pflanzenmaterial auf den Feldern verrotten, sofern es nicht geerntet wird. In der Fachsprache werden solche Formen als ‚Agroforstwirtschaft' und ‚Mischkulturen' bezeichnet. [Absatz] Betrachtet man die intensiv genutzte Kulturlandschaft der Bamiléké von oben, so erinnert sie zunächst an den tropischen Regenwald im Süden des Landes. Ein dichtes Blätterdach verdeckt die Sicht auf das darunter liegende Ackerland. Auf den Feldern selbst verliert sich jedoch schnell der Eindruck einer Waldlandschaft. Jedes Stückchen Land ist mit Gehölzen und Feldfrüchten vielfältigster Art bepflanzt. "[317]

* * *

---

315 Bender, Brameier, Brodengeier u. a. 2000: 222 (Klett-Perthes: Terra. Erdkunde Sekundarstufe II. Die Wirtschaftsgeographie, Gymnasium).

316 Kreus und von der Ruhren 2007: 98 (Klett: Terra. Erdkunde Sekundarstufe II, Räume und Strukturen, Gymnasium).

317 Ebd.

Fazit

Nach einer vom Georg-Eckert-Institut für internationale Schulbuchforschung herausgegebenen Untersuchung aus dem Jahr 1984 ließen die Analyseergebnisse darauf schließen, dass die damaligen Schulbuchinhalte von folgendem *„generellen Mechanismus der Stereotypenbildung"*[318] geprägt waren: *„Es kann gefolgert werden, daß das generelle Bild über Afrika und seine Völker und Kulturen das Produkt kultureller und politischer Mechanismen ist, das wenig mit der Realität des fremden Landes/Volkes zu tun hat, dafür aber tief in den eigenen Produktions- und Rezeptionsgewohnheiten verwurzelt ist:* Das europäische Afrikabild wäre also vor allem ‚europäisch'."[319]

Obwohl explizite Ethnozentrismen in heutigen Schulbüchern kaum noch zu finden sind und die Verlage sich bemühen, Vorurteile und Stereotype gegenüber Afrika und „den" Afrikaner zu vermeiden, ist dennoch auch heute noch festzustellen, dass das in Schulbüchern vermittelte Bild des afrikanischen Kontinents oft wenig mit der afrikanischen Realität zu tun hat, sondern in der Tat ein „europäisches" ist. Vielfach sind die mit Beginn der europäischen Kolonialisierung Afrikas entstandenen Bilder, Vorurteile und Stereotype so fest in den Köpfen verankert, dass sie trotz gegenteiliger Intention in der Vermittlung von Lerninhalten über Afrika weiter wirken und so über die entsprechenden Unterrichtsmaterialien erneut an die nächste Schülergeneration vermittelt werden.

Globales Denken und interkulturelle Ansätze sind jedoch in vielen Lebensbereichen und Wissenschaften möglich und können dementsprechend auch in viele Bereiche des Schulunterrichts einbezogen werden. Leider gibt es bisher nur wenige Unterrichtsmaterialien, die einerseits die Wissenslücken über fremde Kulturen wissenschaftlich gesichert füllen und gleichzeitig interkulturelles und globales Lernen anhand einer theoretisch fundierten Didaktik und einer praktisch erprobten Methodik vermitteln können. Die anschließende Analyse des Perspektivenwechsels in Schulbüchern und die folgenden, an Schulbuchthemen orientierten ergänzenden Unterrichtsmaterialien sind ein erster Schritt in eine solche Richtung.

---

318 Hillers 1984: 177.
319 Ebd.

5. Perspektivenwechsel im Schulunterricht: Kolumbus und die „neue Welt"

Perspektivenwechsel ist eines der wichtigsten Instrumente zur Vermittlung Interkultureller Kompetenz. In vielen Schulbüchern wird in einigen Unterrichtseinheiten auch mit Materialien zum Perspektivenwechsel gearbeitet. Ein oft verwendetes Beispiel ist die erste Begegnung zwischen Kolumbus und der indigenen Bevölkerung Nordamerikas – insbesondere in Geschichtsbüchern der 7. Klasse zum Thema *Entdeckung Amerikas*[1] sowie in Deutschbüchern der 7. Klasse zur Unterrichtseinheit *Fremde Welten – Von Reisen berichten* oder der 9. Klasse *Blick zurück nach vorn*.

Die historische Begegnung 1492 zwischen Kolumbus und den Taino – den Bewohnerinnen und Bewohnern der Karibikinsel, an der die spanischen Schiffe nach sechs Wochen ungewisser Seefahrt endlich vor Anker gehen konnten – könnte man als Klassiker einer interkulturellen Begegnungssituation bezeichnen. Die Folgen für die Taino und die indigene Bevölkerung der gesamten Region waren allerdings katastrophal.

In den ersten Wochen der Begegnung zwischen dem Genuesen Kolumbus, seiner spanischen Mannschaft und den Taino kann man die typischen Prozesse und Reaktionsverläufe beobachten, die Menschen durchlaufen, wenn sie sich in einer ihnen vollkommen fremden Umgebung orientieren müssen und/oder mit Menschen in Kontakt kommen, die ihnen kulturell fremd sind. In diesem Fall könnten die Umstände nicht fremder sein: Keine von beiden Gruppen wusste vor ihrer ersten Begegnung überhaupt etwas von der Existenz der Anderen. Miteinander kommunizieren konnten sie nur, wie sie es in ihrer jeweils eigenen Kultur gewohnt waren. Für Kolumbus und die Spanier war zudem die karibische Welt um sie herum sehr neu: Viele Pflanzen und Tiere hatten sie noch nie gesehen und konnten sie zunächst überhaupt nicht einordnen.

Mit der Kultur der Menschen – von Gebrauchsgegenständen bis Umgangsformen – ging es ihnen ähnlich. Vieles ordneten sie falsch zu, korrigierten es nie und erbauten ein Bild von den „Wilden", das sich zu einem ethnozentrischen Stereotyp verfestigte und bis heute nachwirkt.[2]

---

1 Aus Perspektive der indigenen Völker Amerikas wird die „Entdeckung" ihres Kontinents häufig vor allem als Eroberung oder Kolonisation gesehen, was insbesondere 1992 – zur 500-Jahr-Feier der Landung von Christoph Kolumbus in der dem amerikanischen Festland vorgelagerten Inselwelt – vielfach thematisiert wurde (vgl. z.B. Allkämper 1998: 175f., Knolle 1992, Kuhn 1991, Niedrig 1992, Pietschmann 1992 und Höfer 1989). Manche Schulbücher thematisieren auch, dass Kolumbus nicht der erste „Entdecker" Amerikas gewesen ist und der Wikinger Leif Eriksson bereits um das Jahr 1000 an der Ostküste des heutigen Kanada landete. Vgl. Liskon und Utheß 2005: 118ff. (Klett: deutsch.kombi 3, Hauptschule).

2 Hinzu kam, dass dieses Bild vom „Wilden" auch den Hoheitsansprüchen der spanischen Krone über die „Neue Welt" entgegenkam. (Vgl. DeAnna 2003: 446f.)

Die Taino

Übersetzt bedeutet Taino „die guten oder die edlen Menschen".[3] Die Insel, auf der Kolumbus gelandet war, gehört zu den Bahamas. Die Taino nannten sie Guanahani. Kolumbus taufte sie jedoch bald nach seiner Ankunft in San Salvador um. Die Identität der Insel ist bis heute nicht geklärt. Seit ungefähr 250 Jahren gibt es eine Debatte darüber, wo genau sie zu lokalisieren ist. Samuel Eliot Morison schlussfolgerte z. B. nach umfangreichen Studien, es müsse die frühere Watling-Insel[4] gewesen sein. Diese hatte sich bereits 1925 in San Salvador umbenannt. Unter diesem Namen ist die rund 163 km² große Insel heute auf der Weltkarte zu finden. Damit wurde die Diskussion neuer Vorschläge jedoch keineswegs beendet.[5]

Taino lebten nicht nur auf Guanahani, sondern auch auf anderen Inseln des karibischen Raums wie Hispaniola (den heutigen Staaten Haiti und Dominikanische Republik), Kuba, Jamaika oder Puerto Rico.

Ethnohistorikerinnen und -historiker fassen mittlerweile die gesamte damalige indigene Bevölkerung der Bahamas, der Großen Antillen und eines Teils der Kleinen Antillen aufgrund ihrer einheitlichen Sprache und Kultur als „Taino" zusammen. Allerdings ist unklar, ob es eine übergreifende regionale Identität im Sinne einer ethnischen Gruppe gegeben hat.[6]

Die Schätzungen zu den Bevölkerungszahlen des Karibikraums zur Zeit der ersten Begegnung mit Kolumbus und seiner Mannschaft schwanken allein für die Insel Hispaniola zwischen 100.000 und einer Million Einwohnerinnen und Einwohnern.[7] Bereits 1509, nur 17 Jahre nach Kolumbus Landung auf Guanahani, war die Taino-Bevölkerung auf Hispaniola nach Rouse bereits auf 60.000 gefallen.[8] Für diesen drastischen Bevölkerungsrückgang wird eine Vielzahl von Begründungen aufgeführt, u. a. kriegerische Auseinandersetzungen mit den Spaniern, hohe Selbstmordraten der Taino und eine Hungersnot, deren Ursachen bisher ungeklärt sind.[9] Manche Autoren sehen jedoch das von Kolumbus eingeführte Tributsystem, das den Taino die regelmäßige Abgabe einer bestimmten Goldmenge auferlegte, bereits ab 1495 als Grund für den Rückgang der Bevölkerungszahl.[10]

---

3   Rouse 1992: 5 und Wilson 1990: 2.

4   Der Pirat John Watling hatte die Insel, die er als Stützpunkt für seine Aktivitäten in der Karibik nutzte, um 1680 nach sich benannt. Zur Piraterie in der Karibik vgl. z. B. Bohn 2003.

5   Vgl. z. B. Rouse 1992: 142 und Wilson 1990: 43.

6   Zum Begriff ethnische Gruppe vgl. Kapitel 2: Was ist Kultur? – Exkurs: Kulturen, Ethnien und kulturelle Grenzen.

7   Nach Rouse (1992: 7) werden in der älteren Forschungsliteratur für Hispaniola zwischen 100.000 und 1 Million Einwohnerinnen und Einwohner angegeben sowie jeweils 600.000 für Puerto Rico und Jamaika. Neuere Autoren gehen für Hispaniola von einer maximalen Bevölkerungszahl von 500.000 aus.

8   Ebd.: 155.

9   Wilson 1990: 94. Zusammenfassend einschließlich des Nachfolgenden s. auch Wilson 2007: 150.

10   Wilson 1990: 92f.

Vor allem wird aber das um 1503 von Kolumbus' Nachfolger Nicolás de Ovando eingeführte Zwangsarbeitssystem in diesem Zusammenhang genannt. Ovando begründete eine besondere Form der Sklaverei: Er überschrieb den Siedlern aus Europa ganze Taino-Dörfer. Die Menschen wurden gezwungen, ein halbes Jahr in den Goldminen oder auf den spanischen Farmen zu arbeiten. Die restlichen sechs Monate verbrachten sie zu Hause im Dorf. In dieser „Erholungsphase" mussten sie Nahrungsmittel anbauen, um sich selbst und teilweise auch die Spanier zu versorgen. Bald wurde die Zeit im Dorf auf vier Monate verkürzt. Nach und nach führten die Spanier dieses neue System überall ein, wo sie Gold entdeckten und Siedlungen gründeten.[11] Die Arbeits-, Ernährungs- und hygienischen Bedingungen im Rahmen dieses Zwangsarbeitssystems waren denkbar schlecht und werden oft als ein weiterer Grund für die rapide sinkenden Bevölkerungszahlen angeführt.[12] Eine andere Ursache waren die aus Europa eingeführten neuen Krankheiten (z. B. die Pocken), denen die Taino nichts entgegenzusetzen hatten und die deshalb schnell tödlich verliefen.[13]

Der drastische Rückgang der einheimischen Bevölkerung stellte die Spanier vor ein Problem: Ihnen fehlten Arbeitskräfte auf den nun als spanische Besitzungen geltenden karibischen Inseln. Nach Sauer wurden die kleinen Karibik-Inseln wie Guanahani zwischen 1509 und 1513 komplett entvölkert: Die Einwohnerinnen und Einwohner wurden zwangsumgesiedelt. Vermutlich wurde so auf einen ersten Arbeitskräftemangel reagiert.[14] Ab 1519 wurde der Einsatz von Arbeitssklavinnen und -sklaven aus anderen Teilen der Karibik, einschließlich der Festlandküste, noch verstärkt. Darüber hinaus wurde eine immer größere Anzahl afrikanischer Sklavinnen und Sklaven eingeführt, die bald einen hohen Bevölkerungsanteil stellten.[15]

Innerhalb von nur 30 Jahren hatte sich die Bevölkerung um mehr als 90 % verringert.[16] In den 1540er Jahren scheint es kaum noch Taino gegeben zu haben.[17] Sie galten lange als ausgestorben. Heute gibt es jedoch eine „Taino-Bewegung" im Karibikraum, die dieser Lesart ihrer Geschichte widerspricht und ihre indigene Herkunft betont. Vor allem auf Puerto Rico und innerhalb der in den USA lebenden Menschen mit puertoricanischer Migrationsvorgeschichte gründeten sich Taino-Organisationen. Nach Borrero gibt es im (vor allem spanischsprachigen) karibischen Raum viele Familien, denen ihre Taino-Herkunft durch orale Geschichtsübermittlung bekannt ist. Den Kindern wurde jedoch vermittelt, nicht über ihre Identität zu sprechen. Auch andere Faktoren – wie z. B. religiöse Into-

---

11 Rouse 1992: 154; siehe z. B. DeAnna 2003: 466f. zur Frage der „Zivilisierung" der Taino.

12 Rouse 1992: 155 und Sauer 1966: 203.

13 Wilson 1990: 94; Wilson (2007: 159) geht sogar davon aus, dass rund 80 % der Bevölkerung der Großen Antillen durch Infektionskrankheiten wie Pocken, Grippe oder Gelbfieber gestorben sind – möglicherweise, ohne je einen Europäer zu Gesicht bekommen zu haben.

14 Sauer 1966: 160 sowie Rouse 1992: 156 und 158.

15 Wilson 2007: 160 und Sauer 1966: 206f. sowie 213ff.

16 Wilson 2007: 158.

17 Wilson 1990: 142.

leranz seitens der katholischen Kirche – hätten in der Vergangenheit als Gründe gegolten, eine Taino-Identität zu verstecken und nicht öffentlich zu leben.[18] Mittlerweile hat die US-Regierung die Jatibonicu Taino auf Puerto Rico offiziell als indianische Nation mit eigener Lokalregierung anerkannt.[19] Heute gibt es auch überregionale Organisationen der Taino wie die *United Confederation of Taino People*.[20] Sie ist seit den späten 1990er Jahren im Karibikraum aktiv.

In der Forschung ist die Anerkennung der Taino jedoch umstritten. Manche Forscher gehen davon aus, dass es in einigen karibischen Regionen Bevölkerungsgruppen gibt, die sich teilweise auf die Taino zurückführen lassen.[21] Andere sehen die Bewegung kritisch und vor allem als Mittel der Identitätsfindung in der US-amerikanischen Diaspora sowie als Abgrenzungsmechanismus gegenüber der schwarzen Bevölkerung in den USA und auf Puerto Rico.[22] Borrero bemerkt zu diesem Vorwurf: Bei den Taino gab es eine formelle Form der Adoption, die *Guatiao*-Zeremonie. *Guatiao* wurde auch genutzt, um Spanierinnen und Spanier sowie entlaufene afrikanische Sklavinnen und Sklaven zu adoptieren. Letztere flohen zu den Taino-Gemeinschaften in die Berge, um sich ihnen anzuschließen. Bedenkt man diese Praxis, wird klar, wie ihre heutige Haltung zu Fragen der Hautfarbe und Rasse aussähe.[23]

Die erste Begegnung: Die Perspektive von Christoph Kolumbus

Kolumbus' Perspektive der Begegnung ist in seinen Bordtagebüchern dokumentiert. Allerdings muss davon ausgegangen werden, dass Kolumbus' Dokumentation der „Entdeckung" auch als „Projektbericht" an seine Geldgeber, das spanische Königspaar Isabella von Kastilien und Ferdinand von Aragon, zu verstehen

---

18 Borrero 2001: 154f. Nach Håkansson gibt es heute ähnliche Fälle einer verborgenen indigenen Identität, z.B. in verschiedenen Ländern Lateinamerikas. Sowohl in ländlichen Gegenden als auch in einer städtischen Umgebung kann ein extrem rassistisches Verhalten seitens der nicht-indigenen Bevölkerung dazu führen, dass die indigene Identität hinter einer falschen öffentlichen Maske einer „Mestizen"-Herkunft verborgen wird. (Håkansson 2001: 8).

19 Vgl. Dávila 2001: 35; s. auch die offizielle Internet-Seite der US-Regierung (www.usa. gov/Government/Tribal-Sites/J.shtml), die sowohl die Jatibonicu Taino Tribal Nation of Boriken in Puerto Rico auflistet als auch die Jatibonicu Taino Tribal Band in New Jersey (in diesem Fall die aus Puerto Rico auf das amerikanische Festland migrierten Taino und ihre Nachkommen). In den USA ist das Rechtsverhältnis zwischen Bundesregierung und den einzelnen indianischen Nationen ein „Nation-zu-Nation"-Verhältnis, das heute mit einer autonomen Lokalverwaltung einhergeht. Dasselbe gilt für Kanada. Puerto Rico wurde 1898 von den Vereinigten Staaten besetzt. 1917 verlieh der US-Kongress allen Puerto Ricanern die US-Bürgerrechte (vgl. Jiménez Román 2001: 115).

20 Siehe auch www.uctp.org.

21 Vgl. z.B. Rouse 1992: 161f.

22 Vgl. z.B. die Beiträge in Haslip-Viera 2001.

23 Vgl. Borrero 2001: 153. Es gibt nach Borrorero zwar Familienüberlieferungen zu bestimmten Elementen der Taino-Kultur und zur eigenen Identität, die eigene Kultur wurde jedoch offenbar nicht mehr als Gruppe praktiziert.

ist, was seine Gewichtung der Inhalte mitbestimmt haben dürfte. Trotzdem halten die Tagebücher Szenen des Erkundens des Fremden und der interkulturellen Begegnung fest. Deshalb werden sie häufig in Schulbüchern unter anderem zum Einüben des Perspektivenwechsels benutzt.

> **„Land in Sicht**
> *Um zwei Uhr morgens kam das Land in Sicht, von dem wir etwa acht Seemeilen entfernt waren [...]. Wir legten bei und warteten bis zum Anbruch des Tages, [...] an welchem wir zu einer Insel gelangten, die in der Sprache der Indianer ‚Guanahani' hieß. Dort erblickten wir sogleich nackte Eingeborene. [...] Ich rief die beiden Kapitäne und auch die anderen, die an Land gegangen waren [...] zu mir und sagte ihnen, sie sollten durch ihre persönliche Gegenwart als Augenzeugen davon Kenntnis nehmen, dass ich im Namen des Königs und der Königin, meiner Herren, von der gesamten Insel Besitz ergreife [...]. Sofort sammelten sich an jener Stelle zahlreiche Eingeborene der Insel an. In der Erkenntnis, dass es sich um Leute handle, die man weit besser durch Liebe als mit dem Schwerte retten und zu unserem heiligen Glauben bekehren könne, gedachte ich sie mir zu Freunden zu machen, und schenkte also einigen von ihnen rote Kappen und Halsketten aus Glas und noch andere Kleinigkeiten von geringem Wert, worüber sie sich ungemein erfreut zeigten. Sie wurden so gute Freunde, dass es eine helle Freude war. Sie erreichten schwimmend unsere Schiffe und brachten uns Papageien, Knäuel von Baumwollfäden, lange Wurfspieße und viele andere Dinge noch, die sie mit dem eintauschten, was wir ihnen gaben, wie Glasperlen und Glöckchen. Sie gaben und nahmen alles von Herzen gern – allein mir schien es, als litten sie Mangel an Dingen."*[24]

Zusätzlich wird für diesen Zweck oft der Kupferstich von Theodor de Bry aus dem Jahr 1594 hinzugezogen, der die Landung von Kolumbus in Amerika darstellt.

---

24 Lendzian 2008b: 69 (Schöningh: Zeiten und Menschen 2, Gymnasium). Diese Passage des Bordtagebuches wird in den verschiedenen Schulbüchern in unterschiedlichster Form (Länge und inhaltliche Betonung; zu den verschiedenen Dokumentenquellen vgl. FN 25 bis 27) zitiert.

Abb. 28: Die erste Begegnung (Zeichnung: Susanne von Bülow)

Dieser Stich entstand rund 100 Jahre nach der historischen ersten Begegnung mit den Taino und gibt damit ein Bild wieder, das sich der Künstler von der damaligen Sicht der Spanier machte sowie ein Bild, das sich möglicherweise zu seiner Zeit bereits von diesem Ereignis entwickelt hatte. Zusammen ergeben die beiden Quellen das hauptsächliche Unterrichtsmaterial zur interkulturellen Dimension der „Entdeckung" Amerikas. Über die Taino gibt es keine weiteren Informationen, in der Regel bleiben sie sogar die unbekannten und gesichtslosen „*nackten Eingeborenen*"[25] oder „*nackte Leute am Strand*"[26] ihrer Insel Guanahani oder „*gehen umher, wie Gott sie geschaffen hat, Männer sowohl als Frauen*"[27] – so wie Kolumbus sie in seinem Bordtagebuch und De Bry sie in seinem Kupferstich darstellt.

Kolumbus und die „neue Welt" – Aufgaben für die Schülerinnen und Schüler

In den Schulbüchern gibt es verschiedene Arten der Aufgabenstellung zu diesen beiden Quellen. Einige Geschichtsbücher beschränken sich auf die reine historische Quellenarbeit und konzentrieren sich damit auf die Herausarbeitung der Inte-

---

25 Z.B. Lendzian 2008b: 89 (Schöningh: Zeiten und Menschen 2, Gymnasium), Tagebuchversion nach Jakob o.J.: 88ff. und Baumgärtner und Fieberg 2008: 46 (Westermann: Horizonte 2, Gymnasium). Tagebuchversion nach Kolumbus: 2006: 35ff.

26 Z.B. Sauer 2009: 72 (Klett: Geschichte und Geschehen 2, Gymnasium), Tagebuchversion nach Schmitt, 1984: 12ff.

27 Z.B. Ebeling und Birkenfeld 2008: 34 (Westermann: Reise in die Vergangenheit 7/8, Hauptschule), Tagebuchversion nach Grün 1983: 96ff.

ressen der Spanier an der „neuen Welt" und ihre – bzw. Kolumbus' – Perspektive der ersten Begegnung. Dazu gehören z. B. Reise in die *Vergangenheit 7/8* und *Horizonte 2* aus dem Westermann-Verlag.[28]

Viele Geschichtsbücher verbinden jedoch die historische Quellenarbeit mit einem versuchten Perspektivenwechsel[29] – vom methodischen Ansatz her gut geeignet für die Vermittlung Interkultureller Kompetenz an die Schülerinnen und Schüler. Hier dienen Bordbucheintrag und De Brys Kupferstich als Materialien, um sich in die Rolle von Kolumbus hineinzuversetzen und seine Sichtweise und Urteile über die Taino zu erarbeiten. Dieselben Quellen sollen von den Schülerinnen und Schülern im Anschluss benutzt werden, um die Perspektive der Taino einzunehmen und über die Landung der Spanier zu berichten oder Kolumbus' Urteil über sie zu kommentieren. *zeitreise 2* aus dem Klett-Verlag fordert z. B. die Schülerinnen und Schüler nach dem Vergleich zwischen Kolumbus' Schiffstagebuch und De Brys Kupferstich dazu auf: *„Erzähle die Landung der Spanier aus der Sicht der Eingeborenen nach."*[30] Als Quellen werden die Schülerinnen und Schüler auf Tagebucheintrag und De Bry-Stich verwiesen.

Manche Schulbücher führen anhand des Schiffstagebuches von Kolumbus auch nur den Perspektivenwechsel ohne weitere Quellenbearbeitung ein: *„Beschreibt und bewertet den Eindruck, den Kolumbus von den Einwohnern der Insel hatte. Versucht, die erste Begegnung aus der Sicht der Inselbewohner zu erzählen."*[31]

In Deutschbüchern finden sich ähnliche Aufgabenstellungen. Hier geht es vor allem darum, anhand des Bordtagebuches neutrale Beschreibung von Wertung, Absichten und persönlicher Meinung zu unterscheiden. *Tandem 4 Deutsch* aus dem Schöningh-Verlag[32] sowie das *Deutschbuch 7* aus dem Cornelsen-Verlag z. B. fordern die Schülerinnen und Schüler in der anschließenden Schlussaufgabe zusätzlich zum Perspektivenwechsel auf. Im *Deutschbuch 7* heißt es dazu: *„Stellt euch vor, ihr habt als Eingeborene auf Guanahani die Ankunft von Kolumbus und seinen Männern erlebt. Berichtet von der Begegnung aus dieser Perspektive: Eines Morgens entdeckte ich in der Ferne etwas Merkwürdiges auf dem Meer ..."*[33]

Was fällt an diesen Aufgabestellungen auf? Sowohl Kolumbus' Bordbuch als auch der Kupferstich von De Bry eignen sich sehr gut als Quellenmaterial für die Schülerinnen und Schüler, um sich Kolumbus' Perspektive sowie das sich dar-

---

28 Ebeling und Birkenfeld 2008: 35 (Westermann: Reise in die Vergangenheit 7/8, Hauptschule) und Baumgärtner und Fieberg 2008: 47 (Westermann: Horizonte 2, Gymnasium).

29 Z. B. Lendzian 2008b: 88f. (Schöningh: Zeiten und Menschen 2, Gymnasium); Brokemper, Köster und Potente 2004: 60 (Cornelsen: Geschichte Real 2, Realschule); Christoffer, Dähling, Heimbach u. a. 2005: 65 (Klett: zeitreise 2, Realschule); Sauer 2009: 73 (Klett: Geschichte und Geschehen 2, Gymnasium); Pandel 2004: 91 (Schroedel: Geschichte konkret , Realschule).

30 Eingeborene ist ein Ausdruck, der einem wertenden und evolutionistischen Kontext entstammt. Neutraler ist der Begriff „indigene Bevölkerung".

31 Pandel 2004: 91 (Schroedel: Geschichte konkret 2, Realschule).

32 Ossner 2006: 16 (Schöningh: Tandem 4, Realschule).

33 Schurf und Wagener 2008: 122 (Cornelsen: Deutschbuch 7, Gymnasium).

aus in Europa entwickelnde Bild von den Taino, ihrer Kultur und der Neuen Welt zu erarbeiten. Das kann über verschiedene Wege von Rollenvorstellungen über Schreiben von Zeitungsberichten oder Analyse des Bordtagebuchs und des Kupferstichs erreicht werden. Allerdings fehlt hier ein entscheidender nächster Schritt, nämlich das Hinterfragen der Perspektive: Warum sieht Kolumbus die Menschen so, wie er es beschreibt und warum wertet er bestimmte Aspekte ihrer Kultur, so wie er sie sieht? Wie wird z. B. Nacktheit in seiner Kultur bewertet? Und wie sehen die Schülerinnen und Schüler durch ihre eigene Brille die Menschen auf Guanahani aus den Beschreibungen des Tagebuches? Wie bewerten sie z. B. Nacktheit aus ihrer Perspektive? Ähnliche Fragen lassen sich auch an die Darstellung der Taino auf Theodor de Brys Kupferstich stellen.[34]

Was jedoch vollkommen außer Acht gelassen wird, ist die Bereitstellung von Quellen zu den Taino, die noch nicht einmal namentlich benannt werden. Damit stellt sich eine grundlegende Frage zur Technik des Perspektivenwechsels: Den Schülerinnen und Schülern stehen keine Informationen zur Verfügung, um eine emische Sichtweise[35] der Bewohnerinnen und Bewohner von Guanahani einnehmen zu können – eine unabdingbare Voraussetzung für jeden Perspektivenwechsel. Ihre einzige Möglichkeit, anhand der Unterrichtsmaterialien einen Wechsel der Sichtweise zu vollziehen, ist die Darstellung der Taino aus Sicht von Kolumbus oder De Bry. So haben die Schülerinnen und Schüler keine Informationsgrundlage, um die Taino oder die Spanier anders als durch die europäische Brille sehen zu können. Daher sind sie eben nicht in der Lage, über ihren ethnozentrischen Brillenrand hinwegzuschauen, denn sie können die Perspektive gar nicht wechseln. Zudem können sie ohne geeignete Hintergrundinformationen über die Taino auch die in den beiden Quellen enthaltene eurozentrische Perspektive nicht umfassend erkennen.

Wie wechsle ich die Perspektive?

Ohne Informationen über die Taino greifen die Schülerinnen und Schüler auf ihre eigenen Bilder zurück oder versuchen, mit Inhalten von Tagebuch und Kupferstich zu argumentieren.

In einer Testreihe zu den ESE-Unterrichtsmaterialien Popcorn – Pommes – Ketchup, die den Kupferstich von De Bry in Comic-Form nutzen, reagierten sie z. B. mit folgenden Aussagen:[36]

---

34 Vgl. dazu auch Cummins (1997: 50ff.), die De Brys Darstellung der indigenen Bevölkerung Amerikas untersucht.

35 Vgl. Kapitel 3.2: Alles eine Frage der Perspektive.

36 Aus dieser Testreihe ist u. a. die Unterrichtseinheit *Die Gemüsetheke* hervorgegangen. In dieser Unterrichtsreihe, die unter UE 09 zu finden ist, ist auch eine Kopiervorlage für den Comic vorhanden.

Kolumbus/Spanier über Taino	Taino über Kolumbis/Spanier
Die sind ja nackt!	Was wollen die hier?
Das sind ja Wilde!	Wollen die unser Land?
Was sprechen sie wohl für eine Sprache?	Der sieht ja total komisch aus!
Sind das Tiere?	Warum haben sie die ganzen komischen Sachen an?
Die sind arm bzw. nicht so reich. Sie haben daher kein Geld für Kleider.	Die sind reich! Ihre Kleidung und was sie dabei haben, ist teuer/wertvoll!

Abb. 29: Gedankengänge

An dieser Stelle wäre es entsprechend notwendig, im Unterrichtsgespräch[37] auf die jeweiligen vorhandenen Bilder einzugehen, z.B. mit folgenden Fragen: Was macht aus eurer Sicht die Taino zu Wilden oder Tieren? Warum seht ihr die Taino als arm bzw. die Spanier als reich an?[38] Was könnte der Grund sein, warum die Taino keine Kleidung tragen? Die bessere Frage wäre jedoch: Was könnte der Grund sein, warum die Taino keine Ganzkörperbekleidung tragen, denn die Bewohnerinnen und Bewohner Guanahanis hatten sehr wohl eine Bekleidung und auch eine Kleiderordnung. Darüber hinaus gab es Körperbemalungen.[39]

Nach einigem Nachdenken kamen die Schülerinnen und Schüler bezüglich der Nacktheit der Taino auf folgende Antworten: *„In der Karibik ist es warm. Deshalb braucht man keine Kleidung." „Das war für die Menschen dort normal." „Das ist halt ihr Lebensstil."* Hier beginnen die Schülerinnen und Schüler, ihre ethnozentrische Brille abzusetzen. Mit Antweiler könnte man sagen: *„Nackt ist angezogen!"*[40] Allerdings gab es auch diese Überlegung: *„Sie können sich die teure Kleidung nicht leisten."*[41]

Spätestens an dieser Stelle sind Informationen über die Taino notwendig. Hier kann im Unterrichtsgespräch an folgendem Auszug aus Kolumbus' Bordtagebuch angesetzt werden:

„Sie erreichten schwimmend unsere Schiffe und brachten uns Papageien, Knäuel von Baumwollfäden, lange Wurfspieße und viele andere Dinge noch, die

---

37 Vgl. auch die Unterrichtseinheit *Auf den Spuren von Kolumbus* unter UE 04.
38 Auch Kolumbus hatte seine eigenen Vorstellungen von Reichtum. Am 12. Oktober, dem Tag seiner Ankunft, schrieb er in sein Bordtagebuch: *„Auch von der Insel bekam ich nun mehr zu sehen. Mächtige Wälder, ein kristallklarer Bach, der dem Meer zuströmte, und riesige unbekannte Früchte, unter deren Last sich die Zweige der Bäume bogen, sprangen mir ins Auge. Nach Häusern, nach Tempeln, nach Zeichen des Reichtums hielt ich vergeblich Ausschau."* (Grün 1970: 96).
39 Vgl. z.B. Wilson 2007: 103; Wilson 1990: 46f. und vgl. auch Ruhnau 2000: 107.
40 Antweiler 2009: 38.
41 Siehe auch Fußnote 35.

sie mit dem eintauschten, was wir ihnen gaben, wie Glasperlen und Glöckchen. "[42] Hier stellen sich viele Fragen: Warum tragen die Taino keine Ganzkörperbekleidung und sind teilweise nackt, obwohl sie den Spaniern Knäuel von Baumwollfäden zum Tausch anbieten? Woher hatten sie das Baumwollgarn – Grundlage zur Herstellung von Textilien? Konnten sie vielleicht nicht weben?

Um den Schülerinnen und Schülern mit diesen Fragen einen sinnvollen Perspektivenwechsel zu ermöglichen, sind einige Hintergrundinformationen erforderlich: Zwischen den karibischen Inseln gab es zur Zeit von Kolumbus einen regen Handelsverkehr der Taino. Es war nicht unüblich, dass lange Seereisen von Handelsgruppen oder einzelnen Händlern unternommen wurden. Eines der bedeutendsten Handelsgüter war Baumwollgarn.[43] Baumwollanbau war deshalb offenbar ein wichtiger Wirtschaftszweig auf Guanahani. Zusätzlich waren die Menschen dort wohl auch in der Lage, die Baumwolle zu Garn zu verspinnen – berichtet Kolumbus doch davon, dass sie Knäuel von Baumwollgarn zu den Schiffen brachten. Gingen die Taino möglicherweise hier ihren ganz normalen Handelsgeschäften nach, indem sie Baumwollgarn gegen neue, ihnen unbekannte Objekte eintauschten?

Die Taino auf Guanahani waren auch in der Lage, Baumwollprodukte herzustellen wie z.B. Netze für den Fischfang oder Tragnetze für den Transport diverser Utensilien.[44] Zu ihrem bekanntesten Baumwollprodukt ist vielleicht ihr für die Spanier äußerst ungewöhnliches Bett geworden: die Hängematte. Von der Hängematte waren die Spanier so begeistert, dass sie sie mit nach Europa brachten wie auch die neue karibische Baumwollpflanze.[45]

Aber die Taino beherrschten auch die Kunst des Webens und stellten in der Tat unter anderem Kleidung her. Ihre Kleiderordnung gestaltete sich etwas anders als die der Europäerinnen und Europäer: Männer waren oft unbekleidet oder trugen eine Art kleine Baumwollhose. Betrachtet man den De Bry-Stich etwas genauer, kann man dieses Kleidungsstück auch an einigen der dargestellten Taino erkennen. Unverheiratete Frauen waren ebenfalls unbekleidet – bis auf ein Stirnband, das aus Baumwolle gewebt war. Verheiratete Frauen hingegen trugen so genannte *naguas*, eine Art weißer Baumwollrock mit offenen Seiten, der von der Taille bis zur Oberschenkelmitte reichte.[46] Heute werden *naguas* auch von Männern benutzt.[47] Vor allem bei Frauen diente jedoch die Länge der *naguas* offenbar auch als Indikator für ihren gesellschaftlichen Rang.[48] Insbesondere auf Hispaniola wurden die Spanier Zeugen der großen Webkunst der Taino. Kunstvoll gewebte *naguas* und verzierte Gürtel galten als prestigeträchtige Geschenke für hohe Wür-

---

42 Zitiert in Lendzian 2008b: 69 (Schöningh: Zeiten und Menschen 2, Gymnasium). Hier muss angemerkt werden, dass viele, aber nicht alle, Schulbücher diesen Teil aus der Begegnungsszene des Bordtagebuches zitieren.

43 Vgl. Rouse 1992: 17 und Wilson 1990: 50.

44 Vgl. Olazagasti 1997: 135.

45 Vgl. ebd.: 135 f. sowie Haberland 1975: 13ff. und 44ff.

46 Olazagasti 1997: 135f. und Rouse 1992: 11.

47 Taino Inter-Tribal Council o.J.: Buchstabe N.

48 Rouse 1992: 11.

denträger und waren deshalb Wertgegenstände. Einige dieser Webarbeiten wurden von den Spaniern sehr bewundert.[49] Auch Baumwollgarn selbst war wohl ein wertvolles Prestigegut. Das Garn wurde zu großen Knäuel gerollt – zum Teil so groß, dass *„es einen Mann schmerzte, sie zu heben."*[50] Letzteres wird von einem Geschenk einer lokalen Autorität auf Hispaniola an Kolumbus' Bruder Bartolomé berichtet.[51] Auf den südlichen Karibikinseln wurde Baumwolle offenbar auch zu gewebten Umhängen und hosenartigen Kleidungsstücken verarbeitet.[52] Die Taino auf Guanahani boten zwar Baumwollgarn für den Handel an, aber das Tragen von größeren Kleidungstücken ist von dieser Insel nicht überliefert.[53]

Nicht nur die Kleiderordnung der Taino und der Spanier unterschied sich fundamental voneinander, sondern auch ihre Vorstellung von Reichtum und Wertgegenständen. Für die Taino sind als wertvolle Prestigegüter neben Baumwollprodukten auch kunstvoll geschnitzte und verzierte Kanus überliefert.[54] Wichtig war das Geben – ein hoher Status erforderte wertvolle Geschenke an andere Würdenträger.[55] Ein ganz anderer Ansatz als das Verständnis der Spanier von Wert und Wertgegenständen: *„Ich bemerkte – und nicht nur ich! – dass manche Indianer die Nase durchlöchern und in die so entstandene Öffnung ein Stück Gold gesteckt hatten. Sie tauschten das Gold, das sie offenbar für wertlos ansehen, gern gegen Glasperlen ein."*[56]

Aus Guanahani wird San Salvador

Im Laufe seines Aufenthaltes in der Karibik beginnt Kolumbus, aus der Taino-Insel Guanahani die spanische Besitzung San Salvador zu machen. Anhand seines Bordtagebuches lässt sich dieser Prozess nachvollziehen. Zunächst fühlt Kolumbus sich eine Zeitlang orientierungslos und hat keinen Vergleichsmaßstab aus seiner eigenen Kultur, mit der er die neue Umgebung messen kann. Er ist im Kulturschock.[57] Am 16. Oktober 1492 schreibt er in sein Bordtagebuch: *„Alles ist hier anders als in Andalusien: die Bäume, die Sträucher, die Pflanzen, die Fische, sogar die Steine."*[58] Und am 21. November heißt es: *„Das Wetter zwang uns zu einer langen Ruhepause. Auf den Inseln fanden wir Mastix, Aloe, Baumwollstauden und endlich auch Tiere, wie sie in Spanien zu Hause sind, nämlich Enten und Rebhühner."*[59]

---

49 Vgl. z.B. Wilson 1990: 120 und Olazagasti 1997: 136f.
50 Wilson 1990: 131; Übersetzung: die Autorinnen.
51 Ebd.
52 Wilson 1990: 50.
53 Ebd.
54 Wilson 2007: 105.
55 Wilson 1990: 131.
56 Grün 1970: 98.
57 Vgl. Kapitel 3.4: Was mache ich wenn, … – Exkurs: Der Kulturschock.
58 Grün 1970: 100.
59 Ebd.: 106.

Am 6. November 1492 berichtet er z. B. von einem seltsamen Brauch der Taino, den ein Mitglied seiner Mannschaft mehrmals beobachtet hatte: *„Sie wickeln getrocknete Kräuter in ein Blatt, rollen das Blatt und den Inhalt zusammen, entzünden diese Rolle, stecken sie in den Mund und stoßen dann ständig dichte Rauchwolken aus. Diese Rolle nennen sie tobaco. Ein seltsamer Brauch! Ich glaube, dass diese Art, sich selber zu beräuchern, eine Art religiöse Handlung ist."*[60] Auch dieses Kraut wurde von den Spaniern nach Europa gebracht. Hier lässt sich ein Mechanismus erkennen, der in jeder interkulturellen Begegnung stattfindet. In diesem Fall geht es um etwas, das Kolumbus unbekannt ist und das er nicht automatisch aus seiner eigenen Brille heraus uminterpretieren kann. Stattdessen wird das offensichtlich andere beschrieben und vorsichtig versucht, in einen Sinnzusammenhang einzuordnen, der auch aus dem eigenen kulturellen Kontext heraus eine Erklärung ergeben würde. Denn der Gebrauch von Weihrauch ist dem Katholiken Kolumbus ganz sicher bekannt.

Oft passiert es jedoch auch, dass man Elemente einer anderen Kultur gar nicht wahrnimmt, weil man sie aufgrund der eigenen kulturell geprägten Brille nicht erkennen kann. Ein einfaches Beispiel findet sich in Kolumbus' Tagebucheintrag vom 4. November 1492: *„Am Abend lehrten uns die Eingeborenen die Zubereitung eines unscheinbaren Knollengewächses, an dem wir bisher achtlos vorübergingen. Ich werde einige dieser seltsamen Äpfel, die wie Kastanien schmecken und von den Indianern Batate genannt werden, nach Europa mitnehmen."*[61] Kolumbus hatte die Süßkartoffel kennen gelernt.

Als er seine spätere Lieblingsinsel Hispaniola am 5. Dezember entdeckt, lautet der Bordbucheintrag: *„Ich dachte lange nach, welchen Namen ich der neuen Entdeckung geben sollte. Schließlich entschied ich mich für den Namen Hispaniola. [...] Denn diese Insel erinnert mich an Spanien, meine zweite Heimat."*[62] Spätestens an dieser Stelle wird klar: Kolumbus will die fremde Welt in eine ihm bekannte umformen. Er nimmt die „neue Welt" auf ethnozentrische Weise in Besitz.[63] Er will sie so verändern, dass sie seiner eigenen Kultur entspricht. Als erstes ersetzt er die einheimischen Namen sämtlicher Inseln, auf denen er landet, durch spanische Bezeichnungen. Aus Guanahani macht er z. B. San Salvador. Und auch auf die europäische Tierwelt möchte er in der Karibik nicht verzichten: *„Ziegen, Schafe, Kühe und Schweine scheinen in dieser Gegend völlig unbekannt zu sein. Man müsste sie herbringen, denn sicher würden sie hier prächtig gedeihen. Auch an Futter würde es nicht mangeln."* Im Herbst 1493, auf seiner zweiten Reise, hatte Kolumbus dieses Vorhaben bereits in die Tat umgesetzt. Schnell änderte sich auch das Leben der Taino: Ihr Land wurde Spaniern zugesprochen, Landwirtschaft wurde in europäischem Stil betrieben und die Taino leisteten Zwangsarbeit für die Spanier zur Goldgewinnung und dem Anbau von Nahrungsmitteln und agrarischen Rohstoffen auf ihrem neuen Großgrundbesitz.

---

60 Ebd.: 105.
61 Ebd.: 104f.
62 Ebd.: 110.
63 Zum Begriff Ethnozentrismus vgl. Kapitel 3.3: Wo ist der Mittelpunkt der Welt? – Das Phänomen Ethnozentrismus.

Fazit

Nimmt man die Hintergrundinformationen über die Taino als Grundlage, um den zweiten Teil des Perspektivenwechsels – nämlich die Sicht der Taino auf die Spanier – durchzuführen, kommt man zu ganz neuen Ergebnissen. Die Schülerinnen und Schüler können jetzt unterschiedliche Wertvorstellungen beider Gruppen kennen lernen, wie das jeweilige Verhältnis zu Körper und Kleidung, zu Armut und Reichtum, zu Nehmen und Geben und so weiter. Sie stellen fest, dass die Taino Erfindungen in allen Bereichen gemacht haben, die von den Spaniern nach Europa gebracht wurden und auch heute noch eine Bedeutung im hiesigen Alltag haben. So haben sie auch die Möglichkeit, die eurozentrischen Sichtweisen, die in Kolumbus' Tagebuch und im De Bry-Stich zum Ausdruck kommen, zu erkennen und sich mit ihnen auseinander zu setzen.

Schließlich können sie nachvollziehen, wie schnell Missverständnisse in einer interkulturellen Begegnung entstehen und sich daraus Stereotypen bilden können, die viele Jahrhunderte überdauern können. Hinterfragt man die eigene Sichtweise anhand eines Perspektivenwechsels nicht, kann es schnell geschehen, dass die fremde Welt auf ethnozentrische Weise in die eigene umgewandelt wird – nicht zuletzt, um der Orientierungslosigkeit eines Kulturschocks entgegenzuwirken. Denn: Ohne Blick über den ethnozentrischen Brillenrand bedeutet nur die eigene Welt „Normalität" und ist Modell für alle anderen. Die eigene Kultur ist dann Mittelpunkt der Welt – was dazu führt, aus einer „neuen Welt" möglichst schnell eine alte machen zu wollen.[64]

* * *

Exkurs: Wie die „neue Welt" die alte veränderte

Einige Schulbücher behandeln in ihren Unterrichtsmaterialien, welche Nahrungsmittel durch die spanische Eroberung Mittel- und Südamerikas nach Europa gekommen sind. Manche thematisieren auch, welche Tiere beispielsweise umgekehrt von Europa nach Amerika gelangten.[65] Allerdings werden in den Schulbüchern kaum die Dimensionen für die europäische Entwicklung behandelt, die durch diese neuen Elemente aus anderen Kulturen in Gang gesetzt wurde.

Nach Europa kamen neue Züchtungen von Anbaupflanzen wie Kartoffeln aus der Andenregion oder Tomaten, Mais, Bohnen, Paprika und Kürbis – insbesonde-

---

64 Vgl. Kapitel 3.3 Wo ist der Mittelpunkt der Welt? – Das Phänomen Ethnozentrismus.

65 Pandel (2004: 124ff. Schroedel: Geschichte konkret 2, Realschule) stellt z.B. eine gute Zusammenfassung im Kapitel *„Umwelt hat Geschichte"* zur Verfügung, einschließlich einer eingefügten Einheit zur Einführung des Pferdes in das historische Plains- und Präriegebiet Nordamerikas. Auch im Kapitel *„Veränderungen in der Neuen Welt"* (Ebd.: 90ff.) ist ein Abschnitt zum Sklavenhandel eingefügt, in welchem u.a. erwähnt wird, dass es auch in Afrika im 15. Jahrhundert große Städte gab – mit Einwohnerzahlen, die auch für europäische Verhältnisse sehr groß waren (vgl. Kapitel 4.2: Das Bild von Afrika).

re aus Mittelamerika –, die nicht nur kulinarisch eine neue Ära eröffneten.[66] Vor allem die Kartoffel wurde auch für hiesige arme Bevölkerungsschichten zum unentbehrlichen Grundnahrungsmittel, das im eigenen Garten angebaut werden konnte. Industrieller Kartoffelanbau wurde vor dem Ersten Weltkrieg zu einem wichtigen Wirtschaftsfaktor zur Gewinnung von Brennspiritus und von industriell verwendeter Kartoffelstärke.[67] Manche Historiker sind gar der Meinung, ohne die Kartoffel wären Bevölkerungsexplosion und die Industrialisierung des 19. Jahrhunderts schwer denkbar.[68]

Auch Kakao aus Mittelamerika war in Europa nicht nur ein Beitrag zu einer neuen Trinkkultur, sondern führte zusammen mit dem Kaffee aus Afrika und dem Tee aus Asien zu bahnbrechenden sozialen Neuerungen – den Kakao-, Kaffee- und Teehäusern als alkoholfreien öffentlichen sozialen Räumen. Hier konnte man sich ungezwungen treffen und diskutieren. Inwieweit sich auch Anklänge an die arabische Kaffee- und Teehauskultur wiederfinden, die aufgegriffen und im eigenen Kontext umfunktioniert wurde, sei hier dahingestellt. Allgemein bekannt ist jedoch die wichtige Rolle vor allem der Pariser Kaffeehäuser für die Entwicklung und Diskussion neuer politischer Ideen: Demokratie und Menschenrechte. Auch für diese neuen gedanklichen Konzepte lieferte die Auseinandersetzung mit den indigenen Völkern Amerikas – und insbesondere mit ihren Philosophien und politischen Systemen – eine Vielzahl von Anregungen.[69]

Aber auch auf der anderen Seite des Atlantiks finden sich ähnliche Beispiele: In vielen deutschen und europäischen Galerien wird z.B. „typischer" Silberschmuck der Diné (Navajo) aus dem Südwesten der heutigen USA angeboten. Die

---

66 Vgl. auch Unterrichtseinheit *Die Gemüsetheke* unter UE 09. Viele Informationen über bis dahin in Europa unbekannte Fauna und Flora sowie ihre Nutzungsmöglichkeiten, die heute selbstverständlich zu unserem täglichen Leben gehören, finden sich bei Schimmel und Schimmel 2009.

67 Eines der berühmtesten aus Kartoffelspiritus hergestellten alkoholischen Getränke ist der Wodka (Kolbe 1999: 35).

68 Vgl. Gesellschaft für Technische Zusammenarbeit (GTZ) 2008: 5, zur Umsetzung im Unterricht vgl. Unterrichtseinheit *Eine Knolle auf Reisen* (UE 10), die bei ESE angefordert werden kann.

69 V.a. die frühen Reise- und Missionarsberichte hatten einen erheblichen Einfluss auf die französische Philosophie von Montesquieu über Voltaire bis Rousseau. Eine große Rolle spielte die Auseinandersetzung mit Regierungsformen und dem Verhältnis zu Eigentum, Besitz und Geld bei indigenen Völkern (vgl. z.B. Voltaire 2008). Sie führte zur Entwicklung der Idee einer ursprünglichen Freiheit und Gleichheit aller Menschen und mündete in die Theorie eines postulierten „Naturzustandes" des „Edlen Wilden" als Repräsentanten einer frühen Menschheit. Vielfach beruhten die Vorstellungen über die indigenen Völker Amerikas jedoch auch auf eigenen ethnozentrischen und/oder als Gegenposition zur eigenen Gesellschaft entworfenen idealisierenden Bildern der Europäer (vgl. Kohl 1986). Die Entstehung der US-amerikanischen Verfassung – und besonders ihrer föderalen Unionsstruktur – wurde ebenfalls von der Philosophie und dem politischen System v. a. der Irokesen-Konföderation beeinflusst, von denen sich u.a. Benjamin Franklin und Thomas Jefferson beeindruckt zeigten (vgl. z.B. Payne 1996, Miller 1993, Schaaf 1988/89, Select Committee on Indian Affairs 1988; Tooker 1988 analysiert, inwieweit die historischen Quellen und ihre Interpretation auf europäischen Bildern über die Irokesen-Konföderation beruhen).

Silberschmiedekunst erlernten die Diné von den Spaniern – trotz der anhaltenden kriegerischen Auseinandersetzungen zwischen beiden Gruppen. Ihre neuen Kenntnisse nutzten sie zur Entwicklung eines eigenen Silberschmuckstils. Im Rahmen heutiger Massenproduktion für den Tourismus entstehen weitere Variationen und Veränderungen.[70]

* * *

---

70 Iverson 1981: 5.

6. Beispiele für eine interkulturelle Didaktik im Schulunterricht

Voraussetzung für die Umsetzung interkultureller Didaktik im Schulunterricht sind Materialien und Methoden, mit denen die Lernziele interkulturellen und globalen Lernens erreicht werden können. ESE hat in seiner langjährigen Arbeit zur Vermittlung Interkultureller Kompetenz eine Bandbreite von Unterrichtsmaterialien erstellt, die anhand der in Kapitel 3 vorgestellten didaktischen Grundlagen konzipiert wurden.

Die ESE-Unterrichtsmaterialien sind nach dem Baustein-Prinzip aufgebaut. Mit jedem Baustein ist die Vermittlung eines oder mehrerer Lernziele verbunden. Ziel der von ESE konzipierten Unterrichtseinheiten ist es, Schülerinnen und Schüler durch Informationen über fremde Kulturen mit verschiedenen Denk- und Verhaltensweisen zu konfrontieren und ihnen so zu ermöglichen, Fremdes nicht nur kennen, sondern im Sinne von Interkultureller Kompetenz auch verstehen zu lernen. Alle Unterrichtseinheiten zeichnen sich darüber hinaus durch folgende Merkmale aus:[1]

- Ansatz der Dritt-Kultur-Perspektive

Die in *Kapitel 1 Einleitung* beschriebene Dritt-Kultur-Perspektive prägt auch den Unterricht. Durch die Beschäftigung mit sehr fremden Lebenswelten ist es den Schülerinnen und Schülern möglich, sich relativ unvoreingenommen auf eine andere kulturelle Sichtweise einzulassen. Darüber hinaus wird durch die Dritt-Kultur-Perspektive vermieden, dass Kulturen behandelt werden, denen eventuell einzelne Schülerinnen und Schüler angehören. Auch wenn Äußerungen über die eigene Kultur bei dem Ansatz der Dritt-Kultur-Perspektive immer möglich sind, erfolgen diese auf freiwilliger Basis der Schülerinnen und Schüler.

- Exemplarische Betrachtung einer Kultur

Im Rahmen des Unterrichts beschäftigen sich die Schülerinnen und Schüler exemplarisch mit verschiedenen Kulturen. Im Mittelpunkt steht jedoch nicht das kulturspezifische Wissen, sondern die Auseinandersetzung mit fremden Denk- und Lebensweisen. Durch diese Auseinandersetzung wird den Schülerinnen und Schülern vermittelt, dass es kulturelle Gemeinsamkeiten, aber auch Unterschiede gibt, die bei einer interkulturellen Begegnung eventuell zu einem Missverständnis führen können.

- Holistische Sichtweise auf eine Kultur

Ein zentraler Aspekt des Unterrichts ist es, kulturelle Themen nicht losgelöst, sondern immer im Zusammenhang mit verschiedenen Bereichen einer Kultur (z.B. Wirtschaft oder Religion) zu betrachten. Diese holistische Sichtweise auf eine Kultur verdeutlicht die Zusammenhänge zwischen den einzelnen Kulturphänome-

---

1 Diese Merkmale entsprechen denen des ethnologischen Unterrichts siehe auch Bertels u.a. 2004: 64ff. sowie Eylert 2011: 32f.

nen und ermöglicht es so, die Lebenswirklichkeiten von Menschen aus einer anderen Kultur besser nachvollziehen zu können.

• Alltagssituationen in einer Kultur
Um der Gefahr der Vorurteilsbildung entgegenzuwirken, ist es wichtig, eine Kultur nicht nur auf das Exotische oder Außergewöhnliche zu reduzieren. Die Unterrichtseinheiten behandeln daher alltägliche Themen aus der jeweils vorgestellten Kultur oder einer Begegnungssituation.

• Identifikationsfiguren aus einer anderen Kultur
Im Mittelpunkt der Unterrichtseinheiten steht häufig ein Kind oder ein Jugendlicher im ungefähren Alter der Schülerinnen und Schüler. Mit Hilfe dieser Identifikationsfigur ist es für die Schülerinnen und Schüler leichter, sich in eine fremde Sichtweise hineinzuversetzen,[2] da sich hierdurch Parallelen zu ihrer Lebenswelt feststellen lassen.

• Authentizität der Inhalte und Materialien
Besonders interessant sind persönliche Erfahrungsberichte, Gegenstände und Bildmaterial aus „erster Hand". Daher ist es sicherlich ein Vorteil, wenn die Unterrichtseinheiten durch ethnologische Lehrkräfte durchgeführt werden, die selbst in der jeweiligen Kultur gelebt haben. Im Mittelpunkt stehen dann oft die selbst erlebten Fettnäpfchen und humorvollen Anekdoten, die einen Perspektivenwechsel sehr anschaulich machen. ESE geht jedoch davon aus, dass jede bzw. jeder, der über theoretisches Wissen über die Vermittlung von Interkultureller Kompetenz verfügt sowie schon einmal in einer fremden Kultur gelebt hat – sei es im Rahmen eines Auslandssemesters, sei es durch das Zusammenleben in einer multikulturellen Nachbarschaft – über viele persönliche Fremdheitserfahrungen berichten kann, die in den Unterricht einfließen können.

In den folgenden Beispielen für eine interkulturelle Didaktik im Schulunterricht werden die in diesem Handbuch erwähnten Unterrichtseinheiten (UE) kurz vorgestellt. Die Konzepte, die entsprechende Power-Point-Präsentation (ppt) sowie die Arbeitsmaterialien können unter www.waxmann.com/buch4212 kostenlos heruntergeladen werden (Passwort: Wax_4212#ID). Die UE 01, UE 02, UE 03 und UE 10 können bei ESE angefordert werden.

Hierbei werden folgende Abkürzungen benutzt:
SuS: Schülerinnen und Schüler
EA: Einzelarbeit
GA: Gruppenarbeit
PA: Partnerarbeit
UG: Unterrichtsgespräch
AB: Arbeitsblatt

---

2   Vgl. auch Führing 1996: 65. Vgl. auch Kapitel 3.2: Alles eine Frage der Perspektive.

Die Beispiele teilen sich in zweistündige und mehrstündige Unterrichtseinheiten, die entweder zu Projekttagen genutzt oder in Teilkomponenten auf die Durchführung in verschiedenen Fächern aufgeteilt werden können.

Die ESE-Unterrichtseinheiten sind für den fächerübergreifenden Unterricht geeignet, können jedoch auch in nur einem Fach genutzt werden (siehe folgende Tabelle).

Fach	Nummer der Unterrichtseinheit
Biologie	UE 03, UE 06, UE 10, UE 11
Deutsch	UE 01, UE 04, UE 06, UE 07, UE 08, UE 10
Englisch	UE 03
Erdkunde	UE 01, UE 02, UE 03, UE 04, UE 06, UE 08, UE 09, UE 10, UE 11
Ethik	UE 10
Geschichte	UE 03, UE 04, UE 09, UE 10, UE 11
Hauswirtschaft	UE 09, UE 10, UE 11
Mathematik	UE 05
Politik	UE 01, UE 03, UE 04, UE 06, UE 07, UE 08, UE 09, UE 10, UE 11
Religion	UE 01, UE 02, UE 03, UE 04, UE 05, UE 10, UE 12
Textilkunde	UE 09

1. Doppelstunden

UE 01: Indiens heilige Kühe

Vorschlag für Jahrgangsstufe:	Jahrgangsstufen 9 und 10
Inhalte:	Indien, Hinduismus, heilige Kühe, Entwicklungspolitik
Fächeranbindung:	Deutsch, Erdkunde, Politik, Religion

UE 02: Reis – mehr als ein Nahrungsmittel

Vorschlag für Jahrgangsstufe:	Jahrgangsstufen 7 und 8
Inhalte:	Indonesien, Reisanbau, Ernährung, Tourismus
Fächeranbindung:	Erdkunde, Religion

UE 03:   Nicht nur im Western eine besondere Beziehung – Die nordamerikanischen Plains- und Prärieindianer und der Bison

Vorschlag für Jahrgangsstufe:	Jahrgangsstufen 7 und 8
Inhalte:	Nordamerika, Geschichte, Indianer, Bison, Reservationsleben, Religion, Umweltverständnis
Fächeranbindung:	Biologie, Englisch, Erdkunde, Geschichte, Politik, Religion

UE 04: Auf den Spuren von Kolumbus

Vorschlag für Jahrgangsstufe:	Jahrgangsstufen 7 und 8
Inhalte:	Eroberung Amerikas, Karibik, Taino, Kulturschock, Kolonialismus
Fächeranbindung:	Deutsch, Erdkunde, Geschichte, Politik, Religion

UE 05: Das Zahlensystem der Maya

Vorschlag für Jahrgangsstufe:	Jahrgangsstufen 7 und 8
Inhalte:	Mexiko, Maya, Religion, Rechenarten
Fächeranbindung:	Mathematik, Religion

UE 06:   Hund und Meerschweinchen – Besondere Beziehungen zwischen Menschen und Tieren

Vorschlag für Jahrgangsstufe:	Jahrgangsstufen 9 und 10
Inhalte:	Klassifikation von Tieren in Deutschland, Peru, Ghana
Fächeranbindung:	Biologie, Deutsch, Erdkunde, Politik

UE 07: Typisch deutsch?

Vorschlag für Jahrgangsstufe:	Jahrgangsstufen 7 und 8
Inhalte:	Was ist typisch deutsch?, Vorurteile, Stereotypen
Fächeranbindung:	Deutsch, Politik

UE 08: Was ist Heimat?

Vorschlag für Jahrgangsstufe:	Jahrgangsstufen 7 und 8
Inhalte:	Heimat, Biographiearbeit, Migration
Fächeranbindung:	Deutsch, Erdkunde, Politik

2. Projekttage

UE 09: Die Gemüsetheke

Vorschlag für Jahrgangsstufe:	Jahrgangsstufen 7 und 8
Inhalte:	Kolonialismus, Nahrungsmittel, Globalisierung, Eine Welt
Fächeranbindung:	Erdkunde, Geschichte, Hauswirtschaftslehre, Politik, Textilgestaltung

UE 10: Eine Knolle auf Reisen

Vorschlag für Jahrgangsstufe:	Jahrgangsstufen 7 und 8
Inhalte:	Andenregion (Peru und Bolivien), Kartoffel, Ernährungssicherheit, Artenvielfalt, Monokulturanbau, Religion der Inka
Fächeranbindung:	Biologie, Deutsch, Erdkunde, Ethik, Geschichte, Hauswirtschaft, Politik, Religion

UE 11: Popcorn – Mais ist mehr als ein Snack

Vorschlag für Jahrgangsstufe:	Jahrgangsstufen 7 und 8
Inhalte:	Guatemala, Mais, Popcorn, Biosprit, Klimawandel, Brandrodungsfeldbau, Plantagenanbau, Entwicklungspolitik
Fächeranbindung:	Biologie, Erdkunde, Geschichte, Hauswirtschaftslehre, Politik

UE 12: Von Totenköpfen und Skeletten – Das mexikanische Allerheiligenfest

Vorschlag für Jahrgangsstufe:	Jahrgangsstufen 7 und 8
Inhalte:	Mexiko, Religion, Allerheiligen, Tourismus
Fächeranbindung:	Religion

7. Fazit

Interkulturelles und globales Lernen in der Schule – das vorliegende Handbuch hat sich diesem Thema sowohl durch theoretische Betrachtungen als auch durch konkrete Umsetzungsmöglichkeiten aus ethnologischer Sicht angenähert. Aus mehreren Gründen kann es unserer Meinung nach aber nur bei einer Annäherung bleiben:

1. Das Thema ist schon heute so komplex, dass nicht alle Aspekte in einem Handbuch behandelt werden können. Die Anzahl der Exkurse in diesem Handbuch könnte durchaus noch erweitert werden.
2. Die weltweit gelebte multikulturelle Vielfalt führt dazu, dass nicht nur Kultur an sich ständig im Wandel ist (vgl. auch *Kapitel 2: Was ist Kultur?*), sondern auch die Formen des interkulturellen Umgangs. Ständig kommen neue Aspekte und Gedankenanstöße für den interkulturellen Umgang hinzu, die sich auch im interkulturellen und globalen Lernen in der Schule wiederfinden müssen. Das Handbuch kann somit nur den heute aktuellen Stand wiedergeben.
3. Die Vielzahl der Akteure im Bereich des interkulturellen und globalen Lernens führt dazu, dass eine schier unendliche Anzahl an Methoden und Materialien entwickelt wird. Eine Sammlung aller Methoden und Materialien würde somit den Umfang jeder Publikation sprengen. Bei den in *Kapitel 3: Interkulturelle Kompetenz – mehr als ein Schlagwort* vorgestellten Methoden und Materialien handelt es sich daher um eine exemplarische Auswahl, die zum Großteil von ESE in den letzten 20 Jahren erarbeitet und erprobt wurde. Wie in den im Abschnitt 3.7 *Fazit* vorgestellten Regeln der interkulturellen Verständigung erwähnt, gilt daher auch in Bezug auf das interkulturelle und globale Lernen: *„Wichtig sind Kreativität, Flexibilität und Mut zum Ausprobieren."*
4. Für ethnozentrische Darstellungen und starre Bilder von fremden Kulturen in Schulbüchern kann nur sensibilisiert werden (vgl. *Kapitel 4: Interkulturelle Didaktik in der Schule*). Hier ist jede bzw. jeder Einzelne gefordert, die dargestellten Informationen der von ihr bzw. ihm eingesetzten Lehrmaterialien interkulturell kompetent zu analysieren.
5. Wie das *Kapitel 5: Perspektivenwechsel im Schulunterricht* zeigt, hat es jedoch auch hier bei vielen Schulbuchautorinnen und -autoren in den letzten Jahren einen „Kulturwandel" gegeben: Die Sicht der aus unserer Sicht Fremden wird immer häufiger mit einbezogen. Hierdurch wird die Bedeutung von Interkultureller Kompetenz im Umgang mit Medien noch einmal unterstrichen (*Kapitel 3: Interkulturelle Kompetenz – mehr als ein Schlagwort*).
6. Auch wenn in *Kapitel 6: Beispiele für eine Interkulturelle Didaktik im Schulunterricht* 12 Unterrichtseinheiten zum interkulturellen und globalen Lernen vorgestellt werden, ist es ggf. notwendig, diese an die Schulform, die Vorkenntnisse der Klassen etc. anzupassen. Die Unterrichtseinheiten sind daher als Anregungen für Lehrerinnen und Lehrer zu verstehen, das zur Verfügung gestellte Material ist dabei jedoch sicherlich eine wichtige Unterstützung.

Dennoch bieten die in diesem Handbuch vorgestellten theoretischen Hintergründe, Methoden und Materialien aus unserer Sicht eine gute Grundlage, um interkulturelles und globales Lernen mit dem Ziel der Vermittlung von Interkultureller Kompetenz in der Schule umzusetzen und in angepasster Form auch in der Erwachsenenbildung anzubieten.

Literatur

Ackermann, Andreas (2004): Das Eigene und das Fremde: Hybridität, Vielfalt und Kulturtransfer. In: Jaeger, Friedrich und Jörn Rüsen (Hg.): Handbuch der Kulturwissenschaften. Themen und Tendenzen. Stuttgart und Weimar, S. 139–154.

Akkent, Meral und Gaby Franger (1987): Das Kopftuch. Ein Stückchen Stoff in Geschichte und Gegenwart. Frankfurt a.M.

Akkent, Meral, Elisabeth Bala, Gaby Franger u. a. (Hg.) (1999): Kopftuch-Kulturen. Begleitbuch zur Ausstellung: Das Kopftuch – Nur ein Stückchen Stoff in Geschichte und Gegenwart. Nürnberg.

Albrecht, Marie-Theres (1991): Kulturspezifische Ethnozentrismen und interkulturelles Lernen. In: Nestvogel, Renate (Hg.): Interkulturelles Lernen oder verdeckte Dominanz? – Hinterfragung „unseres" Verhältnisses zur ‚Dritten Welt'. Frankfurt a.M.

Allkämper, Dieter (1998): Das Bild vom Indianer – eine kritische Schulbuchanalyse. In: Regensburger Beiträge zur Didaktik der Geographie, Band 4, S. 175–195.

Allport, Gordon W. (1954): The Nature of Prejudice. New York.

Antweiler, Christoph (2011): Mensch und Weltkultur. Für einen realistischen Kosmopolitismus im Zeitalter der Globalisierung. Bielefeld.

Ders. (2009): Heimat Mensch. Was uns alle verbindet. Hamburg.

Ders. (2004): Ethnisierung und Ethnozentrismus. Konzentrischer Dualismus als ubiquitäres Toleranzhindernis. In: Yousefi, Hamid Reza und Klaus Fischer (Hg.): Interkulturelle Orientierung. Grundlegung des Toleranz-Dialogs. Teil I. Methoden und Konzeptionen. Nordhausen, S. 261–287.

Ders. (2003): Kulturelle Vielfalt. Ein ethnologischer Forschungsüberblick zu inter- und intrakultureller Diversität. In: Wächter, Hartmut, Günther Vedder und Meik Führing (Hg.): Personelle Vielfalt in Organisationen. München u. a., S. 45–69.

Ders. (1998): Ethnozentrismus im interkulturellen Umgang – Theorien und Befunde im Überblick. In: Eckert, Roland (Hg.): Wiederkehr des „Volksgeistes"? Ethnizität, Konflikt und politische Bewältigung. Opladen, S. 19–81.

Ders. (1994): Ziele interkultureller Erziehung. In: Informationsdienst zur Ausländerarbeit 17, 2, S. 20–23.

Ders. (1990): Das eine und die vielen Gesichter kultureller Evolution. Eine Orientierung zum begrifflichen Handwerkszeug des Neoevolutionismus. In: Anthropos Bd. 85, S. 483–506.

Ders. (1988): Kulturevolution als transgenerationaler Wandel. Probleme des Neueren Evolutionismus und Lösungsansätze unter Berücksichtigung der anglo-amerikanischen Diskussion um sogenannte kulturelle Selektion. Berlin.

Apfelthaler, Gerhard (2002): Interkulturelles Management – Die Bewältigung kultureller Differenzen in der internationalen Unternehmenstätigkeit. Wien.

Appadurai, Arjun (1996): Modernity at Large: Cultural Dimensions of Globalization. Minneapolis u. a.

Auernheimer, Georg (2010): Pro Interkulturelle Pädagogik. In: Erwägen – Wissen – Ethik. Hg: Benseler, Frank, Bettina Blanck, Reinhard Keil u. a. Jg. 21, Heft 2, S. 121–131.

Ders. (1995): Einführung in die interkulturelle Erziehung. Darmstadt.

Ders. (1994): Ziele interkultureller Erziehung. In: Informationsdienst zur Ausländerarbeit, Bd. 17, 2, S. 20–23.

Ballard, Chris (2005): Still Good to Think with: the Sweet Potato in Oceania. In: Ballard, Chris, Paula Brown, R. Michael Bourke u. a. (Hg.): The Sweet Potato in Oceania: a Reappraisal. Ethnology Monographs 19, Oceania Monograph 56. Rosebery, S. 1–13.

Banduk, Marika (2003): Broadcast 6.30 pm on 07/07/2003. (Radio-Interview mit Marika Banduk, Yolngu.) www.abc.net.au/dimensions/dimensions_in_time/Transcripts/s891522.htm, aufgerufen am 10.10.2011.

Barley, Nigel (1994): Hallo Mister Puttymann. Bei den Toraja in Indonesien. Stuttgart.

Barnard, Alan (1999): Images of Hunters and Gatherers in European Social Thought. In: Lee, Richard B. und Richard Daily (Hg.): The Cambridge Encyclopedia of Hunters and Gatherers. Cambridge, S. 375–410.

Barth, Heinrich (1967): Im Sattel durch Nord- und Zentralafrika. Wiesbaden.

Bartmann, Sylke (2012): Nicht das Fremde ist so fremd. In: Bartmann, Sylke und Oliver Immel (Hg.): Das Vertraute und das Fremde. Differenzerfahrung und Fremdverstehen im Interkulturalitätsdiskurs. Bielefeld, S. 21–36.

Basch, Linda, Nina Glick Schiller und Cristina Szanton Blanc (1994): Nations Unbound. Amsterdam.

Bauer, Jochen (2001): Konfliktstoff Kopftuch. Eine thematische Einführung in den Islam. Ein Schülerarbeitsbuch für die Sekundarstufe. Mülheim an der Ruhr.

Beck-Gernsheim, Elisabeth (2004): Wir und die Anderen. Frankfurt a.M.

Beer, Bettina (2003): Ethnos, Ethnie, Kultur. In: Fischer, Hans und Bettina Beer (Hg.): Ethnologie. Einführung und Überblick. (Neufassung). Berlin, S. 53–72.

Dies. (2002): Körperkonzepte, Interethnische Beziehungen, Rassismustheorien. Eine kulturvergleichende Untersuchung. Berlin.

Bennett, Milton J. (1986): A Developmental Approach to Training for Intercultural Sensitivity. In: International Journal of Intercultural Relations Bd. 10, S. 179–196.

Berger, Peter L. und Thomas Luckmann (1987): Die gesellschaftliche Konstruktion der Wirklichkeit. Frankfurt a.M. (engl. 1966).

Berreman, Gerald D. (1999): The Tasaday Controversy. In: Lee, Richard B. und Richard Daly (Hg.): The Cambridge Encyclopedia of Hunters and Gatherers. Cambridge, S. 457–465.

Bertaux, Pierre (1966): Afrika – Von der Vorgeschichte bis zu den Staaten der Gegenwart. Frankfurt a.M.

Bertels, Ursula (2011): Einleitung. In: Bertels, Ursula und Irmgard Hellmann de Manrique (Hg.): Interkulturelle Streitschlichter. Interkulturelle Kompetenz als Schlüsselqualifikation für Jugendliche. Münster u.a., S. 4–10.

Dies. (2010): Im Spannungsfeld von Theorie und Praxis. In: Erwägen – Wissen – Ethik. Hg: Benseler, Frank, Bettina Blanck, Reinhard Keil u.a. Jg. 21, Heft 2, S. 134–136.

Bertels, Ursula und Irmgard Hellmann de Manrique (2012): Menschen und Tiere Weltweit – Unterrichtseinheiten zum interkulturellen Lernen. Münster u.a.

Dies. (Hg.) (2011): Interkulturelle Streitschlichter – Interkulturelle Kompetenz als Schlüsselqualifikation für Jugendliche. Münster u.a.

Bertels, Ursula und Sabine Eylert (2006): Die Vermittlung interkultureller Kompetenz in der Schule – ein ethnologischer Ansatz. In: Tsantsa (Zeitschrift der Schweizerischen Ethnologischen Gesellschaft), Bd. 10/2005, S. 111–122.

Bertels, Ursula, Sabine Eylert, Christiana Lütkes und Sandra de Vries. (2004): Ethnologie in der Schule. Eine Studie zur Vermittlung Interkultureller Kompetenz. Münster u.a.

Bertels, Ursula und Christiana Lütkes (2001): Perspektivenwechsel als Grundlage interkultureller Kompetenz – Erfahrungen des Projektes „Ethnologie in der Schule". In: Internationale Schulbuchforschung (Zeitschrift des Georg-Eckert-Instituts für internationale Schulbuchforschung) Bd. 4, S. 453–464.

Bielefeldt, Heiner (1997): Menschenrechte – universaler Normkonsens oder europäischer Kulturimperialismus? In: Brocker, Manfred und Heino Heinrich Nau (Hg.): Ethnozentrismus – Möglichkeiten und Grenzen des interkulturellen Dialogs. Darmstadt, S. 256–268.

Biesele, Megan, Mathias Guenther, Robert Hitchcock u. a. (1989): Hunters, Clients and Squatters: The Contemporary Socioeconomic Status of Botswana Basarwa. In: African Studies Monographs Bd. 9, Heft 3, S. 109–151.

Biilmann, Ove (1984): Ethnozentrismus im Geographieunterricht. In: Internationale Schulbuchforschung. Zeitschrift des Georg-Eckert-Instituts, Band 6, Heft 3/4, S. 293–299.

Bjerregard, Peter und Charlotte Jeppesen (2010): Inuit Dietary Patterns in Modern Greenland. In: International Journal of Circumpolar Health, Bd. 69, Heft 1, S. 13–24.

Block, Martin (1997): Die Zigeuner: ihr Leben und ihre Seele – dargestellt auf Grund eigener Reisen und Forschungen. Hg. von Joachim S. Hohmann. Frankfurt a.M. u. a. (Studien zur Tsiganologie und Folkloristik, 20; 1936 verfasste Habilitationsschrift).

Bohn, Robert (2003): Die Piraten. München.

Bollig, Michael (2005a): Stichwort Vollnomadismus. In: Hirschberg, Walter (Begründer): Wörterbuch der Völkerkunde. Redaktion: Wolfgang Müller. Neuausgabe. Berlin, S. 401.

Ders. (2005b): Stichwort Hirtennomaden. In: Hirschberg, Walter (Begründer): Wörterbuch der Völkerkunde. Redaktion: Wolfgang Müller. Neuausgabe. Berlin, S. 174–175.

Bolten, Jürgen (2003): Grenzen der Ganzheitlichkeit – Konzeptionelle und bildungsorganisatorische Überlegungen zum Thema „Interkulturelle Kompetenz". In: Beneseler, Frank, Bettina Blanck, Reinhard Keil u. a. (Hg.): Erwägen – Wissen – Ethik, Bd. 14, S. 156–159.

Boos-Nünning, Ursula (1993): Interkulturelle Erziehung als Hilfe zur Überwindung von Fremdheit. In: Bundeszentrale für politische Bildung (Hg.): Das Ende der Gemütlichkeit. Theoretische und Praktische Ansätze zum Umgang mit Fremdheit, Vorurteilen und Feindbildern. Bonn, S. 81–96.

Borrero, Roberto Mucaro (2001): Rethinking Taíno: A Taíno Perspektive. In: Haslip-Viera, Gabriel (Hg.): Taíno Revival. Critical Perspectives on Puerto Rican Identity and Cultural Politics. Princeton, S. 139–160.

Bourke, Michael R. (2005): The Continuing Ipomoean Revolution in Papua, Indonesia: a Review. In: Ballard, Chris, Paula Brown, R. Michael Bourke u. a. (Hg.): The Sweet Potato in Oceania: a Reappraisal. Ethnology Monographs 19, Oceania Monograph 56. Rosebery, S. 171–179.

Bozay, Kemal (2005): „... ich bin stolz, Türke zu sein!" Ethnisierung gesellschaftlicher Konflikte im Zeichen der Globalisierung. Schwalbach/Taunus.

Bozay Kemal und Emre Aslan (2007): Selbstethnisierung als Barriere zur gesellschaftlichen Partizipation. Die Leitkultur der Grauen Wölfe (Bozkurt). Köln.

Bräunlein, Peter und Andrea Lauser (1991): Einleitung. In: Kea – Zeitschrift für Kulturwissenschaften Bd. 2, S. 3–5.

Breidenbach, Joana und Pál Nyírí (2001): Interkulturelle Kompetenz als Business. In: Organisationsentwicklung Bd. 4, S. 70–75.

Breidenbach, Joana und Ina Zukrigl (2000): Tanz der Kulturen. Kulturelle Identität in einer globalisierten Welt. Reinbeck bei Hamburg.

Brightman, Robert A. (1993): Grateful Prey. Rock Cree Human-Animal Relationships. Berkeley u. a.

Brünenberg, Kerstin (2007a): Von Schützen, Fliegern, Bräuten und kühnen Kamelreitern. Zur Ausstellung „Festliche Reise um die Welt. Das Schützenfest und andere Rituale". In: Brünenberg, Kerstin und Günter Bernhardt (Hg.): Festliche Reise um die Welt. Das Schützenfest und andere Rituale. Münster, S. 4–17.

Dies. (2007b): Geschmückt – Gelobt – Gefeiert. Das „*Festival de l'Aïr*" der Tuareg im Kontext von Tradition und Tourismus. In: Brünenberg, Kerstin und Günter Bernhardt (Hg.): Festliche Reise um die Welt. Das Schützenfest und andere Rituale. Münster, S. 30–41.

Dies. (2004): Ein Mann muss edel sein, eine Frau schön – Kleidung, Schönheit und Schmuck bei den Tuareg (Nord-/Westafrika). In: Huse, Birgitta (Hg.): Von Kopf bis Fuß. Ein Handbuch rund um Körper, Kleidung und Schmuck für die Interkulturelle Unterrichtspraxis. Münster u. a., S. 251–257.

Dies. (2000): Sklavenarbeit – Folgenlose Vergangenheit? In: Eylert, Sabine, Ursula Bertels und Ursula Tewes (Hg.): Von Arbeit und Menschen. Überraschende Einblicke in das Arbeitsleben fremder Kulturen. Münster u. a., S. 51–59.

Buijs, Cunera (2004): Furs and Fabrics. Transformations, Clothing and Identity in East Greenland. Leiden.

Buijs, Cunera und Nicole Stuckenberger (2004): Die Bekleidung der Inuit Ost-Grönlands. In: Huse, Birgitta (Hg.): Von Kopf bis Fuß. Ein Handbuch rund um Körper, Kleidung und Schmuck für die interkulturelle Unterrichtspraxis. Münster u. a., S. 203–216.

Bundesministerium für wirtschaftliche Zusammenarbeit und Entwicklung (BMZ) (1997): Promotion of Indigenous Forest-Dwelling Peoples Within the Scope of German Federal Government's Tropical Forest Program (BMZ aktuell 062). Bonn.

Bundesministerium für wirtschaftliche Zusammenarbeit und Entwicklung und Kultusministerkonferenz (Hg.) (2007): Orientierungsrahmen für den Lernbereich Globale Entwicklung. Bonn u. a. www.bne-portal.de/coremedia/generator/unesco/de/Downloads/Hintergrundmaterial__national/Orientierungsrahmen_20f_C3_BCr_20den_20Lernbereich_20Globale_20Entwicklung.pdf., aufgerufen am 11.7.2011.

Burenhult, Göran (1994): Naturvölker heute. Beständigkeit und Wandel in der modernen Welt. Hamburg.

Bussmann, Claudia in collaboration with the L'auravetl'an Indigenous Information Centre Moscow (1997): Indigenous Peoples in the Russian Federation. A Preliminary Approach. In: Tsantsa (Zeitschrift der Schweizerischen Ethnologischen Gesellschaft), Bd. 2, S. 56–65.

Bußmann, Claudia, Ann-Kristin Håkansson und Elise Valkeapää (2011): Die Samen und das Rentier. Rentierzucht als Lebensweise im Norden Europas. In: Huse, Birgitta, Irmgard Hellmann de Manrique und Ursula Bertels (Hg.): Menschen und Tiere weltweit – Einblicke in besondere Beziehungen. Münster u. a., S. 167–176.

Caillié, René (2006): Reise nach Timbuktu, 1824–1828. Herausgegeben von Heinrich Pleticha. Tübingen.

Cañete, Aloysius Ma. L. (2009): Tasaday Speak: Elizalde, Anthropology, and the Politics of Speaking. In: Philippine Quarterly of Culture & Society, Bd. 37, S. 35–54.

Canfield, Robert L. (1973): Faction and Conversion in a Plural Society. Religious Alignments in the Hindu Kush. Anthropological Paper 50, Ann Arbor.

Casimir, Michael J. (2005): Stichwort Evolution. In: Hirschberg, Walter (Begründer): Wörterbuch der Völkerkunde. Redaktion: Wolfgang Müller. Neuausgabe. Berlin, S. 114.

Çelik, Semra (2005): Diskursive Wege der Selbstethnisierung. In: IFADE (Hg.): Insider – Outsider. Bilder. Ethnisierte Räume und Partizipation im Migrationsprozess. Bielefeld, S. 80–98.

Chacón, J.C. und Stephen R. Gliessman (1982): Use of the ‚Non-Weed' Concept in Traditional Tropical Agroecosystems of South-Eastern Mexico. In: Agro-Ecosystems Band 8, Heft 1, S. 1–11.

Chance, Norman A. (1984): Alaska Eskimo Modernization. In: Damas, David (Hg.): Arctic. Bd. 5 des Handbook of North American Indians, herausgegeben von William C. Sturtevant. Washington, S. 646–661.

Chennels, Roger, Victoria Haraseb und Mathambo Ngakaeaja (2009): Speaking for the San: Challenges for Representative Institutions. In: Wynberg, Rachel, Doris Schroeder und Roger Chennels (Hg.): Indigenous Peoples, Consent and Benefit Sharing. Lessons from the San-Hoodia Case. Dordrecht u. a., S. 143–162.

Chuwa, Kabasia (2004a): Kleidung in Tansania: *„Kleider machen Leute"* oder *„Putting on clothes inside out unintentionally signifies good luck"*. In: Huse, Birgitta (Hg.): Von Kopf bis Fuß. Ein Handbuch rund um Körper, Kleidung und Schmuck für die interkulturelle Unterrichtspraxis. Münster u. a., S. 241–249.

Dies. (2004b): Kleidung und Kommunikation am Beispiel des *kanga*-Tuchs in Tansania. In: Huse, Birgitta (Hg.): Von Kopf bis Fuß. Ein Handbuch rund um Körper, Kleidung und Schmuck für die interkulturelle Unterrichtspraxis. Münster u. a., S. 343–347.

Classen, Constance und David Howes (1996): Epilogue: Dynamics and Ethics. In: Howes, David (Hg.): Cross-Cultural Consumption. Global Markets. Local Realities, London, S. 184, zitiert nach Breidenbach und Zukrigl 2000: 44.

Cleve, Hartwig (1994): Die Last der Arbeit. In: Steier, Heiko und Ulrich Zimmermann (Hg.): Streifzüge durch die frühen Hochkulturen. Ein historisches Lesebuch. München, S. 31–37.

Cobo, José R. Martínez (Special Rapporteur) (1986/7): The Problem of Discrimination against Indigenous Populations. Studie der Vereinten Nationen. (UNO Dokumenten-Nummer: E/CN.4/Sub.2/1986/7).

Coombe, Rosemary J. und Andrew Herman (2004): Rhetorical Virtues: Property, Speech and the Commons on the World-Wide Web. In: Anthropological Quarterly, Bd. 77, Heft 3, S. 559–574.

Cornish III, J.J. (1956): The Mystery of the Boomerang. In: Natural History, Bd. 65, S. 242–245.

Court of Appeal of the Republic of Botswana (2011): Court of Appeal Civil Appeal No. CACLB-074–10; High Court Civil Case No: MAHLB-000393–09.

Craanen, Michael und Antje Gunsenheimer (Hg.) (2006): Das ‚Fremde' und das ‚Eigene' – Forschungsberichte (1992–2006). Bielefeld.

Cummins, Alissandra (1997): European Views of the Aboriginal Population. In: Wilson, Samuel M. (Hg.): The Indigenous People of the Caribbean. Gainsville u. a., S. 46–55.

Daes, Erica (Special Rapporteur) (1993): Study on the Protection of the Cultural and Intellectual Property of Indigenous Peoples. United Nations Sub-Commission on Prevention of Discrimination and Protection of Minorities (UNO Dokumentennummer E/CN.4/Sub.2/1993/28; para.103).

Damas, David (1984a): Introduction. In: Damas, David (Hg.): Arctic. Bd. 5 des Handbook of North American Indians, herausgegeben von William C. Sturtevant. Washington, S. 1–7.

Damas, David (Hg.) (1984b): Arctic. Bd. 5 des Handbook of North American Indians, herausgegeben von William C. Sturtevant. Washington.

Dannenbeck, Clemens, Felicitas Esser und Hans Lösch (1999): Herkunft (er)zählt. Befunde über Zugehörigkeiten Jugendlicher. Münster u. a.

Davidson, Basil (1998): West Africa. Before the Colonial Era. A History to 1850. Harlow.

Ders. (1987): The Lost Cities of Africa. Oxford.

Ders. (1969): Afrikanische Königreiche. Amsterdam.

Ders. (1968): Africa in History. Themes and Outlines. London.

Dávila, Arlene (2001): Local/Diasporic Taínos: Towards a Cultural Politics of Memory, Reality and Imagery. In: Haslip-Viera, Gabriel (Hg.): Taíno Revival. Critical Perspectives on Puerto Rican Identity and Cultural Politics. Princeton, S. 33–53.

DeAnna, Marie Rivera (2003): Taino Sacred Sites. An International Comparative Analysis for a Domestic Solution. In: Arizona Journal of International Comparative Law, 29(2), S. 443–489.

Demorgan, Jacques und Hagen Cordes (2006): Multikultur, Transkultur, Leitkultur. In: Nicklas, Hans, Burkhard Müller und Hagen Cordes (Hg.): Interkulturell denken und handeln – Theoretische Grundlagen und gesellschaftliche Praxis. Bonn, S. 27–36.

Denbow, James R. (1984): Prehistoric Herders and Foragers of the Kalahari: the Evidence for 1500 Years of Interaction. In: Schrire, Carmel (Hg.): Past and Present in Hunter-Gatherer-Studies. London, S. 175–194.

Desai, Madhavi, Miki Desai und Jon Lang (2012): The Bungalow in Twentieth Century India: The Cultural Expression of Changing Ways of Life and Aspirations in the Domestic Architecture of Colonial and Post-Colonial Society. Ashgate.

Deutscher Bundestag (2011): Zwangsheirat wird eigenständiger Straftatbestand. http://www.bundestag.de/dokumente/textarchiv/2011/33686007_kw10_de_ zwangsheirat/index.html; aufgerufen am 10.09.2011.

De Vries, Sandra (2011): Ablauf der Ausbildung. In: Ursula Bertels und Irmgard Hellmann de Manrique (Hg.): Interkulturelle Streitschlichter – Interkulturelle Kompetenz als Schlüsselqualifikation für Jugendliche. Münster u. a., S. 125–158.

Die Beauftragte der Bundesregierung für Migration, Flüchtlinge und Integration (2007): Diversity Management: zunehmend integraler Bestandteil moderner Personalpolitik. www.vielfalt-als-chance.de/index.php?id=10&print=true, aufgerufen am 15.07.2011.

Diop, Cheikh Anta (1955): Nations Nègres et Culture. Bd. 1. Paris.

Dorsch, Friedrich (Hg.) (1994): Psychologisches Wörterbuch. Bern.

Dozon, Jean-Pierre (1985): Les Bété: une création coloniale. In: Amselle, Jean-Loup und Elikia M'Bokolo (Hg.): Au Cœr de l'Ethnie. Ethnies, Tribalisme, et État en Afrique. Paris, S. 49–85.

Dracklé, Dorle (Hg.) (1998): Alt und zahm? Alter und Älterwerden in unterschiedlichen Kulturen. Hamburg u. a.

Dies. (1996): Jung und wild. Zur kulturellen Konstruktion von Kindheit und Jugend. Hamburg u. a.

Dürr, Eveline (2009): Kulturbegegnung und Identitätsbildung. In: Moosmüller, Alois (Hg.): Konzepte kultureller Differenz. Münster u. a., S. 179–194.

Dutfield, Graham (1999): Rights, Resources and Responses. In: Posey, Darrell A. (Hg.): Cultural and Spiritual Values of Biodiversity. UNDP. Nairobi u. a., S. 505–515.

Eckert, Julia (1998): Ethnizität, ethnische Konflikte und politische Ordnung – Theorien und Befunde im Überblick. In: Eckert, Roland (Hg.): Wiederkehr des „Volksgeistes“? Ethnizität, Konflikt und politische Bewältigung. Opladen, S. 271–311.

Egli, Werner M. und Lucia Kersten (Hg.) (2010): Kindheit und Jugend anderswo. Ergebnisse ethnographischer Feldforschungen. Münster u. a.

Elwert, Georg (2005): Stichwort Ethnie. In: Hirschberg, Walter (Begründer): Wörterbuch der Völkerkunde. Redaktion: Wolfgang Müller. Neuausgabe. Berlin, S. 99–100.

Ders. (1998): Deutsche Nation. In: Schäfers, Bernhard und Wolfgang Zapf (Hg.): Handwörterbuch zur Gesellschaft Deutschlands. Opladen, S. 123–124.

Ders. (1989): Nationalismus und Ethnizität. Über die Bildung von Wir-Gruppen. In: Kölner Zeitschrift für Soziologie und Sozialpsychologie, Heft 3, Jg. 41, S. 440–464.

Entschließung des Europäischen Parlamentes (1997): Zu den Waldbränden und zur Luftverschmutzung in Südostasien vom 23. Oktober 1997; B4–0839, 0842, 0868, 0871, 0881 und 0893/97. In: Amtsblatt der Europäischen Gemeinschaften, C 339/160 vom 10.11.1997.

Eylert, Sabine (2011a): Umsetzung der Lernziele im ethnologischen Unterricht. In: Ursula Bertels und Irmgard Hellmann de Manrique (Hg.): Interkulturelle Streitschlichter – Interkulturelle Kompetenz als Schlüsselqualifikation für Jugendliche. Münster u. a., S. 32–42.

Dies. (2011b): Ablauf der Ausbildung. In: Ursula Bertels und Irmgard Hellmann de Manrique (Hg.): Interkulturelle Streitschlichter – Interkulturelle Kompetenz als Schlüsselqualifikation für Jugendliche. Münster u. a., S. 68–101.

Dies. (2009): Reis – mehr als ein Nahrungsmittel? In: Raesfeld, Lydia und Ursula Bertels (Hg.): Götter, Gaben und Geselligkeit. Einblicke in Rituale und Zeremonien weltweit. Münster u. a., S. 135–143 (sowie: Unterrichtsmaterialien, S. 199–206).

Dies. (1997): Heirat und Brautpreis bei den Sasak auf Lombok – Indonesien. In: Bertels, Ursula, Sabine Eylert und Christiana Lütkes (Hg.): Mutterbruder und Kreuzcousine. Einblicke in das Familienleben fremder Kulturen. Münster u. a., S. 27–34.

Eylert, Sabine und Kerstin Brünenberg (2007): „Hast Du schon geduscht?“ – Zur Umsetzung interkulturellen Lernens in der Schule. In: Ursula Bertels, Sandra de Vries und Nina Nolte (Hg.): Fremdes Lernen – Aspekte interkulturellen Lernens im internationalen Diskurs. Münster u. a., S. 113–125.

Faller, Heike und Rosabelle Rexford (2006): „Wenn ich gebraucht werde, bin ich im Boot". Frauen beim Walfang – Interview mit einer Inuit. In: Kalka, Claudia und Sabine Klocke-Daffa (Hg.): Weiblich – Männlich – Anders? Geschlechterbeziehungen im Kulturvergleich. Münster u. a., S. 77–84.

Federal Court of Australia (1998): John Bulun Bulun & Anor v R & T Textiles Pty Ltd.; Australian Indigenous Law Reporter, [1998] AILR 39; (1998) 2 AILR 547 http://www.austlii.edu.au/cgi-bin/sinodisp/au/cases/cth/FCA/1998/1082. html?stem=0&synonyms=0&query=title (John Bulun Bulun, aufgerufen am 10.12.2011).

Ders. (1994): George Milpurrurru, Banduk, Marika, Tim Payunka and the Public Trustree for the Northern Territory v. Indofurn Pty Ltd., Brian Alexander Bethune, George Raymond Kind and Robert James Rylands, No. DG4 of 1993, FED No. 975/94 Copyright (1994), 54 FCR 240 (1994), 130 ALR 659; http://www.austlii.edu.au/cgi-bin/sinodisp/au/cases/cth/FCA/1994/1544.html?stem=0&synonyms=0&query=title (George Milpurrurru, Banduk, Marika, Tim Payunka and the Public, aufgerufen am 10.12.2011).

Ders. (1989): Terry Yumbulul and: Reserve Bank of Australia; Aboriginal Artists Agency Limited and Anthony Wallis, No. D G26 of 1989 FED No.228 Trade Practices – Aborigines – Copyright, 21 IPR 481; http://www.austlii.edu.au/cgi-bin/sinodisp/au/cases/cth/FCA/1991/332.html?stem=0&synonyms=0&query=tit le (Terry Yumbulul and, aufgerufen am 10.12.2011).

Feit, Harvey (1999): James Bay Cree. In: Lee, Richard und Richard Daly (Hg.): The Cambridge Encyclopedia of Hunters and Gatheres. Cambridge, S. 41–45.

Ders. (1973): The Ethnoecology of the Waswanipi Cree: Or How Hunters can manage their Resources. In: Cox, Bruce (Hg.): Cultural Ecology. Readings on the Canadian Indians and Eskimos. Toronto, S. 115–125.

Ferré, Felipe (1991): Kaffee. Eine Kulturgeschichte. Tübingen.

Fischer, Hans (1984): Warum Samoa? Berlin.

Fitzgerald, Brian und Susan Hedge (2009): Traditional Cultural Expression and the Internet World. In: Antons, Christoph (Hg.): Traditional Knowledge, Traditional Cultural Expressions and Intellectual Property Law in the Asia-Pacific Region. Austin u. a., S. 245–272.

Friedl, Harald A. (2005): Respektvoll reisen. Bielefeld.

Führing, Giesela (1996): Begegnung als Irritation: Ein erfahrungsbegleitender Ansatz in der entwicklungsbezogenen Didaktik. Münster.

Gad, Finn (1984): History of Colonial Greenland. In: Damas, David (Hg.): Arctic. Bd. 5 des Handbook of North American Indians, herausgegeben von William C. Sturtevant. Washington, S. 556–576.

Gagne, R. (2003): Conditions of Learning. http://tip.psychology.org/gagne.html, aufgerufen am 21.11.2011.

Geertz, Clifford (1983): Dichte Beschreibungen. Frankfurt a.M.

Gerner, Susanne (2007): „Das ist halt einfach so 'ne Bindung." In: Riegel, Christine und Thomas Geisen (Hg.): Jugend, Zugehörigkeit und Migration. Subjektpositionierung im Kontext von Jugendkultur, Ethnizitäts- und Geschlechterkonstruktionen. Wiesbaden, S. 227–246.

Gesellschaft für Technische Zusammenarbeit (GTZ) (2008): Kartoffelwelt. Karriere einer Knolle. Bonn.

Ghandi, Mahatma (1959): How to Serve the Cow. Ahmedabad.

Giefer, Michael (2006): Wo man singt, da lass dich nieder. In: Markus Fix (Hg.): Freunde in der Fremde – Reisegeschichten aus aller Welt. Freiburg u. a., S. 135–147.

Gieler, Wolfgang (2006): Entwicklung und Kultur. Ein wissenschaftstheoretischer Diskurs zum westlichen Ethnozentrismus. Berlin.

Gliessman, Stephen R., R. E. Garcia und M.A. Amador (1981): The Ecological Basis for the Application of Traditional Agricultural Technology in the Management of Tropical Agroecosystems. In: Agro-Ecosystems, Bd. 7, Heft 3, S. 173–185.

Goodale, Mark (2006): Toward a Critical Anthropology of Human Rights. In: Current Anthropology, Bd. 47, Heft 3, S. 485–511.

Gottowik, Volker (2005): Stichwort fremd, das Fremde. In: Hirschberg, Walter (Begründer): Wörterbuch der Völkerkunde. Redaktion: Wolfgang Müller. Neuausgabe. Berlin, S. 135.

Greenwood, Davydd J. und William A. Stini (1977): Nature, Culture and Human History. A bio-cultural Introduction to Anthropology. New York u. a.

Gronemeyer, Reimer (Hg.) (1991): Der faule Neger. Vom weißen Kreuzzug gegen den schwarzen Müßiggang. Reinbek.

Grosch, Harald und Wolf Rainer Leenen (1998): Bausteine zur Grundlegung interkulturellen Lernens. In: Bundeszentrale für politische Bildung (Hg.): Interkulturelles Lernen. Bonn, S. 29–46.

Grosse, Julia und Judith Reker (2010): Versteht mich nicht falsch! Gesten weltweit. Das Handbuch. München.

Grün, Robert (Hg.) (1970): Christoph Columbus 1492: Das Bordbuch. Leben und Fahrten des Entdeckers der Neuen Welt in Dokumenten und Aufzeichnungen. Gütersloh.

Gudykunst, William B. (1998): Bridging Differences: Effective Intergroup Communication. Thousand Oaks u. a.

Gudykunst, William B., Mitchell R. Hammer und Richard L. Wisemann (1977): An Analysis of an Integrated Approach to Cross-Cultural Training. In: International Journal of Intercultural Relations Bd. 1, S. 99–109.

Guenther, Mathias (1986): The Nharo Bushmen of Botswana. Tradition and Change. Hamburg.

Günzel, Marielis (1998): Tücher verbinden. In: Bundeszentrale für Politische Bildung (Hg.): Interkulturelles Lernen. Arbeitshilfen für die politische Bildung. Bonn, S. 61–70.

Haberland, Wolfgang (1975): Das gaben sie uns. Indianer und Eskimos als Erfinder und Entdecker. Hamburg.

Häfner, Ansgar (1988): Das Kinder- und Jugendbuch als Träger und Vermittler von Fremdbildern. In: Greverus, Ina-Maria, Konrad Köstlin und Heinz Schilling (Hg.): Kulturkontakt – Kulturkonflikt: Zur Erfahrung des Fremden. Frankfurt a.M.

Håkansson, Ann-Kristin (Hg.) (2001): Roots of Life. Cultural Diversity for Sustainable Development. An Indigenous Approach. Stockholm.

Hall, Stuart (2000): Cultural Identity and Diaspora. In: Mirzoeff, Nicholas (Hg.): Diaspora and Visual Culture. Representing Africans and Jews. London u. a., S. 21–33.

Haller, Ingrid (1991): Interkulturelles Lernen in einer multikulturellen Gesellschaft. In: Kiesel, Doron und Rosi Wolf-Almanaresh (Hg.): Die multikulturelle Versuchung. Ethnische Minderheiten in der deutschen Gesellschaft. Frankfurt a.M., S. 83–89.

Hammer, Thomas (2005): Sahel. Gotha.

Hannerz, Ulf (1996): Transnational Connections: Culture, People, Places. London.

Hansen, Georg (2007): Ethnie, Ethnizität, Ethnisierungen. In: Fernuniversität Hagen: Soziale Konstruktion von Differenz. Hagen, Beitrag 1.

Ders. (1996): Perspektivenwechsel. Eine Einführung. Münster.

Harding, Leonhard (2010): Das Königreich Benin. Geschichte – Kultur – Wirtschaft. München.

Hartmann, Horst (1979): Die Plains- und Prärieindianer Nordamerikas. Berlin.

Haslip-Viera, Gabriel (Hg.) (2001): Taíno Revival. Critical Perspectives on Puerto Rican Identity and Cultural Politics. Princeton.

Headland, Thomas N. (1994): Die Tasaday: Steinzeitliche Höhlenbewohner oder der aufwendigste Schwindel in der Geschichte der Wissenschaft? In: Burenhult, Göran (Hg.): Naturvölker heute. Beständigkeit und Wandel in der modernen Welt. Illustrierte Geschichte der Menschheit. Hamburg.

Headland, Thomas N., Kenneth L. Pike und Marvin Harris (1990): Emics and Etics. The Insider/Outsider Debate. Newbury Park u.a.

Heidemann, Frank (2011): Ethnologie. Eine Einführung. Göttingen u.a.

Heinen, Ute (2000): Zuwanderung und Integration in der Bundesrepublik Deutschland. In: Bundeszentrale für Politische Bildung: Informationen zur politischen Bildung, Heft 267 (Internet-Version) http://www.bpb.de/publikationen/0860486 6861222132867858162468689,1,0,Zuwanderung_und_Integration_in_der_Bundesrepublik_Deutschland.html#art1, aufgerufen am 02.08.2011.

Heise, Ulla (1996): Kaffee und Kaffeehaus. Eine Bohne macht Geschichte. Leipzig.

Helfritz, Hans (1985): Mexiko. Köln.

Hemley, Robin (2001): Invented Eden: the Elusive Disputed History of the Tasaday. New York.

Hillers, Elfriede (1984): Afrika in europäischer Sicht. Eine vergleichende Untersuchung zur Behandlung außereuropäischer Völker und Kulturen am Beispiel Afrikas in ausgewählten europäischen Erdkundelehrbüchern. Braunschweig.

Hinz-Rommel, Wolfgang (1994): Interkulturelle Kompetenz. Ein neues Anforderungsprofil für die soziale Arbeit. Münster u.a.

Hobart, John. H. (2003): Forager-Farmer Relations in Southeastern Southern Africa: A Critical Reassessment. Oxford.

Hobhouse, Henry (2001): Sechs Pflanzen verändern die Welt. Chinarinde, Zuckerrohr, Tee, Baumwolle, Kartoffel, Kokastrauch. Stuttgart.

Höfer, Bruni (Redaktion) (1989): 500 Jahre „Entdeckung" Amerikas. Alter und neuer Kolonialismus. Arbeitsmaterialien. Frankfurt a.M.

Höglinger, Monika (2002): Verschleierte Lebenswelten. Zur Bedeutung des Kopftuchs für muslimische Frauen. Ethnologische Studie. Wien.

Homburg, George (1998): Kopftuch ab, Kreuz runter? KULTurelle SYMBOLE im Schulalltag. In: Bundeszentrale für Politische Bildung (Hg.): Interkulturelles Lernen. Arbeitshilfen für die politische Bildung. Bonn, S. 71–77.

Hornbacher, Annette (2006): Globale Ethik für eine globale Welt? In: Hornbacher, Annette (Hg.): Ethik, Ethos, Ethnos. Aspekte und Probleme interkultureller Ethik. Bielefeld, S. 13–14.

Icke-Schwalbe, Lydia (2005): Stichwort Wildbeuter. In: Hirschberg, Walter (Begründer): Wörterbuch der Völkerkunde. Redaktion: Wolfgang Müller. Neuausgabe. Berlin, S. 412.

Illius, Bruno (2005): Stichwort Weltbild. In: Hirschberg, Walter (Begründer): Wörterbuch der Völkerkunde. Redaktion: Wolfgang Müller. Neuausgabe. Berlin, S. 407.

Impact Economics (2010): 2010 Nunavut Economic Outlook. http://www. scribd.com/doc/47738566/2010-Nunavut-Economic-Outlook, aufgerufen am 08.11.2011.

Irniq, Peter (2004): The Staying Force of Inuit Knowledge. In: Greymorning, Stephen (Hg.): A Will to Survive. Indigenous Essays on the Politics of Culture, Language, and Identity. Boston u. a., S. 18–31.

Iverson, Peter (1981): The Navajo Nation. Westport, Connecticut u. a.

Jakob, Ernst G. (Hg.) (o.J.): Christoph Kolumbus, Bordbuch – Briefe – Berichte – Dokumente. Bremen.

Jakubeit, Gudrun und Karl Schattenhofer (1996): Fremdheitskonzept. Ein Weg zum aktiven Neben- und Miteinander von Deutschen und Fremden. In: Neue Praxis Bd. 5, S. 389–409.

Janke, Terri (2003): Minding Culture. Case Studies on Intellectual Property and Traditional Cultural Expressions. Prepared by Ms. Terri Janke for the World Intellectual Property Organization. Genf.

Jiménez Román, Miriam (2001): The Indians are coming! The Indians are coming!: The Taíno and Puerto Rican Identity. In: Haslip-Viera, Gabriel (Hg.): Taíno Revival. Critical Perspectives on Puerto Rican Identity and Cultural Politics. Princeton, S. 101–138.

Kahraman, Birsen und Günther Knoblich (2000): „Stechen statt Sprechen": Valenz und Aktivierbarkeit von Stereotypen über Türken. In: Zeitschrift für Sozialpsychologie 31,1, S. 31–43.

Kalka, Claudia und Sabine Klocke-Daffa (Hg.) (2006): Weiblich – Männlich – Anders? Geschlechterbeziehungen im Kulturvergleich. Münster u. a.

Karall, Peter H. und Bettina Brixa (2008): Erscheinungen. Das Fremde zwischen Erfahrung und Vorstellung. In: Chevron, Marie-France (Hg.): Erscheinungsformen des Wandels. Wiener Ethnohistorische Blätter (WEB), Band 47/48. Wien u. a., S. 72–101.

Kaya, Asiye (2007): Traditions- und Kulturbildung im Migrationskontext. In: Riegel, Christine und Thomas Geisen (Hg.): Jugend, Zugehörigkeit und Migration. Subjektpositionierung im Kontext von Jugendkultur, Ethnizitäts- und Geschlechterkonstruktionen. Wiesbaden, S. 207–225.

Kearney, Michael (1984): World View. Novato.

Kelek, Necla (2011): Für das Recht auf Kindheit ohne Kopftuch. In: Gemein, Gisbert (Hg.): Kulturkonflikte – Kulturbegegnungen. Juden, Christen und Muslime in Geschichte und Gegenwart. Bundeszentrale für politische Bildung. Bonn, S. 296–300.

Kidd, Rosalind (1997): The Way we Civilise. Aboriginal Affairs, the Untold Story. St. Lucia.

Kievelitz, Uwe (1987): Ansatzpunkte für ethnologische Beteiligung an der Planung von Entwicklungsprojekten: Zehn Thesen am Beispiel des Kleinfischereiprojektes Tombo, Sierra Leone. In: Antweiler, Christoph, Thomas Bargatzky und Frank Bliss (Hg.): Ethnologische Beiträge zur Entwicklungspolitik. Bonn, S. 73–91.

Kleivan, Helge (1984): Contemporary Greenlanders. In: Damas, David (Hg.): Arctic. Bd. 5 des Handbook of North American Indians, herausgegeben von William C. Sturtevant. Washington, S. 700–717.

Klocke-Daffa, Sabine (2004): „The lady with the fat legs"– Schönheitsideale der Nama. In: Huse, Birgitta (Hg.): Von Kopf bis Fuß. Ein Handbuch rund um Körper, Kleidung und Schmuck für die interkulturelle Unterrichtspraxis. Münster u. a., S. 39–47.

Kluckhohn, Clyde (1962): Values and Value-Orientations in the Theory of Action: An Exploration in Definition and Classification. In: Parsons, Talcott und Edward A. Shils (Hg.). Toward a General Theory of Action. New York u. a.

Klüter, Monika (1995): Ethnozentrismus in der Schule: Das Beispiel Erdkunde. In: Lütkes, Christiana und Monika Klüter: Der Blick auf fremde Kulturen. Ein Plädoyer für völkerkundliche Themen im Schulunterricht. Münster u. a., S. 41–67.

Klüter, Monika und Christiana Lütkes (1995): Maßnahmen gegen ein ethnozentrisches Weltbild. In: Lütkes, Christiana und Monika Klüter: Der Blick auf fremde Kulturen. Ein Plädoyer für völkerkundliche Themen im Schulunterricht. Münster u. a., S. 88–95.

Knapp-Potthoff, Annelie (1997): Interkulturelle Kommunikationsfähigkeit als Lernziel. In: Knapp-Potthoff, Annelie und M. Liedke (Hg.): Aspekte interkultureller Kommunikationsfähigkeit. München, S. 181–205.

Knolle, Helmut (1992): 500 Jahre Verirrung. Voraussetzungen und Folgen der Entdeckung Amerikas. Olten.

Köhler, Ulrich (2009): Die Vasallen des linkshändigen Kriegers im Kolibrigewand. Über Weltbild, Religion und Staat der Azteken. Münster u. a.

Ders. (1983): Ethnozentrismus in deutschen Schulbüchern der Geographie. In: Geographische Rundschau Bd. 35, Heft 1, S. 35–37.

Köllhofer, Nina (2004): Kopftuch: Traditionen – Mythen – Diskurse. In: Huse, Birgitta (Hg.): Von Kopf bis Fuß. Ein Handbuch rund um Körper, Kleidung und Schmuck für die Interkulturelle Unterrichtspraxis. Münster u. a., S. 261–269. (sowie: Unterrichtsmaterialien, S. 341–342).

Körber, Andreas (Hg.) (2001): Interkulturelles Geschichtslernen. Geschichtsunterricht unter den Bedingungen von Einwanderung und Globalisierung. Konzeptionelle Überlegungen und praktische Ansätze. Münster u. a.

Kohl, Karl-Heinz (1986): Entzauberter Blick. Das Bild vom Guten Wilden. Frankfurt a.M.

Kolbe, Wilhelm (1999): Kulturgeschichte der Kartoffel und ihrer Schaderreger. Burscheid.

Kolumbus, Christoph (2006): Bordbuch. Aus dem Spanischen von Anton Zahorsky. München.

Kratz, Tina (2002): Der konstruktivistische Blick auf Fremdheit und mögliche Folgen dieser Sicht für Interkulturelle Pädagogik. www.bmi.bund.de/downloads/ KratzTina_Ethnizitt.pdf, aufgerufen am 09.02.2003.

Krauss, Michael E. und Victor K. Golla (1981): Northern Athapaskan Languages. In: Helm, June (Hg.): Subarctic. Band 6 des Handbook of North American Indians, herausgegeben von William C. Sturtevant. Washington. S. 67–85.

Krickau, Ortrud (2002): Die Welt bei uns zuhause – Fremdbilder im Alltag. Ein Beitrag zur interkulturellen Bildung. Frankfurt a.M. und London.

Krings, Thomas (2006): Sahelländer. Mauretanien, Senegal, Gambia, Mali, Burkina Faso, Niger. Darmstadt.

Kroeber, Alfred Louis und Clyde Kluckhohn (1952): Selection from Culture: a Critical Review of Concepts and Definitions. Papers of Peabody Museum of American Archaeology and Ethnology Bd. 47(1). Cambridge, Mass.

Kröger, Franz (2009): Das Kind muss einen Namen haben. Namensgebung in Ghana und bei uns. In: Raesfeld, Lydia und Ursula Bertels (Hg.): Götter, Gaben und Geselligkeit. Einblicke in Rituale und Zeremonien weltweit. Münster u.a., S. 31–39.

Ders. (1997): Brautraub? – Ein Beispiel aus Nordghana. In: Bertels, Ursula, Sabine Eylert und Christiana Lütkes (Hg.): Mutterbruder und Kreuzcousine. Einblicke in das Familienleben fremder Kulturen. Münster u.a., S. 35–40.

Kron, Friedrich W. (2008): Grundwissen Didaktik. München u.a.

Krüger-Potratz, Marianne (2007): Interkulturelles Lernen aus Sicht der Erziehungswissenschaft. In: Bertels, Ursula, Sandra de Vries und Nina Nolte (Hg.): Fremdes Lernen. Aspekte interkulturellen Lernens im internationalen Diskurs. Münster, S. 31–44.

Krupnik, Igor, Claudio Aporta, Shari Gearheard u.a. (Hg.) (2010): SIKU: Knowing Our Ice. Documenting Inuit-Sea-Ice-Knowledge and Use. Dordrecht.

Kühn, Peter (2008): Das Kopftuch im Diskurs der Kulturen. Nordhausen.

Kuhn, Franz-Josef (Hg.) (1991): 500 Jahre Widerstand der indianischen Völker. Dorsten.

Lancaster, Clay (1958): The American Bungalow. In: The Art Bulletin, Band 40, Heft 3, S. 239–253.

Lane, Ruth (2003): History, Mobility and Land-use Interests of Aborigines and Farmers in the East Kimberley in North-West Australia. In: Stewart, Pamela und Andrew Strathern (Hg.): Landscape, Memory and History. Anthropological Perspectives. London, S. 136–165.

Lauser, Andrea und Cordula Weißköppel (Hg.) (2008): Einleitung: Die neue Aufmerksamkeit für Religion in der Migrations- und Transnationalismusforschung. Ein Plädoyer für die ethnografische Mikro- und Kontextanalyse. In: Lauser, Andrea und Cordula Weißköppel (Hg.): Migration und religiöse Dynamik. Ethnologische Religionsforschung im transnationalen Kontext. Bielefeld, S. 7–32.

Levitt, Peggy und Nina Glick Schiller (2004): Conceptualizing Simultaneity: A Transnational Social Field Perspective on Society. In: International Migration Review Bd. 38 (3), S. 1002–1039.

Liang, Yong (2003): Kulturelle Optik und interkulturelle Kompetenz. In: Beneseler, Frank, Bettina Blanck, Reinhard Keil u.a. (Hg.): Erwägen – Wissen – Ethik, Bd. 14, S. 187–189.

Loimeier, Roman, Dieter Neubert und Cordula Weißköppel (Hg.) (2005): Globalisierung im lokalen Kontext. Perspektiven und Konzepte von Handeln in Afrika. Münster.

Lorke, Annette (2007): „Durch die Brille des Anderen schauen" – Interkulturelles Lernen im Theaterspiel. In: Ursula Bertels, Sandra de Vries und Nina Nolte (Hg.): Fremdes Lernen – Aspekte interkulturellen Lernens im internationalen Diskurs. Münster u.a., S. 131–138.

Luchtenberg, Siegrid (1994): Überlegungen zur Interkulturellen Kommunikativen Kompetenz. In: Luchtenberg, Siegrid und Wolfgang Nieke (Hg.): Interkulturelle Pädagogik und Europäische Dimension. Münster, S. 49–66.

Lüddecke, Julian (2004): Allgemeine und Interkulturelle Didaktik zwischen Universalismus und Pluralität. In: In: Karakaşoğlu, Yasemin und Julian Lüddecke (Hg.): Migrationsforschung und interkulturelle Pädagogik. Münster u.a., S. 103–115.

Lütkes, Christiana (1997): Vor der Heirat: Kennenlernen und Werben bei den Wampar in Papua-Neuguinea. In: Bertels, Ursula, Sabine Eylert und Christiana Lütkes (Hg.): Mutterbruder und Kreuzcousine. Einblicke in das Familienleben fremder Kulturen. Münster. S. 20–26.

Dies. (1995): Das ethnozentrische Weltbild. In: Lütkes, Christiana und Monika Klüter: Der Blick auf fremde Kulturen. Ein Plädoyer für völkerkundliche Themen im Schulunterricht. Münster u.a., S. 13–40.

Lütkes, Christiana und Monika Klüter (1995): Der Blick auf fremde Kulturen. Ein Plädoyer für völkerkundliche Themen im Schulunterricht. Münster u.a.

Lynge, Aqqaluk (2007): Vorwort. In: Stuckenberger, Nicole (Hg.): Thin Ice: Inuit Traditions within a Changing Environment. Hanover, New Hampshire, S. 10.

Maletzke, Gerhard (1996): Interkulturelle Kommunikation. Opladen.

Malinowski, Bronislav (1922): Argonauts of the Western Pacific. London.

Mania, Dietrich (1998): Die ersten Menschen in Europa. Stuttgart.

Marshall Thomas Elizabeth (1977): Technological Competence of the Bushmen. In: Goldschmidt, Walter (Hg.): Exploring the Ways of Mankind. A Text-Case-book. New York u.a., S. 98–107.

Martin, Peter (1993): Schwarze Teufel, edle Mohren. Hamburg.

Meier, Barbara (2004): Von Badetüchern, *kente*-Stoffen und anderen Kleidern – Textile Inszenierungen zwischen Tradition und Moderne. In: Huse, Birgitta (Hg.): Von Kopf bis Fuß. Ein Handbuch rund um Körper, Kleidung und Schmuck für die Interkulturelle Unterrichtspraxis. Münster u.a., S. 271–280.

Dies. (2000): Gehen oder bleiben? Probleme der Migration in Westafrika. In: Eylert, Sabine, Ursula Bertels und Ursula Tewes (Hg.): Von Arbeit und Menschen. Überraschende Einblicke in das Arbeitsleben fremder Kulturen. Münster u.a., S. 171–178.

Meyer, Valérie-Katharina (2006): Ananas im Regen. In: Markus Fix (Hg.): Freunde in der Fremde – Reisegeschichten aus aller Welt. Freiburg u.a., S. 69–81.

Michaels, Eric (1985): Constraints on Knowledge in an Economy of Oral Information. In: Current Anthropology Bd. 26, Heft. 4, S. 505–510.

Miller, Robert J. (1993): American Indian Influence on the United States Constitution and Its Framers. In: American Indian Law Review, Bd. 18, Heft 1, S. 133–160.

Mitchell, Peter (2009): Hunter-Gatherers and Farmers: Some Implications of 1,800 Years of Interaction in the Maloti-Drakensberg Region of Southern Africa. In: Ikeya, Kazunobu, Hidefumi Ogawa und Peter Mitchell (Hg.): Interactions between Hunter-Gatherers and Farmers from Prehistory to Present. Senri Ethnological Studies 73, S. 15–46. Osaka.

Mittag, Detlef (2007): Ethnozentrismus in Unterrichtsmaterialien. In: Fernuniversität Hagen: Soziale Konstruktion von Differenz. Beitrag 3. Hagen.

Mondfeld, Wolfram (1979): Die arabische Dau. Bielefeld.

Moosmüller, Alois (2009): Kulturelle Differenz: Diskurse und Kontexte. In: Moosmüller, Alois (Hg.): Konzepte kultureller Differenz. Münster u.a., S. 13–45.

Ders. (2007): Interkulturelle Kommunikation aus ethnologischer Sicht. In: Moosmüller, Alois (Hg.): Interkulturelle Kommunikation. Konturen einer wissenschaftlichen Disziplin. Münster, S. 13–49.

Ders. (2004): Das Kulturkonzept in der Interkulturellen Kommunikation aus ethnologischer Sicht. In: Lüsebrink, Hans-Jürgen (Hg.): Konzepte der interkulturellen Kommunikation. Theorieansätze und Praxisbezüge in interdisziplinärer Perspektive. St. Ingbert, S. 45–67.

Ders. (2000): Interkulturelle Kompetenz und interkulturelle Kenntnisse. Überlegungen zu Ziel und Inhalt im auslandsvorbereitenden Training. In: Roth, Klaus (Hg.): Mit der Differenz leben. Europäische Ethnologie und interkulturelle Kommunikation. München. New York. 2000, S. 271–290.

Morgan, Lewis Henry (1877/1966): Ancient Society. Edited by Leslie A White. Cambridge, Mass.

Morphy, Howard (1995): Aboriginal Art in a Global Context. In: Miller, Daniel (Hg.): Worlds Apart. Modernity through the Prism of the Local. London u. a., S. 211–239.

Ders. (1992): From Dull to Brilliant: The Aesthetics of Spiritual Power among the Yolngu. In: Coote, Jeremy und Anthony Shelton (Hg): Anthropology, Art and Aesthetics. Oxford Studies in the Anthropology of Cultural Forms. Oxford, S. 181–209.

Ders. (1991): Ancestral Connections. Art and an Aboriginal System of Knowledge. Chicago u. a.

Ders. (1983): ‚Now you understand‘: An Analysis of the Way Yolngu have used Sacred Knowledge to Retain their Autonomy. In: Peterson, Nicolas und Marcia Langton (Hg.): Aborigines, Land and Land Rights. Canberra, S. 110–113.

Müller, Klaus E. und Alfred K. Treml (Hg.) (1992): Ethnopädagogik. Sozialisation und Erziehung in traditionellen Gesellschaften. Eine Einführung. Berlin.

Münstersche Zeitung vom 22.10.2010: Anorak gehörte nicht immer zur Leitkultur. (dpa).

Münstersche Zeitung vom 08.08.2011: Der König und sein Prinzengemahl.

Ndonko, Flavien (2002): Deutsche Hunde – Ein Beitrag zum Verstehen deutscher Menschen. In: Hauschild, Thomas und Bernd Jürgen Warneken (Hg.): Inspecting Germany. Internationale Deutschland-Ethnographie der Gegenwart. Münster u. a., S. 53–73.

Neiijiee, Bill (1984): Visitors to Sites: a Traditional Owner's Perspective. In: Sullivan, Hilary (Hg.): Visitors to Aboriginal Sites. Access, Control and Management. (Proceedings of the 1983 Kakadu Workshop). Canberra, S. 41–42.

Niedrig, Heike (1992): 500 Jahre „Entdeckung Amerikas" – Ein Grund zum Feiern? Ein Unterrichtsmodell für die Sekundarstufe I. Bielefeld.

Nkulikiyinka, Christine (2012): Warum brauchen junge Menschen in Deutschland ein positives Afrikabild? In: Rundbrief Bildungsauftrag Nord-Süd. Nr. 70 (April), S. 1–2.

Nökel, Sigrid (2002): Die Töchter der Gastarbeiter und der Islam. Zur Soziologie alltagsweltlicher Anerkennungspolitiken. Eine Fallstudie. Bielefeld.

Odysseos, Louiza (2011): Governing Dissent in the Central Kalahari Game Reserve: ‚Development‘, Governmentality, and Subjectification amongst Botswana's Bushmen. In: Globalizations, Bd. 8, Heft 4, S. 439–455.

Olazagasti, Ignacio (1997): The Material Culture of the Taino Indians. In: Wilson, Samuel M. (Hg.): The Indigenous People of the Caribbean. Gainesville u. a., S. 131–139.

Oosten, Jarich (2005): Ideals and Values in the Participants' View of their Culture. A View from the Inuit Field. In: Social Anthropology Bd. 13, 2, 185–198.

Orywal, Erwin (2005): Stichwort Ethnizität. In: Hirschberg, Walter (Begründer): Wörterbuch der Völkerkunde. Redaktion: Wolfgang Müller. Neuausgabe. Berlin, S. 100–101.

Otterbein, Keith F. (1972): A Typology of Evolutionary Theories. In: Behaviour Science Notes Bd. 7, S. 237–242.

Parekh, Bhikhu (2000): Rethinking Multiculturalism. Cultural Diversity and Political Theory. Houndsmills.

Paul, Cäcilia Sonja (1980): Territorialität bei Jägern und Sammlern. Unter besonderer Berücksichtigung der Australian Aborigines. Ethnologische Studien, Bd. 2. Tübingen.

Pavord, Anna (1999): Die Tulpe. Eine Kulturgeschichte. Frankfurt a.M.

Payne, Samuel B. Jr. (1996): The Iroquois League, the Articles of Confederation, and the Constitution. In: The William and Mary Quarterly, Bd. 53, Heft 3: Indians and Others in Early America, S. 605–620.

Petermann, Werner (2010): Anthropologie unserer Zeit. Wuppertal.

Petersen, Robert (1995): Colonialism as Seen from a Former Colonized Area. In: Arctic Anthropology. Bd. 32, Nr. 2, S. 118–126.

Pietschmann, Horst (1992): 500 Jahre Entdeckung Amerikas. Die spanische Eroberung und Kolonisation (1492 bis ca. 1580). Köln.

Pike, Kenneth L. (1967): Language in Relation to a Unified Theory of the Structure of Human Behavior, Part 1. Monton.

Plankenstein, Barbara (Hg.) (2007): Benin. Könige und Rituale. Höfische Kunst aus Nigeria. Wien.

Platenkamp, Jos D. M. (2007): Cultural values, human rights and peacekeeping tasks. Some anthropological considerations. In: Militaire Spectator, Band 176, Heft 3, S. 96–104.

Ders. (2004): Über die gesellschaftliche Relevanz der Ethnologie. In: Ursula Bertels, Birgit Baumann, Silke Dinkel und Irmgard Hellmann (Hg.): Aus der Ferne in die Nähe – Neue Wege der Ethnologie in die Öffentlichkeit. Münster u. a., S. 21–32.

Ploeg, Anton (2006): Wealth Among the Western Dani, West Papua. In: Steward, Pamela und Andrew Strathen (Hg.): Exchange and Sacrifice. Durham, S. 201–225.

Ders. (2005): Sweet Potato in the Central Highlands of West New Guinea. In: Ballard, Chris, Paula Brown, R. Michael Bourke u. a. (Hg.): The Sweet Potato in Oceania: a Reappraisal. Ethnology Monographs 19, Oceania Monograph 56. Rosebery, S. 149–161.

Poenicke, Anke (2001): Afrika in deutschen Medien und Schulbüchern. Broschürenreihe Zukunftsforum Politik, Nr. 29, herausgegeben von der Konrad-Adenauer-Stiftung e.V., St. Augustin.

Polak, Barbara (1996): „Die Könige der Feldarbeit". Zur Arbeitsethik von Bamana-Bauern in Mali. In: Beck, Kurt und Gerd Spittler (Hg.): Arbeit in Afrika. Beiträge zur Afrikaforschung. Bd. 12. Hamburg. S. 109–122.

Postert, Christian (2004): Heilung des Eigenen durch Aneignung des Fremden: Die esoterische Konstruktion exotischer Spiritualität in der Kontroverse um Marlo Morgans Bestseller *Traumfänger*. In: Bertels, Ursula, Birgit Baumann, Silke Dinkel u. a.: Aus der Ferne in die Nähe. Neue Wege der Ethnologie in die Öffentlichkeit. Münster u. a., S. 33–66.

Prins, A. H. J. (1965): Sailing from Lamu. A Study of Maritime Culture in Islamic East Africa. Assen.

Rao, Aparna (1993): Zur Problematik der Wildbeuterkategorie. In: Schweizer, Thomas, Margarete Schweizer und Waltraud Kokot (Hg.): Handbuch der Ethnologie. Berlin, S. 491–519.

Rathje, Stefanie (2009): Der Kulturbegriff. Ein anwendungsorientierter Vorschlag zur Generalüberholung. In: Moosmüller, Alois (Hg.): Konzepte kultureller Differenz. Münster u. a., S. 83–105.

Raum, Johannes W. (1992): Evolutionismus. In: Fischer, Hans (Hg.): Ethnologie. Einführung und Überblick. Dritte, veränderte und erweiterte Auflage. Berlin, S. 283–309.

Rein, Annette (2008): Menschen sind anders und gleich! Menschenrechte zwischen Partikularität und Universalität. In: Nooke Günter, Georg Lohmann und Gerhard Wahlers (Hg.): Gelten Menschenrechte universal? Begründungen und Infragestellungen. Freiburg, S. 236–251.

Reinwald, Brigitte (1990): Ägypten – die erste schwarzafrikanische Hochkultur. In: Harding, Leonhard und Brigitte Reinwald (Hg.): Afrika – Mutter und Modell der europäischen Zivilisation? Die Rehabilitierung des Schwarzen Kontinents durch Cheikh Anta Diop. Berlin, S. 39–43.

Rempe, Martin (2012): Entwicklung im Konflikt. Die EWG und der Senegal 1957–1975. Köln u. a.

Renner, Egon (1983): Die Grundlagen der kognitiven Forschung. In: Fischer, Hans (Hg.). Ethnologie – Eine Einführung. Berlin, S. 391–425.

Reynolds, Henry (1989): Dispossession. Black Australians and White Invaders. St. Leonards.

Rhode-Jüchtern, Tillmann (1996): Welt-Erkennen durch Perspektivenwechsel. In: Praxis Geographie Bd. 4, S. 4–9.

Riegel, Christine (2012): Folgenreiche Unterscheidungen. Repräsentationen des „Eigenen" und „Fremden" im interkulturellen Bildungskontext. In: Bartmann, Sylke und Oliver Immel (Hg.): Das Vertraute und das Fremde. Differenzerfahrung und Fremdverstehen im Interkulturalitätsdiskurs. Bielefeld, S. 203–217.

Roberts, Janine (1979): Nach Völkermord: Landraub und Uranabbau. Die Schwarzaustralier (Aborigines) kämpfen ums Überleben. Göttingen.

Römhild, Regina (2003): Globalisierte Heimaten. Kulturanthropologische Beobachtungen in der Alltagskultur. In: Burmeister, Hans-Peter (Hg.): Die eine und die andere Kultur. Interkulturalität als Programm. 46. Loccumer Kulturpolitisches Kolloquium, Reburg-Loccum, S. 41–52.

Ross, A. Virginia, Kenneth S. Yalowith und Igor Krupnik (2007): Introduction: Perceptions of Arctic Climate Change. In: Stuckenberger, Nicole (Hg.): Thin Ice: Inuit Traditions within a Changing Environment. Hanover, New Hampshire, S. 12–15.

Ross, John (1835): Narrative of a second voyage in search of a north-west passage and of a residence in the Arctic regions during the years 1829, 1830, 1831, 1832, 1833. London.

Rouse, Irving (1992): The Tainos. Rise and Decline of the People who Greeted Columbus. New Haven u. a.

Rüddenklau, Eberhard (1993): Zur Theorie gesellschaftlicher Evolution. In: Schmied-Kowarzik, Wolfdietrich und Justin Stagl (Hg.): Grundfragen der Ethnologie. Beiträge zur gegenwärtigen Theoriediskussion. Berlin, S. 331–355.

Ruhnau, Elke (2000): Die Taino von den Großen Antillen. In: Deimel, Claus und Elke Ruhnau: Jaguar und Schlange. Der Kosmos der Indianer in Mittel- und Südamerika. Berlin, S. 105–116.

Sackett, Lee (1994): Australiens Aborigines. In: Burenhult, Göran (Hg.): Naturvölker heute. Hamburg, S.76–84.

Sahagún, Fray Bernardino de (1927): Einige Kapitel aus dem Geschichtswerk des Fray Bernardino de Sahagún aus dem Aztekischen übersetzt von Eduard Seler. Stuttgart.

Sauer, Carl Ortwin (1966): The Early Spanish Main. Berkeley u. a.

Sauter, Sven (2000): Wir sind „Frankfurter Türken". Adoleszente Ablösungsprozesse in der deutschen Einwanderungsgesellschaft. Frankfurt a.M.

Scaglion, Richard (2005): *Kumara* in the Ecuadorian Gulf of Guayaquil? In: Ballard, Chris, Paula Brown, R. Michael Bourke u. a. (Hg.): The Sweet Potato in Oceania: a Reappraisal. Ethnology Monographs 19, Oceania Monograph 56. Rosebery, S. 35–41.

Schaaf, Gregory (1988/89): From the Great Law of Peace to the Constitution of the United States: A Revision of America's Democratic Roots. In: American Indian Law Review, Bd. 14, Heft 2, S. 323–331.

Schäfer, Rita (2006): Frauenproteste gegen europäische Kolonialherrschaft. Fallbeispiele aus Afrika. In: Kalka, Claudia und Sabine Klocke-Daffe (Hg.): Weiblich – Männlich – Anders? Geschlechterbeziehungen im Kulturvergleich. Münster u. a., S. 115–125.

Dies. (2000): Minenarbeiter in Zimbabwe während der Kolonialzeit. In: Eylert, Sabine, Ursula Bertels und Ursula Tewes (Hg.): Von Arbeit und Menschen. Überraschende Einblicke in das Arbeitsleben fremder Kulturen, Münster u. a., S. 69–78.

Dies. (1997): Witwen in Zimbabwe: Folgen des Kulturwandels für die Altersversorgung von Frauen. In: Bertels, Ursula, Sabine Eylert und Christiana Lütkes (Hg.): Mutterbruder und Kreuzcousine. Einblicke in das Familienleben fremder Kulturen. Münster u. a., S. 183–190.

Schaub, Horst und Karl. J. Zenke (2007): Wörterbuch Pädagogik. München.

Scheibelhofer, Paul (2007): A Question of Honour? Masculinities and Positionalities in Vienna. In: Riegel, Christine und Thomas Geisen (Hg.): Jugend, Zugehörigkeit und Migration. Subjektpositionierung im Kontext von Jugendkultur, Ethnizitäts- und Geschlechterkonstruktionen. Wiesbaden, S. 275–288.

Schepper-Lambers, Friederike (2007): Schützenfest in Westfalen. In: Brünenberg, Kerstin und Günter Bernhardt (Hg.): Festliche Reise um die Welt. Das Schützenfest und andere Rituale. Münster, S. 54–67.

Schimmel, Ulrich und Helga Schimmel (2009): Indianische Genussmittel, Rohstoffe und Farben – Von Konquistadoren entdeckt und von der alten Welt genutzt. Göttingen.

Schissler, Jakob (2005): Menschenrechte zwischen Universalismus und Kulturrelativismus. In: Der Bürger im Staat, Bd. 55, Heft 1–2, S. 26–30.

Schlatter, Gerhard (1985): Bumerang und Schwirrholz. Eine Einführung in die traditionelle Kultur australischer Aborigines. Berlin.

Schlöder, Bernd (1988): Soziale Vorstellungen als Bezugspunkte von Vorurteilen. In: Schäfer, Bernd und Franz Petermann (Hg.): Vorurteile und Einstellungen. Köln, S. 66–98.

Schmidt, Bettina E. (2004): Körper und Kultur. In: Huse, Birgitta (Hg.): Von Kopf bis Fuß. Ein Handbuch rund um Körper, Kleidung und Schmuck für die interkulturelle Unterrichtspraxis. Münster u. a., S. 33–38.

Schmitt, Eberhard (Hg.) (1984): Dokumente zur Geschichte der europäischen Expansion. Band 2. München.

Schmitt, Guido (1995): Fremdenfeindlichkeit und interkulturelles Lernen. In: Interkulturell Bd. 1 + 2, S. 195–211.

Schönhuth, Michael (2010): Gruppenfeldforschung in der Werkstatt zum Thema „Behinderung". In: EthnoScripts Jahrgang 12, Heft 2 (10/2010), Internetversion: www.uni-hamburg.de/ethnologie/es12_2artikel.pdf, aufgerufen am 16.08.2011.

Ders. (2007): Diversity in der Werkstatt – Eine Feldstudie zum Thema Vielfalt und Behinderung. In: Steinmetz, Bernd und Günther Vedder (Hg.): Diversity Management und Antidiskriminierung. Weimar, S. 95–114.

Ders. (2004): Ist da wer? – Strategien und Fallstricke einer populären Ethnologie. In: Bertels, Ursula, Birgit Baumann, Silke Dinkel u. a. (Hg.): Aus der Ferne in die Nähe. Neue Wege der Ethnologie in die Öffentlichkeit. Münster u. a., S. 77–104.

Schott, Rüdiger (1981): Märkte und Menschen in der Savanne – Entwicklungsprobleme in Nordghana. In: Bundesminsiterium für wirtschaftliche Zusammenarbeit in Verbindung mit dem Rautenstrauch-Joest-Museum (Hg.): Leben am Rande der Sahara. Köln, S. 38–51.

Schröder, Ingo (1993): Ethnozentrismus & Fremdenfeindlichkeit. Über (un)menschliche Verhaltensmuster im Umgang mit Fremden. In: Im Gespräch Bd. 3, S. 7–9.

Schrüfer, Gabriele und Ingrid Schwarz (Hg.) (2010): Globales Lernen. Ein geographischer Diskursbeitrag. Münster u. a.

Schüle, Christian (2010): Mit erhobenem Haupt. Warum sich moderne muslimische Frauen in Deutschland freiwillig für das Kopftuch entscheiden. Dossier. In: DIE ZEIT, Nr. 19, vom 06.05.2010, S. 17–19.

Schulze, Erika (2007): „Und ich fühl mich als Kölner, speziell als Nippeser". Lokale Verortung als widersprüchlicher Prozess. In: Riegel, Christine und Thomas Geisen (Hg.): Jugend, Zugehörigkeit und Migration. Subjektpositionierung im Kontext von Jugendkultur, Ethnizitäts- und Geschlechterkonstruktionen. Wiesbaden, S. 97–110.

Seidel, Eberhard (1996): Aufgespießt. Wie der Döner über die Deutschen kam. Hamburg.

Sekretariat der Ständigen Konferenz der Kultusminister der Länder (1996): Empfehlung „Interkulturelle Bildung und Erziehung in der Schule". Beschluss vom 25. November. http://www.kmk.org/doc/beschlo/671–1_Interkulturelle%20 Bildung.pdf, aufgerufen am 02.12.2008.

Select Committee on Indian Affairs United States Senate (1988): Iroquois Confederacy of Nations. Hearing before the Select Committee on Indian Affairs, United States Senate. One Hundredth Congress, First Session on S. Con. Res. 76. December 2, 1987. Washington, D.C.

Sembritzki, Emil (1908): Kamerun. Berlin.

Service, Elman R. (1962): Primitive Social Organization. An Evolutionary Perspective. New York.

Sheriff, Abdul (2009): Dhow Cultures of the Indian Ocean: Cosmopolitanism, Commerce and Islam. London.

Sippel, Harald (1996): Die Ideologie der Arbeitserziehung in Deutsch-Ostafrika. In: Beck, Kurt und Gerd Spittler (Hg.): Arbeit in Afrika. Beiträge zur Afrikaforschung Band 12. Hamburg, S. 311–333.

Smith, Andrea (2009): Indigenous Peoples and Boarding Schools. A Comparative Study. Prepared for the Secretariat of the United Nations Permanent Forum on Indigenous Issues. (UNO-Dokumentennummer: E/C.19/2009/CRP.1) www. un.org/esa/socdev/unpfii/documents/E_C_19_2009_crp1.pdf aufgerufen am 12.09.2011.

Smith, Andrew F. (2001): Pure ketchup. A History of America's National Condiment. Washington u. a.

Speeter-Blaudszun, Sonja (2006): „Der Tod tanzt mit mir, schau nicht in mein Gesicht". Begegnungen mit N!ai, einer Julhoan-Frau aus Namibia. In: Kalka, Claudia und Sabine Klocke-Daffa (Hg.): Weiblich – Männlich – Anders? Geschlechterbeziehungen im Kulturvergleich. Münster u. a., S. 29–37.

Spencer, Herbert (1971): Structure, Function and Evolution. (Herausgegeben von Stanislav Andreski). London.

Spenlen, Klaus (2011): Das Kopftuch – religiöses Symbol oder politischer Ausdruck? In: Gemein, Gisbert (Hg.): Kulturkonflikte – Kulturbegegnungen. Juden, Christen und Muslime in Geschichte und Gegenwart. Bundeszentrale für politische Bildung. Bonn, S. 284–295.

Sprenger, Guido (2011): Büffelschwarm und Mückenhorde – warum klingt das falsch? Wie Menschen Tiere eingemeinden. In: Huse, Birgitta, Irmgard Hellmann de Manrique und Ursula Bertels (Hg): Menschen und Tiere weltweit. Einblicke in besondere Beziehungen, Münster u. a., S. 19–28.

Spülbeck, Susanne (2009): Organisationsethnologische Forschung und Beratung: Neue Perspektiven in der Unternehmensberatung. In: Beer, Bettina, Sabine Klocke-Daffa und Christiana Lütkes (Hg.): Berufsorientierung für Kulturwissenschaftler. Erfahrungsberichte und Zukunftsperspektiven. Berlin, S. 213–223.

Stadt Münster (2008): Leitbild Migration und Integration Münster. Münster.

Stagl, Justin (2008): Kultur, Kulturen, Kulturalismus. In: Jahrbuch für Europäische Ethnologie, Band 3, Paderborn u. a., S. 91–104.

Ders. (2005a): Stichwort Evolutionismus. In: Hirschberg, Walter (Begründer): Wörterbuch der Völkerkunde. Redaktion: Wolfgang Müller. Neuausgabe. Berlin, S. 114–115.

Ders. (2005b): Stichwort Neo-Evolutionismus. In: Hirschberg, Walter (Begründer): Wörterbuch der Völkerkunde. Redaktion: Wolfgang Müller. Neuausgabe. Berlin, S. 270.

Ders. (2005c): Stichwort Ethnozentrismus. In: Hirschberg, Walter (Begründer): Wörterbuch der Völkerkunde. Redaktion: Wolfgang Müller. Neuausgabe. Berlin, S. 112.

Ders. (2005d): Stichwort Kulturrelativismus. In: Hirschberg, Walter (Begründer): Wörterbuch der Völkerkunde. Redaktion: Wolfgang Müller. Neuausgabe. Berlin. S. 226.

Ders. (1993): Szientistische, hermeneutische und phänomenologische Grundlagen der Ethnologie. In: Schmied-Kowarzik, Wolfdietrich und Justin Stagl (Hg.): Grundfragen der Ethnologie. Beiträge zur gegenwärtigen Theorie-Diskussion. Berlin, S. 15–49.

Ders. (1992): Eine Widerlegung des Kulturellen Relativismus. In: Matthes, Joachim (Hg.): Zwischen den Kulturen – Die Sozialwissenschaft vor dem Problem des Kulturvergleiches. Göttingen, S. 145–166.

Statsministeriet (2009): Act on Greenland Self-Government. Act. No. 473 of 12 June 2009. www.stm.dk/.../GR_Self-Government_UK.doc, aufgerufen am 08.11.2011.

Steiner, Martina I. (2009): Interkulturelle Kompetenz aus anthropologischer Perspektive. In: Six-Hohenbalken, Maria und Jelen Tošić (Hg.): Anthropologie der Migration – Theoretische Grundlagen und interdisziplinäre Aspekte. Wien, 2009, S. 266–283.

Stevenson, Lisa (2006): Introduction. In: Stern, Pamela und Lisa Stevenson (Hg.): Critical Inuit Studies. An Anthology of Contemporary Arctic Ethnography. Lincoln u. a., S. 1–22.

Stöber, Georg (1996): „Fremde Kulturen" und Geographieunterricht. In: Internationale Schulbuchforschung, Band 2, Heft 18, S. 175–210.

Stöffler, Ute (2012): Was mein Leben reicher macht. In: DIE ZEIT Nr. 20 vom 10.05.2012.

Streck, Bernhard (1997): Fröhliche Wissenschaft Ethnologie. Eine Einführung. Wuppertal.

Stuckenberger Nicole (2007): Thin Ice: Inuit Life and Climate Change. In: Stuckenberger, Nicole (Hg.): Thin Ice: Inuit Traditions within a Changing Environment. Hanover, New Hampshire, S. 29–55.

Dies. (2005): Community at Play. Social and Religious Dynamics in the Modern Community of Qikiqtarjuaq. Amsterdam.

Stuckenberger, Nicole und Erik Lambert (2007): Being Hunter – Being Game – Being Social: The Inuit in the Eastern Canadian Arctic. In: Stuckenberger, Nicole (Hg.): Thin Ice: Inuit Traditions within a Changing Environment. Hanover, New Hampshire, S. 57–61.

Sumner, William (1906): Folkways: A Study of Sociological Importance of Usages, Manners, Customs, Mores and Morals. Boston.

Swanson, Timothy (1995): Diversity and Sustainability: Evolution, Information and Institutions. In: Swanson, Timothy (Hg.): Intellectual Property Rights and Biodiversity Conservation: an Interdisciplinary Analysis of the Values of Medicinal Plants. Cambridge, S. 1–16.

Taino Inter-Tribal Council (o.J.): Dictionary of the Spoken Taino Language. www.taino-tribe.org/telist-n.htm, aufgerufen am 07.12.2011.

Tanja, Jaap (2011): „Alle Muslime sind ...". 50 Fragen zu Islam und Islamophobie. Mülheim an der Ruhr.

Tewes, Ursula (2000): Erziehungsmaßnahmen der Kolonialherren in Afrika am Beispiel der deutschen Kolonie Togo (1884–1914). In: Eylert, Sabine, Ursula Bertels und Ursula Tewes (Hg.): Von Arbeit und Menschen. Überraschende Einblicke in das Arbeitsleben fremder Kulturen, Münster u. a., S. 61–68.

Textor, A.M. (1996): Auf deutsch – Das Fremdwörterlexikon. Reinbeck bei Hamburg.

The Government of Greenland (Nanoq) (2008): Resources and Industry. Page Editor: Hans Christian Swærd. http://uk.nanoq.gl/Emner/About/Resources_and_industry.aspx; aufgerufen am 08.11.2011.

The Government of Nunavut (o.J.a): Culture. www.gov.nu.ca/files/Culture.pdf, aufgerufen am 09.10.2011.

Ders. (o.J.b): Continued Learning. www.gov.nu.ca/10/Continued%20Learning.pdf, aufgerufen am 09.10.2011.

Theis, Stefanie (2006): Religiosität von Russlanddeutschen. Stuttgart.

Thomas, Alexander (2003): Interkulturelle Kompetenz. Grundlagen, Probleme und Konzepte. In: Beneseler, Frank, Bettina Blanck, Reinhard Keil u. a. (Hg.): Erwägen – Wissen – Ethik, Bd. 14, S. 137–150.

Ders. (1998): Von der fremdkulturellen Erfahrung zur interkulturellen Handlungskompetenz. In: Mainzer Universitätsgespräche: Interkulturalität. Grundprobleme der Kulturbegegnung. Mainz, S. 227–254.

Ders. (1996): Analyse der Handlungswirksamkeit von Kulturstandards. In: Thomas, Alexander (Hg.): Psychologie interkulturellen Handelns. Göttingen u. a., S. 107–135.

Tietmeyer, Elisabeth (1997): Frauen heiraten Frauen. Zum Wandel einer traditionellen sozialen Institution in Kenia. In: Bertels, Ursula, Sabine Eylert und Christiana Lütkes (Hg.): Mutterbruder und Kreuzcousine. Einblicke in das Familienleben fremder Kulturen. Münster u. a., S. 53–57.

Tooker, Elisabeth (1988): The United States Constitution and the Iroquois League. In: Ethnohistory, Bd. 35, Heft 4, S. 305–336.

Turnbull, John (1813): A Voyage Round the World. London.

Turé Katja (2009): Mit Bananenstämmen in ein neues Jahr – Das Neujahrsfest *Mwaka Kogwa* auf Sansibar (Ostafrika). In: Raesfeld, Lydia und Ursula Bertels (Hg.): Götter, Gaben und Geselligkeit. Einblicke in Rituale und Zeremonien weltweit. Münster u. a., S. 117–124 (sowie Unterrichtsmaterialien S. 191–197).

Dies. (2004): *Adinkra* – Textilkunst und gedruckte Symbolsprache der Ashanti in Ghana (Westafrika). In: Huse, Birgitta (Hg.): Von Kopf bis Fuß. Ein Handbuch rund um Körper, Kleidung und Schmuck für die interkulturelle Unterrichtspraxis. Münster u. a., S. 193–199 (sowie Unterrichtsmaterialien S. 327–334).

Tylor, Edward B. (2005): Die Anfänge der Cultur. Untersuchungen über die Entwicklung der Mythologie, Philosophie, Religion, Kunst und Sitte. Bd. 1. Hildesheim u. a. (Ursprgl. Ausgabe: Leipzig 1873)

Übereinkommen über die Biologische Vielfalt (1993): In: Amtsblatt der Europäischen Gemeinschaften Nr. L 309, 13.12.93, S. 3–20.

Vallee, Frank G., Derek G. Smith und Joseph D. Cooper (1984): Contemporary Canadian Inuit. In: Damas, David (Hg.): Arctic. Bd. 5 des Handbook of North American Indians, herausgegeben von William C. Sturtevant. Washington, S. 662–675.

Veit, Georg (2002): Hahnenkampf: Ein Krimi aus dem Münsterland. Münster u. a.

Vermeylen, Saskia (2009): The Struggle for Indigenous Peoples' Land Rights: The Case of Namibia. In: Wynberg, Rachel, Doris Schroeder und Roger Chennels (Hg.): Indigenous Peoples, Consent and Benefit Sharing. Lessons from the San-Hoodia Case. Dordrecht u. a., S. 143–162.

Vertovic, Steven (2009): Transnationalism. London.

Voltaire (2008): Candide oder der Optimismus. München.

Wagner, Petra J. (2011): „Ich bin doch auch zu etwas nütze". Lebenswelten behinderter Menschen in Lima und Cajamarca (Peru). Köln u. a.

Wagner, Wolfgang (1996): Kulturschock Deutschland. Hamburg.

Waldenfels, Bernhard (1997): Topographie des Fremden. Frankfurt a.M.

Weatherford, Jack (1995): Das Erbe der Indianer. Wie die Neue Welt Europa verändert hat. München.

Weißköppel, Cordula (2001): Ausländer und Kartoffeldeutsche. Identitätsperformanz im Alltag einer ethnisch gemischten Realschulklasse. Weinheim u. a.

Welt Online (2007): Integriert. Der erste türkische Schützenkönig. 12.07.2007. www.welt.de/nrw/article1020794/Der_erste_tuerkische_Schuetzenkoenig.html; aufgerufen am 07.11.2011.

Westfälische Nachrichten vom 03.08.2011: Aufregung um schwulen Schützenkönig.

Widlock, Thomas (2000): On the Other Side of the Frontier – Relations between Herero und 'Bushmen'. In: Bollig, Michael und Jan-Bart Gewald (Hg.): People, Cattle and Land. Transformations of a Pastoral Society in Southwestern Africa. Köln, S. 497–522.

Wiesenbauer, Brigitte (2011): Indiens heilige Kühe. In: Huse, Birgitta, Irmgard Hellmann de Manrique und Ursula Bertels (Hg): Menschen und Tiere Weltweit. Einblicke in besondere Beziehungen, Münster u. a., S. 207–215.

Wilson, Samuel M. (2007): The Archaeology of the Caribbean. New York u. a.

Ders. (1990): Hispaniola. Caribbean Chiefdoms in the Age of Columbus. Tuscaloosa u. a.

Wisemann, Richard L., Mitchell R. Hammer und Hiroko Nishida (1989): Predictors of Intercultural Communication Competence. In: International Journal of Intercultural Relations Bd. 1, S. 349–370.

Wittler, Tine (2012): Wer schön sein will, muss reisen. Ein Selbstversuch im Land der runden Frauen. Frankfurt a.M.

Working Group of Indigenous Minorities in Southern Africa (WIMSA) (o. J.): Heritage and Intellectual Property Rights. www.wimsanet.org/our-work/heritage-and-ipr, aufgerufen am 12.03.2011.

Wynberg, Rachel (2009): Policies for Sharing Benefits from Hoodia! In: Wynberg, Rachel, Doris Schroeder und Roger Chennels (Hg.): Indigenous Peoples, Consent and Benefit Sharing. Lessons from the San-Hoodia Case. Dordrecht u. a., S. 127–140.

Wynberg, Rachel und Roger Chennels (2009): Green Diamonds of the South: An Overview of the San-Hoodia Case. In: Wynberg, Rachel, Doris Schroeder und Roger Chennels (Hg.): Indigenous Peoples, Consent and Benefit Sharing. Lessons from the San-Hoodia Case. Dordrecht u. a., S. 89–124.

Yildiz, Erol (2004): Konstruktion des Anderen als ethnisch Fremder: Zur Notwendigkeit eines Perspektivenwechsels in der interkulturellen Bildung. In: Karakaşoğlu, Yasemin und Julian Lüddecke (Hg.): Migrationsforschung und interkulturelle Pädagogik. Münster u. a., S. 145–157.

Zitierte Schulbücher

Baumgärtner, Ulrich und Klaus Fieberg (Hg.) (2007): Horizonte 1. Geschichte. Gymnasium Nordrhein-Westfalen. Braunschweig (Westermann), Druck A[1] – *Gymnasium.*

Bender, Hans-Ulrich, Ulrich Brameier, Egbert Brodengeier u. a. (2000): Terra. Erdkunde Sekundarstufe II. Die Wirtschaftsgeographie. Gotha u. a. (Klett-Perthes), Druck 2007, 1. Auflage – *Sekundarstufe 2.*

Blumberg, Eva, Marcus Bösch, Lars-Pierre Castelle u. a. (2011): Seydlitz Erdkunde 2. Nordrhein-Westfalen. Braunschweig. (Schroedel), Druck A[1]/Jahr 2011 – *Realschule.*

Böning, Frank, Frank Broscheit, Martin Cichon u. a. (2005): grenzenlos. Erdkunde Hauptschule 2. Nordrhein-Westfalen. Braunschweig (Schroedel), Druck A[2]/ Jahr 2005 – *Hauptschule.*

Breitbach, Thomas und Dieter Richter (2004): Mensch und Raum. Geographie 7. Gymnasium Nordrhein-Westfalen. Berlin (Cornelsen), 1. Auflage, 1. Druck – *Gymnasium.*

Brokemper, Peter, Elisabeth Köster und Dieter Potente (Hg.) (2003): Geschichte Real 1. Ein Arbeitsbuch für Realschulen in Nordrhein-Westfalen. Berlin (Cornelsen), 1. Auflage, Druck 1 – *Realschule.*

Brokemper, Peter, Elisabeth Köster, und Dieter Potente (Hg.) (2004): Geschichte Real 2. Arbeitsbuch für Realschulen in Nordrhein-Westfalen. Berlin (Cornelsen), 1. Auflage, Druck 1 – *Realschule.*

Christoffer, Sven, Helmut Heimbach, Uwe Jabs u. a. (2004): zeitreise 1, Leipzig (Klett), 1. Auflage, Druck 2006 – *Realschule.*

Christoffer, Sven, Wilfried Dähling, Helmut Heimbach u. a. (2005): zeitreise 2. Stuttgart und Leipzig. (Klett), 1. Auflage, Druck 2007 – *Realschule.*

Christoffer, Sven, Guiskard Eck und Eberhard Gloger (2008): mitmischen 2. Stuttgart u. a. (Klett), 1. Auflage, 1. Druck – *Hauptschule.*

Christoffer, Sven, Guiskard Eck, Dirk Haupt u. a. (2007): mitmischen 1. Stuttgart u. a. (Klett), 2. überarbeitete Auflage, 1. Druck, 2009 – *Hauptschule.*

Cloeren, Heinz, Erich Geyer, Bernhard Grota u. a. (Hg.) (1987): Mensch und Raum. Seydlitz 7/8. Erdkunde für Realschulen in Nordrhein-Westfalen. Bielefeld. (Cornelsen und Schroedel), Druck A⁴/1990 – *Realschule.*

Ebeling, Hans und Wolfgang Birkenfeld (Hg.) (2008): Die Reise in die Vergangenheit. Bd. 2, 7/8. Ein geschichtliches Arbeitsbuch. Nordrhein-Westfalen. Braunschweig (Westermann), Druck A¹/Jahr 2008P – *Hauptschule.*

Eck, Monika, Rüdiger Göbel, Olaf-Christian Holz u. a. (2010): Natura 2. Biologie für Gymnasien. Nordrhein-Westfalen I G8. 7.-9. Klasse. Stuttgart und Leipzig (Klett), 1. Auflage, 1. Druck – *Gymnasium.*

Floren, Franz Josef (Hg.) (2008): Politik Wirtschaft 5/6. Ein Arbeitsbuch für Gymnasien in Nordrhein-Westfalen. Braunschweig u. a. (Schöningh), 1. Auflage – *Gymnasium.*

Frenken, Lambert, Monika Lenniger, Wolfgang Pankratz u. a. (2001): Durchblick. Geschichte/Politik 5/6. Hauptschule Nordrhein-Westfalen. Braunschweig (Westermann), 1. Aufl. – *Hauptschule.*

Fricke-Finkelnburg, Renate und Hans-Jürgen Pandel (1995): Politikbuch 1. Berlin (Cornelsen) – *Realschule.*

Heinz, Hans-Joachim, Renate Krull und Ekhard Ninnemann (Hg.) (2006): Doppel-Klick 9. Das Sprach- und Lesebuch. Nordrhein-Westfalen (Cornelsen), 1. Auflage, 1. Druck 2006/06 – *Hauptschule.*

Kreus, Arno und Norbert von der Ruhren (Hg.) (2007): Terra. Erdkunde Sekundarstufe II. Räume und Strukturen. Stuttgart u. a. (Klett), Druck 2007, 1. Auflage – *Sekundarstufe 2.*

Latz, Wolfgang (Moderator) (2009a): Diercke Geographie. Nordrhein-Westfalen, Gymnasium. Band 2. Braunschweig (Westermann), Druck A²/Jahr 2009 – *Gymnasium.*

Ders. (2009b): Diercke Geographie. Nordrhein-Westfalen, Gymnasium. Band 3. Braunschweig (Westermann), Druck A³/Jahr 2011 – *Gymnasium.*

Ders. (2011): Diercke Erdkunde. Band 2. Braunschweig (Westermann), Druck A¹/Jahr 2011 – *Realschule*

Lendzian, Hans-Jürgen (Hg.) (2008a): Zeiten und Menschen 1. Braunschweig u. a. (Schöningh), Druck 1, 2008 – *Gymnasium.*

Lendzian, Hans-Jürgen (Hg.) (2008b): Zeiten und Menschen 2. Braunschweig u. a. (Schöningh), Druck 2, 2009 – *Gymnasium.*

Lendzian, Hans-Jürgen (Hg.) (2009): Zeiten und Menschen 1. Lehrerband. Braunschweig u. a. (Schöningh), Druck 1, 2009 – *Gymnasium.*

Liskon, Sabine und Sabine Utheß (Redaktion) (2005): deutsch. kombi 3. Sprach- und Lesebuch. Leipzig u. a. (Klett) – *Hauptschule.*

Meinel, Matthias (Redaktion) (2011): Seydlitz 2 Erdkunde. Realschule NRW. Braunschweig (Schroedel), Druck A^1/Jahr 2011 – *Realschule.*

Naumann, Britta und Kerstin Maaß (Redaktion) (2010): denk|mal Geschichte. Prüfauflage, Bd. 1. Nordrhein-Westfalen. Braunschweig (Schroedel), Druck A^1/ Jahr 2010P – *Gymnasium.*

Ossner, Jakob (Hg.) (2006): Tandem 4. Ein Deutschbuch für das 8. Schuljahr. Braunschweig u. a. (Schöningh), Druck A^1/Jahr 2006 – *Realschule.*

Palmen, Paul und Anne Schminke (2011): Terra. Erdkunde 2. Realschule Nordrhein-Westfalen. Stuttgart u. a. (Klett), 1. Auflage – *Realschule.*

Dies. (2009): Terra. Erdkunde 9/10. Stuttgart u. a. (Klett-Perthes), 5. Druck, 1. Auflage 2005 – *Realschule.*

Dies. (2004): Terra. Erdkunde 7/8. Realschule Nordrhein-Westfalen. Gotha u. a. (Klett-Perthes), 1. Auflage – *Realschule.*

Pandel, Hans-Jürgen (Hg.) (2004): Geschichte konkret. Ein Lern- und Arbeitsbuch. Band 2. Braunschweig (Schroedel), Druck A^3/2007 – *Realschule.*

Ders. (2003): Geschichte konkret 1. Ein Lern- und Arbeitsbuch. Braunschweig (Schroedel), Druck A^2/2006 – *Realschule.*

Ders. (1995): Politikbuch 2. Berlin. (Cornelsen), 1. Auflage, Druck 2000 – *Realschule.*

Rausch, Christoph und Roland Rütten (Redaktion) (2004): Terra. Erdkunde 7/8. Gymnasium Nordrhein-Westfalen. Gotha u. a. (Klett-Perthes), 1. Auflage, A^1/2004 – *Gymnasium.*

Regenhardt, Hans-Otto (Hg.) (2008): Forum Geschichte Kompakt 1. Nordrhein-Westfalen. Berlin (Cornelsen), 1. Auflage, 1. Druck – *Gymnasium.*

Sauer, Michael (Hg.) (2008): Geschichte und Geschehen, Bd. 1. Stuttgart u. a. (Klett), 1. Auflage, 1. Druck – *Gymnasium.*

Sauer, Michael (Hg.) (2009): Geschichte und Geschehen, Bd. 2. Stuttgart u. a. (Klett), 1. Auflage, 1. Druck – *Gymnasium.*

Schultze, Arnold, Edmund Blank, Jürgen Bünstorf u. a. (Hg.) (1979): Terra Geographie 7/8. Stuttgart (Klett), Ausgabe B, 1. Auflage, 1. Druck – *länderübergreifende Ausgabe, alle Schultypen.*

Schurf, Bernd und Andrea Wagener (Hg.) (2008): Deutschbuch. Sprach- und Lesebuch 7. Neue Grundausgabe Berlin. (Cornelsen), 1. Auflage, 2. Druck – *Gymnasium.*

Ubben, Heinke (Verlagsredaktion) (1998): Politikbuch 3, Berlin (Cornelsen), 1. Auflage, Druck 2000 – *Realschule.*

Wiktorin, Dorothea (Moderatorin) (2005): Diercke Erdkunde 3. Realschule 9/10. Braunschweig (Westermann) Druck A^1/Jahr 2006 – *Realschule.*

Autorinnen

Dr. Ursula Bertels (Ethnologin)

Jg. 1963, studierte Ethnologie, Ur- und Frühgeschichte und Romanistik in Münster und Freiburg. Seit 1986 regelmäßige Forschungsaufenthalte in Mexiko. Lehraufträge an verschiedenen Universitäten und Fachhochschulen. Seit 1994 Mitarbeiterin des Vereins Ethnologie in Schule und Erwachsenenbildung (ESE) e.V. und dort in der Erwachsenenbildung, Kinder- und Jugendbildung und Forschung tätig. Seit 2002 ist sie Vorstandsvorsitzende des Vereins. Projektleitung in verschiedenen Projekten u.a. *Interkulturelle Streitschlichter – Interkulturelle Kompetenz als Schlüsselqualifikation für Jugendliche* (2007–2009) und *Wann ist ein Mann ein Mann? – Förderung der Identitätsbildung und des Rollenverständnis bei Jungen und Mädchen in der Migrationsgesellschaft durch Trainings zur Interkulturellen Kompetenz mit dem Schwerpunkt Geschlechterrollen* (2012–2015). Seit 2006 organisiert und betreut sie einen vom DAAD geförderten deutsch-mexikanischen Studierendenaustausch zum Thema Interkulturelle Pädagogik.

Claudia Bußmann (Ethnologin M.A.)

Jg. 1963, studierte an der Universität Hamburg Ethnologie, Geschichte, Politische Wissenschaften. Als wissenschaftliche Beraterin war sie von 1993 bis 2010 u.a. im Rahmen europäischer Institutionen und internationaler Projekte tätig. Schwerpunkte ihrer Arbeit sind Fragen des Zusammenlebens in multikulturellen Gesellschaften, der entwicklungspolitischen Zusammenarbeit, der interkulturellen Verständigung (u.a. Durchführung internationaler Austauschprogramme und Erstellung von Unterrichtsmaterialien) und Globalisierung. Seit 2010 ist sie Mitarbeiterin des Vereins Ethnologie in Schule und Erwachsenenbildung (ESE) e.V.